2022年

国家统一法律职业资格考试

客观题
刑法题库

张宇琛◎编著

中国政法大学出版社

2022 · 北京

图书在版编目（CIP）数据

2022年国家统一法律职业资格考试客观题刑法题库/张宇琛编著.—北京：中国政法大学出版社，2022.3

ISBN 978-7-5764-0404-3

Ⅰ.①2… Ⅱ.①张… Ⅲ.①刑法—中国—资格考试—习题集 Ⅳ.①D924-44

中国版本图书馆CIP数据核字(2022)第043741号

出 版 者　中国政法大学出版社

地　　址　北京市海淀区西土城路25号

邮寄地址　北京100088信箱8034分箱　邮编100088

网　　址　http://www.cuplpress.com（网络实名：中国政法大学出版社）

电　　话　010-58908285(总编室)　58908433（编辑部）58908334(邮购部)

承　　印　固安华明印业有限公司

开　　本　787mm×1092mm　1/16

印　　张　15.5

字　　数　370千字

版　　次　2022年3月第1版

印　　次　2022年3月第1次印刷

定　　价　55.00元

目 录

大咖点拨区

扫码听课

专题一　刑法概说

【2021 网络回忆版】关于刑法解释，下列说法正确的是？（　　）

A. 怀孕妇女因涉嫌犯罪在羁押期间自然流产后，又因同一事实交付审判的。根据体系解释，可以认为是“审判时怀孕的妇女”，不适用死刑

B. 对于得到被害人的同意而诬告被害人的行为，需要根据目的解释判断是否为诬告陷害罪

C. 竞标人相互串通拍卖报价，损害拍卖人利益情节严重的，可扩大解释为串通投标罪

D. 将《刑法》第 267 条抢夺罪中“抢夺公私财物”，解释为“抢夺他人公私财物”为缩小解释

【考点】刑法的解释

【解析】A 选项，体系解释，是根据刑法条文在整个刑法中的地位，联系相关法条的含义，阐明其规范旨意的解释方法。羁押期间自然流产的妇女视为审判时怀孕的妇女，不适用死刑，是根据立法目的（保护胎儿）得出的解释结论，而不是体系解释，A 选项错误。

B 选项，目的解释，是根据刑法规范的保护目的、具体情境权衡各种解释理由，阐明刑法条文的真实含义的解释方法。诬告陷害罪在刑法分则第四章，其法益是公民的人身权利，由此可见立法者设立本罪，是要保护公民的人身权，而不是司法秩序，故征得他人同意或者经他人请求而诬告他人犯罪的，不成立本罪（如果将本罪规定在刑法分则第六章第二节妨害司法罪中，则该行为可能成立犯罪），这是目的解释的原理，B 正确。

C 选项，招标投标是基本建设领域促进竞争的全面经济责任制形式。一般由若干施工单位参与工程投标，招标单位（建设单位）择优入选，谁的工期短、造价低、质量高、信誉好，就把工程任务包给谁，由承建单位与发包单位签订合同，一包到底，按交钥匙的方式组织建设。串通拍卖行为，并不属于串通投标行为，C 选项属于类推解释，错误。①

D 选项，“抢夺公私财物”中的“公私财物”原本就是“他人公私财物”，这是按照该用语最平白的字义进行解释，属于平义解释而不是缩小解释，D 选项错误。

【答案】B

① 该选项的出处是最高人民检察院指导案例（见例第 90 号）许某某、包某某串通投标立案监督案：“刑法规定串通投标罪，但未规定串通拍卖行为构成犯罪。对于串通拍卖行为，不能以串通投标罪予以追诉。公安机关对串通竞拍国有资产行为，以涉嫌串通投标罪立案的，检察院应当通过立案监督，依法通知公安机关撤销案件。”

大咖点拨区

扫码听课

【2019网络回忆版】关于刑法的解释，下列说法正确的是？（　　）

A. 按照体系解释，传播淫秽物品罪与传播性病罪的“传播”含义一致

B. 依据论理解释，倒卖文物罪中的“倒卖”是指以牟利为目的，出售或为出售而购买国家禁止经营的文物

C. 招摇撞骗罪是指冒充国家机关工作人员招摇撞骗。将副乡长冒充市长招摇撞骗解释为“冒充”国家机关工作人员招摇撞骗，不符合文理解释

D. 虐待被监管人罪是指殴打或体罚虐待被监管人。将其中的“体罚虐待”解释为“体罚或者虐待”，符合文理解释

【考点】刑法的解释，解释的理由

【解析】A选项，“体系解释”，是根据刑法条文在整个刑法中的地位，联系相关法条的含义，阐明其规范旨意。刑法是对于国民及司法人员的行为指示，因此必须被体系性地加以理解，不能有内在矛盾，才能得到一体遵行；体系解释强调“协调合理”，只要是协调合理的，同一用语在不同条文中应当保持相同含义，在不同条文中，也可以保持不同含义。因此，“传播淫秽物品罪”与“传播性病罪”中传播就可以保持不同含义。A选项错误。

B选项，所谓“论理解释”，是指按照立法精神，根据具体案件，从逻辑上进行的解释，即不拘于法律规范的字面含义，也不拘于制定法律当时的立法动机，而从现时社会关系发展的需要出发，以合理的目的所进行的解释。倒卖文物罪的立法价值在于打击文物买卖行为，维护国家文物管理秩序，因此“倒卖”行为就不应当限于先买后卖，还应当包括只卖出，以及为了卖出而买进的行为。B选项正确。

C选项，所谓“文理解释”又称文义解释，是按照表述法律规范的文字的字面意义进行的一种法律解释，包括对条文中字词、概念、术语的文字字义的解释。“冒充”一词的字面意义就是“以假充真”，副乡长事实上并非市长，属于“假市长”，“假市长”冒充“真市长”当然属于“以假充真”。C选项错误。

D选项，“体罚”是一种虐待，如罚站、罚跪、罚饿、罚冻等；“虐待”是指一切使他人陷入肉体和精神痛苦的方式。无论根据文理解释还是论理解释，“体罚虐待”应当解释为“体罚”或者“体罚以外的其他虐待”，而不应当仅仅包括以体罚的方式虐待。D选项正确。

【答案】BD

扫码听课

【2018网络回忆版】关于刑法解释，下列说法正确的有？（　　）

A. 大炮的危险性比枪支严重，因此将非法制造大炮解释为非法制造枪支罪，属于扩大解释，不违反罪刑法定原则

B. 根据当然解释，生产、销售假药罪中的假药是指完全没有疗效的药，因此有疗效的药不是假药。

C. 为境外非法提供国家秘密、情报罪中的“情报”应该缩小解释为“关系国家安全和利益、尚未公开或者依照有关规定不应公开的事项”

D. 将假冒他人未注册的商标解释为假冒注册商标罪，违反罪刑法定原则

【考点】刑法的解释，解释的技巧

【解析】A选项，根据司法解释，以火药为动力发射弹药的大口径武器都可以评价为枪支，大炮具有上述特性，评价为枪支属于扩大解释。A选项正确。

大咖点拨区

B 选项，“完全没有疗效的药”与“有疗效的药”属于截然相反的两种事物，法律规定前者是假药，则意味着后者不是假药，这属于反对解释，而不是当然解释。B 选项错误。

C 选项，缩小解释，或称限制解释，即刑法条文的字面通常含义，比刑法的真实含义广，于是限制字面含义，使其符合刑法的真实含义。为境外窃取、刺探、收买、非法提供国家秘密、情报罪中的“情报”应当缩小解释为“关系国家安全和利益、尚未公开或者依照有关规定不应公开的事项”，如果不做这样的缩小解释将会导致限制中国人的对外交往，也会使得刑法保护了不值得刑法保护的事项，因此，C 选项正确。

D 选项，假冒注册商标罪，明确要求假冒的是“注册商标”，将“未注册商标”等同于“注册商标”，将“假冒未注册商标”解释为“假冒注册商标罪”，属于类推解释，违反罪刑法定原则。因此，D 选项正确。

【答案】ACD

【2016－2－51】关于罪刑法定原则与刑法解释，下列哪些选项是正确的？(　　)

A. 对甲法条中的“暴力”作扩大解释时，就不可能同时再作限制解释，但这并不意味着对乙法条中的“暴力”也须作扩大解释

B.《刑法》第 237 条规定的强制猥亵、侮辱罪中的“侮辱”，与《刑法》第 246 条规定的侮辱罪中的“侮辱”，客观内容相同、主观内容不同

C. 当然解释是使刑法条文之间保持协调的解释方法，只要符合当然解释的原理，其解释结论就不会违反罪刑法定原则

D. 对刑法分则条文的解释，必须同时符合两个要求：一是不能超出刑法用语可能具有的含义，二是必须符合分则条文的目的

扫码听课

【考点】罪刑法定原则，刑法的解释

【解析】A 选项，扩大解释和缩小解释是解释的技巧，在对同一法条或同一概念进行解释的时候只能作一次解释，也就是说对于同一法条、概念要么作扩大解释要么作缩小解释，不能既扩大又缩小。但是对甲法条的暴力作扩大解释时，对乙法条的暴力完全可以作缩小解释。比如抢劫罪中的“暴力”就包括杀人的暴力，但是暴力干涉婚姻自由罪中的“暴力”就仅限于轻微暴力。因此，A 选项是正确的。

B 选项，两个罪中“侮辱”的客观内容是不同的，普通侮辱罪中的“侮辱”意义在于降低被害人的社会评价，损害名誉，与性无关；但是强制猥亵、侮辱罪的“侮辱”是具有性意义的，侵犯被害人性的自主决定权的行为。虽然 B 选项中两个法条都叫侮辱，但是客观内容和主观内容都是不同的。因此，B 选项是错误的。

C 选项，当然解释的基本含义是举轻以明重、举重以明轻，即当某种轻的行为被禁止的时候，重的行为当然应当被禁止；当某种重的行为被允许的时候，轻的行为当然应当被允许。当然解释的原理是合理的，是罪刑法定原则所允许的，但是当然解释得出的结论也可能因超出法条文字含义的边界，而违反罪刑法原则，因而不必然具有合理性。例如抢劫宠物狗的行为成立抢劫罪，比它更重的抢劫婴儿的行为如果也成立抢劫罪，虽然符合当然解释的原理，但是显然违反罪刑

大咖点拨区

法定原则，因此，C选项是错误的。

D选项，“不能超出刑法用语可能具有的含义”，意指对于刑法用语进行解释时不能突破文字的边缘含义，即不能作类推解释；“必须符合分则条文的目的”，指的解释条文要符合立法者的保护目的，即需要明确立法者设计该个法条所保护的究竟是何种法益，根据法益这一核心问题，推导出对于其他概念的合理解释，对于刑法分则条文的解释，总是在这两种价值之间寻求平衡。因此，D选项是正确的。

【答案】 AD

【2015－2－51】关于刑法解释，下列哪些选项是**错误**的？（　　）

扫码听课

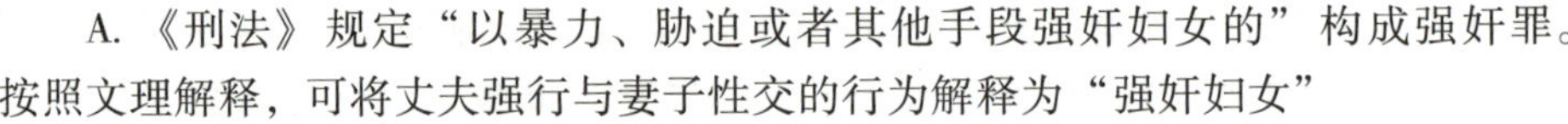

A.《刑法》规定“以暴力、胁迫或者其他手段强奸妇女的”构成强奸罪。按照文理解释，可将丈夫强行与妻子性交的行为解释为“强奸妇女”

B.《刑法》对抢劫罪与强奸罪的手段行为均使用了“暴力、胁迫”的表述，且二罪的法定刑相同，故对二罪中的“暴力、胁迫”应作相同解释

C. 既然将为了自己饲养而抢劫他人宠物的行为认定为抢劫罪，那么，根据当然解释，对为了自己收养而抢劫他人婴儿的行为更应认定为抢劫罪，否则会导致罪刑不均衡

D. 对中止犯中的“自动有效地防止犯罪结果发生”，既可解释为自动采取措施使得犯罪结果未发生；也可解释为自动采取防止犯罪结果发生的有效措施，而不管犯罪结果是否发生

【考点】 刑法的解释

【解析】 A选项，文理解释是根据刑法用语的文义及通常使用的方法（语境、语法、标点）阐释刑法意义的解释方法。所以按照**文理解释**只要以暴力、胁迫或者其他手段强奸妇女都可以构成强奸罪，而妻子当然属于“妇女”，因此按照文理解释丈夫强行与妻子性交的行为解释为“强奸妇女”。A选项是正确的。

B选项，抢劫和强奸的“暴力”不能作相同的解释，抢劫罪中的“暴力”是包含杀人的暴力的，而强奸罪的“暴力”不包含杀人的暴力；“胁迫”的内容也不能作相同解释，抢劫罪的“胁迫”只限于以暴力相威胁，而强奸的“胁迫”包含一切暴力或者非暴力的恶害相加。因此，B选项是错误的。

C选项，虽然抢劫婴幼儿的行为比抢劫宠物的行为更严重，但是婴幼儿不能评价为财产，抢劫婴幼儿也未侵犯财产权，所以将抢劫婴幼儿的行为认定为抢劫罪，则违反了罪刑法定原则。因此，C选项是错误的。

D选项，犯罪中止的成立原则上需要具备“有效性”，即自动采取措施使得犯罪结果未发生，如果行为人虽然采取了措施，但是结果还是发生了（如因伤势过重抢救无效死亡）则难以认定犯罪中止，成立犯罪既遂；但是如果由于介入了异常且独立的因素（如医院火灾将被害人烧死），则中断实行行为与损害结果之间的因果关系，则仍然可以成立犯罪中止。因此将“自动有效地防止犯罪结果发生”理解为“而不管犯罪结果是否发生”是不准确的。D选项是错误的。

【答案】 BCD

扫码听课

【2014－2－3】关于刑法用语的解释，下列哪一选项是正确的？（　　）

A. 按照体系解释，刑法分则中的“买卖”一词，均指购买并卖出；单纯的购买或者出售，不属于“买卖”

大咖点拨区

B. 按照同类解释规则，对于刑法分则条文在列举具体要素后使用的“等”“其他”用语，应按照所列举的内容、性质进行同类解释

C. 将明知是捏造的损害他人名誉的事实，在信息网络上散布的行为，认定为“捏造事实诽谤他人”，属于当然解释

D. 将盗窃骨灰的行为认定为盗窃“尸体”，属于扩大解释

【考点】刑法的解释

【解析】A选项，认为“刑法分则中的‘买卖’一词，均指购买并卖出”，是不准确的。例如非法买卖枪支、弹药、爆炸物罪，无论是买方还是卖方，无论是单纯购买还是单纯出售，都构成本罪。因此，A选项是错误的。

B选项，同类解释从属于体系解释，同类解释针对立法者在设计罪状时采用“示例法”的情形，即先列举几个例子，然后用“等”“其他”来兜底概括，比如“对正在进行行凶、杀人、抢劫、强奸、绑架以及其他严重危及人身安全的暴力犯罪，采取防卫行为，造成不法侵害人伤亡的，不属于防卫过当，不负刑事责任”。对于此处的“其他”就应当进行同类解释，即与“行凶、杀人、抢劫、强奸、绑架”等暴力犯罪程度相当的严重危及人身安全的暴力犯罪。注意，对于这些兜底规定的含义不能随意扩大，而应当先概括出前面例子的“共同特征”，再用这些“共同特征”来解释兜底规定的意思。因此，B选项是正确的。

C选项，当然解释一定是有两个事实，即甲事实和乙事实，乙事实是甲事实在性质、种类上的递增或者减少，因此用“举轻以明重、举重以明轻”的原理来解决出罪与入罪的问题，因此在运用当然解释的场合，能够看出这两个事实有性质上、程度上、规模上的增加或者减少。然而“明知是捏造的损害他人名誉的事实，在信息网络上散布的行为”与“捏造事实诽谤他人”这两个事实之间，并不存在增加或减少的递进关系，因此也不是当然解释的运用。单纯散布损害他人名誉的事实，同样侵犯公民名誉权，因此将该行为评价为“诽谤”，不是当然解释，而是目的解释，即符合立法者设计诽谤罪的规范保护。因此，C选项是错误的。

D选项“尸体”经过火化变成“骨灰”，在日常观念上，两者属于不同的事物。所以不能把尸体评价为骨灰或者把骨灰评价为尸体，如果硬要将“骨灰”评价为“尸体”则超出了“尸体”的文义射程，也超出了国民的预测可能性，属于类推解释。因此，D选项是错误的。（注意：《刑法修正案（九）》已将“盗窃、侮辱尸体罪”，改为“盗窃、侮辱、故意毁坏尸体、尸骨、骨灰罪”）

【答案】B

【2013－2－3】关于刑法解释，下列哪一选项是**错误**的？（ ）

A. 学理解释中的类推解释结论，纳入司法解释后不属于类推解释

B. 将大型拖拉机解释为《刑法》第116条破坏交通工具罪的“汽车”，至少是扩大解释乃至是类推解释

C.《刑法》分则有不少条文并列规定了“伪造”与“变造”，但不排除在其他一些条文中将“变造”解释为“伪造”的一种表现形式

D.《刑法》第65条规定，不满18周岁的人不成立累犯；《刑法》第356条规定，因走私、贩卖、运输、制造、非法持有毒品罪被判过刑，又犯本节规定之罪的，从重处罚。根据当然解释的原理，对不满18周岁的人不适用《刑法》第356条

扫码听课

大咖点拨区

扫码听课

【考点】刑法的解释

【解析】A选项，学理解释中的类推解释在被纳入司法解释后，尽管变成有权解释，具有法律效力，但不能改变它类推解释的性质，从另一个角度来说现有的司法解释中确实存在着违反罪刑法定原则的类推解释，应当被质疑。因此，A选项是错误的。（对于一些法无明文规定的行为，经常有人主张最高人民法院应当作出司法解释，从而为处罚该行为提供法律依据，事实上最高人民法院也无权在法无明文规定的前提下，将某种行为规定为犯罪，即使披上了司法解释的外衣，也是类推解释。）

B选项，"大型拖拉机"是否属于"汽车"，在理论界存在不同观点。部分学者认为"大型拖拉机"应当解释为属于"汽车"，但有些学者认为"大型拖拉机"解释为"汽车"属于类推解释，选项中兼顾扩大解释和类推解释两种观点，无论认为属于扩大解释还是类推解释，都说明将"汽车"解释为包括"拖拉机"是对于"汽车"本来含义的扩张。因此，B选项是正确的。

C选项，如果对于同一事物，法条中并列规定了"伪造"与"变造"，此时"伪造"和"变造"就各司其职，不能相互包括，例如伪造货币罪与变造货币罪；但如果对于同一事物，法条只规定了"伪造"而没有规定"变造"，比如信用卡诈骗罪的行为方式，只规定了使用"伪造"的信用卡，并没有规定使用"变造"的信用卡，此时就应当将伪造作扩大解释，解释为包含"变造"。所以同样的"伪造"，在有些条文中包含"变造"，在有些条文不包含"变造"，这种解释的理由就是体系解释。因此，C选项是正确的。

D选项，累犯和毒品再犯的区别：累犯在法律后果上比毒品再犯要严厉的多，是刑事政策打击的重点，累犯行为属于重行为，毒品再犯行为属于轻行为，刑法不处罚不满18周岁的人的累犯行为（重行为），当然不会处罚不满18周岁的人的轻行为，解释的理由属于当然解释。因此，D选项是正确的。

【答案】A

【2011－2－51】①对于同一刑法条文中的同一概念，既可以进行文理解释也可以进行论理解释

②一个解释者对于同一刑法条文的同一概念，不可能同时既作扩大解释又作缩小解释

③刑法中类推解释被禁止，扩大解释被允许，但扩大解释的结论也可能是错误的

④当然解释追求结论的合理性，但并不必然符合罪刑法定原则

关于上述4句话的判断，下列哪些选项是错误的？（　　）

A. 第①句正确，第②③④句错误

B. 第①②句正确，第③④句错误

C. 第①③句正确，第②④句错误

D. 第①③④句正确，第②句错误

【考点】刑法的解释

【解析】第①句，论理解释是参照刑法产生的原因、理由、沿革及其他有关事项，阐明刑法含义的解释方法（包括：扩大、缩小、补正）侧重于提供一种解释的技巧。文理解释是根据刑法用语的文义以及其通常的使用方法阐释条文意思

的解释方法，侧重于提供一种解释的理由，论理解释和文理解释不是对立关系，在对同一法条进行解释时，两者是可以并用的。因此，第①句是正确的。

第②句，扩大解释和缩小解释是解释的技巧，在对同一法条中同一概念进行解释的时候只能选择一种解释技巧，也就是说一法条要么作扩大解释要么作缩小解释，而不能同时扩大或缩小。因此，第②句是正确的。

第③句解释的方法是正确的但是不代表解释的结论就一定正确，比如扩大解释是被允许的解释方法，但根据扩大解释得出的结论，未必符合罪刑法定原则。例如将伪造货币罪中的“伪造”扩大解释为包括“变造”，则违反罪刑法定原则，因而是错误的。第③句正确。

第④句，和前一句一样，解释方法正确不代表解释结论正确，该结论也不必然符合罪刑法定原则。因此，第④句是正确的。

【答案】ABCD

【2017－2－51】根据有关司法解释，关于利用互联网实施的犯罪行为，下列哪些说法是正确的？（　　）

A. 在网络上建立赌博网站的，属于开设赌场

B. 通过网络传播淫秽视频的，属于传播淫秽物品

C. 在网络上传播电子盗版书的，属于复制发行他人文字作品

D. 盗用他人网络账号、密码上网，造成他人电信资费损失的，属于盗窃他人财物

【考点】重点司法解释的掌握

【解析】A选项，《最高人民法院、最高人民检察院关于办理赌博刑事案件具体应用法律若干问题的解释》第2条规定：“以营利为目的，在计算机网络上建立赌博网站，或者为赌博网站担任代理，接受投注的，属于刑法第三百零三条规定的开设赌场。”因此，A选项是正确的。

B选项，《最高人民法院、最高人民检察院关于办理利用互联网、移动通讯终端、声讯台制作、复制、出版、贩卖、传播淫秽电子信息刑事案件具体应用法律若干问题的解释》第1条规定：“以牟利为目的，利用互联网、移动通讯终端制作、复制、出版、贩卖、传播淫秽电子信息，具有下列情形之一的，依照刑法第三百六十三条第一款的规定，以制作、复制、出版、贩卖、传播淫秽物品牟利罪定罪处罚。”因此，B选项是正确的。

C选项，《最高人民法院、最高人民检察院关于办理侵犯知识产权刑事案件具体应用法律若干问题的解释（二）》第11条第3款规定：“通过信息网络向公众传播他人文字作品、音乐、电影、电视、录像作品、计算机软件及其他作品的行为，应当视为刑法第二百一十七条规定的复制发行。”因此，C选项是正确的。

D选项，《最高人民法院关于审理扰乱电信市场管理秩序案件具体应用法律若干问题的解释》第8条规定：“盗用他人公共信息网络上网账号、密码上网，造成他人电信资费损失数额较大的，依照刑法第二百六十四条的规定，以盗窃罪定罪处罚。”因此，D选项是正确的。

【答案】ABCD

大咖点拨区

扫码听课

大咖点拨区

扫码听课

【2014－2－1】关于公平正义理念与罪刑相适应原则的关系，下列哪一选项是**错误**的？（　　）

A. 公平正义是人类社会的共同理想，罪刑相适应原则与公平正义相吻合

B. 公平正义与罪刑相适应原则都要求在法律实施中坚持以事实为根据、以法律为准绳

C. 根据案件特殊情况，为做到罪刑相适应，促进公平正义，可由最高法院授权下级法院，在法定刑以下判处刑罚

D. 公平正义的实现需要正确处理法理与情理的关系，罪刑相适应原则要求做到罪刑均衡与刑罚个别化，二者并不矛盾

【考点】罪刑相适应原则

【解析】A、B选项，罪刑相适应就是为了在刑法领域实现公平正义。因此，A、B选项是正确的。

C选项，不能以公平正义为名来突破罪刑法定原则，在刑事司法中没有法定事由是不能在法定刑以下判处刑罚，除非有非常特殊的情形，要报请最高人民法院，一案一报一核准，而不是授权。因此，C选项是错误的。

D选项，在执法和司法过程中，既要遵循法律、法规的相关规定，也要参照其他社会规范，同时适当考虑人民群众的普遍性情感，既要维护执法的严肃性，又要考虑社会现实状况和人民群众的接受程度，在不违反法律规定的前提下，能动地运用法律技术和法律手段，兼顾法理与情理的要求。而罪刑相适应原则要求既要刑罚均衡，又要根据犯罪人的自身情况确定与之相适应的刑罚，即刑罚个别化，这也体现了普遍与特殊的关系，二者并不矛盾。因此，D选项是正确的。

【答案】C

扫码听课

【2014－2－51】下列哪些选项<u>不违反</u>罪刑法定原则？（　　）

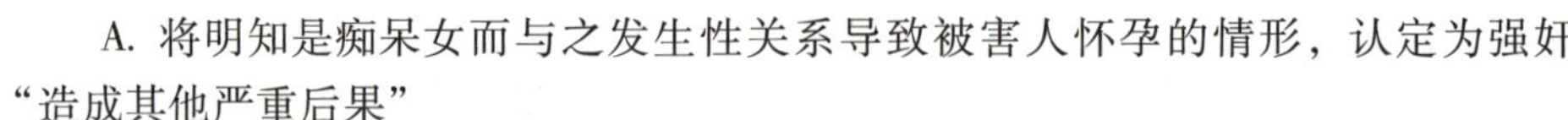

A. 将明知是痴呆女而与之发生性关系导致被害人怀孕的情形，认定为强奸“造成其他严重后果”

B. 将卡拉OK厅未经著作权人许可大量播放其音像制品的行为，认定为侵犯著作权罪中的“发行”

C. 将重度醉酒后在高速公路超速驾驶机动车的行为，认定为以危险方法危害公共安全罪

D. 《刑法》规定了盗窃武装部队印章罪，未规定毁灭武装部队印章罪。为弥补处罚漏洞，将毁灭武装部队印章的行为认定为毁灭“国家机关”印章

【考点】罪刑法定原则

【解析】A选项，将“导致被害人怀孕”解释为“造成其他严重后果”，没有超出国民的预测可能性，也没有超过用语本来可能具有的含义，所以不违反罪刑法定原则的要求。因此，A选项是正确的。

B选项，“发行”可以是出租、出售、出借、赠与、散发，但要有一定的载体，且取得之人可以反复使用。将卡拉OK厅未经著作权人许可大量播放其音像制品的行为，由于没有载体，也不可能反复进行，因此不能评价为“发行”。因此，B选项是错误的。

C选项，以危险方法危害公共安全和危险驾驶罪的区别在于前罪是具体的危险犯，构成犯罪达到既遂程度要给公共安全带来现实、紧迫、直接的危险；后罪

是抽象的危险犯，只要醉酒并驾驶就认为行为给公共安全带来了一种抽象的危险，前罪的法定刑远远重于后罪。选项中重度醉酒还在高速公路上超速行驶已经可以给公共安全带来现实紧迫直接的危险，此时不再是危险驾驶罪可以评价的了，应当评价为以危险方法危害公共安全罪。因此，C选项是正确的。

D选项，武装部队机关当然属于国家机关，国家机关包含五类：①权力机关；②行政机关；③司法机关；④军事机关；⑤监察机关。所以毁灭“武装部队”印章的行为可以认定为毁灭“国家机关”印章。因此，D选项是正确的。

【答案】ACD

大咖点拨区

扫码听课

【2013-2-2】关于社会主义法治理念与罪刑法定原则的关系有以下观点

①罪刑法定的思想基础是民主主义与尊重人权主义，具备社会主义法治理念的本质属性

②罪刑法定既约束司法者，也约束立法者，符合依法治国理念的基本要求

③罪刑法定的核心是限制国家机关权力，保障国民自由，与执法为民的理念相一致

④罪刑法定是依法治国理念在刑法领域的具体表现

关于上述观点的正误，下列哪一选项是正确的？（　　）

A. 第①句正确，第②③④句错误

B. 第①③句正确，第②④句错误

C. 第①②③句正确，第④句错误

D. 第①②③④句均正确

【考点】罪刑法定原则

【解析】现代罪刑法定原则的思想基础是民主主义和保障人权主义。首先，民主意味着在一个国家内重大的公共事项要由人民来决定，而什么是犯罪以及如何处罚犯罪，在任何一个国家无疑都是重大事项，因此应当交由人民来决定，即由民选的代表组成立法机关（在我国就是全国人民代表大会及其常务委员会），再根据法定的程序制定生成刑法，这样的刑法一经制定就是民意的凝结。遵守刑法就等于尊重民意；其次，人权主义也称为自由主义，所谓自由，就是做法律所许可的事情的权利。罪刑法定原则要求，什么行为是犯罪以及对犯罪将处以怎样的刑罚，必须以明确的方式写在成文的刑法典中，这不仅仅是对于法官自由裁量权的限制，更是公民行动的指示牌，公民可以根据法律的规定，选择自己的行为，安排自己的生活，并且可以确信，只要自己没有实施法律所禁止的行为，就是安全的，就不会受到国家刑罚权的肆意侵犯。①正确。

罪刑法定原则主要是对司法者的限制，但是实质的罪刑法定原则要求立法具有明确性以及保障公民的行动自由，从而体现了对立法者的约束。②正确。

罪刑法定原则是和社会主义法治理论高度相一致的。这四句话都体现出罪刑法定原则和社会法治理论的一致性。③④正确。因此，D选项是正确的。

【答案】D

扫码听课

【2017-2-1】关于刑事司法解释的时间效力，下列哪一选项是正确的？（　　）

A. 司法解释也是刑法的渊源，故其时间效力与《刑法》完全一样，适用从旧兼从轻原则

大咖点拨区

B. 行为时无相关司法解释，新司法解释实施时正在审理的案件，应当依新司法解释办理

C. 行为时有相关司法解释，新司法解释实施时正在审理的案件，仍须按旧司法解释办理

D. 依行为时司法解释已审结的案件，若适用新司法解释有利于被告人的，应依新司法解释改判

【考点】司法解释的时间效力

【解析】A选项，司法解释不是刑法的渊源。刑法的渊源包括刑法典、单行刑法、附属刑法；而且司法解释的溯及力与刑法的溯及力也不完全一致，A是错误的。B、C选项，行为时刑法已经生效的，司法解释不过是对刑法条文含义的阐明，是附属于刑法的文本，所以可以适用于其实施之前正在审理尚未审结的案件，即对于司法解释不适用从旧兼从轻的原则。因此，B选项是正确的，C选项是错误的。D选项，为了保障刑事法律的权威性，保障刑事判决的稳定性，刑法的时间效力所探讨的对象是在新法颁布前已经审理，但在新法颁布后尚未审结的案件，而非已经审结的案件。因此，D选项是错误的。

【注意】根据2001年12月7日《最高人民法院、最高人民检察院关于适用刑事司法解释时间效力问题的规定》：

1. 司法解释自发布或者规定之日起施行，效力适用于法律的施行期间；

2. 对于司法解释实施前发生的行为，行为时没有相关司法解释，司法解释施行后尚未处理或者正在处理的案件，依照司法解释的规定办理；

3. 对于新的司法解释实施前发生的行为，行为时已有相关司法解释，依照行为时的司法解释办理，但适用新的司法解释对犯罪嫌疑人、被告人有利的，适用新的司法解释；

4. 对于在司法解释施行前已办结的案件，按照当时的法律和司法解释，认定事实和适用法律没有错误的，不再变动。

【答案】B

扫码听课

【2012-2-2】甲与乙女恋爱。乙因甲伤残提出分手，甲不同意，拉住乙不许离开，遭乙痛骂拒绝。甲绝望大喊："我得不到你，别人也休想"，连捅十几刀，致乙当场惨死。甲逃跑数日后，投案自首，有悔罪表现。关于本案的死刑适用，下列哪一说法符合法律实施中的公平正义理念？（　　）

A. 根据《刑法》规定，当甲的杀人行为被评价为"罪行极其严重"时，可判处甲死刑

B. 从维护《刑法》权威考虑，无论甲是否存在从轻情节，均应判处甲死刑

C. 甲轻率杀人，为严防效尤，即使甲自首悔罪，也应判处死刑立即执行

D. 应当充分考虑并尊重网民呼声，以此决定是否判处甲死刑立即执行

【考点】死刑的适用

【解析】A选项，适用死刑首先条件就是罪行极其严重。因此，如果甲的杀人行为被评价为"罪行极其严重"，则可以判处死刑。A选项是正确的。

B选项，"均应"的表述错误，无论是否存在从轻情节，一定要判处死刑的说法不符合社会主义法治理念和宽严相济的刑事政策。因此，B选项是错误的。

C选项，严防效尤的表述存在严重问题，威慑功能是刑罚的功能之一，但是

不能为了威慑他人，而不顾行为人的从宽处罚情节，直接判处死刑立即执行，这种做法等于将生命作为威慑他人的工具，是严重违反现代刑法理念的。因此，C选项是错误的。

D选项，定罪和量刑必须严格依照现行刑法的规定，不能因为舆论而影响法律的公平正义，否则将违反罪刑法定原则。因此，D选项是错误的。

【答案】A

【2012-2-3】关于罪刑法定原则有以下观点：(　　)

①罪刑法定只约束立法者，不约束司法者

②罪刑法定只约束法官，不约束侦查人员

③罪刑法定只禁止类推适用刑法，不禁止适用**习惯法**

④罪刑法定只禁止不利于被告人的事后法，不禁止有利于被告人的事后法

下列哪一选项是正确的？

A. 第①句正确，第②③④句错误

B. 第①②句正确，第③④句错误

C. 第④句正确，第①②③句错误

D. 第①③句正确，第②④句错误

【考点】罪刑法定原则

【解析】第①、②句，罪刑法定原则既约束立法者也约束司法者。首先约束司法者，定罪量刑要以刑法为依据。司法者包括具有侦查、检察、审判职责的国家工作人员；然后约束立法者，罪刑法定原则有一项内容是确定的罪刑法定，要求刑罚法规明确，不得规定绝对不定期刑罚，不得规定残酷违反人道刑罚。因此，第①、②句是错误的。

第③句，习惯法不能作为定罪量刑的依据，不能成为刑法的渊源，罪刑法定原则禁止适用习惯法。因此，第③句是错误的。

第④句，要求国民遵循尚未生效的法律，是对行动自由的侵犯。法不溯及既往是避免事后突袭性地恶化行为人的地位，使人民对于其行为之后果具有预测可能性。当然罪刑法定原则的本质是限制国家刑罚权，保障公民人权，所以禁止事后法仅仅禁止不利于行为人的事后法，而不禁止有利于行为人的事后法，二者统一于罪刑法定原则的本质要求。因此，第④句是正确的。

【答案】C

【2011-2-1】关于社会主义法治理念与罪刑法定的表述，下列哪一理解是**不准确**的？(　　)

A. 依法治国是社会主义法治的核心内容，罪刑法定是依法治国在刑法领域的集中体现

B. 权力制约是依法治国的关键环节，罪刑法定充分体现了权力制约

C. 人民民主是依法治国的政治基础，罪刑法定同样以此为思想基础

D. 执法为民是社会主义法治的本质要求，网民对根据《刑法》规定作出的判决持异议时，应当根据民意判决

【考点】罪刑法定原则

【解析】A选项，罪刑法定本身就是依法治国在刑法领域的集中体现。因此，A选项是正确的。

大咖点拨区

扫码听课

扫码听课

大咖点拨区

扫码听课

B 选项，罪刑法定原则的核心内涵和精神实质就是为了要约束国家的刑罚权。因此，B 选项是正确的。

C 选项，罪刑法定原则的思想基础是人权和民主。因此，C 选项是正确的。

D 选项，“民意”是指一国范围内的整体民意。民选的代表组成的立法机关制定生成的刑法，是民意的凝结，尊重刑法才是尊重民意。网民的不专业和不理智的片面评价是不能称之为民意的。因此，D 选项是错误的。

【答案】D

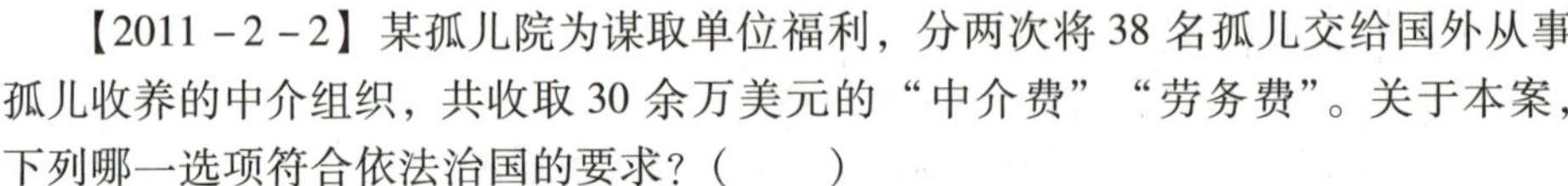

【2011－2－2】某孤儿院为谋取单位福利，分两次将 38 名孤儿交给国外从事孤儿收养的中介组织，共收取 30 余万美元的“中介费”“劳务费”。关于本案，下列哪一选项符合依法治国的要求？（　　）

A. 因《刑法》未将此行为规定为犯罪，便不能由于本案社会影响重大，就以刑事案件查处

B. 本案可追究孤儿院及其主管人员、直接责任人的刑事责任，以利于促进政治效果与社会效果的统一

C. 报请全国人大常委会核准后，本案可作为单位拐卖儿童犯罪处理，以利于进一步发挥法律维护社会稳定的作用

D. 可追究主管人员与其他直接责任人的刑事责任，以利于促进法律效果、政治效果与社会效果的统一

【考点】罪刑法定原则，犯罪主体

【解析】A 选项，在不违反罪刑法定原则的前提下，可以对孤儿院的工作人员定罪量刑，因为孤儿院的工作人员实际上实施了拐卖儿童的行为。因此，A 选项是错误的。

B 选项，拐卖儿童罪是自然人犯罪，单位不会构成本罪，所以不能追究孤儿院的责任，否则就违反罪刑法定原则。因此，B 选项是错误的。

C 选项，全国人大常委会在法定的立法程序之外，无权突破刑法的规定。因此，C 选项是错误的。

D 选项，孤儿院拐卖儿童的行为中必然包含着作为主要负责的自然人拐卖儿童的行为，因此追究主管人员与其他直接责任人的刑事责任，既不违反罪刑法定原则，又有助于实现社会效果、政治效果与法律效果的统一。D 选项是正确的。

【答案】D

大咖点拨区

专题二　犯罪构成

扫码听课

【2014－2－4】关于构成要件要素，下列哪一选项是错误的？（　　）

A. 传播淫秽物品罪中的“淫秽物品”是规范的构成要件要素、客观的构成要件要素

B. 签订、履行合同失职被骗罪中的“签订、履行”是记述的构成要件要素、积极的构成要件要素

C. “被害人基于认识错误处分财产”是诈骗罪中的客观的构成要件要素、不成文的构成要件要素

D. “国家工作人员”是受贿罪的主体要素、规范的构成要件要素、主观的构成要件要素

【考点】构成要件要素的分类

【解析】A 选项，规范的构成要件要素，是只有通过精神的理解、价值的判断才能够确定的要素。“淫秽物品”要结合每个人的价值观和感觉观念来进行判断，所以是规范的构成要件要素；同时“淫秽物品”是传播淫秽物品罪中的犯罪对象，是客观存在的，因此“淫秽物品”既是规范的构成要件要素，也是客观的构成要件要素。因此，A 选项是正确的。

B 选项，“签订、履行”是只需要事实判断，不需要进行价值评价的要素，同时也是表征犯罪成立的要素，即本罪的成立必须在签订、履行合同的过程中，因此既是记述的构成要件要素，也是积极的构成要件要素。因此，B 选项是正确的。

C 选项，“被害人基于认识错误处分财产”中的核心词是“处分财产”，而“处分财产”是客观的构成要件要素，而且刑法中“主观的构成要件要素”，是表明行为人内心的、主观方面的构成要件要素。如故意、过失、目的等，显然“被害人基于认识错误”并不是行为人的主观方面，因此不属于主观的构成要件要素。此外，法条中没有虽然写明，但是对于诈骗罪来讲“被害人基于认识错误处分财产”是犯罪成立的关键，所以它也是不成文的构成要件要素。因此，C 选项是正确的。

D 选项，“国家工作人员”是行为人的身份，属于客观的构成要件要素，也属于规范的构成要件要素中需要法律评价的要素。因此，D 选项是错误的。

【答案】D

扫码听课

【2012－2－51】《刑法》第 246 条规定：“以暴力或者其他方法公然侮辱他人或者捏造事实诽谤他人，情节严重的，处三年以下有期徒刑、拘役、管制或者剥夺政治权利。”关于本条的理解，下列哪些选项是正确的？（　　）

A. “以暴力或者其他方法”属于客观的构成要件要素

B. “他人”属于记述的构成要件要素

C. “侮辱”“诽谤”属于规范的构成要件要素

大咖点拨区

D. “三年以下有期徒刑、拘役、管制或者剥夺政治权利”属于相对确定的法定刑

【考点】构成要件要素的分类，法定刑的分类

【解析】A选项，“以暴力或者其他方法”是行为方式，不涉及人的内心事实，属于客观的构成要件要素。因此，A选项是正确的。

B选项，“他人”是自己之外的旁人，只需要事实判断，不需要价值判断，因此属于记述的构成要件要素。因此，B选项是正确的。

C选项，“侮辱”“诽谤”需要经过价值判断，需要结合每个人的经验和感受，不是单纯依据事实就可以做出判断的。所以是规范的构成要件要素。因此，C选项是正确的。

D选项，罪刑法定原则要求相对确定的法定刑，禁止绝对不确定的法定刑。“三年以下有期徒刑、拘役、管制或者剥夺政治权利”规定了刑罚的种类与幅度，属于相对确定的法定刑。因此，D选项是正确的。

【答案】ABCD

大咖点拨区

专题三　客观要件

【2020 网络回忆版】关于行为主体，下列说法正确的是？（　　）

A. 单位分支机构或内设机构不是独立法人单位，不能成为单位犯罪的主体

B. 犯罪集团和聚众犯罪的首要分子是一种特殊的身份犯

C. 已满 14 周岁不满 16 周岁的人绑架杀人的，对杀人行为具备责任年龄，对绑架行为不具备责任年龄

D. 单位犯罪本质上是单位主管人员、直接责任人员构成的特殊的共同犯罪

【考点】犯罪主体

【解析】A 选项，单位的分支机构、内设机构具备两个条件即可成为单位犯罪的主体：①以自己名义犯罪；②违法所得归该机构。A 选项错误。

B 选项，刑法中的“身份”必须在犯罪开始时就具有，而不是通过犯罪行为获得的身份。“首要分子”是通过犯罪行为获得的身份，不属于身份犯；B 选项错误。

C 选项，根据《刑法》第 17 条“已满十四周岁不满十六周岁的人，犯故意杀人、故意伤害致人重伤或者死亡、强奸、抢劫、贩卖毒品、放火、爆炸、投放危险物质罪的，应当负刑事责任。”已满 14 周岁不满 16 周岁的人不能对绑架罪承担刑事责任，但是可以对故意杀人行为承担刑事责任。C 选项正确。

D 选项，单位犯罪的本质就是单位作为独立主体的犯罪，并不是内部人员之间形成的共同犯罪。D 选项错误。

【答案】C

【2019 网络回忆版】某电器公司与某物流公司是母公司与子公司的关系。两个公司共同实施吸收公众存款行为，涉嫌非法吸收公众存款罪，共吸收存款 5 亿元。关于单位犯罪，下列说法正确的有？（　　）

A. 如果电器公司和物流公司均构成单位犯罪，则两个单位犯罪可构成共同犯罪

B. 如果电器公司构成单位犯罪，但无法认定物流公司构成单位犯罪，那么可以追究物流公司中直接责任人员的自然人犯罪，并且该直接责任人员与电器公司可以构成共同犯罪

C. 如果物流公司构成单位犯罪，但无法认定电器公司构成单位犯罪，那么可以追究电器公司中直接责任人员的自然人犯罪，并且该直接责任人员与物流公司可以构成共同犯罪

D. 如果无法认定电器公司、物流公司构成单位犯罪，那么可以追究电器公司、物流公司中直接责任人员的自然人犯罪，并且两个公司中的直接责任人员可以构成共同犯罪

【考点】单位犯罪与自然人犯罪的关系

【解析】根据 2014 年《全国人大常委会关于〈中华人民共和国刑法〉第 30

大咖点拨区

扫码听课

扫码听课

条的解释》:“公司、企业、事业单位、机关、团体等单位实施刑法规定的危害社会的行为,刑法分则和其他法律未规定追究单位的刑事责任的,对组织、策划、实施该危害社会行为的人依法追究刑事责任。”由此可见,单位犯罪内部一定存在着自然人的犯罪行为,所以当无法认定单位构成犯罪时,可以认定为自然人犯罪,从而形成“自然人+自然人”或者“自然人+单位”或者“单位+单位”的组合。

【答案】ABCD

【2015-2-54】关于单位犯罪,下列哪些选项是正确的?( )

A. 就同一犯罪而言,单位犯罪与自然人犯罪的既遂标准完全相同

B. 《刑法》第170条未将单位规定为伪造货币罪的主体,故单位伪造货币的,相关自然人不构成犯罪

C. 经理赵某为维护公司利益,召集单位员工殴打法院执行工作人员,拒不执行生效判决的,成立单位犯罪

D. 公司被吊销营业执照后,发现其曾销售伪劣产品20万元。对此,应追究相关自然人销售伪劣产品罪的刑事责任

【考点】单位犯罪与自然人犯罪的关系

【解析】A选项,单位犯罪和自然人犯罪的区别仅仅是犯罪主体的区别,构成要件和保护的法益都是一样的,所以构成犯罪既遂的标准相同。因此,A选项是正确的。

B选项,单位伪造货币的,单位不能构成犯罪,但是相关自然人还是能构成犯罪,可以追究相关自然人的刑事责任。因此,B选项是错误的。

C选项,【拒不执行判决、裁定罪】“对人民法院的判决、裁定有能力执行而拒不执行,情节严重的,处三年以下有期徒刑、拘役或者罚金;情节特别严重的,处三年以上七年以下有期徒刑,并处罚金。

单位犯前款罪的,对单位判处罚金,并对其直接负责的主管人员和其他直接责任人员,依照前款的规定处罚。”《刑法修正案(九)》的规定,拒不执行判决、裁定罪的犯罪主体可以是单位。因此,根据现行法律,C选项是正确的。

D选项,2002年《最高人民检察院关于涉嫌犯罪单位被撤销、注销、吊销营业执照或者宣告破产的应如何进行追诉问题的批复》规定“涉嫌犯罪的单位被撤销、注销、吊销营业执照或者宣告破产的,应当根据刑法关于单位犯罪的相关规定,对实施犯罪行为的该单位直接负责的主管人员和其他直接责任人员追究刑事责任,对该单位不再追诉。”因此,公司虽然被吊销营业执照了,但是相关自然人依旧要追究刑事责任。因此,D选项是正确的。

【答案】ACD

【2010-2-53】关于单位犯罪,下列哪些选项是错误的?( )

A. 单位只能成为故意犯罪的主体,不能成为过失犯罪的主体

B. 单位犯罪时,单位本身与直接负责的主管人员、直接责任人员构成共同犯罪

C. 对单位犯罪一般实行双罚制,但在实行单罚制时,只对单位处以罚金,不处罚直接负责的主管人员与直接责任人员

D. 对单位犯罪只能适用财产刑,既可能判处罚金,也可能判处没收财产

大咖点拨区

【考点】单位犯罪

【解析】A 选项，单位可以成立过失犯罪，比如工程重大安全事故罪就是单位的过失犯罪。（第 137 条“建设单位、设计单位、施工单位、工程监理单位违反国家规定，降低工程质量标准，造成重大安全事故的，对直接责任人员，处五年以下有期徒刑或者拘役，并处罚金；后果特别严重的，处五年以上十年以下有期徒刑，并处罚金。”）因此，A 选项是错误的。

B 选项，单位犯罪的时候，犯罪主体只有单位，不存在和直接负责的主管人员、直接责任人员存在共同犯罪的问题。因此，B 选项是错误的。

C 选项，单位犯罪在实行单罚制时，只处罚自然人而不是只处罚单位。因此，C 选项是错误的。

D 选项，单位承担刑事责任的方式是财产刑，但是只有罚金刑而没有没收财产（因为，对于单位没收财产会殃及无辜的股东或者职工）。因此，D 选项是错误的。

【答案】ABCD

【2021 网络回忆版】关于不作为犯罪，下列选项正确的是？（ ）

A. 猎人甲在野外捡到一个小孩带回家养了两人，其妻子嫌弃小孩麻烦，于是甲又将小孩放置于菜市场。甲的行为构成遗弃罪

B. 乙带其小狗出去散步，后该狗将某路人咬了。乙觉得是狗的事情，便放任不管，任凭小狗撕咬路人，后来路人被咬死。乙不构成犯罪

C. 丙在办公室用电炉煮面，期间，其手中的文件不慎掉入电炉而着火。丙本来应该及时扑灭该火，但是考虑到万一被他人发现可能会被单位辞退，于是及时逃离现场。后大火烧毁了办公室及隔壁办公室。丙的行为构成不作为的失火罪

D. 丁售卖药品后，经购买者反馈，才发现药品质量有问题，对人体有害。但是丁还是继续售卖，没有告诉消费者，没有召回已经出售的有质量问题的药品，给消费者身体健康造成严重危害。丁不召回已经出售的存在质量问题的药品的行为，成立不作为犯罪

扫码听课

【考点】不作为犯罪

【解析】A 选项，甲因为自愿行为而产生的保护义务。在法益处于无助或者脆弱状态时，行为人自愿承担保护义务，使法益的保护依赖于行为人时，行为人必须继续承担保护义务，甲又将小孩放置于菜市场的行为应当成立遗弃罪。因此，A 选项是正确的。

B 选项，狗是主人乙所监管的危险的物，在狗撕咬路人时主人乙具有阻止义务，不阻止而导致路人被咬死，乙构成不作为犯罪。因此，B 选项是错误的。

C 选项，丙的行为导致电炉着火，明知不灭火可能引发火灾，而仍然逃离现场，主观上是间接故意，因此应当成立不作为的放火罪，而不是失火罪。因此，C 选项是错误的。

D 选项，丁出售的药品对人体有害，属于先前行为引起的危险，丁有义务召回药品，防止危险变成损害结果，丁不召回的行为构成不作为的销售劣药罪。因此，D 选项是正确的。

【答案】AD

大咖点拨区

扫码听课

扫码听课

【2020网络回忆版】下列哪些情况构成不作为犯罪？（　　）

A. 哥哥看到成年的弟弟杀死自己的父亲而不制止，构成故意杀人罪

B. 父亲看到自己13岁的孩子盗窃的而不制止，构成盗窃罪

C. 丈夫看到妻子伤害岳母而不制止，构成故意伤害罪

D. 甲女看到女儿乙遗弃自己的小孩，不管不问，构成遗弃罪

【考点】不作为犯罪的义务来源

【解析】A选项，哥哥的制止义务来源于他与父亲的特殊关系，即与法益无助状态的特殊关系产生的义务，不制止，构成不作为的故意杀人罪。A正确。

B选项，父亲对于其未成年子女负有监督管理义务，即父母、监护人有义务阻止年幼子女、被监护人的法益侵害行为，不阻止构成不作为的盗窃罪。B正确。

C选项，丈夫对于妻子不具有监督管理义务；丈夫对于岳母也没有法律上的扶养和救助义务，情感和道义上的救助义务，不能成为不作为犯罪的义务来源。C错误。

D选项，甲女对于其成年子女不负有监督管理义务，成年子女的法益侵害行为不在父母的监管范围；同时，祖父母对于孙子女也没有法律上的扶养和救助义务，情感和道义上的救助义务，不能成为不作为犯罪的义务来源。D错误。

【答案】AB

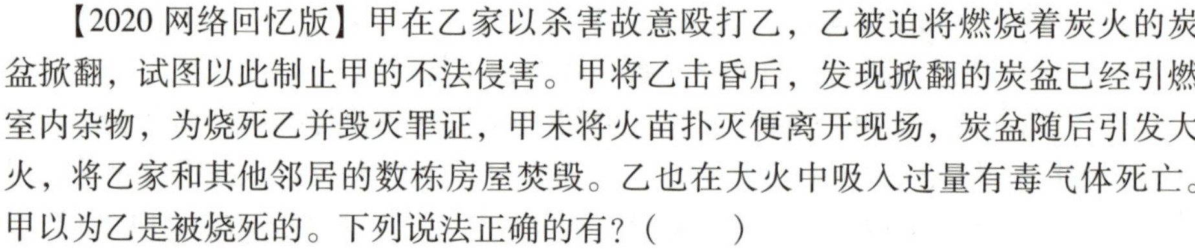

【2020网络回忆版】甲在乙家以杀害故意殴打乙，乙被迫将燃烧着炭火的炭盆掀翻，试图以此制止甲的不法侵害。甲将乙击昏后，发现掀翻的炭盆已经引燃室内杂物，为烧死乙并毁灭罪证，甲未将火苗扑灭便离开现场，炭盆随后引发大火，将乙家和其他邻居的数栋房屋焚毁。乙也在大火中吸入过量有毒气体死亡。甲以为乙是被烧死的。下列说法正确的有？（　　）

A. 虽然大火是乙引起的，但甲有灭火义务，故甲构成放火罪

B. 甲以为乙被烧死，实际是吸入有毒气体而死亡，故甲对乙的死亡仅构成故意杀人罪未遂

C. 甲的行为既有作为也有不作为，但作为与不作为互相排斥，故对甲不能数罪并罚

D. 不论如何评价甲的行为，在本案中对甲仅能以一个罪名处罚

【考点】作为与不作为

【解析】A选项，甲以杀害故意殴打乙，乙被迫将燃烧着炭火的炭盆掀翻以此制止甲的不法侵害，可以认为炭盆被掀翻并引发火灾的危险，是甲的行为创设的，客观上，甲有将火扑灭的义务，甲没有履行其义务，引发的火灾应当归因于甲的不作为；主观上，甲对于火灾的发生具有故意，因此成立不作为的放火罪。A正确。

B选项，甲以为乙被烧死，实际是吸入有毒气体而死亡，这属于狭义的因果关系认识错误，不影响故意杀人罪既遂的认定。B错误。

C选项，甲有两个行为，1.（作为）故意杀人；2.（不作为）放火，既然是两个行为，就可以数罪并罚。当然死亡结果只能归于其中一个行为，而不能被评价两次。所以，对于甲可以以故意杀人罪（既遂）和（不作为）的放火罪并罚；也可以以故意杀人罪（未遂）与（不作为）的放火罪致人死亡并罚。C错误。

D选项，错误。

大咖点拨区

扫码听课

【答案】A

【2019 网络回忆版】关于不作为犯罪，下列说法正确的有？（　　）

A. 警察李某抓捕了吸毒人员王某（女），进行强制戒毒。王某有一个 5 岁女儿独自在家，被王某锁在家里。王某将该情况告知李某，要求妥善安顿女儿。李某因疏忽而忘记此事。几天后，王某的女儿饿死在家中。李某成立不作为的玩忽职守罪

B. 吸毒人员吴某常常把自己年幼的孩子独自留在家中而出去吸毒。某次，吴某明知家中有孩子，出门十日才回家，其年幼孩子在被隔绝的家中饿死。吴某构成不作为的故意杀人罪

C. 赵某明知邻居钱某有癫痫，出于故意而与邻居钱某吵架，使其发病，浑身抽搐。赵某见状故意不救助，钱某因无人救助而死亡。赵某构成不作为的故意杀人罪

D. 孙某驾车不慎撞倒行人金某之后，为逃避法律责任，将昏迷的金某拖到隐蔽的山洞里，金某因无人救助而死亡。孙某构成不作为的故意杀人罪。

【考点】不作为犯罪

【解析】A 选项，警察将王某带去强制戒毒，使得王某 5 岁的女儿处于无人看管照料的状态，属于先行行为创设了法益危险，警察有义务排除该危险，而没有履行自己的义务，客观上属于不作为，主观上具有过失，在主客观相统一的范围内应当认定为不作为的玩忽职守罪。A 选项正确。

B 选项，吴某基于法规范而对自己的孩子产生保护义务，其不履行义务的行为直接导致孩子死亡，应当构成不作为的故意杀人罪。B 选项正确。

C 选项，赵某与钱某争吵使其发病的行为，属于先行行为为法益创设危险，赵某具有救助的义务而没有救助导致钱某死亡，主观上赵某具有杀人的故意，在主客观相统一的范围内成立不作为的故意杀人罪。C 选项正确。

D 选项，孙某将金某撞倒的行为属于为法益创设危险的行为，本应当救助金某，却将昏迷的金某拖到隐蔽的山洞里，金某因无人救助而死亡，由于金某是因为没有得到救治而死亡，因此导致金某死亡的原因还是孙某的不作为，因此孙某构成不作为的故意杀人罪。D 选项正确。

【答案】ABCD

【2018 网络回忆版】甲是间歇性精神病患者，某日与妻子乙来到自己的父母家里。甲因琐事与父母发生争吵。争吵中甲的精神病发作，在这种状态下，甲持刀砍杀父母。乙在旁边，既不阻拦，也不呼救他人。甲砍了几刀后，清醒过来，匆忙与乙离开现场。二人回到家中，乙将二人身上带血的衣服、鞋子全部洗掉了。父母因被砍而死亡。下列说法正确的有？（　　）

扫码听课

A. 甲的行为虽然不构成犯罪，但具有危害性

B. 乙洗掉甲的带血衣服、鞋子，构成帮助毁灭证据罪

C. 乙洗掉自己的带血衣服、鞋子，不构成帮助毁灭证据罪

D. 乙构成不作为的故意杀人罪

【考点】不作为犯罪

【解析】乙作为精神病甲的监护人，在本案中有作为义务。第一，甲持刀砍杀父母，乙基于监护人的义务应当阻拦，她既不阻拦也不呼救，导致甲的父母被

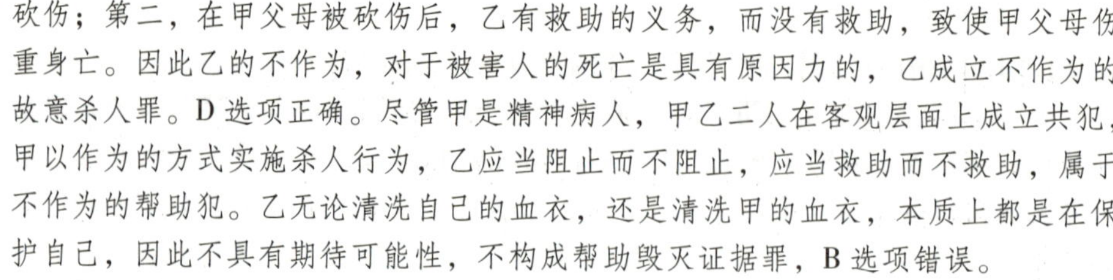

大咖点拨区

扫码听课

砍伤；第二，在甲父母被砍伤后，乙有救助的义务，而没有救助，致使甲父母伤重身亡。因此乙的不作为，对于被害人的死亡是具有原因力的，乙成立不作为的故意杀人罪。D选项正确。尽管甲是精神病人，甲乙二人在客观层面上成立共犯，甲以作为的方式实施杀人行为，乙应当阻止而不阻止，应当救助而不救助，属于不作为的帮助犯。乙无论清洗自己的血衣，还是清洗甲的血衣，本质上都是在保护自己，因此不具有期待可能性，不构成帮助毁灭证据罪，B选项错误。

【答案】ACD

【2016－2－1】关于不作为犯罪，下列哪一选项是正确的？（　　）

A. “法无明文规定不为罪”的原则当然适用于不作为犯罪，不真正不作为犯的作为义务必须源于法律的明文规定

B. 在特殊情况下，不真正不作为犯的成立不需要行为人具有作为可能性

C. 不真正不作为犯属于行为犯，危害结果并非不真正不作为犯的构成要件要素

D. 危害公共安全罪、侵犯公民人身权利罪、侵犯财产罪中均存在不作为犯

【考点】不作为犯罪

【解析】A选项“法无明文规定不为罪”的原则当然适用于不作为犯罪，但是任何一个犯罪的构成要件都不能将犯罪成立的每一个元素完整表述到位，适用的时候需要通过法律适用者的补充。因此，对于不真正不作为犯的义务来源，既包括法律的明确规定，也包括职务、业务的要求，还有可能是先行行为引起的义务。因此，A选项是错误的。

B选项，法律不会强人所难，不作为犯罪的成立需要行为人具有作为可能性，即有作为的能力，对于这个问题，真正的不作为犯和不真正的不作为犯是没有区别的。因此，B选项是错误的。

C选项，不真正不作为犯不都是行为犯，例如以不作为的方式触犯玩忽职守罪，必须给国家、人民利益造成重大损失，犯罪才成立，因此危害结果就属于该罪的构成要件要素。因此，C选项是错误的。

D选项，危害公共安全罪、侵犯公民人身权利罪、侵犯财产罪中均存在不作为犯。例如丢失枪支不报罪、遗弃罪、拒不支付劳动报酬罪都是纯正的不作为犯；此外，母亲故意不给自己的婴儿哺乳导致自己的孩子被饿死，可能成立不作为的故意杀人罪；商场的保安发现盗窃犯盗窃应当阻止而故意不阻止，可能成立不作为的盗窃罪。因此，D选项是正确的。

【答案】D

扫码听课

【2015－2－52】关于不作为犯罪，下列哪些选项是正确的？（　　）

A. 儿童在公共游泳池溺水时，其父甲、救生员乙均故意不救助。甲、乙均成立不作为犯罪

B. 在离婚诉讼期间，丈夫误认为自己无义务救助落水的妻子，致妻子溺水身亡的，成立过失的不作为犯罪

C. 甲在火灾之际，能救出母亲，但为救出女友而未救出母亲。如无排除犯罪的事由，甲构成不作为犯罪

D. 甲向乙的咖啡投毒，看到乙喝了几口后将咖啡递给丙，因担心罪行败露，甲未阻止丙喝咖啡，导致乙、丙均死亡。甲对乙是作为犯罪，对丙是不作为犯罪

大咖点拨区

【考点】不作为犯罪的成立条件

【解析】A选项，父母的救助义务来源于法律的明确规定，该义务不因为其他人（如救生员）的也负有义务而豁免；救生员的救助义务来源于职务业务的规定，该义务不因为其他人（如父母）的也负有义务而豁免。因此，A选项是正确的。

B选项，丈夫客观上有救助义务，主观上误以为自己没有义务救助救助落水的妻子，属于欠缺违法性认识，即违法性认识的错误（误以为自己不救助离婚诉讼期间的妻子是不违法的），该错误并非不可避免，不会阻却故意的成立。不是过失而是故意犯罪。因此，B选项是错误的。

C选项，甲对于母亲有法定救助义务，对于女友没有救助义务，所以如果没有排除犯罪的其他事由，甲成立不作为犯罪。因此，C选项是正确的。

D选项，甲对于乙投毒方式杀人，是积极的作为犯罪；同时，甲的先行行为创造了一个危险，让丙处于危险状态，甲对于丙有救助义务，没有救助而导致丙死亡，甲对丙是不作为犯罪。因此，D选项是正确的。

【答案】ACD

【2014-2-5】关于不作为犯罪的判断，下列哪一选项是**错误**的？（　　）

A. 小偷翻墙入院行窃，被护院的藏獒围攻。主人甲认为小偷活该，任凭藏獒撕咬，小偷被咬死。甲成立不作为犯罪

B. 乙杀丙，见丙痛苦不堪，心生悔意，欲将丙送医。路人甲劝阻乙救助丙，乙遂离开，丙死亡。甲成立不作为犯罪的教唆犯

C. 甲看见儿子乙（8周岁）正掐住丙（3周岁）的脖子，因忙于炒菜，便未理会。等炒完菜，甲发现丙已窒息死亡。甲不成立不作为犯罪

D. 甲见有人掉入偏僻之地的深井，找来绳子救人，将绳子的一头扔至井底后，发现井下的是仇人乙，便放弃拉绳子，乙因无人救助死亡。甲不成立不作为犯罪

扫码听课

【考点】不作为犯罪

【解析】A选项，在甲的封闭院落内所发生的危险，甲有救助义务，尽管甲可以正当防卫，但将小偷咬死显然是过当了，甲成立不作为犯罪。因此，A选项是正确的。

B选项，乙有救助义务，甲劝说乙不履行救助义务，就是教唆乙去实施一个不作为的犯罪，所以甲成立不作为犯罪的教唆犯。因此，B选项是正确的。

C选项，客观上，作为监护人的甲有阻止的义务；主观上，甲在发现儿子乙（8周岁）正掐住丙（3周岁）的脖子的时候应当预见可能会将丙掐死，没有阻止而导致危害结果发生，甲成立不作为犯罪。因此，C选项是错误的。

D选项，甲没有救助义务，实施救助行为后，又放弃该救助行为，其实就等于根本没有放下绳子，是没有法益侵害性的无需刑法评价的行为；而且甲仅仅是扔下了绳子，法益并没有进入到安全状态，甲也没有创设任何新的危险，因此客观上甲没有任何法益侵害事实。尽管甲主观上具有希望或者放任乙死亡的心态，但是在没有法益侵害行为的前提下，刑法是不会单纯评价一个人的主观之恶的。因此，D选项是正确的。

【答案】C

大咖点拨区

扫码听课

【2013－2－7】甲对正在实施一般伤害的乙进行正当防卫，致乙重伤（仍在防卫限度之内）。乙已无侵害能力，求甲将其送往医院，但甲不理会而离去。乙因流血过多死亡。关于本案，下列哪一选项是正确的？（　　）

A. 甲的不救助行为独立构成不作为的故意杀人罪

B. 甲的不救助行为独立构成不作为的过失致人死亡罪

C. 甲的行为属于防卫过当

D. 甲的行为仅成立正当防卫

【考点】正当防卫

【解析】A、B选项，不救助的行为不可能独立构成不作为的故意杀人罪。不救助行为一定要结合救助的义务才能构成不作为的犯罪。如果是单纯的路人，路过此处发现乙受重伤流血不止，拂袖而去是不会构成不作为的犯罪的。因此在本案中，甲之前的防卫行为创设了不法侵害人乙死亡的危险，其后的不救助使得这一危险变成实害，两者结合在一起就构成不作为犯罪。因此，A和B选项错在“独立”两个字。因此，A、B选项是错误的。

C、D选项，甲对正在实施一般伤害的乙进行正当防卫，即使造成乙重伤，仍在防卫限度内，但此时乙的伤势在恶化，有可能从重伤发展成为死亡。对于一般伤害行为，甲造成对方死亡的结果就属于过当，作为防卫人的甲就有义务防止死亡结果的出现，如果甲没有防止死亡的结果出现，导致发生了死亡结果，就要对过当的部分，即死亡结果承担防卫过当责任。因此，C选项是正确的，D选项是错误的。

【答案】C

扫码听课

【2013－2－51】关于不作为犯罪，下列哪些选项是正确的？（　　）

A. 船工甲见乙落水，救其上船后发现其是仇人，又将其推到水中，致其溺亡。甲的行为成立不作为犯罪

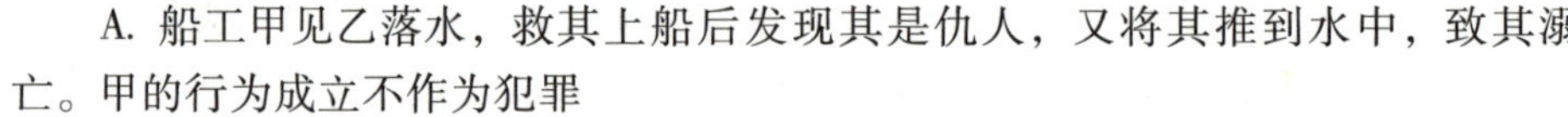

B. 甲为县公安局长，妻子乙为县税务局副局长。乙在家收受贿赂时，甲知情却不予制止。甲的行为不属于不作为的帮助，不成立受贿罪共犯

C. 甲意外将6岁幼童撞入河中。甲欲施救，乙劝阻，甲便未救助，致幼童溺亡。因只有甲有救助义务，乙的行为不成立犯罪

D. 甲将弃婴乙抱回家中，抚养多日后感觉麻烦，便于夜间将乙放到菜市场门口，期待次日晨被人抱走抚养，但乙被冻死。甲成立不作为犯罪

【考点】不作为犯罪

【解析】A选项，乙被救后，被水淹死的危险已经消失，甲以自己的身体举动积极将他推入河中，又创设了乙被水淹死的危险，这其实是一种作为的故意杀人。因此，A选项是错误的。

B选项，在家庭生活中的丈夫和妻子之间并没有职务、业务上的强制性要求，妻子受贿，丈夫并没有制止的义务，所以丈夫不成立受贿的共犯。因此，B选项是正确的。

C选项，甲对于幼童有救助义务，乙教唆甲不救助，乙构成不作为的故意杀人罪的教唆犯。因此，C选项是错误的。

D选项，甲的作为义务来源于对于法益的无助状态的特殊关系，这个特殊关系可能来自于法律明确的规定（如父母对子女），也可能来自于自愿接受行为而

形成的某种特殊关系（如本案），所以甲成立不作为的犯罪。因此，D 选项是正确的。

【答案】BD

【2012 -2 -4】下列哪一选项构成不作为犯罪？（　　）

A. 甲到湖中游泳，见武某也在游泳。武某突然腿抽筋，向唯一在场的甲呼救。甲未予理睬，武某溺亡

B. 乙女拒绝周某求爱，周某说“如不答应，我就跳河自杀”。乙明知周某可能跳河，仍不同意。周某跳河后，乙未呼救，周某溺亡

C. 丙与贺某到水库游泳。丙为显示泳技，将不善游泳的贺某拉到深水区教其游泳。贺某忽然沉没，丙有点害怕，忙游上岸，贺某溺亡

D. 丁邀秦某到风景区漂流，在漂流筏转弯时，秦某的安全带突然松开致其摔落河中。丁未下河救人，秦某溺亡

【考点】不作为犯罪

【解析】A 选项，甲与武某之间没有任何特定关系，武某的法益无助状态也不是甲创设的，因此甲对武某没有作为的义务，仅有道德上义务而已。因此，A 选项是错误的。

B 选项，周某是成年人，法律一般情况下不会干涉成年人自杀行为，这个行为由他自己来负责，而且乙女的拒绝行为不具有导致他人自杀的通常意义上的风险，他们之间没有特殊的法律上的关系，因此对周某没有救助义务。因此，B 选项是错误的。

C 选项，丙构成不作为犯罪，其作为义务来自于先行行为，丙将不善游泳的贺某拉到深水区教其游泳，就把贺某置于危险状态，这时丙就有救助、保护的义务。丙能救助而不救助，导致贺某溺亡，自然成立不作为犯罪。因此，C 选项是正确的。

D 选项，刑法中有一种救助义务是来自于合法的危险共同体，即根据一般人的社会生活经验判断是一个高危险的集体行为，则该危险就应该由大家共同承担，当一方发生危险时，其他人有义务排除危险。但在本案中，这里是在风景区漂流，在风景区游玩所引起的危险相当于日常生活中的危险，这个危险是每个人在日常生活中可能面对并应当承受的，达不到危险共同体的程度。因此，D 选项是错误的。

【答案】C

【2011 -2 -51】关于不作为犯罪，下列哪些选项是正确的？（　　）

A. 宠物饲养人在宠物撕咬儿童时故意不制止，导致儿童被咬死的，成立不作为的故意杀人罪

B. 一般公民发现他人建筑物发生火灾故意不报警的，成立不作为的放火罪

C. 父母能制止而故意不制止未成年子女侵害行为的，可能成立不作为犯罪

D. 荒山狩猎人发现弃婴后不救助的，不成立不作为犯罪

【考点】不作为犯罪

【解析】A 选项，对于自己所监管的危险的物的监管义务，危险的物来自于自己所监管的物就有救助的义务。因此，A 选项是正确的。

B 选项，灭火的义务不可能具体的依赖该发现者，而且该发现者他仅仅是一

大咖点拨区

扫码听课

扫码听课

大咖点拨区

个没有打电话报警的行为，不能够与放火罪所应具有的恶性程度相当，即不具有等价性，所以不应该成立不作为的放火罪。因此，B选项是错误的。

C选项，父母对于未成年子女，不仅有保护的义务，当未成年子女具有伤害他人的可能时，该未成年子女属于其父母所应当监督的“危险源”，父母应当阻止，不予阻止而导致危害结果发生的，则父母可能成立不作为犯罪。C选项是正确的。

D选项，对于荒山的狩猎人而言，荒山并不是他所管辖的范围，不属于他控制、支配的领域，而且狩猎人和弃婴之间也没有任何特定关系，因此狩猎人对于弃婴并无救助义务，其不救助的行为不应当成立不作为犯罪，因此，D选项是正确的。

【答案】ACD

【2010-2-52】关于不作为犯罪，下列哪些选项是正确的？（　　）

A. 甲在车间工作时，不小心使一根铁钻刺入乙的心脏，甲没有立即将乙送往医院而是逃往外地。医院证明，即使将乙送往医院，乙也不可能得到救治。甲不送乙就医的行为构成不作为犯罪

扫码听课

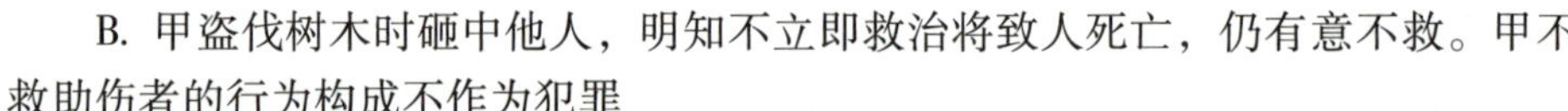

B. 甲盗伐树木时砸中他人，明知不立即救治将致人死亡，仍有意不救。甲不救助伤者的行为构成不作为犯罪

C. 甲带邻居小孩出门，小孩失足跌入粪塘，甲嫌脏不愿施救，就大声呼救，待乙闻声赶来救出小孩时，小孩死亡。甲不及时救助的行为构成不作为犯罪

D. 甲乱扔烟头导致所看仓库起火，能够扑救而不救，迅速逃离现场，导致火势蔓延财产损失巨大。甲不扑救的行为构成不作为犯罪

【考点】不作为犯罪

【解析】A选项，构成不作为犯罪不仅要求当为、能为、不为，还要求有结果避免的可能性，即如果履行了作为义务，结果不会发生，才有必要处罚不作为的行为，如果无论是否履行救助义务，结果都不可避免会发生了，即没有结果回避可能性，则不成立不作为的犯罪。据此，甲的行为不构成不作为犯罪，只就自己“不小心使一根铁钻刺入乙的心脏”的行为成立过失致人死亡罪（或者重大责任事故罪）。因此，A选项是错误的。

B选项，作为的义务来源可以来源于行为人之前的犯罪行为，盗伐行为本身就是犯罪行为，犯罪行为也会引起作为的义务，如果不作为会构成不作为犯罪。因此，B选项是正确的。

C选项，甲是嫌脏而不救助，证明甲是有救助的能力，又由于自己的先行行为将法益带入一种无助状态，因此具有救助的义务。因此，甲不及时救助的行为构成不作为犯罪，C选项是正确的。

D选项，甲不是普通公民，他是负责看护仓库的，这个职务要求他在发生火灾时予以救助，同时又由于火灾是由于甲乱扔烟头而导致的，属于先行行为引起的救助义务，其能够救助而不予救助，导致火势蔓延财产损失巨大，应当成立不作为犯罪。因此，D选项是正确的。

扫码听课

【答案】BCD

【2013-2-5】甲女得知男友乙移情，怨恨中送其一双滚轴旱冰鞋，企盼其运动时摔伤。乙穿此鞋运动时，果真摔成重伤。关于本案的分析，下列哪一选项

大咖点拨区

是正确的？（ ）

A. 甲的行为属于作为的危害行为

B. 甲的行为与乙的重伤之间存在刑法上的因果关系

C. 甲具有伤害乙的故意，但不构成故意伤害罪

D. 甲的行为构成过失致人重伤罪

【考点】因果关系

【解析】A、D选项，实行行为是具有引起法益侵害紧迫危险的行为，甲的行为仅仅是送乙一双旱冰鞋，没有引起法益侵害紧迫危险，这种行为不能被类型化的评价为伤害行为或杀人行为，仅仅是偶然的造成的伤害结果，即甲女根本就没有伤害的实行行为。因此，A、D选项是错误的，C选项是正确的。

B选项，刑法上的因果关系是实行行为与损害结果之间的引起与被引起的关系，甲送乙旱冰鞋与乙摔成重伤之间虽然具有引起与被引起的关系，但这并不是实行行为与损害结果之间的因果关系，它是一个日常生活中的馈赠行为与结果之间的因果关系，不能被评价为刑法上的因果关系，最多是哲学上或者日常生活中的因果关系。因此，B选项是错误的。

【答案】C

【2012－2－6】甲与素不相识的崔某发生口角，推了他肩部一下，踢了他屁股一脚。崔某忽觉胸部不适继而倒地，在医院就医时死亡。经鉴定，崔某因患冠状粥样硬化性心脏病，致急性心力衰竭死亡。关于本案，下列哪一选项是正确的？（ ）

扫码听课

A. 甲成立故意伤害罪，属于故意伤害致人死亡

B. 甲的行为既不能认定为故意犯罪，也不能认定为意外事件

C. 甲的行为与崔某死亡结果之间有因果关系，这是客观事实

D. 甲主观上对崔某死亡具有预见可能性，成立过失致人死亡罪

【考点】因果关系

【解析】客观层面上甲推了乙肩一下的行为与乙死亡结果之间有引起与被引起的关系，在本案当中，甲“推一把”的行为属于实行行为，因为对于实行行为和因果关系的判断都要放在具体的时空条件下，本案中，被害人有特殊体质，在具有特殊体质的人的身上，“推一把”的行为就是具有死亡紧迫危险的行为，就是实行行为，所以“推一把”与死亡结果之间就具有刑法上的因果关系。当然，甲最终是否成立犯罪，就要看甲主观上是否具有故意或者过失。如果行为人明知被害人体质特殊，故意对其实施哪怕侵害程度较低的行为，实际上也是利用被害人特殊体质所实施的伤害、杀害的实行行为，当然构成犯罪。因此，A、B、D选项是错误的，C选项是正确的。

【答案】C

【2021网络回忆版】关于结果加重犯的判断，下列哪些选项是**错误**的？（ ）

A. 甲把欠钱不还的康康捆绑后装进自己汽车的后备箱内，正准备开车出发时，旁边的肖某倒车不慎撞到甲的后备箱，导致康康当场死亡。甲不属于非法拘禁致人死亡

扫码听课

B. 乙在湖边以伤害的故意使用木棍击打小孟，小孟在逃跑过程中跌落水中。

大咖点拨区

小孟向乙求救，乙不理睬，后小孟被淹死。乙构成故意伤害致人死亡

C. 丙以伤害的故意用木棍击打乐某的头部，后丙不小心将乐某撞倒在水泥地上，乐某头部被磕到，乐某死亡，无法查明是丙先前的棍子击打导致的乐某死亡还是乐某摔倒磕到头而死亡。丙不构成故意伤害致人死亡

D. 丁、康康、刘某三人共同抢劫吴某，吴某拼命反抗，康康拿起刀向吴某砍去，不慎砍中丁，导致丁死亡，吴某趁乱逃离现场。康康不属于抢劫致人死亡

【考点】结果加重犯

【解析】A 选项，甲非法拘禁康康并将其装进汽车后备箱的行为，属于非法拘禁的基本强制手段，后介入肖某倒车追尾这一介入因素，尽管“追尾”属于异常的介入因素，对于被害人死亡结果的作用也大，但是前实行行为将被害人关押在后备箱的行为，对于被害人被撞身亡的结果同样具有决定作用，因果关系没有中断，甲应当对死亡结果承担责任，即属于非法拘禁致人死亡。A 表述错误，当选。

B 选项，乙在湖边以伤害的故意使用木棍击被害人的行为，与被害人落入水中之间具有因果关系，乙具有救助义务而不救助，导致被害人死亡的行为，成立不作为的故意杀人罪。由于“杀人包含了伤害，杀人既遂与伤害是特别关系，所以，在杀人既遂的情况下，必须适用故意杀人罪的规定”（张明楷：《刑法学》，第 6 版，第 862 页）不再另行认定为故意伤害罪（致人死亡）。B 表述错误，当选。

C 选项，无论是丙先前的棍子击打导致的乐某死亡，还是乐某摔倒磕到头而死亡，都与丙对于乐某头部的伤害行为具有因果关系，丙构成故意伤害致人死亡。C 表述错误，当选。

D 选项，康康拿起刀向吴某砍去的行为，属于抢劫罪的实行行为，该行为将丁砍死，属于打击错误。抢劫致人死亡既包括故意致人死亡也包括过失致人死亡，因此虽然存在打击错误，但不影响丁抢劫致人死亡的认定。D 表述错误，当选。

【答案】ABCD

扫码听课

【2017－2－2】关于危害结果，下列哪一选项是正确的？（　　）

A. 危害结果是所有具体犯罪的构成要件要素

B. 抽象危险是具体犯罪构成要件的危害结果

C. 以杀死被害人的方法当场劫取财物的，构成抢劫罪的结果加重犯

D. 骗取他人财物致使被害人自杀身亡的，成立诈骗罪的结果加重犯

【考点】危害结果

【解析】A 选项，将危害结果分为属于构成要件要素的危害结果与不属于构成要件要素的危害结果两类。“属于构成要件要素的危害结果”中的“危害结果”，是指成立某一具体犯罪所必须具备的危害结果，或者说刑法条文明文规定必须发生危害结果犯罪才能够成立的情形，如生产、销售劣药罪，必须给人体健康造成严重危害，犯罪才能成立。从分则条文规定来看，危害结果仅是部分具体犯罪的构成要件要素。A 选项错误。

B 选项，就发展历程而言，所有的危害结果都需要经过抽象危险的阶段，但这并不意味着抽象危险是构成要件要素意义上的危害结果。作为具体犯罪构成要

件的危害结果，必须以分则条文有明文规定为前提，然而很多犯罪在条文上对危害结果并无任何要求。再者，抽象危险与具体危险相对应，抽象危险乃是立法假定的危险，抽象危险犯的本质，并非具体案件中的现实危险，不是构成要件要素意义上的危险结果。B 选项是错误的。

C 选项，司法解释明确规定，为劫取财物而当场杀死被害人的，或者为劫取财物而有预谋杀死被害人的，以杀人的行为作为抢劫的手段和方法的，无需另行评价，直接将杀人行为认定为抢劫罪的组成部分，属于“抢劫致人死亡”的结果加重犯的情形。因此，C 选项是正确的。

D 选项，结果加重犯要求刑法对加重的结果有明确的规定。很显然，《刑法》第 266 条关于诈骗罪的规定中，并无“诈骗导致被害人死亡”的结果加重犯的规定；而且自杀确实也属于异常的介入因素，中断了诈骗行为与死亡结果之间的因果关系。因此，D 选项是错误的。

【答案】C

【2015－2－8】关于结果加重犯，下列哪一选项是正确的？(　　)

A. 故意杀人包含了故意伤害，故意杀人罪实际上是故意伤害罪的结果加重犯

B. 强奸罪、强制猥亵妇女罪的犯罪客体相同，强奸、强制猥亵行为致妇女重伤的，均成立结果加重犯

C. 甲将乙拘禁在宾馆 20 楼，声称只要乙还债就放人。乙无力还债，深夜跳楼身亡。甲的行为不成立非法拘禁罪的结果加重犯

D. 甲以胁迫手段抢劫乙时，发现仇人丙路过，于是立即杀害丙。甲在抢劫过程中杀害他人，因抢劫致人死亡包括故意致人死亡，故甲成立抢劫致人死亡的结果加重犯

【考点】结果加重犯

【解析】A 选项，故意杀人罪与故意伤害罪之间确实存在着紧密的关联，但是故意杀人罪并非故意伤害罪的结果加重犯。结果加重犯有“刑法就加重的结果加重法定刑”这一要件，但是在出现死亡结果时，故意杀人罪的法定刑，并不重于故意伤害罪，因此，不能认为故意杀人罪是故意伤害罪的结果加重犯。A 选项是错误的。

B 选项，强制猥亵侮辱罪的法条中并没有结果加重犯的规定，是否成立结果加重犯应该看法律有没有明确规定，而不能因为发生了重结果就是结果加重犯。因此，B 选项是错误的。

C 选项，自杀行为中断因果关系，自杀行为所引起的重结果一般不能归属于前实行行为，即不能成立前一犯罪的结果加重犯。但有两个罪名是例外，自杀行为所引起的重结果可以作为结果加重犯，即暴力干涉婚姻自由罪和虐待罪。因此，C 选项是正确的。

D 选项，甲实施了两个行为，分别成立抢劫罪和故意杀人罪。而作为结果加重犯的“抢劫致人死亡”必须是抢劫行为本身所引起的死亡结果，丙并不是死于甲的抢劫行为，而是死于甲另起犯意实施的故意杀人行为，对于甲应当以抢劫罪和故意杀人罪数罪并罚。因此，D 选项是错误的。

【答案】C

大咖点拨区

扫码听课

大咖点拨区

扫码听课

【2021网络回忆版】关于因果关系的判断，下列选项正确的是？（　　）

A. 甲驾驶出租车搭载女乘客。途中，甲选择了一条与手机导航路线不同的偏航路线。女乘客误以为甲要加害自己，迅速跳车，导致重伤。实际上甲没有加害意图。甲的偏航行为与女乘客的重伤有因果关系

B. 乙偷了李某的救命钱，李某悲痛万分，遂自杀。乙的行为与李某的自杀结果之间有因果关系

C. 丙放火烧建筑，赵某见火势较小，便返回火场抢救自己放在该建筑物内的贵重物品。赵某进入后，火势突然加大，赵某被烧死。丙的行为与赵某的死亡结果之间无因果关系

D. 丁深夜查看四周无人后从高空抛物，造成许某重伤。虽然深夜从高空抛物砸中人的概率很小，但是丁的行为仍然与许某的重伤结果之间有因果关系

【考点】因果关系

【解析】A选项，甲的偏航行为并不是刑法上的实行行为，该行为并无引发伤亡结果的现实危险，实行行为是因果关系中的“因”，没有实行行为，则没有因果关系，A错误。

B. 乙偷了李某的救命钱，是侵犯财产的行为，盗窃罪这一罪刑规范所要防止的结果是“被害人的财产损失”，被害人的死亡不是盗窃罪规范保护范围内的结果，不存在因果关系的“果”，自然不存在因果关系，B错误。

C. 赵某见火势小，且为了抢救贵重物品返身取财的行为，是人在情急之下的正常选择，因果关系不因被害人的自陷风险而中断，丙的行为与赵某的死亡结果之间具有因果关系，C错误。

D. 因果关系是一种现实、具体的引起与被引起的联系，尽管深夜从高空抛物砸中人的概率很小，但是丁在深夜从高空抛物的行为，现实将徐某砸成重伤，丁的行为与许某的重伤结果之间就具有因果关系。

【答案】D

扫码听课

【2019网络回忆版】关于因果关系，下列说法正确的是？（　　）

A. 甲驾车不慎撞倒丙，丙躺在路中央不动，甲逃逸。五分钟后，乙刹车不及从丙身上压过去。后发现丙死亡，但无法查明是甲压死的，还是乙压死的。甲与丙的死亡有因果关系

B. 甲给乙的饮料里放了毒药，乙喝后四肢乏力。仇人丙看到乙，要杀死乙，乙因为无力反抗被丙用刀杀死。甲与乙的死亡有因果关系

C. 甲冒充房东，给几位承租人群发短信，要求他们交房租到特定账户。承租人乙信以为真，将短信转发给合租人丙。丙没注意到甲的短信，但注意到乙的短信，便将款打到甲的指定账户。甲与丙的财产损失有因果关系

D. 医生甲想杀死病人乙，在针剂里放了毒药，给乙注射，乙死亡。事后查明，乙有特殊体质，注射正常针剂，不加毒药，乙也会死。甲与乙的死亡无因果关系

【考点】因果关系

【解析】A选项，丙躺在路中央不动，被后车碾压，属于正常的介入因素，不会中断甲的撞人行为与结果之间的因果关系。因此，A选项正确。

B选项，第三人丙有意识的共同促进结果的发生，前行为人甲的行为所促成

的对于结果具有原因力的因果关系，不会由于第三人的行为而中断。甲的行为客观上对于促成乙的死亡结果具有原因力，因而完全可以认为两者之间具有因果关系。B 选项正确。

C 选项，介入因素：承租人乙将短信转发给合租人丙，这是一个合租者通常会实施的行为，属于正常的介入因素，不会导致因果关系中断。甲与丙的财产损失有因果关系。C 选项正确。

D 选项，医生甲客观上实施一个杀人行为，该行为导致乙死亡，只是甲对于因果关系发生作用的进程发生错误认识，即结果的发生不是按照行为人对于因果关系发展所预见的进程实现，这属于事实认识错误的问题，不影响客观层面因果关系的认定。甲与乙的死亡具有因果关系。D 选项是错误的。

【答案】 ABC

【2019 网络回忆版】关于因果关系，下列说法正确的是？（　　）

A. 贾某在公路上酒后驾驶。公路路面上散落几个井盖。贾某因为喝酒原因没有注意到井盖，车轮压过井盖，井盖飞起，砸中路边行人，导致行人重伤。贾某的酒驾行为与行人的重伤结果之间有因果关系

B. 甲乙发生口角，踢伤乙，导致乙心脏病发作死亡。甲的行为与乙的死亡结果之间有因果关系

C. 甲和乙是警察，押解犯罪嫌疑人丙的过程中，丙中途以上厕所为由而逃跑。甲、乙的失职行为与丙的脱逃之间有因果关系

D. 高某欲杀害赵某，给赵某投毒。赵某中毒后，赵某的家人开车送其去医院，途中李某为了报复社会驾车横冲直撞，与赵某的车辆发生车祸，赵某当场被撞死。高某的投毒行为与赵某的死亡存在因果关系

【考点】 因果关系

【解析】 A 选项，因果关系中的“果”必须是规范保护范围内结果。立法者在刑法中设置罪刑规范，是为了通过禁止特定行为，从而防止特定的危害结果，而不是为了防止所有的危害结果，例如制定交通法规的目的，是确保汽车正常通行，不至于在行驶过程中撞向行人或其他车辆，避免发生交通事故，即防止人被车“撞伤”的结果发生，而不是为了防止人被“砸伤”的结果发生。A 选项中人被“砸伤”的结果不是因果关系中的“果”，因此也就不存在刑法中的因果关系。A 选项错误。

B 选项，在具有特殊体质的人的身上，“踢伤”的行为就是具有死亡紧迫危险的行为，就是实行行为，所以“踢伤”与死亡结果之间就具有刑法上的因果关系。

C 选项，甲乙在押解过程中的失职行为，为丙脱逃创造条件，可以认为具有无 A 则无 B 的关系，因此具有因果关系。C 正确。

D 选项，介入因素：李某驾车横冲直撞，当场将赵某撞死，该介入因素异常且作用大，中断高某的投毒行为与赵某的死亡之间的因果关系。D 错误。

【答案】 BC

【2017－2－52】关于因果关系，下列哪些选项是正确的？（　　）

A. 甲以杀人故意用铁棒将刘某打昏后，以为刘某已死亡，为隐藏尸体将刘某埋入雪沟，致其被冻死。甲的前行为与刘某的死亡有因果关系

大咖点拨区

扫码听课

扫码听课

大咖点拨区

B. 乙夜间驾车撞倒李某后逃逸，李某被随后驶过的多辆汽车辗轧，但不能查明是哪辆车造成李某死亡。乙的行为与李某的死亡有因果关系

C. 丙将海洛因送给13周岁的王某吸食，造成王某吸毒过量身亡。丙的行为与王某的死亡有因果关系

D. 丁以杀害故意开车撞向周某，周某为避免被撞跳入河中，不幸溺亡。丁的行为与周某的死亡有因果关系

【考点】因果关系

【解析】A选项，甲杀人之后毁尸灭迹的行为属于正常的介入因素，不会中断前行为与结果之间的因果关系。因此，A选项是正确的。

B选项，李某在夜间的公路上被撞昏，导致被后车碾压，属于正常的介入因素，不会中断乙的撞人行为与结果之间的因果关系。因此，B选项是正确的。

C选项，王某只有13周岁，没有辨认能力和控制能力，对丙给予的毒品过量吸食，不属于异常的介入因素，所以不中断因果关系。因此，C选项是正确的。

D选项，虽然介入了周某自陷风险的行为（跳入河中），但每个人都有回避离自己最近的危险的本能，周某情急之下的跳河行为并不属于异常的介入因素，所以因果关系不中断。因此，D选项是正确的。

【答案】ABCD

扫码听课

【2016－2－2】关于因果关系的认定，下列哪一选项是正确的？（　　）

A. 甲重伤王某致其昏迷。乞丐目睹一切，在甲离开后取走王某财物。甲的行为与王某的财产损失有因果关系

B. 乙纠集他人持凶器砍杀李某，将李某逼至江边，李某无奈跳江被淹死。乙的行为与李某的死亡无因果关系

C. 丙酒后开车被查。交警指挥丙停车不当，致石某的车撞上丙车，石某身亡。丙的行为与石某死亡无因果关系

D. 丁敲诈勒索陈某。陈某给丁汇款时，误将3万元汇到另一诈骗犯账户中。丁的行为与陈某的财产损失无因果关系

【考点】因果关系

【解析】在因果关系中，主要运用“条件说”来判断因果关系的成立，并结合“因果关系的中断”的理论，当因果关系发展进程中出现了异常且作用大的因素时，就可以中断因果关系。对于介入因素的判断有三个规律，第一如果介入因素是正常的，因果关系就不中断；第二，如果介入因素是异常的且作用大，而且只有介入因素作用大，则因果关系中断；第三如果介入因素是异常的且作用大，而前实行行为作用也大，则因果关系不中断。

A选项，介入因素：乞丐取走财物，异常且作用大，中断因果关系，所以甲的行为与王某的财产损失没有因果关系。因此，A选项是错误的。

B选项，介入因素：被害人无奈自己跳江淹死，正常的介入因素，因为人的本能都会回避离自己最近的侵害行为，所以因果关系不中断。因此，B选项是错误的。

C选项，介入因素：交警指挥不当，异常且作用大，中断因果关系，所以丙的行为与石某死亡无因果关系是正确的。因此，C选项是正确的。

D选项，介入因素：陈某汇错账户。但是不论最终钱汇给谁，都是陈某的财

产损失，所以尽管陈某发生疏忽汇错账户，但同样引起了陈某的财产损失，而这个财产损失与丁某敲诈勒索的因果关系并没有中断。因此，D 选项是错误的。

【答案】C

【2015－2－1】关于因果关系，下列哪一选项是正确的？（　　）

A. 甲跳楼自杀，砸死行人乙。这属于低概率事件，甲的行为与乙的死亡之间无因果关系

B. 集资诈骗案中，如出资人有明显的贪利动机，就不能认定非法集资行为与资金被骗结果之间有因果关系

C. 甲驾车将乙撞死后逃逸，第三人丙拿走乙包中贵重财物。甲的肇事行为与乙的财产损失之间有因果关系

D. 司法解释规定，虽交通肇事重伤 3 人以上但负事故次要责任的，不构成交通肇事罪。这说明即使有条件关系，也不一定能将结果归责于行为

【考点】因果关系

【解析】A 选项，从统计学的角度来讲，被跳楼自杀的人砸死，是低概率事件。而在刑法当中，法律认为跳楼自杀属于高空抛物，高空抛物具有砸中路人的高概率风险，因此甲的行为与乙的死亡之间具有因果关系，A 选项是错误的。

B 选项，在诈骗类的犯罪中，被害人往往具有一定的贪利动机，这属于正常的因素，因此出资人的贪利动机不能中断因果关系。因此，B 选项是错误的。

C 选项，“第三人丙拿走乙包中贵重财物”，该介入因素异常且作用大，中断了因果关系。因此，C 选项是错误的。

D 选项，交通肇事重伤 3 人但是负次要责任，说明被害人违规或第三人违规是负主要责任的介入因素，这样的介入因素异常且作用大，中断因果关系。因此，D 选项是正确的。

【答案】D

【2015－2－53】关于因果关系，下列哪些选项是正确的？（　　）

A. 甲驾车经过十字路口右拐时，被行人乙扔出的烟头击中面部，导致车辆失控撞死丙。只要肯定甲的行为与丙的死亡之间有因果关系，甲就应当承担交通肇事罪的刑事责任

B. 甲强奸乙后，威胁不得报警，否则杀害乙。乙报警后担心被甲杀害，便自杀身亡。如无甲的威胁乙就不会自杀，故甲的威胁行为与乙的死亡之间有因果关系

C. 甲夜晚驾车经过无照明路段时，不小心撞倒丙后继续前行，随后的乙未注意，驾车从丙身上轧过。即使不能证明是甲直接轧死丙，也必须肯定甲的行为与丙的死亡之间有因果关系

D. 甲、乙等人因琐事与丙发生争执，进而在电梯口相互厮打，电梯门受外力挤压变形开启，致丙掉入电梯通道内摔死。虽然介入了电梯门非正常开启这一因素，也应肯定甲、乙等人的行为与丙的死亡之间有因果关系

【考点】因果关系

【解析】A 选项，“被行人乙扔出的烟头击中面部，导致车辆失控”是甲仓促之间的本能反应，没有违反交通运输管理法规，也没有过失。因此，A 选项是错误的。

大咖点拨区

扫码听课

扫码听课

大咖点拨区

B选项，自杀是一个异常的介入因素，不可能有因果关系，威胁不必然会导致自杀，最终是否自杀还是被害人主观意志的选择。因此，甲的威胁行为与乙的死亡之间不具有因果关系，B选项是错误的。

C选项，“乙未注意，驾车从丙身上轧过”，是正常的介入因素，不中断因果关系。甲的行为与丙的死亡之间有因果关系，因此，C选项是正确的。

D选项，在电梯门受外力挤压的状态下，“电梯门非正常开启”是正常的介入因素，不中断因果关系，甲、乙等人的行为与丙的死亡之间有因果关系，D选项是正确的。

【答案】CD

【2014－2－6】关于因果关系的判断，下列哪一选项是正确的？（　　）

扫码听课

A. 甲伤害乙后，警察赶到。在警察将乙送医途中，车辆出现故障，致乙长时间得不到救助而亡。甲的行为与乙的死亡具有因果关系

B. 甲违规将行人丙撞成轻伤，丙昏倒在路中央，甲驾车逃窜。1分钟后，超速驾驶的乙发现丙时已来不及刹车，将丙轧死。甲的行为与丙的死亡没有因果关系

C. 甲以杀人故意向乙开枪，但由于不可预见的原因导致丙中弹身亡。甲的行为与丙的死亡没有因果关系

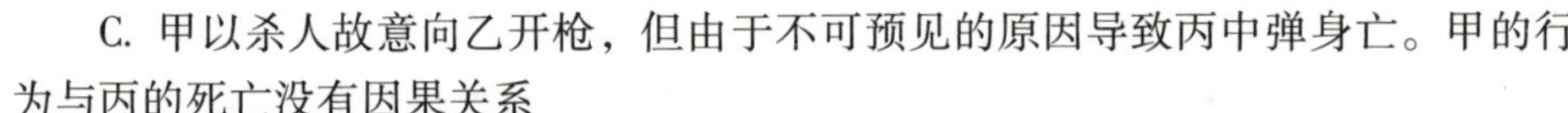

D. 甲向乙的茶水投毒，重病的乙喝了茶水后感觉更加难受，自杀身亡。甲的行为与乙的死亡没有因果关系

【考点】因果关系

【解析】A选项，警察是有义务防止结果发生的第三人，警察出现就应当接管风险，救助受害人，可以推定当警察出现时，所有潜在的被害人都已安全，但是警察没有做到，这属于异常且作用大的介入因素，中断了因果关系。因此，A选项是错误的。

B选项，丙被甲撞成轻伤，昏倒在路中央，后被乙来不及刹车轧死，对于一个躺在高速公路中央的人，被后车碾压属于高概率事件，乙的行为是正常的介入因素，不中断因果关系。因此，B选项是错误的。

C选项，按照合法则的因果关系理论，甲的子弹打中了丙，即甲的行为合法则的引起了丙的死亡，所以甲的行为与丙的死亡结果有因果关系。因此，C选项是错误的。

D选项，乙是因为自杀死亡，自杀是异常的且作用力大的介入因素，中断了因果关系，甲不对乙的死亡结果承担责任，甲成立故意杀人（未遂）。因此，D选项是正确的。

【答案】D

【2013－2－52】关于因果关系的认定，下列哪些选项是正确的？（　　）

扫码听课

A. 甲、乙无意思联络，同时分别向丙开枪，均未击中要害，因两个伤口同时出血，丙失血过多死亡。甲、乙的行为与丙的死亡之间具有因果关系

B. 甲等多人深夜追杀乙，乙被迫跑到高速公路上时被汽车撞死。甲等多人的行为与乙的死亡之间具有因果关系

C. 甲将妇女乙强拉上车，在高速公路上欲猥亵乙，乙在挣扎中被甩出车外，后车躲闪不及将乙轧死。甲的行为与乙的死亡之间具有因果关系

大咖点拨区

D. 甲对乙的住宅放火，乙为救出婴儿冲入住宅被烧死。乙的死亡由其冒险行为造成，与甲的放火行为之间没有因果关系

【考点】因果关系

【解析】A选项，甲、乙的行为与丙的死亡之间具有因果关系，这属于重叠的因果关系。所谓“重叠的因果关系”，即每个人的行为都不是致死的原因，但是合在一起就导致了最终结果的出现，那么每个人的行为与最终结果之间都具有因果关系。因此，A选项是正确的。

B选项，乙在高速公路上，被后面的车撞死是正常的介入因素，不中断因果关系。因此，B选项是正确的。

C选项，后车躲闪不及将乙轧死是一个高概率事件，是正常的介入因素，不中断因果关系。因此，C是正确的。

D选项，乙为救出婴儿冲入住宅的行为是正常的介入因素，不中断因果关系。因此，D选项是错误的。

【答案】ABC

【2011-2-3】关于因果关系，下列哪一选项是错误的？（　　）

A. 甲将被害人衣服点燃，被害人跳河灭火而溺亡。甲行为与被害人死亡具有因果关系

扫码听课

B. 乙在被害人住宅放火，被害人为救婴儿冲入宅内被烧死。乙行为与被害人死亡具有因果关系

C. 丙在高速路将被害人推下车，被害人被后面车辆轧死。丙行为与被害人死亡具有因果关系

D. 丁毁坏被害人面容，被害人感觉无法见人而自杀。丁行为与被害人死亡具有因果关系

【考点】因果关系

【解析】A选项，被害人为灭火而跳河是正常的介入因素，所以不中断因果关系。因此，A选项是正确的。

B选项，乙在被害人住宅放火，被害人为救婴儿冲入宅内被烧死。乙行为与被害人死亡存在有因果关系。因此，B选项是正确的。

C选项，被害人躺在高速公路上，被后车轧死是正常的介入因素，存在因果关系。因此，C选项是正确的。

D选项，自杀属于异常的且作用大的介入因素，中断因果关系。因此，D选项是错误的。

【答案】D

【2010-2-3】关于刑法上的因果关系，下列哪一判断是正确的？（　　）

A. 甲开枪射击乙，乙迅速躲闪，子弹击中乙身后的丙。甲的行为与丙的死亡之间不具有因果关系

扫码听课

B. 甲追赶小偷乙，乙慌忙中撞上疾驶汽车身亡。甲的行为与乙的死亡之间具有因果关系

C. 甲、乙没有意思联络，碰巧同时向丙开枪，且均打中了丙的心脏。甲、乙的行为与丙的死亡之间不具有因果关系

D. 甲以杀人故意向乙的食物中投放了足以致死的毒药，但在该毒药起作用

前，丙开枪杀死了乙。甲的行为与乙的死亡之间不具有因果关系

【考点】因果关系

【解析】A选项，客观上甲的行为就是直接导致丙死亡的原因，甲的行为合法则的引起了丙死亡的结果，因此两者之间具有因果关系。因此，A选项是错误的。

B选项，实行行为对法益所创设的危险，是刑法所不容许的，甲在马路上追小偷所带来的危险是刑法所允许的，因此“追赶”不是实行行为，刑法中的因果关系是指实行行为与危害结果之间的引起与被引起的关系，如果连实行行为都不存在，则不可能存在刑法上的因果关系。因此，B选项是错误的。

C选项，该情形属于二重因果关系，所谓“二重因果关系”，是指两个以上的行为分别都能导致结果的发生，但在行为人没有意思联络的情况下，竟合在一起导致结果的发生，应当认定每个人的行为与最终结果之间都具有因果关系。甲、乙两个人都打中丙的心脏，每个人的行为都是百分之百致丙死亡的原因。因此，C选项是错误的。

D选项，乙是直接死于第三人的行为，第三人的开枪属于异常且作用大的因素，中断了因果关系，甲的行为与乙的死亡之间不具有因果关系。因此，D选项是正确的。

【答案】D

大咖点拨区

专题四 违法阻却事由

扫码听课

【2021 网络回忆版】《刑法》第 20 条第 3 款（特殊防卫）规定：“杀人、抢劫、强奸、绑架”是指【1】而不是【2】。在实施不法侵害过程中存在杀人、抢劫、强奸、绑架等严重危及人身安全的暴力犯罪行为的，如以暴力手段抢劫枪支、弹药、爆炸物或以绑架手段拐卖妇女、儿童的，可实施特殊防卫，有关行为没有【3】的，应适应【4】的法律规定，关于对应空格填写，下列选项正确的是？（　　）

A. 1 具体罪名、2 具体犯罪行为、3 正在进行、4 一般防卫

B. 1 具体犯罪行为、2 具体罪名、3 严重危及人身安全、4 一般防卫

C. 1 具体罪名、2 具体犯罪行为、3 正在进行、4 紧急避险

D. 1 具体犯罪行为、2 具体罪名、3 严重危及人身安全、4 紧急避险

【考点】 特殊防卫

【解析】 2020 年 8 月 28 日《最高人民法院、最高人民检察院、公安部关于依法适用正当防卫制度的指导意见》中规定：准确理解和把握“杀人、抢劫、强奸、绑架”。《刑法》第 20 条第 3 款规定的“杀人、抢劫、强奸、绑架”，是指**具体犯罪行为**而不是**具体罪名**。在实施不法侵害过程中存在杀人、抢劫、强奸、绑架等严重危及人身安全的暴力犯罪行为的，如以暴力手段抢劫枪支、弹药、爆炸物或者以绑架手段拐卖妇女、儿童的，可以实行特殊防卫。有关行为没有**严重危及人身安全**的，应当适用**一般防卫**的法律规定。

【答案】 B

扫码听课

【2021 网络回忆版】对于【①】，应当立足【②】在防卫时所处情境，按照【③】的一般认知，依法作出合乎情理的判断，不能苛求防卫人。对于防卫人因为恐慌、紧张等心理，对不法侵害是否已经开始或者结束产生错误认识的，应当根据【④】，依法作出妥当处理。关于上述空格内容，下列选项正确的是？( )

A. ①是否严重危害人身；②社会公众；③防卫人；④主客观相统一原则

B. ①不法侵害是否已经开始或者结束；②防卫人；③社会公众；④罪责统一原则

C. ①不法侵害是否已经开始或者结束；②防卫人；③社会公众；④主客观相统一原则

D. ①是否严重危害人身；②防卫人；③社会公众；④主客观相统一原则

【考点】 正当防卫的防卫时间

【解析】 2020 年 8 月 28 日《最高人民法院、最高人民检察院、公安部关于依法适用正当防卫制度的指导意见》规定：“对于**不法侵害是否已经开始或者结束**，应当立足**防卫人**在防卫时所处情境，按照**社会公众**的一般认知，依法作出合乎情理的判断，不能苛求防卫人。对于防卫人因为恐慌、紧张等心理，对不法侵害是否已经开始或者结束产生错误认识的，应当根据**主客观相统一**原则，依法作出妥

大咖点拨区

当处理。”

【答案】C

扫码听课

【2020 网络回忆版】甲在自己家巷子口看到乙提着麻袋走出来，怀疑乙是偷狗的人，遂叫乙站住。乙放下麻袋就跑，甲紧追不舍，乙不慎被脚下石头绊倒。甲追上后，为了教训乙，对倒在地上的乙实施暴力，致其脑出血，后因脑出血而死亡。经查明，乙确有偷狗行为，麻袋里是偷的狗。甲属于？（　　）

A. 正当防卫　　B. 假想防卫

C. 防卫过当　　D. 故意伤害

【考点】正当防卫，假想防卫

【解析】乙偷狗的盗窃行为可以评价为不法侵害，但是该不法侵害在乙放下麻袋时就已经结束，甲穷追不舍的行为已经不能认为是正当防卫，当乙倒地时甲可以实施扭送行为，将其交给司法机关，但是对倒在地上的乙实施暴力，就不再具有必要性和正当性，导致乙脑出血，后因脑出血而死亡，就应当认定为故意伤害致人死亡。D 选项正确。

【答案】D

扫码听课

【2020 网络回忆版】刘某持西瓜刀闯进超市抢劫，超市员工陈某反击。二人扭打中，陈某夺下刀然后扔掉，碰巧砸中旁边的王某头部，致其重伤。刘某未取得财物，见状逃跑，出了超市后骑自行车逃跑。陈某追上，扑上前去，将刘某连人带车摔倒在地，刘某摔伤（轻伤），陈某也摔伤（重伤）。下列说法正确的是？（　　）

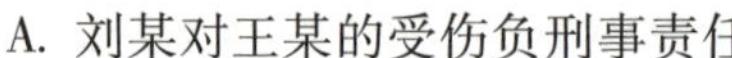

A. 刘某对王某的受伤负刑事责任

B. 陈某致王某受伤，属于正当防卫，不负刑事责任

C. 陈某致王某受伤，系防卫过当

D. 刘某对陈某的重伤不负刑事责任，不构成抢劫罪致人重伤

【考点】正当防卫，防卫时间

【解析】A 选项，王某的重伤结果是由于陈某夺下刘某的西瓜刀并扔掉的行为所致，不是刘某的行为所创设的危险，刘某不应对此负责。

BC 选项，陈某扔刀的行为碰巧造成王某受伤，不属于正当防卫，也就无所谓是否过当。

D 选项，陈某的重伤发生在刘某抢劫行为结束后逃跑过程中，因此不能归因于刘某的抢劫行为，刘某不构成抢劫致人重伤。D 正确。

【答案】D

扫码听课

【2019 网络回忆版】身材弱小的郭某与身材高大的刘某在船上发生争吵。后刘某追打郭某，郭某逃跑。刘某在追打过程中失足落水，不谙水性，向郭某求救。郭某害怕身材高大的刘某上来后继续打他，故不予施救。后刘某被经过的其他船只上的人救起。下列说法正确的有？（　　）

A. 郭某不予施救，成立不作为犯罪

B. 刘某落水属于被害人自陷风险，自己负责

C. 郭某不予施救，属于制止刘某的不法侵害，成立正当防卫

D. 郭某不予施救，属于假想防卫

【考点】正当防卫，不作为

大咖点拨区

【解析】A选项，刘某在追打过程中失足落水，陷入危险，该危险并不是郭某创设的，属于刘某自陷风险，郭某对其没有救助义务，不成立不作为犯罪。A错误，B正确。

C选项，刑法之所以规定正当防卫，就是因为孤立进行判断时，正当防卫符合某种犯罪的构成要件，所以需要将其排除在犯罪之外，如果行为在客观上根本不可能被视为犯罪的客观行为时，可以直接否认犯罪的成立，不需要根据违法阻却事由出罪。本案中郭某仅有被打后的逃跑行为，没有实施任何攻击性行为，不需要通过正当防卫行为而出罪。C错误。

D选项，事实上并无不法侵害，行为人误以为存在不法侵害而进行“防卫”的行为，就是假想防卫。郭某的逃跑和事后的不救助，都不是在误以为存在不法侵害的前提下实施的防卫行为。D错误。

【答案】B

【2019网络回忆版】甲驾车不慎将行人乙撞成重伤，甲想逃离。行人丙看到这一情景，要求甲将乙送往医院，甲拒绝并欲逃离。丙便将甲打成轻伤，威胁并强迫将乙送往医院。甲害怕被丙继续殴打，便答应将乙送往医院。丙的行为构成？(　　)

扫码听课

A. 正当防卫　　B. 紧急避险

C. 故意伤害罪　　D. 防卫过当

【考点】正当防卫，防卫起因

【解析】甲驾车将乙撞成重伤，该先前行为为乙创设了危险，甲对于乙负有救助义务，如果不救助则是以“不作为”的方式对乙实施新的不法侵害，第三人丙将甲打成轻伤，威胁并强迫将乙送往医院，是对乙的不作为的不法侵害所实施的正当防卫，而且仅是轻伤，没有超出必要限度，属于正当防卫。A正确。

【答案】A

【2019网络回忆版】甲杀害乙，乙被迫防卫。路过的丙看到了，以为乙在侵害甲，想起甲是自己的仇人，就过去帮乙一起伤害甲。乙以为丙是见义勇为，过来协助自己。两人共同把甲打成了重伤。以下说法正确的有？(　　)

扫码听课

A. 虽然乙有正当防卫的意图，但是和丙一起把甲打成了重伤，属于防卫过当

B. 丙客观上在协助正当防卫。因此无论根据何种学说，丙都不构成犯罪

C. 乙丙二人的主观认识内容不同，因此无论根据何种学说，都不能用丙的行为定义乙的行为的性质

D. 乙丙二人的主观认识内容不同，因此无论根据何种学说，乙丙都不构成共同犯罪

【考点】偶然防卫

【解析】甲杀害乙，乙实施的一定是正当防卫，无论是否有第三人丙的加入，乙的行为的正当性是不会变的。丙的行为属于偶然防卫。如何评价丙的行为，有不同观点：

观点1：丙成立正当防卫。丙与乙一起实施正当防卫行为，制止不法侵害，把甲打成了重伤的结果是刑法所允许的，结果不违反刑法，行为就是正当的，即不违法。

观点2：丙成立故意伤害(未遂)。丙没有防卫认识，丙对甲的攻击带有伤害

大咖点拨区

的故意，是违法行为，不成立正当防卫，但是丙没有制造刑法所不允许的伤害结果，因此成立故意伤害罪（未遂）①。

观点3：丙成立故意伤害罪致人重伤。(乙是正当防卫，不能用丙的行为，定义乙的行为)。

可见无论根据何种学说，都不能用丙的行为定义乙的行为的性质，乙是正当防卫，乙丙不构成共同犯罪。CD是正确的。

【答案】CD

扫码听课

【2018网络回忆版】张某和李某因互抢摊位发生争执，张某愤怒中操起菜刀欲伤害李某，李某慌乱中拿起扁担抵抗，击中张某小腿，致其摔倒在地。李某担心张某起身继续攻击自己，赶紧上前用扁担继续击打张某头部，致其死亡。事后查明，张某倒地后便陷入昏迷。关于本案的分析，下列选项正确的是？（　　）

A. 李某出于防卫意思击打张某头部，应当构成正当防卫

B. 李某击打张某头部构成故意杀人罪

C. 李某的前后行为整体上是同一个防卫行为。构成防卫过当

D. 李某击打张某头部，属于假想防卫，构成过失致人死亡罪

【考点】正当防卫

【解析】首先，李某不是事后防卫，虽然事后查明，张某倒地后便陷入昏迷，但是李某并不知道，在精神高度紧张的状态下，担心张某的继续再次攻击而继续实施“防卫”行为是合理的，不是明知不法侵害已经结束而仍然实施的事后报复行为。

其次，在李某的前后行为被评价为一个整体防卫行为的基础上，应当认为，李某的行为过当了。张某小腿被击中，摔倒在地，不法侵害的能力已经大大降低，李某完全没有必要以继续击打其头部，致其死亡的方式制止不法侵害，即行为明显超过必要限度；同时导致张某死亡，属于造成重大损害，因此属于防卫过当。C正确。

【答案】C

扫码听课

【2017-2-4】关于正当防卫与紧急避险的比较，下列哪一选项是正确的？（　　）

A. 正当防卫中的“不法侵害”的范围，与紧急避险中的“危险”相同

B. 对正当防卫中不法侵害是否“正在进行”的认定，与紧急避险中危险是否“正在发生”的认定相同

C. 对正当防卫中防卫行为“必要限度”的认定，与紧急避险中避险行为“必要限度”的认定相同

D. 若正当防卫需具有防卫意图，则紧急避险也须具有避险意图

【考点】正当防卫，紧急避险

【解析】A选项，正当防卫只能针对人的不法侵害，而紧急避险中的“危险”既包括人为制造的危险，也包括动物的袭击和自然灾害，甚至包括被害人自己导致的危险。因此，A选项是错误的。

---

① 故意伤害既遂，是制造了刑法所不允许的伤害结果，而甲的伤害结果是刑法所允许的，即没有发生既遂结果。

B 选项，正当防卫针对不同程度、力度的不法侵害，其本身的时间条件——“正在进行”的判定尚且不同，更不能认为与紧急避险中危险的“正在发生”认定相同。因此，B 选项是错误的。

C 选项，正当防卫的必要限度是“尚未超过防卫限度并且造成严重的后果”，而紧急避险要求其保全的法益必须大于等于其所损害的法益，二者的限度条件是不同的。因此，C 选项是错误的。

D 选项，如果认为偶然防卫可以成立正当防卫，那么偶然避险也可以成立紧急避险；同理，如果认为偶然防卫不是正当防卫（即正当防卫要求防卫意图），那么偶然避险也不是紧急避险（即紧急避险也须具有避险意图）。因此，D 选项是正确的。

【答案】D

【2019 网络回忆版】关于不作为犯、正当防卫及紧急避险，说法正确的有？（　　）

A. 父亲撞见歹徒持刀抢劫女儿，与歹徒发生激烈搏斗，搏斗中杀死歹徒。父亲成立正当防卫

B. 身材高大的郑某深夜在家中听到厨房有动静，走去一看，发现身材瘦小的小偷吴某正试图从窗户爬进来盗窃，下半身还卡在窗外，于是拿起菜刀将不易躲避的吴某砍成重伤。郑某成立正当防卫

C. 田某与妻子在河边散步，后田某坐在河边玩手机游戏。妻子不慎失足跌入水中，大声呼叫。田某见此情景仍玩手机游戏，不去施救。妻子溺水身亡。田某成立不作为故意杀人罪

D. 李某驾车不慎撞伤周某，导致重伤。李某的车辆坏了，无法行驶。为了尽快将周某送去医院，李某拦住了王某的车，要求王某帮忙送医院，王某拒绝。情急之下，李某将王某打成重伤，并抢去车辆将周某送去医院。李某成立正当防卫

【考点】正当防卫，紧急避险

【解析】A 选项，歹徒持刀抢劫属于严重危及人身安全的暴力犯罪，父亲与歹徒搏斗致其死亡，行为没有超过必要限度，属于正当防卫。A 正确。

B 选项，“吴某正试图从窗户爬进来盗窃”说明吴某还没有进入室内，盗窃行为尚在预备阶段，面对身材瘦小且犯罪尚在预备阶段的不法侵害人，用菜刀将其砍伤属于行为明显超过必要限度，且造成重大损害，应当认定为防卫过当。B 错误。

C 选项，田某对于妻子具有法律明确规定的救助义务，其不救助导致妻子死亡，可以说田某的不作为直接支配了妻子死亡结果的发生，田某成立不作为故意杀人罪。C 正确。

D 选项，首先，王某并非不法侵害人，李某将王某打成重伤也不是为了制止不法侵害，该行为不是正当防卫；其次，周某身受重伤面临危险，如果不及时送医更有死亡的危险，李某为了避免周某伤重身亡的结果出现，将王某打成重伤，并抢去车辆将周某送去医院，其实质是以造成王某重伤的代价，换取周某生命的保全，应当认定为紧急避险。D 错误。

【答案】AC

大咖点拨区

扫码听课

大咖点拨区

扫码听课

【2016－2－6】关于正当防卫与紧急避险，下列哪一选项是正确的？（　　）

A. 为保护国家利益实施的防卫行为，只有当防卫人是国家工作人员时，才成立正当防卫

B. 为制止正在进行的不法侵害，使用第三者的财物反击不法侵害人，导致该财物被毁坏的，对不法侵害人不可能成立正当防卫

C. 为摆脱合法追捕而侵入他人住宅的，考虑到人性弱点，可认定为紧急避险

D. 为保护个人利益免受正在发生的危险，不得已也可通过损害公共利益的方法进行紧急避险

【考点】正当防卫，紧急避险

【解析】A 选项，面对不法侵害时，防卫行为所保护的法益可以是任何的法益，对于他人的、集体的、社会的、国家的。法律对于防卫主体并没有特殊的要求，任何人都可以为保护国家利益而实施防卫行为。因此，A 选项是错误的。

B 选项，反击不法侵害人的行为属于正当防卫，但是使用第三人的财物反击不法侵害人，对不法侵害人属于正当防卫，对第三人来说是紧急避险，这种情形属于正当防卫和紧急避险的竞合，既成立正当防卫，也成立紧急避险。因此，B 选项是错误的。

C 选项，紧急避险是为了保护一个合法的法益牺牲另外一个合法法益，但当行为人面对合法追捕的时候，这种“不受抓捕”的权益就不是合法的法益，为了保护不受法律保护的法益去侵犯到别人的住宅安全，就不能认定为紧急避险。因此，C 选项是错误的。

D 选项，任何法益都可以进行权衡和比较，如果为了保护个人的人身权，而牺牲集体的财产权则应当是被允许的。所以应当是按照法益的大小来进行比较，而不是仅仅来按照法益的主体来比较。因此，D 选项是正确的。

【答案】D

扫码听课

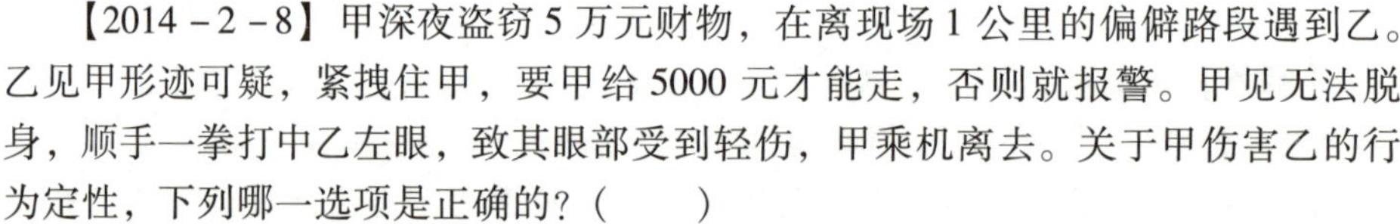

【2014－2－8】甲深夜盗窃 5 万元财物，在离现场 1 公里的偏僻路段遇到乙。乙见甲形迹可疑，紧拽住甲，要甲给 5000 元才能走，否则就报警。甲见无法脱身，顺手一拳打中乙左眼，致其眼部受到轻伤，甲乘机离去。关于甲伤害乙的行为定性，下列哪一选项是正确的？（　　）

A. 构成转化型抢劫罪　　B. 构成故意伤害罪

C. 属于正当防卫，不构成犯罪　　D. 系过失致人轻伤，不构成犯罪

【考点】正当防卫

【解析】甲面对的不是合法抓捕，而是他人的不法侵害（敲诈勒索），且该不法侵害具有明显的现实性、紧迫性，因此可以进行正当防卫，并不构成犯罪。因此，C 选项是正确的。

【答案】C

扫码听课

【2014－2－52】严重精神病患者乙正在对多名儿童实施重大暴力侵害，甲明知乙是严重精神病患者，仍使用暴力制止了乙的侵害行为，虽然造成乙重伤，但保护了多名儿童的生命。

观点：

①正当防卫针对的“不法侵害”不以侵害者具有责任能力为前提

②正当防卫针对的“不法侵害”以侵害者具有责任能力为前提

大咖点拨区

③正当防卫针对的“不法侵害”不以防卫人是否明知侵害者具有责任能力为前提

④正当防卫针对的“不法侵害”以防卫人明知侵害者具有责任能力为前提

结论：

a. 甲成立正当防卫

b. 甲不成立正当防卫

就上述案情，观点与结论对应错误的是下列哪些选项？

A. 观点①②与 a 结论对应；观点③④与 b 结论对应

B. 观点①③与 a 结论对应；观点②④与 b 结论对应

C. 观点②③与 a 结论对应；观点①④与 b 结论对应

D. 观点①④与 a 结论对应；观点②③与 b 结论对应

【考点】正当防卫

【解析】“客观的违法论”认为，是否属于不法侵害，与侵害人的年龄、辨认控制能力无关，是一种纯客观的判断，只要求在客观上没有合法依据地侵害了法益，即属于不法侵害，可以对之进行正当防卫；而“主观的违法论”则认为：只有对知晓规范含义且能够按照规范行事的人而言，才存在违法性的问题，才能将其的法益侵害行为评价为不法侵害，并对之进行正当防卫。本题选项中的观点可以看出①、③对应的是 a，②、④对应的是 b。因此，B 选项是正确的，A、C、D 选项是错误的。由此可见，刑法学界的许多理论分歧并不需要考生站队，只需要了解每种观点的基本含义以及可以从中推导出的结论即可。

【答案】ACD

【2012－2－5】关于正当防卫的论述，下列哪一选项是正确的？（　　）

A. 甲将罪犯顾某扭送派出所途中，在汽车后座上死死摁住激烈反抗的顾某头部，到派出所时发现其已窒息死亡。甲成立正当防卫

B. 乙发现齐某驾驶摩托车抢劫财物即驾车追赶，2 车并行时摩托车撞到护栏，弹回与乙车碰撞后侧翻，齐某死亡。乙不成立正当防卫

C. 丙发现邻居刘某（女）正在家中卖淫，即将刘家价值 6000 元的防盗门砸坏，阻止其卖淫。丙成立正当防卫

D. 丁开枪将正在偷越国（边）境的何某打成重伤。丁成立正当防卫

扫码听课

【考点】正当防卫

【解析】A 选项，一般人扭送现行犯是法律规定的作为公民权利（义务）的行为，属于法令行为。被扭送的罪犯反抗是其本能，从题目上看不出其对甲有暴力侵害，即便认为其对甲有暴力侵害的危险，肯定甲有防卫，在引起他人死亡的场合，也存在防卫超过限度的问题，属于防卫过当，因此，A 选项是错误的。

B 选项，刑法之所以规定正当防卫，就是因为孤立进行判断时，正当防卫符合某种犯罪的构成要件，所以需要将其排除在犯罪之外，如果行为在客观上根本不可能被视为犯罪的客观行为时，可以直接否认犯罪的成立，不需要利用正当防卫这一违法阻却事由。齐某的死亡结果是由他自己造成的，与乙无关，乙没有实施防卫行为，既然没有客观上可以归责于乙的损害结果，就不需要将齐某的死亡作为是否成立正当防卫的问题来加以讨论。因此，B 选项是正确的。

C 选项，刘某的不法侵害行为（卖淫）不具备积极进攻性、侵袭性和暴力

大咖点拨区

性，正当防卫所面对的不法侵害要具备积极性、侵袭性和暴力性的特点，对于重婚、卖淫、贪污贿赂这样的不法侵害通常不采取正当防卫的方式予以制止。因此，C 选项是错误的。

D 选项，偷越国境的行为也不具有暴力性、积极进攻性和破坏性，所以通常不得通过正当防卫的方式予以制止。因此，D 选项是错误的。

注意：C、D 都属于不是防卫财产、人身权利，而是防卫社会秩序的情形，此时，要成立正当防卫必须给予严格限制，一方面，在有其他方法可以使用时，不能采用侵害对方合法权益的方式实施防卫；另一方面，防卫的结局不能造成他人重伤、死亡的严重后果。

【答案】B

扫码听课

【2011－2－7】乙基于强奸故意正在对妇女实施暴力，甲出于义愤对乙进行攻击，客观上阻止了乙的强奸行为。

观点：

①正当防卫不需要有防卫认识

②正当防卫只需要防卫认识，即只要求防卫人认识到不法侵害正在进行

③正当防卫只需要防卫意志，即只要求防卫人具有保护合法权益的意图

④正当防卫既需要有防卫认识，也需要有防卫意志

结论：

a. 甲成立正当防卫

b. 甲不成立正当防卫

就上述案情，观点与结论对应正确的是哪一选项？

A. 观点①观点②与 a 结论对应；观点③观点④与 b 结论对应

B. 观点①观点③与 a 结论对应；观点②观点④与 b 结论对应

C. 观点②观点③与 a 结论对应；观点①观点④与 b 结论对应

D. 观点①观点④与 a 结论对应；观点②观点③与 b 结论对应

【考点】正当防卫

【解析】防卫认识，即认识到不法侵害正在进行；防卫意志，即为了保护合法利益而采取防卫行为。乙的行为严重违背甲的道德观（“义愤”），引起甲强烈的不满和愤慨而攻击，在这种情绪主导下，很难认定甲有保护合法法益的意思，不具有明确而清晰的防卫意志。因此，观点①观点②与 a 结论对应；观点③观点④与 b 结论对应，A 选项是正确的。

【答案】A

【2010－2－7】甲乙两家有仇。某晚，两拨人在歌厅发生斗殴，甲、乙恰巧在场并各属一方。打斗中乙持刀砍伤甲小臂，甲用木棒击中乙头部，致乙死亡。关于甲的行为，下列哪一选项是正确的？（　　）

A. 属于正当防卫　　B. 属于紧急避险

C. 属于防卫过当　　D. 属于故意杀人

扫码听课

【考点】正当防卫

【解析】聚众斗殴，特别是在双方势均力敌的情况下不会成立正当防卫，但是下列两种情形属于例外：1、如果一方已明显处于劣势、节节败退，并且已开始求饶，对方仍穷追猛打，穷追猛打一方就成为不法侵害，劣势方或者第三人就成

为正当防卫；2、如果一开始双方约定点到为止，一方违反约定，突然使用致命凶器给对方带来重大威胁的时候，另外一方可以进行正当防卫。因此，D选项是正确的。

【答案】D

【2015-2-4】鱼塘边工厂仓库着火，甲用水泵从乙的鱼塘抽水救火，致鱼塘中价值2万元的鱼苗死亡。仓库中价值2万元的商品因灭火及时未被烧毁。甲承认仓库边还有其他几家鱼塘，为报复才从乙的鱼塘抽水。关于本案，下列哪一选项是正确的？（ ）

A. 甲出于报复动机损害乙的财产，缺乏避险意图

B. 甲从乙的鱼塘抽水，是不得已采取的避险行为

C. 甲未能保全更大的权益，不符合避险限度要件

D. 对2万元鱼苗的死亡，甲成立故意毁坏财物罪

【考点】紧急避险

【解析】“不得已”，是相对于需要保护的利益而言的，即保护该利益是否还有其他措施。在本案中，想灭火就必须牺牲鱼塘中的鱼，除了从鱼塘抽水没有其他办法，就具备了“不得已”的条件，至于牺牲谁的鱼塘虽然是可以选择的，但这并不是紧急避险中要考虑的问题，只要是为了避险没有不牺牲合法法益的其他方法，就是不得已。因此本案具备了“不得已”的条件，也不是避险过当，至于避险人还夹杂了报复的私念，这个是避险的动机，不影响“不得已”的认定。因此，B选项是正确的。

紧急避险中，当牺牲的法益与保护的法益都是财产权时，两者可以相等。因为紧急避险是在危急的情况下，救护法益避免法益减少的制度，在财产权的场合，只要避险行为没有导致社会整体法益减少，就不违法，满足避险的限度条件，不是避险过当。因此，CD是错误的。

【答案】B

【2019网络回忆版】关于被害人承诺理论，下列说法正确的是？（ ）

A. 乙在城市里工作生活，在乡下有个房子。乙的乡下邻居甲发短信询问乙是否可以拆除乙家的院墙。乙本想发短信回复说“不行”，不小心发成了“行”。甲便将乙家的院墙拆掉。乙的承诺有效

B. 乙误以为自己养的马患了疾病。要求兽医甲对其进行安乐死。甲知道市面上已经有治疗该疾病的药物，但不告知，仍实施了安乐死。乙的承诺无效

C. 因路灯灯光反射到室内，乙误以为家里着火，因未找到钥匙，恳求甲破门灭火。甲知道真相，没有告知，按照乙的请求照办。乙的承诺有效

D. 甲组织贩卖人体器官，与乙约定以十万元的价格，将其肾脏移植给他人。乙的承诺无效

【考点】被害人承诺

【解析】A选项，乙自己的过失导致意思表达错误，甲合理地信赖乙的承诺，并遵照此承诺行事，该承诺有效，甲无罪。A正确。

B选项，兽医因其职务而形成的优势地位，使得其面对不知情的乙，具有告知真相的义务，没有告知真相，兽医甲应当告知而没有告知的不作为，与其欺骗乙说马无药可救的作为具有等价性，可以说甲的不告知真相对于乙的错误认识具

大咖点拨区

扫码听课

扫码听课

大咖点拨区

扫码听课

有支配力，乙在错误认识下（误以为自己的马无药可救）作出的承诺无效。B正确

C选项，甲仅是乙的邻居，没有告知真相的义务，乙自己发生错误认识作出的承诺是有效的。C正确。

D选项，组织出卖人体器官罪中的器官供体，都是自愿出卖器官的人。乙在没有被强制、恐吓，也没有陷入错误认识的状态下，所作出的承诺有效。但是，承诺有效并不意味着甲无罪，甲成立组织出卖人体器官罪；倘若乙是在被强制、恐吓，或者陷入错误认识的状态下作出的承诺，则承诺无效，甲应当成立故意伤害罪。D选项错误。

【答案】ABC

【2011-2-8】经被害人承诺的行为要排除犯罪的成立，至少符合下列4个条件：

①被害人对被侵害的________具有处分权限

②被害人对所承诺的________的意义、范围具有理解能力

③承诺出于被害人的________意志

④被害人必须有________的承诺

下列哪一选项与题干空格内容相匹配？

A. 法益——事项——现实——真实

B. 事项——法益——现实——真实

C. 事项——法益——真实——现实

D. 法益——事项——真实——现实

【考点】被害人的承诺

【解析】成立被害人有效的承诺，需要具备四个条件：第一个，被害人对被侵害的法益具有处分权限；第二，被害人对所承诺的事项的意义、范围具有理解能力，如果是一个不满16岁的人，为了买游戏机他承诺让医生摘取他的器官，换取对价，这个承诺是无效，因为未成年人对于摘取器官这件事的意义，难以形成充分认识，也无法评估失去一个器官对自己的未来意味着什么；第三，承诺要出于被害人的真实意志，如果是被骗、被恐吓作出的承诺是无效的；第四，被害人必须有现实的承诺。这个承诺必须是现实存在的。因此，D选项是正确的。

【答案】D

大咖点拨区

扫码听课

专题五 主观要件

【2019 网络回忆版】关于故意、过失，下列论述正确的有？（ ）

A. 司机遵守交通规则，正常驾车行驶，行人突然横穿马路，司机刹车不及，行人被撞死，司机不存在过失

B. 在所有的故意犯罪中，不可能存在只能由间接故意构成而不能由直接故意构成的犯罪

C. 如果认为故意与过失存在位阶关系，那么在认定犯罪时，只能由故意降格为过失，而不能由过失升格为故意

D. 当根据故意的标准无法认定故意时，可以根据事实认识错误来认定故意

【考点】故意 过失

【解析】A 选项，所谓犯罪过失，是指应当预见而没有预见，或者应当避免而没有避免。司机遵守交通规则，正常驾车行驶，完全可以合理信赖其他人也会遵守交通规则，行人突然横穿马路，对司机而言既无法预见，也无法避免，司机不存在过失。A 正确。

B 选项，直接故意 = 明知会（必然或可能）发生 + 希望（真的希望、推定希望）；间接故意 = 明知可能 + 放任。直接故意表达了行为人对于法益更加明显的敌对、攻击的态度，能够由间接故意构成的犯罪，一定能由直接故意构成；反之，能够由直接故意构成的犯罪，有可能不能由间接故意构成。比如诬告陷害罪、绑架罪、走私淫秽物品罪这些目的犯。B 正确。

C 选项，故意是明知故犯，过失是应当预见而没有预见，或者应当避免而没有避免；在无法认定行为人“明知”自己的行为会发生危害社会的结果时，可以降格认定为“不明知”，即“应当预见而没有预见”（疏忽大意）；在无法认定行为人对于危害结果时“希望或者放任”时，可以降格认定为“轻信可以避免”（过于自信）。当然，这种降格处理的前提是认为故意与过失存在位阶关系。C 正确。

D 选项，认识错误，即指行为人的认识内容与客观构成要件不相一致。认识错误理论所要解决的问题是能否让行为人对现实发生的结果承担责任，当然也要解决行为人对于发生错误的部分能否成立故意。如果错误发生在同一构成要件内，不妨害行为人对误击的目标承担故意罪责；如果错误发生在不同构成要件，则阻却对误击的目标承担故意罪责，对误击对象可能成立过失犯罪。因此，事实认识错误的问题，本身就是故意认定的问题，并不是独立于故意认定之外的其他问题，因此 D 选项错误。

【答案】ABC

扫码听课

【2019 网络回忆版】下列行为，成立过失犯罪的有？（ ）

A. 夜里，甲在大街上欲杀害乙。乙打了几次报警电话，说有人杀自己。由于乙当时有点醉酒，口齿不是很清楚，警察以为乙是恶作剧，没有出警。乙被甲杀

大咖点拨区

死。如果警察及时出警，乙不会被杀死

B. 法官甲知识储备不足，没有及时学习新理论，没有注意到理论更新，依据陈旧理论，将应判处无罪的人判处3年有期徒刑

C. 某超市没有履行好检查职责，误以为销售的食品质量没问题，将过期食品卖给顾客，导致多名顾客受到轻伤

D. 甲欲杀害妻子乙，黑暗中误把将女儿丙当作乙而枪杀

【考点】犯罪过失

【解析】A选项，甲作为警察应当预见到乙当时尽管口齿不清，也有可能发生真实危险，却因为疏忽大意没有预见，主观上具有过失，客观上作为警察应当出警而没有出警，属于不作为，因此应当认定为不作为的玩忽职守罪，属于过失犯罪。A正确。

B法官甲客观上确实有枉法裁判的行为，主观上属于过失，过失枉法裁判不构成犯罪。B错误。

C超市客观上实施了销售不符合安全标准的食品的行为，主观上有过失，但是生产、销售不符合安全标准的食品罪必须是故意犯罪，过失实施不构成犯罪。C错误。

D甲误把女儿丙当作乙而杀害，属于事实认识错误中的对象错误，无论根据“具体符合说”还是“法定符合说”都是故意犯罪既遂。D错误。

【答案】A

扫码听课

【2016-2-5】吴某被甲、乙合法追捕。吴某的枪中只有一发子弹，认识到开枪既可能打死甲也可能打死乙。设定吴某对甲、乙均有杀人故意，下列哪一分析是正确的？（　　）

A. 如吴某一枪没有打中甲和乙，子弹从甲与乙的中间穿过，则对甲、乙均成立故意杀人罪未遂

B. 如吴某一枪打中了甲，致甲死亡，则对甲成立故意杀人罪既遂，对乙成立故意杀人罪未遂，实行数罪并罚

C. 如吴某一枪同时打中甲和乙，致甲死亡、乙重伤，则对甲成立故意杀人罪既遂，对乙仅成立故意伤害罪

D. 如吴某一枪同时打中甲和乙，致甲、乙死亡，则对甲、乙均成立故意杀人罪既遂，实行数罪并罚

【考点】故意杀人罪，故意伤害罪

【解析】A选项，吴某对甲、乙均有杀人的故意，结果都没有打中，一个行为针对两个人成立故意杀人未遂。因此，A选项是正确的。

B选项，只有一个行为，无论如何不能数罪并罚，属于故意杀人既遂与故意杀人未遂的想象竞合。因此，B选项是错误的。

C选项，对乙应当是故意杀人未遂，不是故意伤害，因为吴某对乙具有杀人的故意，导致重伤的结果，属于故意杀人未遂。因此，C选项是错误的。

D选项，只有一个行为，无论发生什么样的结果，都不可能进行数罪并罚，而应该是想象竞合。因此，D选项是错误的。

【答案】A

【2021 网络回忆版】下列选项正确的是？（　　）

A. 甲将他人占有的财物评价为遗忘物而取走，就表明甲没有盗窃故意只有侵占故意

B. 乙误以为运输假美元，其实运输的是假欧元，属于具体的事实认识错误，仍成立运输假币罪

C. 丙雇康康伤害其仇人时，叮嘱康康不要造成死亡结果，但康康在实施伤害行为时造成被害人死亡。丙对死亡结果有过失，应对死亡结果负责

D. 丁以为是不满 14 周岁的男童而出卖他人，实际上出卖的是 15 周岁的少女，由于主客观不统一，不成立犯罪

大咖点拨区

扫码听课

【考点】 认识错误

【解析】 A 选项，如果甲发生事实认识错误，将他人占有的财物误认为是遗忘物而取走，则缺乏盗窃故意；如果甲没有发生事实认识错误，仅仅是将他人占有的财物评价为遗忘物而取走，则属于法律认识错误，仍然可能存在盗窃故意。A 错误。

B 选项，无论是假美元还是假欧元，都属于假币，没有超出运输假币罪的构成要件，属于具体的事实认识错误，不影响定罪，仍成立运输假币罪。B 正确。

C 选项，丙对于仇人的死亡结果是有预见到，但是轻信可以避免，因此有过失，应对死亡结果承担责任，成立故意伤害致人死亡。C 正确。

D 选项，丁主观上以为自己实施了拐卖儿童的行为，客观上实施的是拐卖妇女的行为，并没有超出拐卖妇女、儿童罪的犯罪构成，属于具体事实认识错误，成立拐卖妇女罪。与此类似，“客观上走私了武器，行为人误以为走私的是弹药的，由于属于同一犯罪构成内的错误，不影响走私武器罪（既遂）的成立。”（张明楷：《刑法学》（第 6 版），法律出版社 2021 年版，第 748 页）

D 错误。

【答案】 BC

【2017－2－53】甲、乙合谋杀害丙，计划由甲对丙实施砍杀，乙持枪埋伏于远方暗处，若丙逃跑则伺机射杀。案发时，丙不知道乙的存在。为防止甲的不法侵害，丙开枪射杀甲，子弹与甲擦肩而过，击中远处的乙，致乙死亡。关于本案，下列哪些选项是正确的？（　　）

A. 丙的行为属于打击错误，依具体符合说，丙对乙的死亡结果没有故意

B. 丙的行为属于对象错误，依法定符合说，丙对乙的死亡结果具有故意

C. 不论采取何种学说，丙对乙都不能构成正当防卫

D. 不论采用何种学说，丙对甲都不构成故意杀人罪未遂

扫码听课

【考点】 事实认识错误

【解析】 A、B 选项，丙出于防卫的目的，向甲开枪，由于枪法不准击中远处的乙，属于结果的偏差，所以是打击错误。依据具体符合说，丙对乙的死亡没有故意，只存在过失。因此，A 选项是正确的，B 选项是错误的。

C 选项，甲、乙皆实施杀人的实行行为，是不法侵害，属于正当防卫的对象。虽然丙对乙不具有防卫的意识，但是根据“结果无价值论”的观点，偶然防卫可以成立正当防卫，丙依然成立正当防卫。因此，C 选项是错误的。

D 选项，丙对甲是进行正当防卫，正当防卫属于违法阻却事由，即丙的行为

大咖点拨区

扫码听课

不是刑法评价的危害行为，所以不论根据何种学说，丙对甲都不成立故意犯罪。因此，D选项是正确的。

【答案】AD

【2016－2－52】甲、乙共同对丙实施严重伤害行为时，甲误打中乙致乙重伤，丙乘机逃走。关于本案，下列哪些选项是正确的？（　　）

A. 甲的行为属打击错误，按照具体符合说，成立故意伤害罪既遂

B. 甲的行为属对象错误，按照法定符合说，成立故意伤害罪既遂

C. 甲误打中乙属偶然防卫，但对丙成立故意伤害罪未遂

D. 不管甲是打击错误、对象错误还是偶然防卫，乙都不可能成立故意伤害罪既遂

【考点】事实认识错误

【解析】A选项，甲是打击丙却打中了乙，打击偏离了预定方向。属于打击错误。按照具体符合说，甲对于丙是故意伤害未遂，对于乙是过失致人重伤，没有故意伤害既遂。因此，A选项是错误的。A选项只有在法定符合说的前提下才是正确的。

B选项，甲并不是将乙当做丙，而是行为出现偏差误打中乙，所以属于打击错误而不是对象错误。因此，B选项是错误的。

C选项，甲误打中乙时，是偶然防卫，偶然防卫是既没有防卫认识也没有防卫意志，却偶然具有防卫效果的情形。甲对乙的伤害就是偶然的具有防卫效果，因此属于偶然防卫。但是甲没有打中丙，对丙成立故意伤害罪的未遂。因此，C选项是正确的。

D选项，乙仅仅是在甲打丙的过程中偶然变成受害方，乙自己不可能成立犯罪既遂。因为，故意伤害罪是指故意非法伤害他人身体，本人身体受伤不能成为故意伤害罪的法益侵害结果。因此，D选项是正确的。

【答案】CD

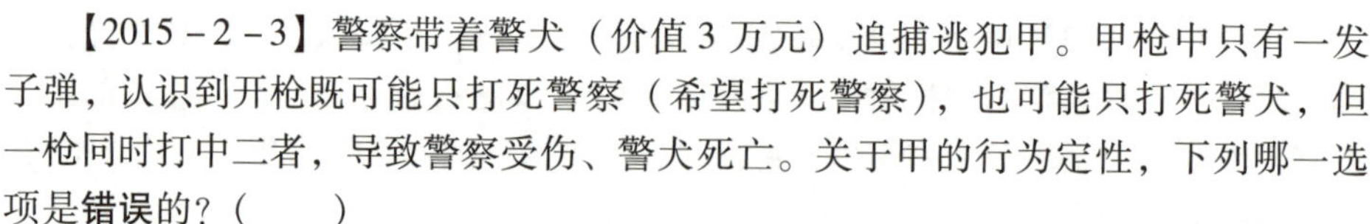

【2015－2－3】警察带着警犬（价值3万元）追捕逃犯甲。甲枪中只有一发子弹，认识到开枪既可能只打死警察（希望打死警察），也可能只打死警犬，但一枪同时打中二者，导致警察受伤、警犬死亡。关于甲的行为定性，下列哪一选项是错误的？（　　）

扫码听课

A. 如认为甲只有一个故意，成立故意杀人罪未遂

B. 如认为甲有数个故意，成立故意杀人罪未遂与故意毁坏财物罪，数罪并罚

C. 如甲仅打中警犬，应以故意杀人罪未遂论处

D. 如甲未打中任何目标，应以故意杀人罪未遂论处

【考点】故意杀人罪，故意毁坏财物罪

【解析】A选项，甲是希望把警察打死的，即积极追求警察死亡结果的发生，所以成立故意杀人罪未遂。因此，A选项是正确的。

B选项，甲只实施了一个行为，不能数罪并罚。因此，B选项是错误的。

C选项，甲如果仅仅打中警犬，对于警察是故意杀人未遂，对于警犬是故意毁坏财物，一个行为触犯两个罪名最终以重罪论处，故意杀人罪是重罪。因此，应以故意杀人罪未遂论处，C选项是正确的。

D选项，如甲未打中任何目标，那么甲的行为触犯两个罪，一个是故意杀人

大咖点拨区

扫码听课

未遂，一个故意毁坏财物未遂，想象竞合，从一重罪处罚，故意杀人未遂是重罪。因此，D选项是正确的。

【答案】B

【2015－2－55】关于故意与违法性的认识，下列哪些选项是正确的？（　　）

A. 甲误以为买卖黄金的行为构成非法经营罪，仍买卖黄金，但事实上该行为不违反《刑法》。甲有犯罪故意，成立犯罪未遂

B. 甲误以为自己盗窃枪支的行为仅成立盗窃罪。甲对《刑法》规定存在认识错误，因而无盗窃枪支罪的犯罪故意，对甲的量刑不能重于盗窃罪

C. 甲拘禁吸毒的陈某数日。甲认识到其行为剥夺了陈某的自由，但误以为《刑法》不禁止普通公民实施强制戒毒行为。甲有犯罪故意，应以非法拘禁罪追究刑事责任

D. 甲知道自己的行为有害，但不知是否违反《刑法》，遂请教中学语文教师乙，被告知不违法后，甲实施了该行为。但事实上《刑法》禁止该行为。乙的回答不影响甲成立故意犯罪

【考点】违法性认识错误

【解析】A选项，成立故意犯罪，首先要求行为人的行为在客观上是刑法所禁止的行为，在本案当中，他所实施的行为并不是法律所禁止的，在客观上没有法益侵害事实，即便行为人以“恶”的心态去实施，也不构成犯罪。因此，A选项是错误的。

B选项，对于罪名的错误认识，不影响定罪。因此，B选项是错误的。

C选项，甲“以为”自己的行为是合法的，即他不知道自己的行为是违法的，即欠缺违法性认识，但是违法性认识的欠缺不阻却故意的成立，甲成立非法拘禁罪。因此，C选项是正确的。

D选项，甲同样是欠缺违法性认识，但是不欠缺违法性认识可能性的情形。因为请教中学语文教师，误以为自己的行为不违法，但是甲完全可以通过其他渠道查清该行为是否为刑法所禁止，这种错误认识并非不可避免，中学语文老师的答复并不会使甲欠缺违法性认识可能性，即甲仍然有可能认识到自己的行为是违法，因此不阻却故意的成立，D选项是正确的。

【答案】CD

【2015－2－56】甲在乙骑摩托车必经的偏僻路段精心设置路障，欲让乙摔死。丙得知甲的杀人计划后，诱骗仇人丁骑车经过该路段，丁果真摔死。关于本案，下列哪些选项是正确的？（　　）

扫码听课

A. 甲的行为和丁死亡之间有因果关系，甲有罪

B. 甲的行为属对象错误，构成故意杀人罪既遂

C. 丙对自己的行为无认识错误，构成故意杀人罪既遂

D. 丙利用甲的行为造成丁死亡，可能成立间接正犯

【考点】事实认识错误

【解析】A、B选项，对象错误是主观上的错误，即认错对象，而打击错误是行为人的打击偏离了原本预定的打击方向。甲清楚地认识到会摔死“遇到路障的人”，但对这个人是谁产生错误认识，所以是对象错误。因此A、B选项是正确的。

大咖点拨区

C 选项，丙利用了甲所设置的路障，达到了自己所想要侵害的目标，整个事件在丙的操控之下，所以丙是故意杀人既遂。因此，C 选项是正确的。

D 选项，甲设置路障要伤害乙，他所设置的危险是为乙创设，而丙利用这个危险达到了自己想要达到的目的，尽管两个人都构成故意杀人罪，但甲是被利用者，丙是利用者，所以丙是故意杀人罪的间接正犯。因此，D 选项是正确的。

【答案】ABCD

扫码听课

【2014－2－7】关于事实认识错误，下列哪一选项是正确的？（　　）

A. 甲本欲电话诈骗乙，但拨错了号码，对接听电话的丙实施了诈骗，骗取丙大量财物。甲的行为属于对象错误，成立诈骗既遂

B. 甲本欲枪杀乙，但由于未能瞄准，将乙身旁的丙杀死。无论根据什么学说，甲的行为都成立故意杀人既遂

C. 事前的故意属于抽象的事实认识错误，按照法定符合说，应按犯罪既遂处理

D. 甲将吴某的照片交给乙，让乙杀吴，但乙误将王某当成吴某予以杀害。乙是对象错误，按照教唆犯从属于实行犯的原理，甲也是对象错误

【考点】事实认识错误

【解析】A 选项，拨号码仅仅是犯罪的预备，接通电话开始向接电话的人虚构事实、隐瞒真相时才是实行行为，甲在实施诈骗行为时，以为自己是在诈骗乙，而实际上诈骗了丙，是主观判断的错误，因此属于对象错误。因此，A 选项是正确的。

B 选项，在本案当中，甲未能瞄准将乙身边的丙杀死，甲属于客观上打击偏离方向而产生的错误，如果按具体符合说，甲对乙是故意杀人未遂，对丙是过失致人死亡；如果按照法定符合说，甲杀乙的故意可以抽象成“杀人”的故意，甲对丙成立故意杀人既遂。因此，B 选项是错误的。

C 选项，事前的故意是因果关系认识错误的一种，属于具体事实认识错误，而不是抽象事实认识错误。因此，C 选项是错误的。

D 选项，如果教唆别人去杀人，杀人者（实行犯）认错对象，实行犯属于主观判断的错误，即对象错误，但对于教唆者来说，实行犯的实行行为其实是自己打击的手段，因此实行犯的错误等于教唆犯打击手段发生客观的偏差，是打击错误。因此，D 选项是错误的。

【答案】A

【2013－2－53】关于犯罪故意、过失与认识错误的认定，下列哪些选项是错误的？（　　）

扫码听课

A. 甲、乙是马戏团演员，甲表演飞刀精准，从未出错。某日甲表演时，乙突然移动身体位置，飞刀掷进乙胸部致其死亡。甲的行为属于意外事件

B. 甲、乙在路边争执，甲推乙一掌，致其被路过车辆轧死。甲的行为构成故意伤害（致死）罪

C. 甲见楼下没人，将家中一块木板扔下，不料砸死躲在楼下玩耍的小孩乙。甲的行为属于意外事件

D. 甲本欲用斧子砍死乙，事实上却拿了铁锤砸死乙。甲的错误属于方法错误，根据法定符合说，应认定为故意杀人既遂

大咖点拨区

【考点】犯罪故意，犯罪过失

【解析】A 选项，甲乙长期合作，甲能够合理地信赖乙不会挪动身体，所以甲这时候既没有故意也没有过失，属于意外事件。因此，A 选项是正确的。

B 选项，甲没有伤害的故意，推乙一把致其被路过车辆轧死，对于死亡结果，甲属于应当预见而没有预见，在主观上是过失的。因此，B 选项是错误的。

C 选项，根据日常生活经验，甲应当预见将木板扔下有可能砸住路人，却没有预见，属于疏忽大意的过失，不是意外事件。因此，C 选项是错误的。

本题中的 B、C 选项都属于行为人有预见义务而没有预见的情形，此处的预见义务来自于一般人的社会生活经验。

D 选项，方法错误就是打击错误，是由于客观侵害行为偏离了原本预定的打击方向。本案中，甲只是选错了工具，并不是打击错误的问题。因此，D 选项是错误的。

【答案】BCD

【2012－2－5】下列哪一行为构成故意犯罪？（　　）

A. 他人欲跳楼自杀，围观者大喊“怎么还不跳”，他人跳楼而亡

B. 司机急于回家，行驶时闯红灯，把马路上的行人撞死

C. 误将熟睡的孪生妻妹当成妻子，与其发生性关系

D. 作客的朋友在家中吸毒，主人装作没看见

扫码听课

【考点】故意犯罪

【解析】A 选项，围观者喊“怎么还不跳”不能被实质性评价为“杀害”，不承担责任。因此，A 选项是错误的。

B 选项，刑法中的故意或过失指的是对结果而不是行为，不论是何种交通肇事，超速、闯红灯、违规驾驶的任何一种行为都是行为人故意实施的，但是行为人对致人死亡的事故结果是应当预见而没有预见，属于过失。所以，B 选项是错误的。

C 选项，由于行为人是把妻妹误当成妻子，没有强奸的故意，所以不可能成立故意犯罪。因此，C 选项是错误的。

D 选项，构成容留他人吸毒罪，本罪是故意犯罪。该不法侵害是发生在行为人的支配领域内，行为人有排除不法侵害的义务，但装作没有看见，成立不作为的容留他人吸毒罪。因此，D 选项是正确的。

【答案】D

【2012－2－52】下列哪些案件不构成过失犯罪？（　　）

A. 老师因学生不守课堂纪律，将其赶出教室，学生跳楼自杀

B. 汽车修理工恶作剧，将高压气泵塞入同事肛门充气，致其肠道、内脏严重破损

C. 路人见义勇为追赶小偷，小偷跳河游往对岸，路人见状离去，小偷突然抽筋溺毙

D. 邻居看见 6 楼儿童马上要从阳台摔下，遂伸手去接，因未能接牢，儿童摔成重伤

扫码听课

【考点】过失犯罪

【解析】A 选项，学生自杀是老师没有预见，且无法预见的。老师没有过失，

大咖点拨区

不成立犯罪，不用为学生自杀负责。因此，A选项是正确的。

B选项，汽车修理工实施了一个高度危险的行为，对于该行为产生的结果是不可能没有预见的，所以其主观方面至少是间接故意，而不是过失犯罪。因此，B选项是正确的。

C选项，突然抽筋是意外事件，所以见义勇为的路人不具有过失，他并不是应当预见而没有预见，而是不应当预见的，即没有预见可能性。因此，C选项是正确的。

D选项，邻居用手去接本身是降低了法益侵害的危险，不能被评价为实行行为，尽管未能接牢，同样对儿童而言是有缓冲和保护作用的，因此整体不存在需要刑法评价的实行行为，也就无需评价邻居主观上究竟是故意还是过失。通常情况下，在受到外力的巨大冲撞时，没有未能接牢，也是难以避免的，所以主观方面亦无过失。因此，D选项是正确的。

【答案】ABCD

扫码听课

【2012－2－53】因乙移情别恋，甲将硫酸倒入水杯带到学校欲报复乙。课间，甲、乙激烈争吵，甲欲以硫酸泼乙，但情急之下未能拧开杯盖，后甲因追乙离开教室。丙到教室，误将甲的水杯当作自己的杯子，拧开杯盖时硫酸淋洒一身，灼成重伤。关于本案，下列哪些选项是**错误**的？(　　)

A. 甲未能拧开杯盖，其行为属于不可罚的不能犯

B. 对丙的重伤，甲构成过失致人重伤罪

C. 甲的行为和丙的重伤之间没有因果关系

D. 甲对丙的重伤没有故意、过失，不需要承担刑事责任

【考点】因果关系，不作为

【解析】A选项，所谓“不可罚的不能犯”是指行为没有造成法益侵害结果，且连法益侵害危险都没有引起，例如，拿着白糖给别人投毒、在沙漠向稻草人开枪，没有任何法益侵犯危险的行为，才属于不可罚的不能犯。本案虽然“未能拧开”，但这个杯盖只要具有被拧开的可能性，就有法益侵害的危险，就不是不可罚的不能犯。因此，A选项是错误的。

B、C、D选项，甲有过失，其把一瓶浓硫酸带到了人来人往的教室，就要求甲对硫酸就应当有谨慎保管的注意义务，没有谨慎保管导致别人被烧伤，属于疏忽大意的过失。因此，B选项是正确的，C、D选项是错误的。

【答案】ACD

扫码听课

【2011－2－5】关于故意的认识内容，下列哪一选项是**错误**的？(　　)

A. 成立故意犯罪，不要求行为人认识到自己行为的违法性

B. 成立贩卖淫秽物品牟利罪，要求行为人认识到物品的淫秽性

C. 成立嫖宿幼女罪，要求行为人认识到卖淫的是幼女

D. 成立为境外非法提供国家秘密罪，要求行为人认识到对方是境外的机构、组织或者个人，没有认识到而非法提供国家秘密的，不成立任何犯罪

【考点】犯罪故意

【解析】A选项，成立故意犯罪不要求行为人对自己行为的违法性有认识，否则任何人都可以自己不知道刑法的规定而主张出罪。因此，A选项是正确的。

B选项，所谓犯罪故意就是“明知故犯”，“明知”是要认识到客观构成要件

当中的所有元素，认识到行为人自己是有什么样的身份、认识到在做什么、自己的行为会引起什么样的结果，还要认识到自己不是在正当防卫或紧急避险，如果是特殊的犯罪对象，还要对犯罪对象有认识。所以在这里面，贩卖淫秽物品牟利罪，要求行为人认识到自己所贩卖的是淫秽物品。如果行为人确实不知道这个物品是淫秽物品，那么就不具有贩卖淫秽物品牟利罪的犯罪故意，因此，B选项是正确的。

C选项，嫖宿幼女罪，（2015年《刑法修正案（九）》之前的罪名）要求行为人认识到对方是幼女，这个“认识到”既包括认识到“可能是”也包括认识到“必然是”。因此，C选项是正确的。

D选项，前半段是正确的，要求认识到对方是境外的机构或者组织，否则不能构成为境外非法提供国家秘密罪，但如果没有认识到的话，那么该行为也要构成故意泄露国家秘密罪，而不是无罪。因此，D选项是错误的。

【答案】D

【2011-2-6】关于过失犯的论述，下列哪一选项是错误的？（ ）

A. 只有实际发生危害结果时，才成立过失犯

B. 认识到可能发生危害结果，但结果的发生违背行为人意志的，成立过失犯

C. 过失犯罪，法律有规定的才负刑事责任。这里的“法律”不限于刑事法律

D. 过失犯的刑事责任一般轻于与之对应的故意犯的刑事责任

【考点】过失犯罪

【解析】A选项，过失犯罪都是结果犯，结果没发生就不构成犯罪。因此，A选项是正确的。

B选项，“认识到可能发生”指的是过于自信的过失，过于自信的过失就是认识到可能发生危害结果，但是并不希望结果发生，轻信可以避免该结果发生。成立过失犯。因此，B选项是正确的。

C选项，只有刑事法律才符合成文罪刑法定原则中“成文”的要求，过失犯罪是以刑法有明确规定的为依据，除了刑事法律以外的任何法律都不得规定犯罪与刑罚的问题。因此，C选项是错误的。

D选项，犯罪过失的主观恶性显然轻于犯罪故意，因此在客观结果相同的前提下，过失犯的刑事责任确实会轻于与之对应的故意犯的刑事责任。因此，D选项是正确的。

【答案】C

【2011-2-53】关于认识错误的判断，下列哪些选项是错误的？（ ）

A. 甲为使被害人溺死而将被害人推入井中，但井中没有水，被害人被摔死。这是方法错误，甲行为成立故意杀人既遂

B. 乙准备使被害人吃安眠药熟睡后将其勒死，但未待实施勒杀行为，被害人因吃了乙投放的安眠药死亡。这是构成要件提前实现，乙行为成立故意杀人既遂

C. 丙打算将含有毒药的巧克力寄给王某，但因写错地址而寄给了汪某，汪某吃后死亡。这既不是对象错误，也不是方法错误，丙的行为成立过失致人死亡罪

D. 丁误将生父当作仇人杀害。具体符合说与法定符合说都认为丁的行为成立故意杀人既遂

大咖点拨区

扫码听课

扫码听课

大咖点拨区

【考点】事实认识错误

【解析】A选项，属于因果关系错误，而且是因果关系错误中的狭义的因果关系错误，也就是说实行行为没有错、结果也没有错，只不过实行行为如何引起结果发生，这个因果关系发生作用的进程，行为人发生了错误认识，是狭义的因果关系错误，不影响定罪。狭义的因果关系错误，属于具体事实认识错误中的因果关系错误，既不是对象错误也不是打击错误。因此，A选项是错误的。

B选项，属于结果的提前发生（构成要件的提前实现）。对于构成要件的提前实现是否影响定罪。关键是看前面这个投放安眠药的行为能不能评价为杀人的着手，即杀人的实行行为有没有已经开始，如果杀人行为已经进入到了实行阶段了，那么就应该认定是故意杀人既遂，否则，如果认为故意杀人实行行为还没有开始，则不应该成立犯罪既遂。虽然故意杀人罪没有像抢劫罪、强奸罪一样把实行行为分成两半段，前半段是以暴力的方法压制反抗的方法行为，后半段是劫取财物的目的行为，但是杀人行为的全过程也要包括一个前面压制反抗的行为，然后再实施剥夺生命的行为，因此，“投放安眠药”的行为应该评价为杀人行为的制伏的那个阶段，也是杀人的实行行为。因此故意杀人罪已经着手，乙成立故意杀人罪既遂。因此，B选项是正确的，这是构成要件的提前实现。

C选项的案例在刑法中叫做隔离犯，隔离犯的意思是实行行为与犯罪结果之间存在时间、场所的间隔。“寄地址的行为”是在此时此地，“中毒身亡的结果”是发生在彼时彼地，存在着时间、场所的间隔，这个叫做隔离犯。关于“隔离犯”有以下几点需要注意。

【例如】甲为了杀乙，于2016年8月1日从甲地通过邮局寄送有毒食物给乙地的乙，乙于8月3日收到邮件，但是没有打开，8月6日中午乙正要食用时发现异味而将有毒食品扔弃。

应当说只有当乙准备或者开始食用有毒食品时，才产生死亡的紧迫危险，因此应当认定“8月6日中午”着手。

注意1：着手时间虽然是“8月6日中午”，但在此时可以溯及性地认定**起初的寄送行为**就是实行行为，那么此时实行行为在前，着手在后。

注意2：倘若行为人寄送毒药后，没有到达被害人或者被害人没有利用，则不能认定故意杀人罪的着手，此时也没有必要将寄送行为认定为实行行为。

注意3：但是如果行为人以杀人故意邮寄爆炸物，由于爆炸物具有随时爆炸的危险，因此“寄送时”就是着手。

在本案当中既然汪某已经中毒身亡，也就意味着从汪某开始吃的时候就已经着手了，那么就可以认定前面写地址的寄送行为就是一个实行行为。写错了地址：明明要写给王某却写给了汪某，就是打击偏离了方向，属于打击错误即方法错误。因此，C选项是错误的。

D选项，丁误将生父当作仇人杀害是主观判断发生错误，因此是对象错误。在对象错误的场合，根据“具体符合说”或者“法定符合说”得出的结论是没有区别的，都成立故意杀人罪的既遂，因此，D选项是正确的。

【答案】AC

大咖点拨区

扫码听课

【2010－2－54】甲与乙因情生仇。一日黄昏，甲持锄头路过乙家院子，见甲妻正在院内与一男子说话，以为是乙举锄就打，对方重伤倒地后遂发现是乙哥哥。甲心想，打伤乙哥哥也算解恨。关于甲的行为，下列哪些选项是错误的？（　　）

A. 甲的行为属于对象错误，成立过失致人重伤罪

B. 甲的行为属于方法错误，成立故意伤害罪

C. 根据法定符合说，甲对乙成立故意伤害（未遂）罪，对乙哥哥成立过失致人重伤罪

D. 甲的行为不存在任何认识错误，理所当然成立故意伤害罪

【考点】事实认识错误

【解析】甲误把乙的哥哥当成乙而实施伤害行为，属于主观判断的错误，即对象错误。在对象错误的场合，“法定符合说”“具体符合说”的结论是一样的，都是故意伤害罪。因此，A、B、D选项错误。

C选项，根据“法定符合说”不需要分别评价甲对于乙和对于乙的哥哥的主观罪过分别是什么，而是直接将甲伤害“乙”的故意抽象为伤害“他人”的故意，甲有伤害他人的故意，又导致了他人受伤害的结果，因此认定故意伤害罪。C选项是错误的。

【答案】ABCD

【2010－2－51】关于罪过，下列哪些选项是错误的？（　　）

扫码听课

A. 甲的玩忽职守行为虽然造成了公共财产损失，但在甲未认识到自己是国家机关工作人员时，就不存在罪过

B. 甲故意举枪射击仇人乙，但因为没有瞄准，将乙的名车毁坏。甲构成故意杀人未遂

C. 甲翻墙入院欲毒杀乙的名犬以泄愤，不料该犬对甲扔出的含毒肉块不予理会，直扑甲身，情急之下甲拔刀刺杀该犬。甲不构成故意毁坏财物罪，而属于意外事件

D. 甲因疏忽大意而致人死亡，甲应当预见而没有预见的危害结果，既可能是发生他人死亡的危害结果，也可能只是发生他人重伤的危害结果

【考点】罪过

【解析】A选项，对于国家机关工作人员身份的认识是犯罪故意的组成部分，即对于身份的认定仅仅是在故意犯罪中才要求，而且是在真正的身份犯当中才要求。在本案中，玩忽职守罪虽然是真正的身份犯，但属于过失犯罪，犯罪过失的成立并不要求行为人对于自己的身份有认识。因此，A选项是错误的。

B选项，乙站在甲对面，甲对面既有乙也有乙的车，没有瞄准，本来想打乙却打中了乙的车，所以对于乙的车是过失毁坏财物，由于毁坏财物只处罚故意犯罪，因此该行为不成立犯罪。但是对于乙是故意杀人未遂。因此，B选项是正确的。

C选项，甲的行为构成故意毁坏财物罪，甲的行为属于狭义的因果关系错误。甲想杀狗的，最终也导致狗死亡，只不过因果关系的发展进程发生了错误认识，本想毒死狗，但最终是杀死了狗，不影响定罪。因此，C选项是错误的。

D选项，疏忽大意过失中“应当预见会发生危害结果”，这个应当预见的

大咖点拨区

“结果”不是泛指一切可能的结果，而指的是作为具体过失犯罪的构成要件所出现的结果。因为要确定是过失致人死亡罪还是过失致人重伤罪，一定要是明确的死亡结果或者重伤结果，如果行为人只是应当预见到重伤结果，而无法预见死亡结果，则不能成立过失致人死亡罪。因此，D选项是错误的。

【答案】ACD

大咖点拨区

专题六　责任阻却事由

扫码听课

【2021 网络回忆版】关于刑事责任年龄，下列说法中正确的有？（　　）

A. 15 周岁的甲投毒的，应当负刑事责任。投放其他危险物质的，不负刑事责任

B. 乙 14 周岁生日当晚故意伤害他人后离去，被害人于次日凌晨死亡。乙应负刑事责任

C. 14～16 周岁的丙运输、贩卖毒品的，成立运输、贩卖毒品罪

D. 16 周岁的丁户籍上证明已满 16 周岁，但是有证据证明按其农历生日不满 16 周岁的，应认定为不满 16 周岁

【考点】刑事责任年龄

【解析】A 选项，根据《刑法》第 17 条："已满十四周岁不满十六周岁的人，犯故意杀人、故意伤害致人重伤或者死亡、强奸、抢劫、贩卖毒品、放火、爆炸、投放危险物质罪的，应当负刑事责任。"所谓投放危险物质，包括投放毒害性、放射性、传染病病原体等物质，15 周岁的甲，无论投毒还是投放危险物质，都应当负刑事责任。

B 选项，乙 14 岁生日当天属于不满 14 周岁，不对故意伤害行为承担刑事责任，但是伤害行为引发救助义务，乙没有履行救助义务，导致被害人死亡，应当以不作为故意杀人罪承担责任，即乙从次日凌晨已满 14 周岁开始，实施了一个新的值得刑法评价的行为"不作为"，因此应当承担刑事责任。

C 选项，刑法规定，已满十四周岁不满十六周岁的人，仅对贩卖毒品罪承担责任，对运输毒品不承担责任，因此丙仅成立贩卖毒品罪。C 错误。

D 选项，刑法中年龄的计算按照公历。D 选项错误。

【答案】B

扫码听课

【2020 网络回忆版】间歇性精神病人在不能辨认或者不能控制自己行为时，实施严重危害社会行为的，该行为如何处理？（　　）

A. 应当负刑事责任

B. 不负刑事责任

C. 应当负刑事责任，但可以减轻或免除处罚

D. 待治愈后再追究刑事责任

【考点】精神障碍

【解析】间歇性精神病人在精神正常期，实施的严重危害社会的行为，需要负刑事责任；但在精神不正常的时候同一般的精神病人一样，实施严重危害社会的行为，不负刑事责任。

【答案】B

扫码听课

【2017－2－3】关于刑事责任能力的认定，下列哪一选项是正确的？（　　）

A. 甲先天双目失明，在大学读书期间因琐事致室友重伤。甲具有限定刑事责

大咖点拨区

任能力

B. 乙是聋哑人，长期组织数名聋哑人在公共场所扒窃。乙属于相对有刑事责任能力

C. 丙服用安眠药陷入熟睡，致同床的婴儿被压迫窒息死亡。丙不具有刑事责任能力

D. 丁大醉后步行回家，嫌他人小汽车挡路，将车砸坏，事后毫无记忆。丁具有完全刑事责任能力

【考点】刑事责任能力

【解析】A、B选项，限定刑事责任能力，又称为限制刑事责任能力，或相对有刑事责任能力，或相对无刑事责任能力。在刑法中，限定刑事责任能力人分为两类，一类是已满14周岁未满16周岁的未成年人；另一类是尚未完全丧失辨认能力和控制能力的精神病人。虽然刑法规定又聋又哑的人或者盲人犯罪可以从轻或者减轻处罚，但他们并不属于限定刑事责任能力人的范畴。因此，A、B选项是错误的。

C选项，行为人虽然因为服药、醉酒或者吸毒，而导致自己陷入丧失辨认能力或者控制能力的状态，但是依然具有刑事责任能力。由于服药、喝酒或者吸毒前行为人是清醒的，具有一定的判断能力和注意义务，应当预见到服药、醉酒或者吸毒会使自己陷入精神耗弱的状态，却在其精神正常的情形下选择使自己陷入该状态，根据原因自由行为理论，丙具有完全刑事责任能力，因此，C选项是错误的。

D选项，《刑法》第18条规定，醉酒的人犯罪，应当负刑事责任，而且不应从轻或者减轻处罚。因此，D选项是正确的。

【答案】D

扫码听课

【2016－2－3】关于刑事责任能力，下列哪一选项是正确的？（　　）

A. 甲第一次吸毒产生幻觉，误以为伍某在追杀自己，用木棒将伍某打成重伤。甲的行为成立过失致人重伤罪

B. 乙以杀人故意刀砍陆某时突发精神病，继续猛砍致陆某死亡。不管采取何种学说，乙都成立故意杀人罪未遂

C. 丙因实施爆炸被抓，相关证据足以证明丙已满15周岁，但无法查明具体出生日期。不能追究丙的刑事责任

D. 丁在14周岁生日当晚故意砍杀张某，后心生悔意将其送往医院抢救，张某仍于次日死亡。应追究丁的刑事责任

【考点】刑事责任能力

【解析】A选项，我国刑法理论和司法实践没有将因吸毒产生幻觉的情形认定为精神病，因此吸毒并产生幻觉后实施的法益侵害行为需要承担刑事责任，只不过需要区分究竟是故意犯罪还是过失犯罪。如果吸毒后第一次产生幻觉，进而实施法益侵害行为，应当承认幻觉对故意认定的影响，成立过失罪；如果明知自己吸毒后会产生幻觉，进而实施攻击行为，还实施上述行为，则成立故意犯罪。因此，A选项是正确的。

B选项，以乙发病为分界线，发病之前有杀人的故意，发病之后虽然无法认定乙的犯罪故意，乙已经丧失责任能力了，但是通说观点认为前后行为性质相

同，可以作为一个行为处理。所以B选项“不论采取何种学说都是故意杀人未遂”的表述是错误的。因此，B选项是错误的。

C选项，只要行为人年满14周岁，就要对故意杀人罪负刑事责任。（根据2021年《刑法修正案（十一）》，已满12周岁不满14周岁的人，犯故意杀人、故意伤害罪，致人死亡或者以特别残忍手段致人重伤造成严重残疾，情节恶劣，经最高人民检察院核准追诉的，应当负刑事责任。）所以丙只要已满15周岁，至于15周岁具体的出生日期不影响追究他的责任。因此，C选项是错误的。

D选项，刑法中的“年龄”是行为当时的年龄，而不是结果发生时的年龄。丁在实施杀人行为的当时不满14周岁，实施完之后又心生悔意，努力防止结果发生，所以也不存在不作为的问题，虽然最后死亡结果虽然是次日发生的，但是不应追究丁的刑事责任。D选项是错误的。

【答案】A

【2016－2－4】农民甲醉酒在道路上驾驶拖拉机，其认为拖拉机不属于《刑法》第133条之一规定的机动车。关于本案的分析，下列哪一选项是正确的？（　　）

A. 甲未能正确评价自身的行为，存在事实认识错误

B. 甲欠缺违法性认识的可能性，其行为不构成犯罪

C. 甲对危险驾驶事实有认识，具有危险驾驶的故意

D. 甲受认识水平所限，不能要求其对自身行为负责

【考点】事实认识错误

【解析】A选项，甲对于自己醉酒驾驶拖拉机的事实有正确认识，不存在对事实的认识错误，而是对自己的行为是否触犯刑法有不正确的认识，属于法律认识错误。因此，A选项是错误的。

B选项，甲欠缺违法行为认识，但是不欠缺违法性认识可能性，即甲完全可以通过咨询获得准确的知识。因此，B选项是错误的。

C选项，甲认识到自己醉酒的状态，认识到在道路上驾驶拖拉机，就具有危险驾驶的故意，而且违法性认识错误不影响对故意犯罪的认定。因此，C选项是正确的。

D选项，在一个法制统一的国家，每个公民都有遵守法律的义务，不能因为认识水平的局限而不需要对自己的行为负责。

【答案】C

【2015－2－2】关于责任年龄与责任能力，下列哪一选项是正确的？（　　）

A. 甲在不满14周岁时安放定时炸弹，炸弹于甲已满14周岁后爆炸，导致多人伤亡。甲对此不负刑事责任

B. 乙在精神正常时着手实行故意伤害犯罪，伤害过程中精神病突然发作，在丧失责任能力时抢走被害人财物。对乙应以抢劫罪论处

C. 丙将毒药投入丁的茶杯后精神病突然发作，丁在丙丧失责任能力时喝下毒药死亡。对丙应以故意杀人罪既遂论处

D. 戊为给自己杀人壮胆而喝酒，大醉后杀害他人。戊不承担故意杀人罪的刑事责任

【考点】刑事责任年龄，刑事责任能力

大咖点拨区

扫码听课

扫码听课

大咖点拨区

【解析】A选项，甲已满14周岁以后实施了一个新的值得被刑法评价的犯罪行为，即“不作为”。他的先行行为引起了拆除炸药的义务，“当为而不为”不作为是在其已满14周岁以后实施的，因此成立不作为的爆炸罪，甲应当负刑事责任。因此，A选项是错误的。

B选项，乙属于“不连续类型的原因自由行为”，除非能够认定乙之前行为正常的时候不但有伤害的故意也有抢劫的故意，否则对于发病之后的抢劫行为就不能认定具有故意，不能以抢劫罪来论处。因此，B选项是错误的。

C选项，丙投下毒药的时候是有责任能力的，投下毒药之后才精神病发作，被害人是在丙精神病发作之后死亡的，不影响行为人成立故意杀人罪既遂。丙的投放毒药的行为是对于结果发生具有直接作用的原因行为，丙只要在实施该行为的时候是有责任能力的，就认为丙是有责任能力的。因此，C选项是正确的。

D选项，戊喝酒的时候是有杀人的故意，尤其是为了给自己壮胆而喝酒，因此，喝酒是原因行为，杀人是结果行为，喝酒的时候有故意，按照原因自由行为理论，既然戊在实施原因行为时具有责任能力，就符合“行为与责任同在”的要求，应当以故意杀人罪承担刑事责任。因此，D选项是错误的。

【答案】C

扫码听课

【2011－2－4】甲患抑郁症欲自杀，但无自杀勇气。某晚，甲用事前准备的刀猛刺路人乙胸部，致乙当场死亡。随后，甲向司法机关自首，要求司法机关判处其死刑立即执行。对于甲责任能力的认定，下列哪一选项是正确的？（　　）

A. 抑郁症属于严重精神病，甲没有责任能力，不承担故意杀人罪的责任

B. 抑郁症不是严重精神病，但甲的想法表明其没有责任能力，不承担故意杀人罪的责任

C. 甲虽患有抑郁症，但具有责任能力，应当承担故意杀人罪的责任

D. 甲具有责任能力，但患有抑郁症，应当对其从轻或者减轻处罚

【考点】刑事责任能力

【解析】抑郁症在医学上的表现是情绪低落、思维迟缓、言语动作减少，属于非精神病性精神障碍，但不是精神病，甲杀人的时候是有完全刑事责任能力的，不会因为他的抑郁症而不构成犯罪，也不会因为抑郁而获得减免处罚。因此，C选项是正确的。

【答案】C

扫码听课

【2010－2－4】甲（十五周岁）的下列哪一行为成立犯罪？（　　）

A. 春节期间放鞭炮，导致邻居失火，造成十多万元财产损失

B. 骗取他人数额巨大财物，为抗拒抓捕，当场使用暴力将他人打成重伤

C. 受意图骗取保险金的张某指使，将张某的汽车推到悬崖下毁坏

D. 因偷拿苹果遭摊主喝骂，遂掏出水果刀将其刺成轻伤

【考点】相对负刑事责任年龄

【解析】A选项，甲不需要对失火承担责任。15周岁的未成年人对8种严重的刑事犯罪需要承担责任：故意杀人、故意伤害致人重伤或者死亡、强奸、抢劫、放火、爆炸、投放危险物质和贩卖毒品。因此，A选项是错误的。

B选项，根据司法解释的规定，甲不成立转化型抢劫，而是成立故意伤害罪（致人重伤）。因此，B选项是正确的。

C 选项，甲的行为构成故意毁坏财物罪和保险诈骗罪，都不属于8种严重的刑事犯罪之一，所以不承担责任。因此，C 选项是错误的。

D 选项，甲的行为构成故意伤害罪（致人轻伤），所以不承担责任。因此，D 选项是错误的。

【答案】B

大咖点拨区

大咖点拨区

扫码听课

专题七　故意犯罪的停止形态

【2021 网络回忆版】对故意犯罪形态情形，下列说法正确的是？（　　）（不计具体犯罪数额）

A. 甲在车棚盗窃电瓶车的过程中，被管理员通过摄像头发现，但甲却不知情。待甲盗窃行为完成，管理员在甲盗窃结束将车骑出车棚时开车追赶，并且成功将其抓获。甲构成盗窃罪既遂

B. 乙敲诈勒索孟某 10 万元，约定孟某将 10 万元现金放置在某个垃圾点旁边，方便乙拿取，不料孟某放置完毕后被其他人捡走。乙构成敲诈勒索罪既遂

C. 丙进入肖某家入户盗窃，被肖某的邻居康康发现，并报警，邻居康康一直守在肖某家门口，待丙出门时被邻居康康堵在肖某家门外，片刻后警察赶到将丙抓获。丙构成盗窃罪既遂

D. 淘宝卖家丁欺骗买家乐某，以假酒充好酒出售给乐某。乐某将钱款给淘宝支付平台，乐某收货后发现是假酒，要求退货，支付平台就将钱款退回给乐某。丁构成诈骗罪既遂

【考点】故意犯罪的停止形态

【解析】A 选项，甲盗窃结束将电瓶车骑出车棚时，已经取得对财物的控制，犯罪已经既遂。

B 选项，敲诈勒索罪是取得型财产犯罪，需要行为人取得财物才能成立犯罪既遂。本案钱被第三人捡走，乙没有取得，因此属于敲诈勒索罪未遂。

C 选项，丙入户盗窃且已经取得财物并出门，属于就已经取得对被窃财物的控制，被害人则失去了对被窃财物的控制，财产所有权已受到实质侵害，盗窃罪已经既遂。C 正确。①

D 选项，诈骗罪同样是取得型财产犯罪，需要行为人取得财物才能成立犯罪既遂，乐某收货后发现是假酒，要求退货并取得退货款，丁最终没有取得财物，属于犯罪未遂，D 错误。

【答案】AC

【2020 网络回忆版】宋某杀害刘某，致刘某重伤昏迷，生命垂危。宋某心生怜悯，想要抱起刘某送去医院救治，不料脚下一滑，和刘某一起摔倒在地，刘某原本已经生命垂危，加上摔倒，很快死亡。下列说法正确的有？（　　）

扫码听课

---

① 本案的出处：最高人民法院《刑事审判参考（第 1047 号）》花荣盗窃案——入户盗窃既未遂形态如何认定以及盗窃过程中群众在户外监视是否意味着被害人未失去对财物的控制。上海市第二中级法院经审理认为，原审被告人以非法占有为目的，入户秘密窃取他人财物，其行为构成盗窃罪。当被告人花荣进入被害人家中窃得形状、体积较小的现金和香烟放于口袋内，走出房门后就已经取得对被窃财物的控制，而被害人则失去了对被窃财物的控制，财产所有权已受到实质侵害。虽然花荣在实施盗窃的过程中被群众发现，之后处于群众的监视之下，但是群众在户外的监视，以及最终花荣被人赃俱获，并不影响将他之前的行为评价为：已经取得对被窃财物的控制。

大咖点拨区

A. 宋某构成故意杀人罪既遂，救助行为只能是量刑情节

B. 无论如何评价宋某的犯罪形态，宋某均须对刘某的死亡结果负责

C. 刑法第24条第2款规定："对于中止犯，没有造成损害的，应当免除处罚；造成损害的，应当减轻处罚。"宋某构成故意杀人罪中止，属于"造成损害结果"，应当减轻处罚

D. 由于宋某没有正确预料刘某死亡的因果流程。故构成故意杀人罪未遂

【考点】犯罪的未完成形态

【解析】A选项，宋某客观上实施杀害行为，尽管心生怜悯抱起刘某送医，但是未能有效防止犯罪结果发生，不应当成立犯罪中止；同时宋某脚下一滑，和刘某一起摔倒在地，属于异常的介入因素，但是作用小，如果不是宋某杀害刘某致其生命垂危，摔跤是不会致人死亡的，因此因果关系没有中断，刘某的死亡结果应当归因于宋某的杀人行为，宋某的行为应当综合评价为犯罪既遂。A正确。C错误。

B选项，即便有观点的认为，宋某摔一跤的行为属于异常且作用大的介入因素，因果关系中断，宋某摔一跤致刘某死亡的行为，也应当成立过失致人死亡罪，死亡结果归因于宋某的过失行为。B正确。

D选项，宋某没有发生因果关系的认识错误。D错误。

【答案】AB

【2019网络回忆版】①基于同情、后悔而放弃犯罪，可以成立犯罪中止

②客观上能继续犯罪，主观上放弃犯罪，即使从伦理角度看不能继续犯罪，也能成立犯罪中止

③犯罪人经过理性判断，认为不能继续犯罪而放弃犯罪，属于犯罪未遂；犯罪人基于感性因素（同情、后悔、恐惧等非理性因素）而放弃犯罪，属于犯罪中止

④若从社会一般人的角度看，当时不能继续犯罪，那么可以认为，犯罪人也是在不能继续犯罪的情况下而放弃犯罪，不构成犯罪中止，而构成犯罪未遂

a. 甲举刀砍杀乙，乙求饶："请可怜可怜我！"甲见乙可怜而放弃犯罪

b. 甲举刀砍杀父亲，刀已经举起，又觉得对方是亲生父亲，难以下手，便放弃犯罪

c. 甲举刀砍杀妻子，此时年幼的孩子走进来，哀求甲不要杀妈妈。甲不忍心在孩子面前杀妻子，便放弃犯罪

d. 甲准备朝乙开枪，警察们赶到，举枪朝向甲，要求甲住手。甲见状逃离

下列说法正确的有？（　　）

A. 根据观点①，a成立犯罪中止

B. 根据观点②，b成立犯罪中止

C. 根据观点③，c成立犯罪未遂

D. 根据观点④，d成立犯罪未遂

【考点】犯罪中止

【解析】A选项，①基于悔恨、同情原因而放弃犯罪，属于中止的动机具有伦理性的情形，a甲见乙可怜而放弃犯罪，属于中止动机具有伦理性的情形。A正确。

扫码听课

大咖点拨区

B 选项，②的观点强调只要客观上可以继续实施犯罪，而行为人选择放弃犯罪就成立犯罪中止。哪怕存在足以压制任何人犯罪意念的障碍，也是自愿放弃。因此 b 中对方是亲生父亲，从伦理角度看不能继续犯罪，但是甲杀死父亲并无客观障碍，是主观上想要放弃犯罪，成立犯罪中止。B 正确。

C ③的观点是犯罪人犯罪人基于感性因素（同情、后悔、恐惧等非理性因素）而放弃犯罪，属于犯罪中止。c 中甲只是不忍心在孩子面前杀死妻子，是基于感性因素放弃犯罪的，应当是犯罪中止。C 错误。

D 选项，④从一般是视角判断，如果一般人都认为当时不能继续犯罪，说明继续犯罪存在重大障碍，此时放弃属于被迫放弃，成立犯罪未遂。d 中警察赶到，举枪朝向甲，一般人都认为当时不能继续犯罪，属于被迫放弃，成立犯罪未遂。D 正确。

【答案】ABD

扫码听课

【2017－2－5】甲冒充房主王某与乙签订商品房买卖合同，约定将王某的住房以 220 万元卖给乙，乙首付 100 万元给甲，待过户后再支付剩余的 120 万元。办理过户手续时，房管局工作人员识破甲的骗局并报警。根据司法解释，关于甲的刑事责任的认定，下列哪一选项是正确的？（　　）

A. 以合同诈骗罪 220 万元未遂论处，酌情从重处罚

B. 以合同诈骗罪 100 万元既遂论处，合同诈骗 120 万元作为未遂情节加以考虑

C. 以合同诈骗罪 120 万元未遂论处，合同诈骗 100 万元既遂的情节不再单独处罚

D. 以合同诈骗罪 100 万元既遂与合同诈骗罪 120 万元未遂并罚

【考点】合同诈骗罪，犯罪既遂，犯罪未遂

【解析】《最高人民法院、最高人民检察院关于办理诈骗刑事案件具体应用法律若干问题的解释》第 6 条："诈骗既有既遂，又有未遂，分别达到不同量刑幅度的，依照处罚较重的规定处罚；达到同一量刑幅度的，以诈骗罪既遂处罚。"因此，行为人以非法占有为目的，骗取部分数额的财物的，以已经取得的财物数额作为犯罪既遂予以认定，确定法定刑，尚未取得的财物数额则作为未遂的情节在量刑时予以考察。因此，B 选项是正确的。

【答案】B

扫码听课

【2016－2－53】关于犯罪未遂的认定，下列哪些选项是正确的？（　　）

A. 甲以杀人故意将郝某推下过街天桥，见郝某十分痛苦，便拦下出租车将郝某送往医院。但郝某未受致命伤，即便不送医院也不会死亡。甲属于犯罪未遂

B. 乙持刀拦路抢劫周某。周某说"把刀放下，我给你钱"。乙信以为真，收起刀子，伸手要钱。周某乘乙不备，一脚踢倒乙后逃跑。乙属于犯罪未遂

C. 丙见商场橱柜展示有几枚金锭（30 万元/枚），打开玻璃门拿起一枚就跑，其实是值 300 元的仿制品，真金锭仍在。丙属于犯罪未遂

D. 丁资助林某从事危害国家安全的犯罪活动，但林某尚未实施相关犯罪活动即被抓获。丁属于资助危害国家安全犯罪活动罪未遂

【考点】犯罪未遂

【解析】A 选项，行为人自认为被害人会死亡，在自认为犯罪能够达到既遂

的状态下，基于自愿而努力防止犯罪结果发生并且为此做出了真挚的努力，是可以认定为成立犯罪中止的而不是未遂。因此，A 选项是错误的。

B 选项，乙并非自愿放弃犯罪，而是由于意志以外的原因没有达到既遂状态，所以是犯罪未遂。因此，B 选项是正确的。

C 选项，丙由于意志以外的原因没有取得自己想要数额巨大的财物，仅仅取得价值 300 元的仿制品，没有达到构成犯罪的程度，所以是犯罪未遂。因此，C 选项是正确的。

D 选项，资助危害国家安全犯罪活动罪，是抽象的危险犯，只要资助行为完成，犯罪就成立既遂。因此，D 选项是错误的。

【答案】BC

大咖点拨区

【2015－2－5】下列哪一行为成立犯罪未遂？（　　）

A. 以贩卖为目的，在网上订购毒品，付款后尚未取得毒品即被查获

B. 国家工作人员非法收受他人给予的现金支票后，未到银行提取现金即被查获

C. 为谋取不正当利益，将价值 5 万元的财物送给国家工作人员，但第二天被退回

D. 发送诈骗短信，受骗人上当后汇出 5 万元，但因误操作汇到无关第三人的账户

扫码听课

【考点】犯罪未遂

【解析】A 选项，为了贩卖毒品而购买毒品，属于贩卖毒品罪的预备行为。贩卖毒品罪的实行行为是出售行为，开始出售毒品才是贩卖毒品罪的“着手”，将毒品实际交易给购买者才是“既遂”，因此，A 选项是错误的。

B 选项，受贿罪的法益是国家工作人员职务行为的不可收买性或者公众对国家工作人员职务行为不可收买性的信赖，故只要国家工作人员非法收受他人财物、承诺为他人谋取利益，法益即受到侵害，就是受贿罪的既遂。因此，B 选项是错误的。

C 选项，行贿罪，只要是为谋取不正当利益，已经将财物送给国家工作人员的，就是既遂，不要求实际谋取到了不正当利益。因此，C 选项是错误的。

D 选项，诈骗罪的既遂的判断对行为结构有特殊的要求，即行为人的欺骗行为导致被骗人陷入错误认识，基于该错误认识处分财产，行为人因此而取得了财产，就成立诈骗罪既遂。因此诈骗罪属于取得型财产犯罪，只有在行为人经由特定的进程取得财产，才能成立犯罪既遂，本案属于犯罪未遂。因此，D 选项是正确的。

【答案】D

【2015－2－6】甲以杀人故意放毒蛇咬乙，后见乙痛苦不堪，心生悔意，便开车送乙前往医院。途中等红灯时，乙声称其实自己一直想死，突然跳车逃走，三小时后死亡。后查明，只要当时送医院就不会死亡。关于本案，下列哪一选项是正确的？（　　）

扫码听课

A. 甲不对乙的死亡负责，成立犯罪中止

B. 甲未能有效防止死亡结果发生，成立犯罪既遂

C. 死亡结果不能归责于甲的行为，甲成立犯罪未遂

大咖点拨区

D. 甲未能阻止乙跳车逃走，应以不作为的故意杀人罪论处

【考点】犯罪中止，犯罪未遂

【解析】只要行为人做了真挚的努力，而且这个真挚的努力如果在正常情况下是可以阻止危害结果发生的时候，就应该认为具备了有效性。而本案当中死亡是介入了被害人的自杀行为这一异常的因素。对于精神状态正常的成年公民，刑法是不会过问其纯粹的自杀行为的，所以在本案当中，甲虽然创设了危险，但这个危险只要把乙送到医院就可以消除，是乙的自杀行为又创设了新的危险而导致自己死亡的。所以甲具备了中止的有效性，可以成立犯罪中止。因此，A选项是正确的。

【答案】A

扫码听课

【2014－2－9】甲架好枪支准备杀乙，见已患绝症的乙踉跄走来，顿觉可怜，认为已无杀害必要。甲收起枪支，但不小心触动扳机，乙中弹死亡。关于甲的行为定性，下列哪一选项是正确的？（　　）

A. 仅构成故意杀人罪（既遂）

B. 仅构成过失致人死亡罪

C. 构成故意杀人罪（中止）、过失致人死亡罪

D. 构成故意杀人罪（未遂）、过失致人死亡罪

【考点】故意犯罪的未完成形态

【解析】甲前后实施了两个行为，前面的行为已经成立故意杀人罪的中止，后面的行为是过失致人死亡。在法律上认为乙的死亡结果归属于后行为，两个行为应当分别评价，数罪并罚。因此，C选项是正确的。

【答案】C

扫码听课

【2014－2－53】甲为杀乙，对乙下毒。甲见乙中毒后极度痛苦，顿生怜意，开车带乙前往医院。但因车速过快，车右侧撞上电线杆，坐在副驾驶位的乙被撞死。关于本案的分析，下列哪些选项是正确的？（　　）

A. 如认为乙的死亡结果应归责于驾车行为，则甲的行为成立故意杀人中止

B. 如认为乙的死亡结果应归责于投毒行为，则甲的行为成立故意杀人既遂

C. 只要发生了构成要件的结果，无论如何都不可能成立中止犯，故甲不成立中止犯

D. 只要行为人真挚地防止结果发生，即使未能防止犯罪结果发生的，也应认定为中止犯，故甲成立中止犯

【考点】犯罪中止

【解析】首先有甲投毒的行为，其次有甲撞车的行为，最终发生乙的死亡结果，需要判断乙的死亡结果应当归属于甲的哪个行为。

A选项，如认为乙的死亡结果应归责于驾车行为，则甲的前一行为是故意杀人罪的中止。如果后面撞车能够评价为交通肇事的话，就与交通肇事并罚，如果不成立交通肇事罪，也要与过失致人死亡罪并罚。因此，A选项是正确的。

B选项，如认为乙的死亡结果仍然归责于投毒行为，则甲的中止行为未能阻断因果关系，甲仍然要为故意杀人罪既遂承担责任。因此，B选项是正确的。

C、D选项是同一问题，即如果行为人真挚地努力防止结果发生，但是最终结果发生了，行为人的行为该如何评价？需要判断结果最终发生的原因：

大咖点拨区

1. 如果最终结果是前行为所创设的危险的现实化，即因果关系没有中断，则行为人要对最终结果承担责任，即成立犯罪既遂。（例如被害人伤势过重，经抢救无效而死亡）

2. 如果最终结果是由于介入了异常且独立的因素，直接导致结果发生，则因果关系中断，行为人不需要对最终结果承担责任，即成立中止。（例如介入被害人的自杀、医生的重大过失、医院火灾）

【答案】AB

【2013－2－8】甲深夜进入小超市，持枪胁迫正在椅子上睡觉的店员乙交出现金，乙说"钱在收款机里，只有购买商品才能打开收款机"。甲掏出100元钱给乙说"给你，随便买什么"。乙打开收款机，交出所有现金，甲一把抓跑。事实上，乙给甲的现金只有88元，甲"亏了"12元。关于本案，下列哪一说法是正确的？（　　）

扫码听课

A. 甲进入的虽是小超市，但乙已在椅子上睡觉，甲属于入户抢劫

B. 只要持枪抢劫，即使分文未取，也构成抢劫既遂

C. 对于持枪抢劫，不需要区分既遂与未遂，直接依照分则条文规定的法定刑量刑即可

D. 甲虽"亏了"12元，未能获利，但不属于因意志以外的原因未得逞，构成抢劫罪既遂

【考点】抢劫罪的既遂与未遂

【解析】A选项，2016年司法解释专门对入户抢劫做了明确的区分，只有进入他人生活起居的场合抢劫才是入户抢劫，本案显然是在营业期间的超市抢劫，既然在营业时间，哪怕店员在睡觉，也不能叫入户抢劫。因此，A选项是错误的。

B选项，司法解释规定，只要造成被害人轻伤以上结果的，或者已经取得了财物，就可以认为是抢劫罪既遂。持枪抢劫，如果没有取得财物，也没有造成他人轻伤以上后果，则不成立抢劫既遂。因此，B选项是错误的。

C选项，即使是持枪抢劫，也存在着既遂和未遂的问题。因此，C选项是错误的。

D选项，取得财物就成立犯罪既遂，计算抢劫所得，不应扣除成本。因此，D选项是正确的。

【答案】D

【2013－2－54】关于故意犯罪形态的认定，下列哪些选项是正确的？（　　）

扫码听课

A. 甲绑架幼女乙后，向其父勒索财物。乙父佯装不管乙安危，甲只好将乙送回。甲虽未能成功勒索财物，但仍成立绑架罪既遂

B. 甲抢夺乙价值1万元项链时，乙紧抓不放，甲只抢得半条项链。甲逃走60余米后，觉得半条项链无用而扔掉。甲的行为未得逞，成立抢夺罪未遂

C. 乙欲盗汽车，向甲借得盗车钥匙。乙盗车时发现该钥匙不管用，遂用其他工具盗得汽车。乙属于盗窃罪既遂，甲属于盗窃罪未遂

D. 甲在珠宝柜台偷拿一枚钻戒后迅速逃离，慌乱中在商场内摔倒。保安扶起甲后发现其盗窃行为并将其控制。甲未能离开商场，属于盗窃罪未遂

【考点】故意犯罪的未完成形态

【解析】A选项，绑架罪，只需要控制住被绑架人，就成立绑架罪既遂。因

大咖点拨区

此，A 选项是正确的。

B 选项，甲已经取得了财物的占有，所以是抢夺罪既遂。因此，B 选项是错误的。

C 选项，乙是实行犯，甲是帮助犯，甲没有起到帮助作用，属于共犯的脱离。甲的钥匙不管用，对于盗窃已没有物理上的帮助作用，对于偷车来讲，钥匙很重要，乙拿着甲提供的钥匙却打不开车门，发现钥匙原来不管用，此时对于乙而言，无用的钥匙不是精神上的支持作用，而是打击作用。需要进行对比的真题是【2009 年卷二 51】甲欲去乙的别墅盗窃，担心乙别墅结构复杂难以找到贵重财物，就请熟悉乙家的丙为其标图。甲入室后未使用丙提供的图纸就找到乙价值 100 万元的珠宝，即携珠宝逃离现场。本案当中的丙同样未起到物理上的帮助作用，这里的“未使用”和本题中的“不管用”是不同的，尽管甲“未使用”丙的图纸，但对于甲来讲“兜里有图、心里不慌”，盗窃过程中心理上更为从容，丙的精神帮助行为仍然存在，所以丙不属于共犯的脱离，丙要对一百万的财产损失承担既遂的责任。但在本题中，钥匙不管用，甲非基于自己本人的意志，脱离了共同犯罪，成立犯罪的未遂。因此，C 选项是正确的。

D 选项，对于价值比较小的财物，握在手上、揣在兜里的时候就可以认为原占有者丧失对财物的占有，犯罪就已经既遂了。因此，D 选项是错误的。

【答案】AC

【2012－2－8】甲欲杀乙，将乙打倒在地，掐住脖子致乙深度昏迷。30 分钟后，甲发现乙未死，便举刀刺乙，第一刀刺中乙腹，第二刀扎在乙的皮带上，刺第三刀时刀柄折断。甲长叹“你命太大，整不死你，我服气了”，遂将乙送医，乙得以保命。经查，第一刀已致乙重伤。关于甲犯罪形态的认定，下列哪一选项是正确的？（　　）

扫码听课

A. 故意杀人罪的未遂犯　　B. 故意杀人罪的中止犯

C. 故意伤害罪的既遂犯　　D. 故意杀人罪的不能犯

【考点】犯罪未遂

【解析】客观上甲是可以实现犯罪目的，但其主观上误以为不能，对于甲来讲“乙命太大”是一个难以克服的重要障碍，面对重大障碍选择放弃应该是被迫放弃，是犯罪的未遂，在“未遂”这一结局固定下来之后，即使甲事后将被害人送到医院，也只是未遂结局出现后的悔罪行为，而不能评价为犯罪中止。因此 A 选项是正确的，B、C、D 选项是错误的。

【答案】A

【2012－2－54】关于犯罪停止形态的论述，下列哪些选项是正确的？（　　）

A. 甲（总经理）召开公司会议，商定逃税。甲指使财务人员黄某将 1 笔 500 万元的收入在申报时予以隐瞒，但后来黄某又向税务机关如实申报，缴纳应缴税款。单位属于犯罪未遂，黄某属于犯罪中止

扫码听课

B. 乙抢夺邹某现金 20 万元，后发现全部是假币。乙构成抢夺罪既遂

C. 丙以出卖为目的，偷盗婴儿后，惧怕承担刑事责任，又将婴儿送回原处。丙构成拐卖儿童罪既遂，不构成犯罪中止

D. 丁对仇人胡某连开数枪均未打中，胡某受惊心脏病突发死亡。丁成立故意杀人罪既遂

【考点】故意犯罪的未完成形态

【解析】A选项，单位有犯罪的故意，但逃税不成功，没有完成逃税行为，对于单位而言，“未得逞”是意志以外的原因所致，所以单位是犯罪未遂。黄某又如实申报，对于黄某而言，“未得逞”是意志以内的原因所致，所以黄某成立犯罪中止。本案中单位和黄某的犯罪需要分别评价，黄某个人的中止效应不及于单位。因此，A选项是正确的。

B选项，涉及财产的价值问题。财产的价值包括主观的价值和客观的价值。主观价值说认为，具有财产价值的财物不一定要求其有客观的、经济上的交换价值，只有主观的、情感的价值之物，一般的社会观念认为对这些财物的占有也有必要用刑法加以保护的，也是刑法中的财物。盗窃某些纪念品、礼品，盗窃文物赝品或者他人已到强制报废期限的汽车、抢劫金融机构回收准备销毁的纸币，由于这些财物具有主观的价值和消极的价值，行为人都可能构成财产罪。乙抢夺邹某面额为20万元的假币的，由于假币也是有价值的财物，故乙构成抢夺罪既遂。因此，B选项是正确的。

C选项，丙以出卖为目的，偷盗婴儿得逞之时即构成犯罪既遂，后因惧怕承担刑事责任，又将婴儿送回原处的，属于拐卖儿童罪既遂后的悔罪行为，不构成犯罪中止。因此，C选项是正确的。

D选项，丁对仇人胡某连开数枪虽均未打中，但开枪射杀属于危险程度最高的危害行为，被害人由此受到惊吓，心脏病发作死亡，是在一般的生活经验上可以预料的后果，而不是特别异常的结果，该死亡结果和杀害行为之间，存在因果关系。既然行为人有杀人故意，实施了杀人行为，死亡结果又和他的行为之间具有因果关系，该结果就应该归责于行为人，因此，丁成立故意杀人罪既遂，D选项正确。

【答案】ABCD

【2011－2－54】下列哪些选项**不构成**犯罪中止？（ ）

A. 甲收买1名儿童打算日后卖出。次日，看到拐卖儿童犯罪分子被判处死刑的新闻，偷偷将儿童送回家

B. 乙使用暴力绑架被害人后，被害人反复向乙求情，乙释放了被害人

C. 丙加入某恐怖组织并参与了一次恐怖活动，后经家人规劝退出该组织

D. 丁为国家工作人员，挪用公款3万元用于孩子学费，4个月后主动归还

【考点】犯罪中止

【解析】A选项，甲收买儿童后，犯罪已经既遂，即使将儿童送回家，也不可能再认定为犯罪中止。因此，A选项是正确的。

B选项，只要行为人以实力控制被绑架人，就成立绑架罪的既遂。因此，B选项是正确的。

C选项，对于参加恐怖组织活动罪，加入组织时就成立犯罪既遂，退出不影响既遂的认定。因此，C选项是正确的。

D选项，挪用公款数额较大，超过3个月不还的，成立挪用公款罪的既遂。因此，D选项是正确的。

【答案】ABCD

大咖点拨区

扫码听课

大咖点拨区

扫码听课

扫码听课

【2010-2-5】甲与一女子有染，其妻乙生怨。某日，乙将毒药拌入菜中意图杀甲。因久等未归且又惧怕法律制裁，乙遂打消杀人恶念，将菜倒掉。关于乙的行为，下列哪一选项是正确的？（　　）

A. 犯罪预备　　B. 犯罪预备阶段的犯罪中止

C. 犯罪未遂　　D. 犯罪实行阶段的犯罪中止

【考点】犯罪预备，犯罪中止

【解析】犯罪中止可以出现在故意犯罪的各个阶段，预备阶段、实行阶段、等待阶段。乙是自愿放弃犯罪的，并且是在甲回家之前，说明犯罪还没有着手，因此是预备阶段的中止。B选项是正确的。

【答案】B

【2010-2-57】关于犯罪中止，下列哪些选项是正确的？（　　）

A. 甲欲杀乙，埋伏在路旁开枪射击但未打中乙。甲枪内尚有子弹，但担心杀人后被判处死刑，遂停止射击。甲成立犯罪中止

B. 甲入户抢劫时，看到客厅电视正在播放庭审纪实片，意识到犯罪要受刑罚处罚，于是向被害人赔礼道歉后离开。甲成立犯罪中止

C. 甲潜入乙家原打算盗窃巨额现金，入室后发现大量珠宝，便放弃盗窃现金的意思，仅窃取了珠宝。对于盗窃现金，甲成立犯罪中止

D. 甲向乙的饮食投放毒药后，乙呕吐不止，甲顿生悔意急忙开车送乙去医院，但由于交通事故耽误一小时，乙被送往医院时死亡。医生证明，早半小时送到医院乙就不会死亡。甲的行为仍然成立犯罪中止

【考点】犯罪中止

【解析】A选项，甲的中止行为属于放弃可以重复实施的加害行为，因为甲在当时虽然没有打中，但是枪里面还有子弹，马上可以继续开枪，此时放弃可以重复实施的加害行为成立犯罪中止。因此，A选项是正确的。

B选项，甲担心"日后"可能的处罚而放弃了自己的犯罪行为，事实上在当时继续进行犯罪并无客观上的重大障碍，因此是自愿放弃，所以甲成立犯罪中止。B选项是正确的。

C选项，盗窃罪只要盗窃的对象是财物即可。现金是财物，珠宝也是财物，所以甲是犯罪既遂。因此，C选项是错误的。

D选项，关键问题在于"交通事故耽误一小时"能否中断因果关系。

观点1：是正常的，开车堵车很正常，耽误了一个小时是正常的，就认为不中断因果关系，直接成立犯罪既遂；

观点2：认为是异常的，耽误一个小时并不是因为普通的交通拥堵，而是由于"交通事故"，交通事故应该属于异常的，但其作用小，因为如果没有乙中毒，耽误再长时间乙也不可能死亡，真正的死亡原因还是中毒；

观点3：如果认为交通事故耽误是异常的介入因素，而且作用大，因为医生说早半个小时就不会死亡，在本案当中，时间就是生命，在这个具体的案件当中，早半个小时和晚半个小时，对乙来说是生死时速，所以认为是异常的且作用大，但即便认为该因素作用大，前实行行为的作用仍然很大，因果关系还是不中断，所以甲是犯罪既遂，不是犯罪中止。因此，D选项是错误的。

【答案】AB

大咖点拨区

专题八　共同犯罪

扫码听课

【2021 网络回忆版】关于共同犯罪的认定，下列说法正确的是？（　　）

A. 王某见 10 岁儿子偷他人笔记本电脑而不制止，成立盗窃罪的间接正犯

B. 康康以为孙某实施电信诈骗犯罪而提供技术支持，但孙某事实上实施的是非法获取计算机信息系统数据犯罪，康康提供的技术对孙某实施非法获取计算机信息系统数据起到了作用。康康不构成犯罪

C. 刘某见母亲长期被保姆虐待而放任不管，构成虐待罪的间接正犯

D. 曹某明知赵某实施电信诈骗犯罪而提供技术支持，曹某的行为构成诈骗罪的共犯与帮助信息网络犯罪活动罪的想象竞合

【考点】共同犯罪的认定

【解析】A 选项，王某只是单纯不制止，并没有将儿子当做盗窃的工具予以支配，因此不成立间接正犯。

B 选项，帮助信息网络犯罪活动罪，是指明知他人利用信息网络实施犯罪，为其犯罪提供互联网接入、网络存储、通讯传输等技术支持的行为。康康对于孙某具体实施的犯罪没有正确认识，无论是电信诈骗犯罪，还是非法获取计算机信息系统数据犯罪，都属于利用信息网络所实施的犯罪，因此康康构成帮助信息网络犯罪活动罪，B 错误。

C 选项，刘某对母亲负有保护义务，对保姆的虐待行为负有制止义务，故意不制止，构成不作为犯罪，但是保姆的虐待行为不是刘某引起的，刘某并没有支配控制保姆，只是单纯消极地不制止。因此，刘某不构成虐待罪的间接正犯，C 错误。

D 选项，曹某为赵某提供技术支持，既构成赵某的诈骗罪的帮助犯（共犯），又构成帮助信息网络犯罪活动罪的实行犯，一个行为同时触犯两个罪名，属于想象竞合，择一重罪论处，D 正确。

【答案】D

扫码听课

【2021 网络回忆版】关于共同犯罪的认定，下列说法正确的是？（　　）

A. 甲见赵某私入某小区王某家，猜想赵某是去盗窃，便在赵某不知情的情况下为赵某放风。后看到主人王某返回该小区，故意与王某聊天，拖延王某，为赵某盗窃争取时间，后赵某盗窃既遂。甲构成盗窃罪的共同犯罪

B. 乙看到李某私入某小区王某家，猜想李某是去盗窃，便在李某不知情的情况下为李某放风，期间什么也没发生，王某并没有回来。李某盗窃结束后，下楼时发现乙，才知道乙已经默默地为他“站岗”两个小时，便给乙 100 元。乙构成盗窃罪的共同犯罪

C. 丙实施网络诈骗有一定的经验，经常将其网络诈骗的经验在微信群分享。某日，将网络诈骗的“话术”资料送给王某。后丙反悔，觉得不应该将该资料传给王某，并打电话告知王某，不许使用自己送给他的“话术”。一个月之后，王

大咖点拨区

某使用该“话术”实施诈骗。丙仍构成诈骗罪的共同犯罪

D. 丁承诺在马某实施杀人后会帮助其藏匿，马某杀人后找到丁，要丁帮助其逃匿，丁并没有实施任何帮助。丁虽不构成窝藏罪，但构成故意杀人罪的共同犯罪

【考点】共同犯罪的认定

【解析】A选项，客观上，如果没有甲的帮助赵某是无法顺利取得财物，甲对赵某的盗窃结果作出贡献，应当构成盗窃罪的共同犯罪（帮助犯），A正确。

B选项，乙对于李某的盗窃结果没有物理上与精神上的原因力，不构成盗窃罪的共同犯罪。李某事后给乙100元与乙能否成立共犯没有关系。共同犯罪的认定，应当以因果性为核心，只有当教唆行为、帮助行为对于正犯的犯罪结果具有物理或者心理上的原因力，教唆犯、帮助犯才能成立。B错误。

C选项，丙将网络诈骗的“话术”资料送给王某，即为王某网络诈骗提供了帮助，尽管努力切断自己的帮助与王某诈骗之间的因果关系，但并没有成功切断，丙成立构成诈骗罪的共同犯罪。C正确。

D选项，丁承诺在马某实施杀人后会帮助其藏匿，就形成了对于马某心理上的帮助，即使事后未能提供实质帮助，但是心理上的帮助作用始终存在，丁构成故意杀人罪的帮助犯。D正确。

【答案】ACD

扫码听课

【2021网络回忆版】甲绑架人质乙后，要求人质的妻子丙火速交付30万元赎金，否则就撕票。妻子丙经常被丈夫乙打骂，觉得是除掉丈夫的好机会，便以无钱为由，拒付赎金，也未报警。绑架犯甲恼羞成怒，杀害人质乙。关于本案，下列说法正确的是？（　　）

A. 即使认定妻子丙与绑架犯甲构成共同犯罪，也只能认定妻子丙与绑架犯甲构成故意杀人罪的共同犯罪

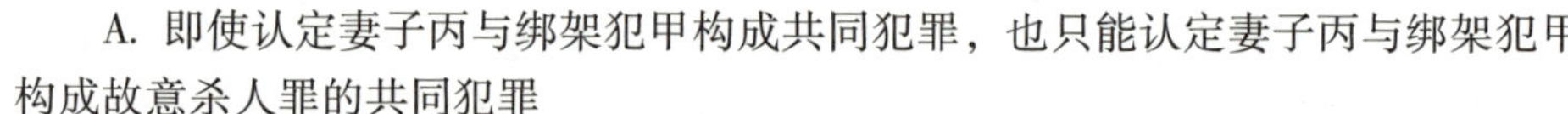

B. 只有承认片面共犯理论，才能认定妻子丙与绑架犯甲构成共同犯罪

C. 如不能认定妻子丙与绑架犯甲构成共同犯罪，就必须认定妻子丙构成故意杀人罪的间接正犯，否则将无法追究其刑事责任

D. 绑架罪属于继续犯，如认定妻子丙与绑架犯甲构成共同犯罪，就应按绑架罪“杀害被绑架人”追究妻子丙的刑事责任

【考点】片面共犯，绑架罪

【解析】所谓片面的共同犯罪，是指一方知道自己在与对方共同实施犯罪，而相对方却不知道有人在与自己共同实施犯罪的情形。即一方知情，而另一方不知情，只具有单向意思联络的情形。本案中，丙故意不给钱，促进了甲的杀人决意，丙在心理上促进甲杀人，但是甲不知道丙在精神鼓励自己杀人，因此丙构成故意杀人的片面帮助犯。

A选项，妻子丙的心理帮助作用仅限于甲的杀人行为，因此即使承认丙可以成立作为帮助犯，也只能在故意杀人罪的范围，因为丙对绑架行为并没有物理或者心理上的帮助作用。A正确，D错误。

B选项，如果不承认片面共犯理论，不承认知情一方可以构成片面的帮助犯，知情方与不知情方各自分别对自己的行为承担刑事责任，那么就无法认定妻子丙与甲构成共同犯罪，只能各自单独处理。只有承认片面共犯理论，才能认定丙与

甲构成共同犯罪。因此，B 项说法正确。

C 选项，丙对于甲的杀人行为只有心理上的帮助作用，但是无法达到控制支配程度，不能成立间接正犯。如果不承认片面共犯理论，就只能对妻子丙和甲各自单独处理。丙故意不解救丈夫致其死亡，构成单独的不作为的故意杀人罪。C 错误。

【答案】AB

【2020 网络回忆版】下列情形中，死亡结果与甲的行为**不具有**因果关系的有？（　　）

A. 甲对乙施加暴力，劫取乙的财物后离去。乙受过度惊吓，回家途中因精神恍惚坠入河中溺亡

B. 甲前往乙家讨债，甲敲门时，乙发现是甲，为了躲债，尝试从阳台爬入下一层的阳台，不慎失足坠亡

C. 甲乙合谋，由乙将丙引诱至甲家地下室，由甲枪杀丙。乙驾车载丙前往甲家的途中，二人因琐事争吵起来，乙被丙的言语激怒，在车上将丙杀死

D. 黑社会性质组织成员乙听从组织领导甲的命令，负责对丙进行拘禁，却因疏忽致丙逃脱。乙恼羞成怒，来到丙的家中，将丙杀害

【考点】共同犯罪，因果关系

【解析】A 选项，介入因素：被害人过度惊吓，回家途中因精神恍惚坠入河中，属于异常且作用大的介入因素，中断因果关系，甲的抢劫行为与乙的溺亡结果之间不具有因果关系；

B 选项，介入因素：乙为从阳台爬入下一层的阳台，属于异常且作用大的介入因素，中断因果关系，甲的讨债行为与乙的坠亡之间不具有因果关系；

C 选项，介入因素：乙被丙的言语激怒，在车上将丙杀死，属于异常且作用大的介入因素，中断因果关系，甲的行为与丙的死亡结果之间不具有因果关系；

D 选项，介入因素：乙恼羞成怒将丙杀害，属于异常且作用大的介入因素，中断因果关系，甲的行为与丙的死亡结果之间不具有因果关系。

【答案】ABCD

【2020 网络回忆版】甲乙共谋入户抢劫，由甲入户抢劫，由乙望风。甲入户后，乙看外面人流较多，心生胆怯，打电话劝甲放弃。但甲执意继续，乙便声明离去。甲对主人丙实施暴力时，见丙穿着破烂，很可怜，便放弃暴力，没有拿走财物而离去。下列说法正确的有？（　　）

A. 乙是否中途离开对他的犯罪形态没有影响

B. 乙构成抢劫罪中止

C. 乙成立抢劫罪未遂

D. 甲成立抢劫罪中止

【考点】共犯的中止

【解析】乙作为帮助犯，客观上已经离去不再为甲望风，并且甲也知道乙不再为他望风，有效切断自己的行为与甲的犯罪结果在物理、精神上的原因力，成立犯罪中止。甲作为实行犯，在实行阶段自动放弃犯罪，也成立犯罪中止。BD 正确。

【答案】BD

大咖点拨区

扫码听课

扫码听课

大咖点拨区

扫码听课

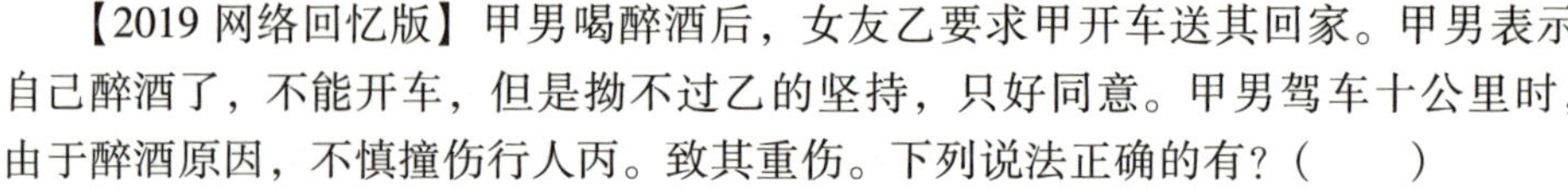

【2019 网络回忆版】甲男喝醉酒后，女友乙要求甲开车送其回家。甲男表示自己醉酒了，不能开车，但是拗不过乙的坚持，只好同意。甲男驾车十公里时，由于醉酒原因，不慎撞伤行人丙。致其重伤。下列说法正确的有？（　　）

A. 甲构成危险驾驶罪

B. 乙构成危险驾驶罪（教唆犯）

C. 甲构成交通肇事罪

D. 乙构成交通肇事罪（教唆犯）

【考点】教唆犯

【解析】女友乙明知甲喝醉酒，还要求甲开车送其回家，属于危险驾驶罪的教唆犯，甲男属于危险驾驶罪的实行犯。甲男醉酒驾驶致一人重伤，成立交通肇事罪。乙女作为乘车人，指使甲醉酒驾驶，属于指使司机违章驾驶，发生事故，也成立交通肇事罪，但甲乙二人在交通肇事罪中不是共犯关系，各自独立构成交通肇事罪。因此 D 错误，ABC 正确。

【答案】ABC

扫码听课

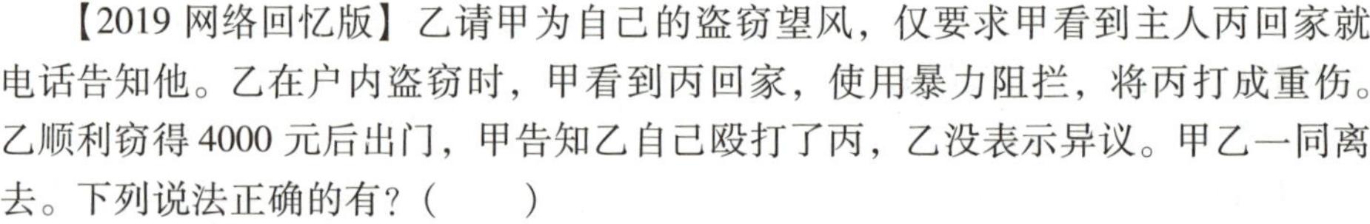

【2019 网络回忆版】乙请甲为自己的盗窃望风，仅要求甲看到主人丙回家就电话告知他。乙在户内盗窃时，甲看到丙回家，使用暴力阻拦，将丙打成重伤。乙顺利窃得 4000 元后出门，甲告知乙自己殴打了丙，乙没表示异议。甲乙一同离去。下列说法正确的有？（　　）

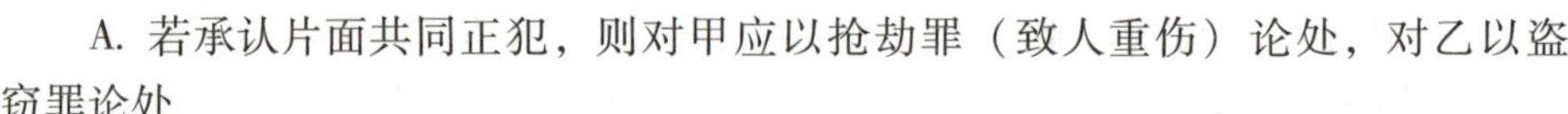

A. 若承认片面共同正犯，则对甲应以抢劫罪（致人重伤）论处，对乙以盗窃罪论处

B. 若承认片面共同正犯，则根据部分实行全部负责原则，对甲乙二人均以抢劫罪（致人重伤）论处

C. 若否认片面共同正犯，则甲既构成故意伤害罪，又构成盗窃罪的帮助犯，择一重罪论处

D. 若否认片面共同正犯，则甲既构成故意伤害罪，又构成盗窃罪的帮助犯，数罪并罚

【考点】片面共犯

【解析】片面实行、片面帮助、片面教唆究竟是否成立片面共犯，理论上有“肯定说”与“否定说”两种观点。

1. “肯定说”认为：客观上如果没有甲使用暴力阻拦，将丙打成重伤的行为，乙无法顺利取得财物，因此甲应当对该法益侵害结果承担责任，以片面共犯身份承担责任。即要对两个人的行为承担责任，甲乙的行为（暴力 + 取财 = 抢劫），因此甲应以抢劫罪（致人重伤）论处，对乙以盗窃罪论处（即使成立也是片面的共犯，即共犯的身份只对**知情方甲**有效，乙只需要对自己的行为承担责任。）A 正确。

2. “否定说”认为，片面实行与片面教唆都不应当成立片面共犯，此时知情方与不知情方各自分别对自己的行为承担刑事责任；但是片面帮助可以成立片面共犯（片面帮助犯）。本案中，甲有暴力阻拦，将丙打成重伤的行为，但是“否定说”认为，片面实行不应当成立片面共犯，甲只能对**自己的行为**承担责任，即构成**故意伤害罪**；同时，甲的行为可以认为是对于乙的盗窃是一种**帮助行为**，甲可以以片面帮助犯的方式与乙成立共犯，因此可以构成**盗窃罪的帮助犯**，想象竞

大咖点拨区

扫码听课

合，从一重。C 正确。

【答案】AC

【2019 网络回忆版】甲欲盗窃丙的渔网（丙为捕鱼在河里设置渔网）。渔民乙知情并为甲提供渔船。次日晚上，甲利用乙的渔船盗窃到渔网。事后甲乙发现，甲盗窃的渔网是乙的渔网。甲盗窃时丙的渔网在现场，但甲没注意到。关于本案，下列说法正确的是？（　　）

A. 甲乙均构成盗窃罪既遂

B. 甲乙均构成盗窃罪未遂

C. 甲构成盗窃罪既遂。乙构成盗窃罪犯罪未遂

D. 甲构成盗窃罪既遂，乙构成盗窃罪犯罪预备

【考点】共犯，认识错误

【解析】甲乙二人是共犯关系，甲是实行犯，乙是帮助犯，实行犯发生的任何事实认识错误（无论是对象错误还是打击错误），对于帮助犯而言都是打击错误，因为实行犯就是帮助犯实现自己犯罪意图的方法，实行犯的错误就是帮助犯方法的错误。既然甲是对象错误，无论根据具体符合说还是法定符合说，都应当是盗窃罪既遂；既然乙是打击错误，就有具体符合说和法定符合说不同的观点了。根据“具体符合说”，乙对于丙的渔网是盗窃罪未遂（甲盗窃时丙的渔网在现场，说明甲的盗窃行为已经对丙的渔网带来紧迫直接的危险，因此是犯罪未遂。）乙对于自己的渔网是过失盗窃，不构成犯罪；根据“法定符合说”，对于丙的渔网是盗窃罪未遂，对自己的渔网形式上是盗窃罪既遂，但是本案的特殊之处在于乙最终盗窃的是自己的财物，不具有违法性，因此对于盗窃自己渔网的事实，乙无罪。由此可见，对于乙，无论根据具体符合说还是法定符合说，最终认定为盗窃罪犯罪未遂。

【答案】C

【2019 网络回忆版】关于共犯理论，下列说法正确的有？（　　）

A. 虽然自杀不构成犯罪，但教唆精神病患者自杀应构成故意杀人罪的间接正犯

B. 在共同犯罪中，可能存在部分共犯人成立既遂，部分共犯人成立中止的情形

C. 共犯人中有人产生同一犯罪构成内的认识错误，可能会影响其他共犯人的犯罪形态

D. 犯罪集团中的组织者、领导者，其他共同犯罪中的组织者、指挥者，均需对全部罪行负责

扫码听课

【考点】共同犯罪

【解析】A 选项，教唆精神病人自杀，由于被教唆人没有辨认控制能力，教唆者可以形成对于其优势的支配力，因此成立故意杀人罪的间接正犯。A 正确。

B 选项，部分共同犯罪人，如果能够脱离共同犯罪，并且切断自己的行为与犯罪结果在物理、精神上的原因力，是可以成立犯罪中止的，那么未脱离的共同犯罪人仍然是犯罪既遂。B 正确。

C 选项，如果实行犯出现认识错误，无论是对象错误还是打击错误，对于教唆犯而言，都等于发生了打击错误。C 正确。

大咖点拨区

扫码听课

扫码听课

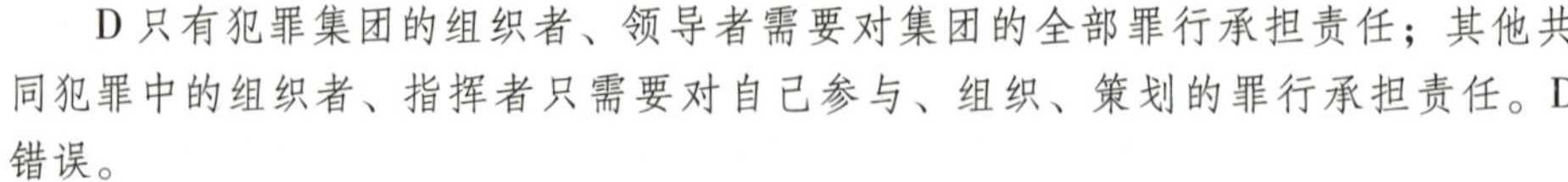

D只有犯罪集团的组织者、领导者需要对集团的全部罪行承担责任；其他共同犯罪中的组织者、指挥者只需要对自己参与、组织、策划的罪行承担责任。D错误。

【答案】ABC

【2018网络回忆版】赵某、钱某、孙某、李某四人合谋加害刘某，但四人未商议具体分工和计划，刘某最终死亡。经查明，赵某和钱某使用木棒殴打刘某，孙某使用拳头殴打刘某，李某手持铁棒在旁助威。刘某因头部受致命伤而死亡，但无法确认何人所为。以下说法正确的是？（　　）

A. 因无法确认何人所致致命伤，故四人无需对刘某死亡负刑事责任

B. 根据共同犯罪的原则，四人均需对刘某死亡负刑事责任

C. 孙某使用拳头殴打刘某，不足以致死，故不对刘某死亡负刑事责任

D. 李某手持铁棒在旁助威，故不对刘某死亡负刑事责任

【考点】共同犯罪的处理原则

【解析】赵某、钱某、孙某、李某四人合谋加害刘某，四个人的行为就是一个整体，根据“部分实行，全部责任”原则，每个人都应当对被害人最终的死亡结果承担责任，即都应当成立故意伤害致人死亡。至于每个人的分工和贡献的差异，可以在量刑时予以体现。

【答案】B

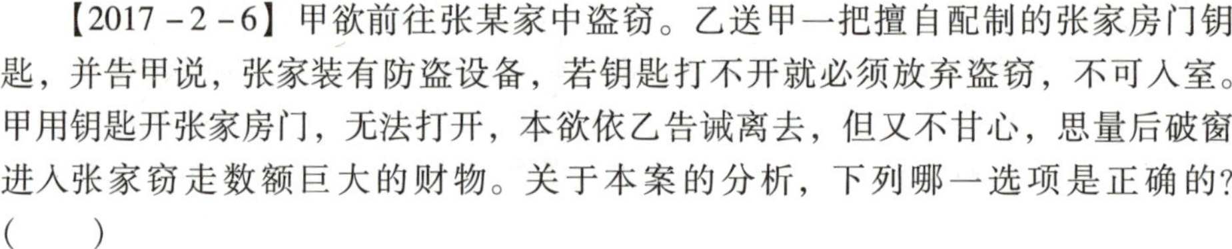

【2017-2-6】甲欲前往张某家中盗窃。乙送甲一把擅自配制的张家房门钥匙，并告甲说，张家装有防盗设备，若钥匙打不开就必须放弃盗窃，不可入室。甲用钥匙开张家房门，无法打开，本欲依乙告诫离去，但又不甘心，思量后破窗进入张家窃走数额巨大的财物。关于本案的分析，下列哪一选项是正确的？（　　）

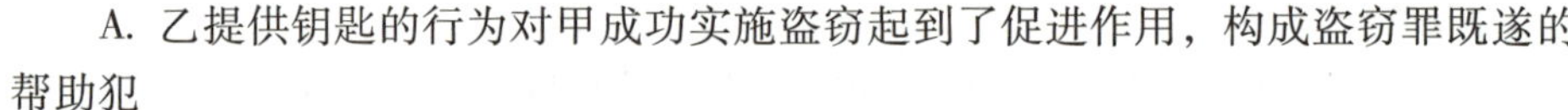

A. 乙提供钥匙的行为对甲成功实施盗窃起到了促进作用，构成盗窃罪既遂的帮助犯

B. 乙提供的钥匙虽未起作用，但对甲实施了心理上的帮助，构成盗窃罪既遂的帮助犯

C. 乙欲帮助甲实施盗窃行为，因意志以外的原因未能得逞，构成盗窃罪的帮助犯未遂

D. 乙的帮助行为的影响仅延续至甲着手开门盗窃时，故乙成立盗窃罪未遂的帮助犯

【考点】帮助犯，共犯的脱离

【解析】在本案中，送钥匙的乙构成盗窃的帮助犯，当乙消除了自己的帮助行为与最终结果之间物理上和心理上的原因力，乙才能构成共犯的脱离。乙告知甲：“若钥匙打不开就必须放弃盗窃，不可入室。”这表明，乙提供钥匙的帮助行为对甲的心理上的支持作用仅仅止于甲打开房门之时，而乙提供的钥匙无法打开房门，显然物理上的因果关系就已消除。所以，在甲“破窗进入”之前，乙就已经脱离了共同犯罪，在他脱离的时候，甲的盗窃行为处在未遂状态，则乙属于盗窃罪未遂的帮助犯。因此A、B错误，D正确的。

本题还考查了帮助犯未遂、对未遂犯的帮助问题。“帮助犯未遂”，是指虽然实施了帮助行为，但被帮助的人并未着手实行犯罪或者着手实行与帮助行为无关

大咖点拨区

的其他犯罪的情形。根据共犯从属性原理，正犯尚未着手实行犯罪时，不得处罚帮助犯，因此虽有一个“犯”字，但如同迷信犯一样，帮助犯未遂是不可罚的（不可以作为共犯中的帮助犯加以处罚）。“对未遂犯的帮助”指对正犯行为提供了帮助，但被帮助的正犯仅构成犯罪未遂的情形。如盗窃犯利用同伙配置的钥匙打开了被害人家的房门，刚翻取财物就被室主抓获的，同伙就属于对盗窃罪未遂犯的帮助。被帮助的人（正犯）是否着手实行犯罪，是区分“帮助犯未遂”与“对未遂犯的帮助”的关键所在。本案中，甲已经利用乙提供的钥匙着手盗窃，既然正犯已经着手犯罪，依据共犯从属性说，就能处罚作为共犯的帮助犯，故乙不属于不可罚的帮助犯未遂。C选项错误。

【答案】D

【2017-2-7】甲欲杀丙，假意与乙商议去丙家“盗窃”，由乙在室外望风，乙照办。甲进入丙家将丙杀害，出来后骗乙说未窃得财物。乙信以为真，悻然离去。关于本案的分析，下列哪一选项是正确的？（　　）

扫码听课

A. 甲欺骗乙望风，构成间接正犯。间接正犯不影响对共同犯罪的认定，甲、乙构成故意杀人罪的共犯

B. 乙企图帮助甲实施盗窃行为，却因意志以外的原因未能得逞，故对乙应以盗窃罪的帮助犯未遂论处

C. 对甲应以故意杀人罪论处，对乙以非法侵入住宅罪论处。两人虽然罪名不同，但仍然构成共同犯罪

D. 乙客观上构成故意杀人罪的帮助犯，但因其仅有盗窃故意，故应在盗窃罪法定刑的范围内对其量刑

【考点】共同犯罪的认定

【解析】根据“部分犯罪共同说”，甲、乙在非法侵入住宅罪的范围内成立共同犯罪。既然甲、乙成立共同犯罪，则对乙的望风行为就可作为帮助犯追究乙非法侵入住宅罪的刑事责任。在构成非法侵入住宅罪的同时，甲还有故意杀人行为，构成故意杀人罪，属于吸收犯最终以故意杀人罪追究甲的刑事责任。C选项正确。

乙主观上只有盗窃故意，并无杀人故意，在杀人这一点上，甲、乙并无共同故意，因而乙不可能构成故意杀人罪的共犯。A选项错误。

甲主观上并无盗窃故意，乙企图帮助的行为根本就不是盗窃行为。既然客观上正犯甲不存在盗窃的着手问题，根据共犯从属性原理，乙企图帮助盗窃的行为就是不必评价，不可将乙作为盗窃罪的帮助犯。据此，B选项错误。

D选项的言下之意是乙构成故意杀人罪，但考虑到乙主观上只有盗窃故意，故只能在盗窃罪法定刑的范围内对其量刑，而不能直接适用故意杀人罪的法定刑。这显然是不对的。一方面，这种观点割裂了定罪与量刑之间的内在统一关系；另一方面，乙既然没有杀人故意，当然就不符合故意杀人罪的犯罪构成，对其就不能按故意杀人罪定罪。D选项错误。

【答案】C

大咖点拨区

扫码听课

【2016-2-7】甲、乙、丙共同故意伤害丁，丁死亡。经查明，甲、乙都使用铁棒，丙未使用任何凶器；尸体上除一处致命伤外，再无其他伤害；可以肯定致命伤不是丙造成的，但不能确定是甲造成还是乙造成的。关于本案，下列哪一选项是正确的？（　　）

A. 因致命伤不是丙造成的，尸体上也没有其他伤害，故丙不成立故意伤害罪

B. 对甲与乙虽能认定为故意伤害罪，但不能认定为故意伤害（致死）罪

C. 甲、乙成立故意伤害（致死）罪，丙成立故意伤害罪但不属于伤害致死

D. 认定甲、乙、丙均成立故意伤害（致死）罪，与存疑时有利于被告的原则并不矛盾

【考点】共同犯罪

【解析】只要是共同故意伤害，又造成构成要件危险现实化，那么甲、乙、丙都要对死亡结果承担责任，至于究竟是由甲还是乙还是丙导致的，根本不需要进行判断，甲、乙、丙是共同故意地实施伤害行为，他们是一个整体，他们整体所引起的结果就要都承担责任。只有甲、乙、丙不构成共同犯罪的时候，甲、乙、丙的行为要分别评价的时候，我们才需要判断是谁导致的。A选项，丙在现场虽然没有拿凶器，但甲、乙不仅打伤了丁，还导致其死亡。作为共犯的丙需要为丁的死亡承担责任。因此，A选项是错误的。

B、C选项，甲、乙、丙都要对死亡结果承担责任。因此，B、C选项是错误的。

D选项，存疑时有利于被告人的原则，是在不成立共犯，对每个人的行为要单独评价的时候使用，当不能明确究竟谁的行为导致损害结果时，则做出有利于行为人的推定。而在本案中甲、乙、丙的行为是一个整体，无需分别判断，并不存疑，可以直接认定甲、乙、丙均成立故意伤害（致死）罪。因此，D选项是正确的。

【答案】D

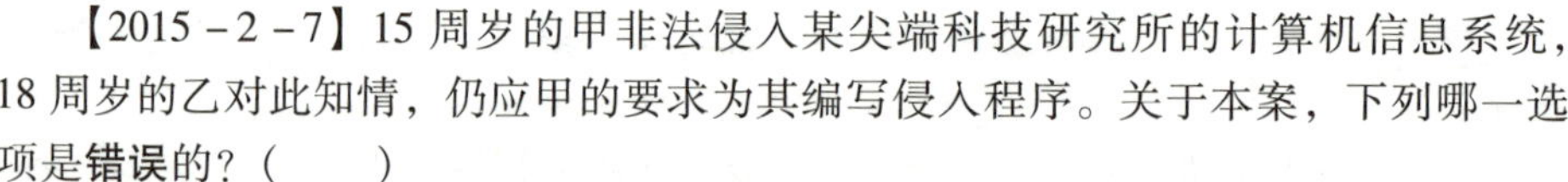

【2015-2-7】15周岁的甲非法侵入某尖端科技研究所的计算机信息系统，18周岁的乙对此知情，仍应甲的要求为其编写侵入程序。关于本案，下列哪一选项是错误的？（　　）

扫码听课

A. 如认为责任年龄、责任能力不是共同犯罪的成立条件，则甲、乙成立共犯

B. 如认为甲、乙成立共犯，则乙成立非法侵入计算机信息系统罪的从犯

C. 不管甲、乙是否成立共犯，都不能认为乙成立非法侵入计算机信息系统罪的间接正犯

D. 由于甲不负刑事责任，对乙应按非法侵入计算机信息系统罪的片面共犯论处

【考点】从犯，间接正犯

【解析】A选项，如果不考虑年龄问题和责任问题，甲、乙在客观上确实是引起了法益侵害事实，客观上他们共同行为共同引起了法益侵害，所以他们是成立共犯的。A选项是正确的。

B选项，乙仅仅是为甲写程序的，是提供帮助的行为，属于从犯。因此，B选项是正确的。

C选项，乙没有对甲形成直接的控制支配，在本案当中，应该认为甲是主犯，

乙是从犯，不可能因为乙18周岁，就认为乙是间接正犯。因此，C选项是正确的。

D选项，“片面共犯”是参与同一犯罪的人中，一方知情，另外一方不知情，不知情的一方不成立共犯，知情的一方与对方成立共犯。本案当中甲、乙是同谋的。因此，D选项是错误的。

【答案】D

【2015－2－57】甲和女友乙在网吧上网时，捡到一张背后写有密码的银行卡。甲持卡去ATM机取款，前两次取出5000元。在准备再次取款时，乙走过来说：“注意，别出事”，甲答：“马上就好。”甲又分两次取出6000元，并将该6000元递给乙。乙接过钱后站了一会儿说：“我走了，小心点。”甲接着又取出7000元。关于本案，下列哪些选项是正确的？（　　）

A. 甲拾得他人银行卡并在ATM机上使用，根据司法解释，成立信用卡诈骗罪

B. 对甲前两次取出5000元的行为，乙不负刑事责任

C. 乙接过甲取出的6000元，构成掩饰、隐瞒犯罪所得罪

D. 乙虽未持银行卡取款，也构成犯罪，犯罪数额是1.3万元

【考点】共同犯罪

【解析】A、B、D选项，甲要对5000元、6000元、7000元的财产损失承担责任，乙对6000元和7000元的财产损失承担责任，所以共犯的关系并不以乙的离开而结束，乙离开了以后共犯关系还是在存续过程中，所以乙需要对后面的6000元和7000元承担责任。另外，甲、乙是在网吧上网时捡到银卡，然后在ATM机取款，他们的行为是信用卡诈骗。司法解释明确规定，拾得信用卡之后在ATM机上使用的要成立信用卡诈骗罪。因此，A、B、D选项是正确的。

C选项，甲、乙是共同犯罪，构成共同犯罪就不构成掩饰、隐瞒犯罪所得罪。因此，C选项是错误的。

【答案】ABD

【2014－2－10】关于共同犯罪的论述，下列哪一选项是正确的？（　　）

A. 无责任能力者与有责任能力者共同实施危害行为的，有责任能力者均为间接正犯

B. 持不同犯罪故意的人共同实施危害行为的，不可能成立共同犯罪

C. 在片面的对向犯中，双方都成立共同犯罪

D. 共同犯罪是指二人以上共同故意犯罪，但不能据此否认片面的共犯

【考点】共同犯罪

【解析】A选项，在许多案例中，有责任能力的人反而可能在法考的共同犯罪中起的是次要作用，更不可能达到间接正犯的程度。因此，A选项是错误的。

B选项，根据“部分犯罪共同说”以及“行为共同说”持不同故意，但是行为共同的情况下，也可以成立共同犯罪。因此，B选项是错误的。

C选项，对向犯有三类，第一类是双方都受处罚，而且是双方罪名和法定刑是相同的，比如说重婚罪，非法买卖枪支罪等，属于对行性的必要共同犯罪。第二种双方也是要受到法律制裁的，但双方的罪名和法定刑是不同的，比如拐卖妇女儿童罪和收买被拐卖的妇女儿童罪，受贿罪和行贿罪等，也属于对行性的必要

大咖点拨区

扫码听课

扫码听课

大咖点拨区

共同犯罪。第三种是只处罚一方，另外一方不具备可罚性，不受刑罚处罚的一方就不构成犯罪，就是片面的对向犯，比如贩卖淫秽物品牟利罪，只处罚卖方，不处方买方，此时由于只有一方具有可罚性，买卖双方不成立共犯。因此，C选项是错误的。

D选项，片面的共犯包括片面的帮助犯，片面的实行犯，片面的教唆犯。在片面的共犯里知情的一方要对不知情的一方所有结果承担责任，知情的一方要与不知情的一方成立共犯，因此，站在知情方的角度，双方是成立共犯的。D选项正确。

【答案】D

扫码听课

【2013-2-55】关于共同犯罪，下列哪些选项是正确的？（ ）

A. 乙因妻丙外遇而决意杀之。甲对此不知晓，出于其他原因怂恿乙杀丙。后乙杀害丙。甲不构成故意杀人罪的教唆犯

B. 乙基于敲诈勒索的故意恐吓丙，在丙交付财物时，知情的甲中途加入帮乙取得财物。甲构成敲诈勒索罪的共犯

C. 乙、丙在五金店门前互殴，店员甲旁观。乙边打边掏钱向甲买一羊角锤。甲递锤时对乙说“你打伤人可与我无关”。乙用该锤将丙打成重伤。卖羊角锤是甲的正常经营行为，甲不构成故意伤害罪的共犯

D. 甲极力劝说丈夫乙（国家工作人员）接受丙的贿赂，乙坚决反对，甲自作主张接受该笔贿赂。甲构成受贿罪的间接正犯

【考点】共同犯罪

【解析】A选项，乙原本就有杀人故意，甲仅仅是再继续怂恿他，并不是让一个没有杀人故意的人产生杀人故意，只是强化对方的故意，甲应该是心理帮助犯，而不应当成立教唆犯。因此，A选项是正确的。

B选项，甲属于承继的共犯，在一个犯罪行为已经实施到一定程度的时候，另一个行为人加入进来，要对其所知情的共同犯罪的整体承担责任。因此，B选项是正确的。

C选项，“你打伤人可与我无关”甲试图通过这句话撇清自己与犯罪行为之间关系，但这个仅是外观上看起来是“中立”的行为，却在客观上为正犯提供了至关重要的帮助，所以甲要对重伤结果承担责任，而不是不承担责任。因此，C选项是错误的。

D选项，受贿罪属于真正的身份犯，正犯要求具有国家工作人员身份，而正犯及包括直接正犯也包括间接正犯。甲不具有国家工作人员身份，不可能成立受贿罪的（间接）正犯。因此，D选项是错误的。

【答案】AB

扫码听课

【2012-2-9】甲（15周岁）求乙（16周岁）为其抢夺作接应，乙同意。某夜，甲抢夺被害人的手提包（内有1万元现金），将包扔给乙，然后吸引被害人跑开。乙害怕坐牢，将包扔在草丛中，独自离去。关于本案，下列哪一选项是**错误**的？（ ）

A. 甲不满16周岁，不构成**抢夺罪**　　B. 甲与乙构成抢夺罪的共犯

C. 乙不构成抢夺罪的间接正犯　　D. 乙成立抢夺罪的中止犯

【考点】共同犯罪

大咖点拨区

【解析】A 选项，甲只有 15 周岁，属于“已满 14 周岁不满 16 周岁”的相对负刑事责任年龄阶段，不需要为抢夺罪承担刑事责任。注意，这里所称的构成抢夺罪，是指最终需要承担刑事责任的犯罪概念。因此，A 选项是正确的。

B 选项，客观上甲、乙共同完成了抢夺行为，即客观上甲、乙共同引起了抢夺的法益侵犯事实，根据违法层面的共犯理论，甲、乙成立共同犯罪。注意，这里所称的构成共犯，是客观违法意义上的犯罪概念。因此，B 选项是正确的。

C 选项，由于乙并没有通过支配甲而控制抢夺的违法事实的发生，所以乙并非是抢夺罪的间接正犯。因此，C 选项是正确的。

D 选项，甲取得被害人的手提包，将包扔给乙，不管是根据“控制说”，还是根据“失控说”，甲、乙都已经成立抢夺罪的既遂。之后乙害怕坐牢，将包扔在草丛中，不能将犯罪形态退回“中止”。因此，D 选项是错误的。

【答案】D

扫码听课

【2012－2－10】关于共同犯罪的论述，下列哪一选项是正确的？（　　）

A. 甲为劫财将陶某打成重伤，陶某拼死反抗。张某路过，帮甲掏出陶某随身财物。2 人构成共犯，均须对陶某的重伤结果负责

B. 乙明知黄某非法种植毒品原植物，仍按黄某要求为其收取毒品原植物的种子。2 人构成非法种植毒品原植物罪的共犯

C. 丙明知李某低价销售的汽车系盗窃所得，仍向李某购买该汽车。2 人之间存在共犯关系

D. 丁系国家机关负责人，召集领导层开会，决定以单位名义将国有资产私分给全体职工。丁和职工之间存在共犯关系

【考点】共同犯罪

【解析】A 选项，张某属于承继的共犯，关于“承继的共犯”刑事责任承担有三句话：1. 后人对前人的犯罪（罪名）承担责任；2. 后人对加入前，前人犯罪的加重结果不承担责任；3. 前人对后人加入后引起的加重结果承担责任。承继的共犯对前行为人（甲）的行为所造成的重伤结果并不承担责任，张某只需要承担普通抢劫罪的刑事责任。因此，A 选项是错误的。

B 选项，根据司法解释的规定，“非法种植毒品原植物罪”的“种植”包括收取种子的行为。乙在明知黄某非法种植毒品原植物的情况下，仍为其收取种子，乙与黄某主观上存在共同的故意，客观上实施了共犯的行为，故二人构成共犯。因此，B 选项是正确的。

C 选项，事先无通谋的事后销赃行为，不成立共犯，丙成立掩饰、隐瞒犯罪所得、犯罪所得收益罪。因此，C 选项是错误的。

D 选项，私分国有资产罪是纯正的单位犯罪，其犯罪的主体是单位。成立单位犯罪，不能理解成单位内部的人员成立共同犯罪，也不能理解成单位与内部工作人员成立共同犯罪。因此，D 选项是错误的。

【答案】B

扫码听课

【2012－2－55】下列哪些选项中的双方行为人构成共同犯罪？（　　）

A. 甲见卖淫秽影碟的小贩可怜，给小贩 1000 元，买下 200 张淫秽影碟

B. 乙明知赵某已结婚，仍与其领取结婚证

C. 丙送给国家工作人员 10 万元钱，托其将儿子录用为公务员

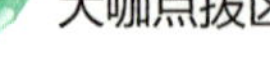

D. 丁帮助组织卖淫的王某招募、运送卖淫女

【考点】共同犯罪

【解析】A选项，该情形属于片面的对向犯。立法规定贩卖淫秽物品的行为成立犯罪，但并不处罚购买淫秽物品的行为，故买卖双方（甲与小贩）不成立共同犯罪。类似的罪名还有破坏军婚罪、枉法裁判罪等。因此，A选项是错误的。

B选项，乙与赵某成立重婚罪，重婚者与相婚者（乙与赵某）存在共犯关系。因此，B选项是正确的。

C选项，丙成立行贿罪，该国家工作人员成立受贿罪，二者属于对向犯，成立共同犯罪。因此，C选项是正确的。

D选项，丁成立协助组织卖淫罪，王某成立组织卖淫罪。虽然在法律规定上需要分别处断，但二者存在事实上的共犯关系。因此，D选项是正确的。

【答案】BCD

扫码听课

【2011－2－55】关于共同犯罪的判断，下列哪些选项是正确的？（　　）

A. 甲教唆赵某入户抢劫，但赵某接受教唆后实施拦路抢劫。甲是抢劫罪的共犯

B. 乙为吴某入户盗窃望风，但吴某入户后实施抢劫行为。乙是盗窃罪的共犯

C. 丙以为钱某要杀害他人为其提供了杀人凶器，但钱某仅欲伤害他人而使用了丙提供的凶器。丙对钱某造成的伤害结果不承担责任

D. 丁知道孙某想偷车，便将盗车钥匙给孙某，后又在孙某盗车前要回钥匙，但孙某用其它方法盗窃了轿车。丁对孙某的盗车结果不承担责任

【考点】共同犯罪

【解析】A选项，甲教唆赵某入户抢劫，但赵某实施了普通抢劫，虽然内容上有所不同，但都在抢劫罪的基本构成要件范围内，所以二人成立抢劫罪的共犯。因此，A选项是正确的。

B选项，吴某属于实行犯过剩，乙成立帮助犯。根据部分犯罪共同说，两人在罪名重合的范围内成立共犯。抢劫罪和盗窃罪在盗窃罪的范围内重合，故二者成立盗窃罪的共犯。因此，B选项是正确的。

C选项，故意杀人罪和故意伤害罪在故意伤害罪的范围内重合，所以丙成立故意伤害罪的共犯，需要为伤害的结果承担责任。因此，C选项是错误的。

D选项，丁属于共犯的脱离，在孙某实施盗车的实行行为之前要回了钥匙，消除了自己提供钥匙的行为与盗车结果之间物理上和心理上的原因力，属于自愿脱离犯罪的情形，所以丁成立犯罪中止，是预备阶段的中止，丁不需要为最终的盗车结果承担责任。因此，D选项是正确的。

【答案】ABD

【2010－2－6】关于共同犯罪，下列哪一选项是正确的？（　　）

A. 甲、乙应当预见但没有预见山下有人，共同推下山上一块石头砸死丙。只有认定甲、乙成立共同过失犯罪，才能对甲、乙以过失致人死亡罪论处

B. 甲明知乙犯故意杀人罪而为乙提供隐藏处和财物。甲、乙构成共同犯罪

C. 交警甲故意为乙实施保险诈骗提供虚假鉴定结论。甲、乙构成共同犯罪

D. 公安人员甲向犯罪分子乙通风报信助其逃避处罚。甲、乙成立共同犯罪

扫码听课

【考点】共同犯罪

大咖点拨区

【解析】 A 选项，《刑法》第 25 条第 2 款规定："二人以上共同过失犯罪，不以共同犯罪论处；应当负刑事责任的，按照他们所犯的罪分别处罚。"甲乙疏忽大意，共同过失致人死亡，属于共同过失犯罪，甲乙二人分别以过失致人死亡罪定罪处罚。但不属于共同犯罪。题中"只有认定甲、乙成立共同过失犯罪，才能对甲、乙以过失致人死亡罪论处"的说法在逻辑上不成立，即使不能认定两人属于共同过失犯罪，只要能够证明，甲的行为和乙的行为对于死亡结果，都具有因果关系，且主观上都具有过失，则甲乙都可以以过失致人死亡罪论处。A 选项是错误的。

B 选项，事先无通谋的事后帮助逃跑、藏匿的行为，不成立共犯，甲成立窝藏罪。因此，B 选项是错误的。

C 选项，甲明知乙实施保险诈骗行为，仍为其提供虚假鉴定结论，主观上有共同的故意，客观上属于帮助犯的行为，所以甲、乙二人成立共犯。因此，C 选项是正确的。

D 选项，甲成立帮助犯罪分子逃避处罚罪。乙的犯罪行为已经实施完毕，甲只是利用职务之便帮助犯罪分子逃匿，并未参与前面的犯罪，所以不成立共犯。因此，D 选项是错误的。

【答案】 C

大咖点拨区

扫码听课

扫码听课

专题九　罪数形态

【2019 网络回忆版】关于罪数的处理，下列说法正确的有？（　　）

A. “二人以上轮奸”只是强奸罪的法定刑升格条件，与强奸罪的关系不是特别法条与一般法条的关系

B. 甲发现自己盗窃到的是一件仿真品（价值 4000 元），冒充真品以 2 万元卖给他人。甲的变卖行为是不可罚的事后行为

C. 钱某分别实施了两次入户抢劫，一次持枪抢劫。钱某分别触犯了抢劫罪的加重犯，应数罪并罚

D. 周某抢劫了陈某的财物后，担心暴露，杀害了陈某。周某构成抢劫罪致人死亡和故意杀人罪的想象竞合

【考点】罪数

【解析】A 选项，“二人以上轮奸”是强奸罪法定刑升级的条件，首先满足强奸罪的基本构成要件，在此基础上又出现的二人以上连续进行的特别之处，属于一种法条竞合关系，强奸罪是一般法，“二人以上轮奸”是特别法。A 错误。

B 选项，甲将仿真品冒充真品以 2 万元卖给他人，对于买受人而言是诈骗，也造成了买受人的财产损失。如果甲以销赃的价格出售，才是不可罚的事后行为。B 错误。

C 选项，尽管我们的司法传统对于同种数罪不数罪并罚，但是理论上认为如果同种数罪分别满足不同的加重构成要件（入户抢劫、持枪抢劫），则应当数罪并罚。C 正确。

D 选项，周某为了灭口而杀人的行为应当另外评价为故意杀人罪，与抢劫罪数罪并罚。

【答案】C

【2017－2－8】关于罪数的判断，下列哪一选项是正确的？（　　）

A. 甲为冒充国家机关工作人员招摇撞骗而盗窃国家机关证件，并持该证件招摇撞骗。甲成立盗窃国家机关证件罪和招摇撞骗罪，数罪并罚

B. 乙在道路上醉酒驾驶机动车，行驶 20 公里后，不慎撞死路人张某。因已发生实害结果，乙不构成危险驾驶罪，仅构成交通肇事罪

C. 丙以欺诈手段骗取李某的名画。李某发觉受骗，要求丙返还，丙施以暴力迫使李某放弃。丙构成诈骗罪与抢劫罪，数罪并罚

D. 已婚的丁明知杨某是现役军人的配偶，却仍然与之结婚。丁构成重婚罪与破坏军婚罪的想象竞合犯

【考点】罪数

【解析】A 选项，由于盗窃国家机关证件与招摇撞骗之间不具有**类型化**的牵连关系，即招摇撞骗虽然是目的行为，但是一般行为人通常不会采取盗窃国家机关证件的方法，即方法与目的不具有高度伴随的关系，故甲前后两个行为不成立

牵连犯，应当数罪并罚。因此，A 选项是正确的。

B 选项，“乙在道路上醉酒驾驶机动车，行驶 20 公里”已经构成危险驾驶罪，符合危险驾驶罪的犯罪构成。由于又“不慎撞死路人张某”，所以依据《刑法》第 133 条的规定，最终以交通肇事罪（处罚较重的罪）论处。因此，B 选项是错误的。

C 选项，丙的欺诈行为与抢劫行为仅侵犯了一个财产法益，即丙并未因此获得两次财产利益，李某也未因此而造成两次财产损失。这属于包括的一罪，择一重处罚即可。因此，C 选项是错误的。

D 选项，重婚罪与破坏军婚罪是法条竞合的关系，重婚罪是一般法，破坏军婚罪是特殊法。因此，D 选项是错误的。

【答案】A

大咖点拨区

扫码听课

【2016－2－11】关于法条关系，下列哪一选项是正确的（不考虑数额）？（　　）

A. 即使认为盗窃与诈骗是对立关系，一行为针对同一具体对象（同一具体结果）也完全可能同时触犯盗窃罪与诈骗罪

B. 即使认为故意杀人与故意伤害是对立关系，故意杀人罪与故意伤害罪也存在法条竞合关系

C. 如认为法条竞合仅限于侵害一犯罪客体的情形，冒充警察骗取数额巨大的财物时，就会形成招摇撞骗罪与诈骗罪的法条竞合

D. 即便认为贪污罪和挪用公款罪是对立关系，若行为人使用公款赌博，在不能查明其是否具有归还公款的意思时，也能认定构成挪用公款罪

【考点】法条竞合

【解析】A 选项，两个罪名如果是对立关系，针对一个行为对象或者法益的侵害结果，不可能同时触犯两个罪名。因此，A 选项是错误的。

B 选项，法条竞合关系不可能同时出现在两个对立的罪名之间，只可能出现在两个相互交叉或者包含的罪名中。因此，B 选项是错误的。

C 选项，招摇撞骗罪侵犯的法益是国家机关工作人员的公共信赖，诈骗罪侵犯的法益是财产权益，这两个罪侵犯的法益不同。换句话说，任何一个法条都不能概括这两个罪所保护的法益，所以招摇撞骗罪与诈骗罪是想象竞合，而非法条竞合。因此，C 选项是错误的。

D 选项，贪污罪要求行为人具有非法占有的目的，而挪用公款罪不要求行为人具有非法占有的目的，在不能查明行为人是否具有非法占有的目的时，根据“存疑时有利于被告人”，应认为行为人不具有非法占有的目的，即成立挪用公款罪。这与贪污罪和挪用公款罪之间是否存在法条竞和关系的判断无关。因此，D 选项是正确的。

【答案】D

【2016－2－54】关于罪数，下列哪些选项是正确的（不考虑数额或情节）？（　　）

A. 甲使用变造的货币购买商品，触犯使用假币罪与诈骗罪，构成想象竞合犯

B. 乙走私毒品，又走私假币构成犯罪的，以走私毒品罪和走私假币罪实行数罪并罚

扫码听课

大咖点拨区

C. 丙先后三次侵入军人家中盗窃军人制服，后身穿军人制服招摇撞骗。对丙应按牵连犯从一重罪处罚

D. 丁明知黄某在网上开设赌场，仍为其提供互联网接入服务。丁触犯**开设赌场罪**与帮助信息网络犯罪活动罪，构成想象竞合犯

【考点】罪数

【解析】A 选项，使用假币罪仅限于行为人使用伪造的货币，所以甲不成立使用假币罪。因此，A 选项是错误的。

B 选项，乙实施了两个行为，侵犯了两个法益，在法律没有特殊规定的情况下，应当数罪并罚。因此，B 选项是正确的。

C 选项，牵连犯要求行为人实施的两个行为必须具有类型化的牵连关系，即在通常意义上有极高的并发性。通常情况下，行为人为了招摇撞骗，不会侵入军人家中盗窃制服，所以丙前后两个行为不具备类型化的关联。因此，C 选项是错误的。

D 选项，丁实施了开设赌场罪的帮助行为，该帮助行为又触犯了《刑法修正案（九）》新增加的帮助信息网络犯罪活动罪，属于一行为触犯两罪，成立想象竞合犯。因此，D 选项是正确的。

【答案】BD

扫码听课

【2015－2－9】甲窃得一包冰毒后交乙代为销售，乙销售后得款 3 万元与甲平分。关于本案，下列哪一选项是**错误**的？（　　）

A. 甲的行为触犯盗窃罪与贩卖毒品罪

B. 甲贩卖毒品的行为侵害了新的法益，应与盗窃罪实行并罚

C. 乙的行为触犯贩卖毒品罪、非法持有毒品罪、转移毒品罪与掩饰、隐瞒犯罪所得罪

D. 对乙应以贩卖毒品罪一罪论处

【考点】贩卖毒品罪，盗窃罪

【解析】A 选项，甲盗窃毒品的行为构成盗窃罪，违禁品虽然国家禁止流通或者限制流通，但是仍属于财物，对违禁品可以成立侵犯财产的犯罪。甲要求乙销售的行为成立贩卖毒品罪的教唆犯。因此，A 选项是正确的。

B 选项，盗窃罪侵犯了一个法益，贩卖毒品的行为侵犯了国家对于麻醉药品、精神药品的管理秩序，也是一个新的法益。两个行为侵犯两个不同的法益，应当数罪并罚。因为，B 选项是正确的。

C、D 选项，乙接受甲的要求，销售毒品的，成立贩卖毒品罪的实行犯，非法持有毒品的行为无需再评价，已经被吸收。至于转移毒品罪其实是处罚妨害司法机关追缴的行为，是一个妨害司法的犯罪，因为甲乙事先已有通谋，在贩卖毒品罪时，也是有共同的故意，所以不构成这种事后的连累犯。乙不成立转移毒品罪，也不成立掩饰、隐瞒犯罪所得罪。C 选项是错误的，D 选项是正确的。

【答案】C

扫码听课

【2013－2－10】关于罪数判断，下列哪一选项是正确的？（　　）

A. 冒充警察招摇撞骗，骗取他人财物的，适用特别法条以招摇撞骗罪论处

B. 冒充警察实施抢劫，同时构成抢劫罪与招摇撞骗罪，属于想象竞合犯，从一重罪论处

大咖点拨区

C. 冒充军人进行诈骗，同时构成诈骗罪与冒充军人招摇撞骗罪的，从一重罪论处

D. 冒充军人劫持航空器的，成立冒充军人招摇撞骗罪与劫持航空器罪，实行数罪并罚

【考点】罪数

【解析】A、C 选项，招摇撞骗罪（或冒充军人招摇撞骗罪）与诈骗罪不是法条竞合的关系，而是想象竞合，所以不存在特别法优于一般法的问题，应择一重处罚，这也是2011 年诈骗罪司法解释的规定。因此，A 选项是错误的，C 选项是正确的。

B 选项，冒充警察抢劫，属于冒充军警人员实施抢劫行为，是抢劫罪的加重构成要件。“冒充”警察虽然有骗的成分，但根本目的是为了压制被害人反抗，从而劫取财物，而不是为了骗取财物。因此，B 选项是错误的。

D 选项，冒充军人劫持航空器，不是为了骗取财物，只成立劫持航空器罪一罪。D 选项是错误的。

【答案】C

【2013－2－55】关于想象竞合犯的认定，下列哪些选项是错误的？（　　）

A. 甲向乙购买危险物质，商定 4000 元成交。甲先后将 2000 元现金和 4 克海洛因（折抵现金 2000 元）交乙后收货。甲的行为成立非法买卖危险物质罪与贩卖毒品罪的想象竞合犯，从一重罪论处

B. 甲女、乙男分手后，甲向乙索要青春补偿费未果，将其骗至别墅，让人看住乙。甲给乙母打电话，声称如不给 30 万元就准备收尸。甲成立非法拘禁罪和绑架罪的想象竞合犯，应以绑架罪论处

C. 甲为劫财在乙的茶水中投放 2 小时后起作用的麻醉药，随后离开乙家。2 小时后甲回来，见乙不在（乙喝下该茶水后因事外出），便取走乙 2 万元现金。甲的行为成立抢劫罪与盗窃罪的想象竞合犯

D. 国家工作人员甲收受境外组织的 3 万美元后，将国家秘密非法提供给该组织。甲的行为成立受贿罪与为境外非法提供国家秘密罪的想象竞合犯

【考点】想象竞合犯

【解析】A 选项，前一个 2000 元与危险物质进行交换构成非法买卖危险物质罪，后面 4 克海洛因与危险物质进行交换，构成贩卖毒品。因为有两个行为，即先拿 2000 块钱进行交易，再拿 4 克毒品来进行交易，两个行为就应该数罪并罚。因此，A 选项是错误的。

B 选项，非法拘禁罪和绑架罪是法条竞合关系，非法拘禁罪是一般法，绑架罪是特别法，绑架罪是在非法拘禁罪的基础上又有“勒索财物”等特别的目的，因此是法条竞合而非想象竞合。因此，B 选项是错的。

C 选项，甲让乙喝下麻醉药是抢劫行为，当发现对方不在家的时候，则另起犯意实施盗窃的行为，前后是两个行为，应当并罚，前面的抢劫行为已经着手了，但是财产损失不能归责于抢劫行为，所以抢劫不是既遂，属于未遂，而盗窃既遂，数罪并罚。因此，C 选项是错误的。

D 选项，行为人实施了一个受贿行为，又实施了一个为境外非法提供国家秘密的行为，两个行为不是想象竞合，所以应当数罪并罚。因此，D 选项是错误的。

扫码听课

大咖点拨区

扫码听课

【答案】ABCD

【2011-2-56】关于罪数的认定，下列哪些选项是**错误**的？（　　）

A. 引诱幼女卖淫后，又容留该幼女卖淫的，应认定为引诱、容留卖淫罪

B. 既然对绑架他人后故意杀害他人的不实行数罪并罚，那么对绑架他人后伤害他人的就更不能实行数罪并罚

C. 发现盗得的汽车质量有问题而将汽车推下山崖的，成立盗窃罪与故意毁坏财物罪，应当实行并罚

D. 明知在押犯脱逃后去杀害证人而私放，该犯果真将证人杀害的，成立私放在押人员罪与故意杀人罪，应当实行并罚

【考点】罪数

【解析】A选项，应该数罪并罚。首先，这不是一个选择性罪名，而是两个罪，一个是容留卖淫罪，一个是引诱幼女卖淫罪；其次，这两个罪之间不具有吸引关系，前后行为并不是高度伴随的，即引诱并不必然会容留，容留之前并不必须要引诱，所以也不是吸收犯，应当数罪并罚，即引诱幼女卖淫罪和容留卖淫罪数罪并罚。因此，A选项是错误的。

B选项，刑法第239条第2款"犯前款罪，杀害被绑架人的，或者故意伤害被绑架人，致人重伤、死亡的，处无期徒刑或者死刑，并处没收财产。"根据法律的规定，绑架过程中故意杀人或者故意伤害致人重伤、死亡都成立绑架罪一罪，而不必数罪并罚。但是，题干中的理由是不对的，不能因为对绑架他人后故意杀害他人的不实行数罪并罚，就可以自行推导出对绑架他人后伤害他人的就更不能实行数罪并罚的结论。因此，B选项是错误的。

C选择，盗窃汽车已经侵犯了主人对汽车的占有，之后将汽车推下山崖的行为，没有侵犯新的法益，属于事后的不可罚行为，所以不数罪并罚。但是，盗窃毒品之后又贩卖毒品，由于后行为又侵犯了新的法益（国家对麻醉药品、精神药品的管理秩序）就不是不可罚的事后行为，需要数罪并罚。因此，C选项是错误的。

D选项，行为人实施了一个行为，既构成故意杀人罪，属于故意杀人罪的帮助犯；又构成了私放在押人员罪，属于私放在押人员罪的实行犯。所以是想象竞合，应当从一重处罚。因此，D选项是错误的。

【答案】ABCD

扫码听课

【2010-2-55】下列哪些情形属于吸收犯？（　　）

A. 制造枪支、弹药后又持有、私藏所制造的枪支、弹药的

B. 盗窃他人汽车后，谎称所盗汽车为自己的汽车出卖他人的

C. 套取金融机构信贷资金后又高利转贷他人的

D. 制造毒品后又持有该毒品的

【考点】吸收犯

【解析】A选项，吸收犯，是指数行为之间存在吸收关系，即事实上有数个行为，前行为是后行为的必经阶段，后行为与前行为的必然结果。制造枪支弹药后，又持有、私藏的，持有、私藏的行为是前行为的必然结果。因此，A选项是正确的。

B选项，将所盗的汽车谎称自己的汽车，出卖给他人，由于后行为侵犯了新

的法益（谎称是自己的汽车，予以出卖的行为，不是一个普通的销赃行为，说明是以正常的市场价格，只不过是以二手车的市场价格予以出售，购买者不明知这是赃车。购买者误以为这是一个合法的车辆，于是以市场交易价格来购买），对于购买者而言是有财产损失的。成立诈骗罪。因此，B 选项是错误的。

小专题：吸收犯与不可罚的事后行为

1. 吸收犯：在事实上有数个行为，数个行为之间具有吸收关系，一个行为吸收了其他行为，仅成立吸收行为的罪名。（吸收关系，前行为是后行为的必经阶段、后行为是前行为的必然结果）吸收犯的情形主要包括：重行为吸收轻行为、不可罚的事后行为。

2. 不可罚的事后行为：实施某些犯罪，在犯罪既遂后又实施依一般社会经验通常会伴随的危害行为，后行为通常被称为不可罚的事后行为。不可罚的事后行为的情形主要包括：事后行为没有侵犯新的法益；事后行为不具有期待可能性。

C 选项，只成立一个高利转贷罪，而不是吸收犯。所谓“吸收犯”是前行为和后行为要独立成罪的，“套取”再“转贷”这是高利转贷罪的两个环节，是高利转贷当中的两个步骤，所以这里面不是吸收犯，不存在前行为后行为独立成罪的问题。因此，C 选项是错误的。

D 选项，制造毒品后又持有该毒品，前后行为高度伴随，属于典型的吸收关系。因此，D 选项是正确的。

【答案】 AD

大咖点拨区

大咖点拨区

扫码听课

扫码听课

专题十　静态刑罚（刑种）

【2016－2－8】《刑法》第64条前段规定："犯罪分子违法所得的一切财物，应当予以追缴或者责令退赔"。关于该规定的适用，下列哪一选项是正确的？（　　）

A. 甲以赌博为业，但手气欠佳输掉200万元。输掉的200万元属于赌资，应责令甲全额退赔

B. 乙挪用公款炒股获利500万元用于购买房产（案发时贬值为300万元），应责令乙退赔500万元

C. 丙向国家工作人员李某行贿100万元。除向李某追缴100万元外，还应责令丙退赔100万元

D. 丁与王某共同窃取他人财物30万元。因二人均应对30万元负责，故应向二人各追缴30万元

【考点】没收违法所得，责令退赔

【解析】A选项，犯罪分子从被害人处得到的赃物应当返还被害人；犯罪组成之物、犯罪工具、犯罪行为孳生之物和犯罪所得的报酬应当依法收归国库。甲赌博中的赌资属于犯罪组成之物，依法应予追缴。因此，A选项是错的。

B选项，乙挪用的公款炒股获利500万元已经用于购买房产，不复存在，无法追缴，只能责令退赔，而退赔数额应当是挪用公款的炒股获利，即500万。因此，B选项是正确的。

C选项，丙的行贿款属于行贿罪的犯罪组成之物，依法应予以追缴，而非责令退赔。因此，C选项是错误的。

D选项，丁盗窃他人所得财物，属于赃物，应予返还被害人，且只需返还被害人的实际损失30万元。因此，D选项是错误的。

【答案】B

【2016－2－9】关于职业禁止，下列哪一选项是正确的？（　　）

A. 利用职务上的便利实施犯罪的，不一定都属于"利用职业便利"实施犯罪

B. 行为人违反职业禁止的决定，情节严重的，应以拒不执行判决、裁定罪定罪处罚

C. 判处有期徒刑并附加剥夺政治权利，同时决定职业禁止的，在有期徒刑与剥夺政治权利均执行完毕后，才能执行职业禁止

D. 职业禁止的期限均为3年至5年

【考点】职业禁止

【解析】A选项，"职业"是大的概念，"职务"是小概念，有职业的人，未必都有职务；而"职务"往往是与管理组织相关的工作，利用职务上的便利实施犯罪，一定都是利用职业便利实施犯罪的。因此，A选项是错误的。

B 选项，《刑法》第 37 条规定，违反职业禁止的规定，公安机关应给予处罚。情节严重的，依照本法第 313 条的规定定罪处罚。第 313 条就是关于拒不执行判决裁定罪的规定。因此，B 选项是正确的。

C 选项，职业禁止的执行起算点是“刑罚执行完毕之日”，此处应与累犯的规定作同一解释，即指主刑执行完毕之日，因为主刑执行完毕就恢复人身自由，职业禁止就有必要开始执行。因此，C 选项是错误的。

D 选项，关于职业禁止制度，既有刑法的规定，也有其他法律的规定。虽然刑法规定是三到五年，但其他法律行政法规另有规定的从其规定。因此，D 选项也是错误的。

【答案】B

【2014－2－2】甲怀疑医院救治不力致其母死亡，遂在医院设灵堂、烧纸钱，向医院讨说法。结合社会主义法治理念和刑法规定，下列哪一看法是错误的？（　　）

A. 执法为民与服务大局的理念要求严厉打击涉医违法犯罪，对社会影响恶劣的涉医犯罪行为，要依法从严惩处

B. 甲属于起哄闹事，只有造成医院的秩序严重混乱的，才构成寻衅滋事罪

C. 如甲母的死亡确系医院救治不力所致，则不能轻易将甲的行为认定为寻衅滋事罪

D. 如以寻衅滋事罪判处甲有期徒刑 3 年、缓刑 3 年，为有效维护医疗秩序，法院可同时发布禁止令，禁止甲 1 年内出入医疗机构

【考点】罪刑法定原则

【解析】A 选项，从严惩处并非突破法律的界线从严惩处，该选项说的是依法从严惩处，是正确的。

B 选项，寻衅滋事罪属于妨害社会管理秩序的犯罪，需要判断行为人的行为是否给社会秩序带来了严重的混乱。因此，B 选项是正确的。

C 选项，从刑事政策角度来讲，如果医院确有过错的，那么甲的行为在某种程度上是情有可原的，所以认定他构成犯罪需要更加谨慎，不应当轻易地把他的行为评价为是犯罪行为。因此，C 选项是正确的。

D 选项，关于禁止令，所禁止的事项不能剥夺适用者基本生存权益，可以禁止行为人进出中小学、禁止其申请信用卡、禁止其办公司、禁止其去高档饭店消费等，但不能禁止他人进出医疗机构、公共厕所，影响到其日常的生活。因此，D 选项是错误的。

【答案】ABC

【2012－2－11】《刑法》第 49 条规定：______的时候不满 18 周岁的人和______的时候怀孕的妇女，不适用死刑。______的时候已满 75 周岁的人，不适用死刑，但______的除外。下列哪一选项与题干空格内容相匹配？（　　）

A. 犯罪——审判——犯罪——故意犯罪致人死亡

B. 审判——审判——犯罪——故意犯罪致人死亡

C. 审判——审判——审判——以特别残忍手段致人死亡

D. 犯罪——审判——审判——以特别残忍手段致人死亡

【考点】死刑

大咖点拨区

扫码听课

扫码听课

大咖点拨区

扫码听课

扫码听课

【解析】"第49条 犯罪的时候不满18周岁的人和审判的时候怀孕的妇女，不适用死刑。审判的时候已满75周岁的人，不适用死刑，但以特别残忍手段致人死亡的除外。"D选项，以特别残忍的手段致人死亡，既包括故意杀人，也包括故意伤害致人死亡，二者都属于特别残忍手段致人死亡。因此，D选项是正确的。

【答案】D

【2012-2-56】关于禁止令，下列哪些选项是错误的？（　　）

A. 甲因盗掘古墓葬罪被判刑7年，在执行5年后被假释，法院裁定假释时，可对甲宣告禁止令

B. 乙犯合同诈骗罪被判处缓刑，因附带民事赔偿义务尚未履行，法院可在禁止令中禁止其进入高档饭店消费

C. 丙因在公共厕所猥亵儿童被判处缓刑，法院可同时宣告禁止其进入公共厕所

D. 丁被判处管制，同时被禁止接触同案犯，禁止令的期限应从管制执行完毕之日起计算

【考点】禁止令

【解析】A选项，根据《刑法》第38条和第72条的规定，禁止令只适用于管制犯和缓刑犯，对假释犯不能适用禁止令。因此，A选项是错误的。

B选项，依据《关于对判处管制、宣告缓刑的犯罪分子适用禁止令有关问题的规定（试行）》第3条第（四）项的规定："附带民事赔偿义务未履行完毕的，禁止从事高消费活动"。因此，B选择是正确的。

C选项，禁止令不能强人所难，不得剥夺一个人基本的生存权利。因此，C选项是错误的。

D选项，禁止令是从管制、缓刑执行之日起开始计算。因此，D选项是错误的。

【答案】ACD

【2011-2-9】2009年1月，甲（1993年4月生）因抢劫罪被判处有期徒刑1年。2011年3月20日，甲以特别残忍手段故意杀人后逃跑，6月被抓获。关于本案，下列哪一选项是正确的？（　　）

A. 根据从旧兼从轻原则，本案不适用《刑法修正案（八）》

B. 对甲故意杀人的行为，应当从轻或者减轻处罚

C. 甲在审判时已满18周岁，可以适用死刑

D. 甲构成累犯，应当从重处罚

【考点】刑法的时间效力，刑事责任年龄，死刑的适用

【解析】A、D选项，按照原《刑法》第65条的规定，成立一般累犯没有年龄的限制；而按照《刑法修正案（八）》的规定，犯罪时不满18周岁的，不成立一般累犯。显然，新法的规定对行为人更有利，因此，根据"从旧兼从轻"的原则，本案应适用《刑法修正案（八）》，不作为累犯处理。因此，A、D选项是错误的。

B选项，不满18周岁的未成年人实施犯罪行为，应当从轻或者减轻处罚。因此，B选项是正确的。

C选项，判断年龄的时间点在于犯罪时，而不是审判时。因此，C选项是错

误的。

【答案】B

【2010－2－9】甲女因抢劫杀人被逮捕，羁押期间不慎摔伤流产。一月后，甲被提起公诉。对甲的处理，下列哪一选项是正确的？（　　）

A. 应当视为“审判时怀孕的妇女”，不适用死刑

B. 应当视为“审判时怀孕的妇女”，可适用死刑缓期二年执行

C. 不应当视为“审判时怀孕的妇女”，因甲并非被强制流产

D. 不应当视为“审判时怀孕的妇女”，因甲并非在审判时摔伤流产

【考点】死刑的适用

【解析】A、C、D选项，审判时“怀孕”的妇女应当解释为包括“羁押期间流产”的妇女。“怀孕”一词根据日常生活经验来判断，其实是不包含流产的，因此“羁押期间流产的妇女”视为“审判时怀孕的妇女”，应当属于类推解释。但是，这个类推解释是有利于行为人，所以其为法律所允许。因此A选项是正确的，C、D选项是错误的。

B选项，死缓不是一种独立的刑种，死缓是死刑的一种执行方式而已，所以不能适用死刑，就包括既不能适用死刑立即执行，也不能适用死刑缓期两年执行。因此，B选项是错误的。

【答案】A

大咖点拨区

扫码听课

【2010－2－56】关于没收财产，下列哪些选项是**错误**的？（　　）

A. 甲受贿100万元，巨额财产来源不明200万元，甲被判处死刑并处没收财产。甲被没收财产的总额至少应为300万元

B. 甲抢劫他人汽车被判处死刑并处没收财产。该汽车应上缴国库

C. 甲因走私罪被判处无期徒刑并处没收财产。此前所负赌债，经债权人请求应予偿还

D. 甲因受贿罪被判有期徒刑十年并处没收财产30万元，因妨害清算罪被判有期徒刑三年并处罚金二万元。没收财产和罚金应当合并执行

扫码听课

【考点】没收财产

【解析】A选项，甲两罪的涉案金额300万元应依法收缴，这是对于违法所得的收缴。而没收财产的数额取决于甲的合法财产，与前两罪所得的300万没有关系，“至少应为300万元”的结论是无法直接得出的。因此，A选项是错误的。

B选项，甲抢劫他人汽车被判处死刑并没收财产，该汽车为有主物，应归还被害人。因此，B选项是错误的。

C选项，用没收财产偿还债务，只限于是合法债务，不包含赌债。因此，C选项是错误的。

D选项，根据《刑法修正案（八）》的规定，罚金和没收财产是不同种类的附加刑，数罪并罚时只能“分别执行”（“数罪中有判处附加刑的，附加刑仍须执行，其中附加刑种类相同的，合并执行，种类不同的，分别执行。”）。因此，D选项是错误的。

【答案】ABCD

大咖点拨区

扫码听课

专题十一　动态刑罚（量刑、行刑）

【2021 网络回忆版】关于自首的认定，下列选项正确的是？（　　）

A. 甲、乙构成共同犯罪，公安机关打电话通知甲到公安局。甲到公安机关后，如实供述自己的犯罪情况，但是并未如实供述同案犯乙的相关情况。甲不构成自首

B. 康康明知其保管的物品为易燃、易爆危险物品，仍然不采取安全防护措施将其储存于仓库，造成爆炸。后康康到公安机关如实供述上述全部事实，但是辩称自己没有过失。康康不构成自首

C. 小孟交通肇事，将乐某撞倒在地后，立即去派出所投案自首，如实交代了自己的罪行。小孟的投案自首导致乐某因未得到及时救助而死亡，小孟不构成自首

D. 丙、丁二人共同犯罪，丁被抓获。丙害怕丁将其供出（实际上丁确实向派出所将同案犯丙供出，派出所已掌握丙的犯罪事实），早晚得被抓。于是，丙便前往派出所投案，如实交代了犯罪事实。丙不成立自首

【考点】自首的认定

【解析】A 选项，共同犯罪中部分共犯人，自动投案后，不但要如实供述自己的犯罪事实，还要如实供述同案犯的共同犯罪事实，才能成立自首。甲未如实供述同案犯乙的相关情况。甲不构成自首，正确。

B 选项，根据司法解释，如实供述行为事实但对行为性质加以辩解的，应认定为如实供述自己的罪行，康康的辩解不影响自首的认定。B 错误。

C 选项，只要犯罪人在犯罪后自动投案，并如实供述自己罪行，就可以成立自首，至于因为投案自首导致被害人因未得到及时救助而死亡，可以在量刑时酌情考虑，但是不应当影响自首的认定。C 错误。

D 选项，只要犯罪嫌疑人尚未受到讯问、未被采取强制措施时，主动、直接投案的，就可以成立自首，投案前司法机关是否掌握犯罪人的罪行，不影响自动投案的认定。D 错误。

【答案】A

扫码听课

【2017－2－9】关于自首，下列哪一选项是正确的？（　　）

A. 甲绑架他人作为人质并与警察对峙，经警察劝说放弃了犯罪。甲是在“犯罪过程中”而不是“犯罪以后”自动投案，不符合自首条件

B. 乙交通肇事后留在现场救助伤员，并报告交管部门发生了事故。交警到达现场询问时，乙否认了自己的行为。乙不成立自首

C. 丙故意杀人后如实交代了自己的客观罪行，司法机关根据其交代认定其主观罪过为故意，丙辩称其为过失。丙不成立自首

D. 丁犯罪后，仅因形迹可疑而被盘问、教育，便交代了自己所犯罪行，但拒不交代真实身份。丁不属于如实供述，不成立自首

大咖点拨区

【考点】自首

【解析】A选项，对于“自动投案”，法律并未要求必须是在“犯罪过程中”或“犯罪之后”，只要是在司法机关采取强制措施之前，自动将自己置于司法机关的控制之下，就构成“自动投案”。因此，A选项是错误的。

B选项，乙在交警到达现场之后，矢口否认自己的犯罪事实，不满足“如实供述自己的罪行”的要求，所以乙不成立自首。因此，B选项是正确的。

C选项，“如实供述自己的罪行”仅要求行为人对自己客观实施的犯罪事实供认不讳，对自己主观心态的辩解不影响自首的认定。因此，C选项是错误的。

D选项，司法解释规定，行为人仅因形迹可疑而被盘问、教育，便交代了自己所犯罪行，即便供述的身份等情况与真实情况虽有差别，但不影响定罪量刑的，也应认定为如实供述自己的罪行。因此，D选项是错误的。

【答案】B

【2021网络回忆版】关于数罪并罚，下列说法正确的是？（　　）

扫码听课

A. 甲犯故意伤害罪被判处有期徒刑2年，因故未执行。后来又犯新罪诈骗罪，判处有期徒刑3年且执行，在该罪的刑罚执行满2年的时候，司法机关发现了其曾经已经判决故意伤害罪没有执行。应该合并执行剩余3年的刑期

B. 乙犯盗窃罪被判处有期徒刑10个月，执行3个月又犯故意伤害罪判处拘役5个月，此时应将拘役与有期徒刑合并。还应对乙执行有期徒刑7个月

C. 丙犯盗窃罪被判处有期徒刑11个月，执行到第8个月时发现其在判决宣告以前还有漏罪（故意伤害罪），执行到第9个月时，法院对该故意伤害罪判处管制4个月。对丙在执行完毕有期徒刑后，还应再执行管制4个月

D. 丁犯故意伤害罪被判处有期徒刑11个月，在执行到第8个月的时候发现其在故意伤害罪判决前还有漏罪（盗窃罪），在执行9个月时，法院对该盗窃罪判处拘役5个月。对丁还应执行剩余2个月有期徒刑

【考点】数罪并罚

【解析】A选项，根据《刑法》第71条，应当先将故意伤害罪没有执行的2年与新罪诈骗罪的3年按照**限制加重原则**进行合并（在3年以上5年以下决定执行的刑罚），作出新的判决，已经执行的2年可以视为新判决执行以前的先行羁押，折抵刑期2年。因此未必还需执行3年刑期。A错误。

B选项，乙又犯故意伤害罪属于再犯新罪，应当将前罪有期徒刑10个月减去已经执行的3个月，剩余的有期徒刑7个月再与拘役5个月按照**吸收原则**进行合并，还应对乙执行有期徒刑7个月，B正确。

C选项，丙属于发现漏罪，前罪盗窃罪的有期徒刑11个月，与故意伤害罪判处管制4个月按照**并科原则**进行合并，再减去已经执行的9个月，剩余有期徒刑两个月执行完毕后，还应再执行管制4个月，C正确。

D选项，丁属于发现漏罪，前罪故意伤害罪被判处有期徒刑11个月，与漏罪盗窃罪拘役5个月按照**吸收原则**进行合并，仍然是有期徒刑11个月，再减去已经执行的9个月，还需要再执行剩余2个月有期徒刑，D正确。

扫码听课

【答案】BCD

【2017-2-55】关于数罪并罚，下列哪些选项是正确的？（　　）

A. 甲犯某罪被判处有期徒刑2年，犯另一罪被判处拘役6个月。对甲只需执

大咖点拨区

行有期徒刑

B. 乙犯某罪被判处有期徒刑 2 年，犯另一罪被判处管制 1 年。对乙应在有期徒刑执行完毕后，继续执行管制

C. 丙犯某罪被判处有期徒刑 6 年，执行 4 年后发现应被判处拘役的漏罪。数罪并罚后，对丙只需再执行尚未执行的 2 年有期徒刑

D. 丁犯某罪被判处有期徒刑 6 年，执行 4 年后被假释，在假释考验期内犯应被判处 1 年管制的新罪。对丁再执行 2 年有期徒刑后，执行 1 年管制

【考点】数罪并罚

【解析】A 选项，《刑法修正案（九）》规定，同时判处有期徒刑和拘役的，采用吸收原则，执行有期徒刑即可。因此，A 选项是正确的。

B 选项，同时判处有期徒刑和管制的，采用并科原则，先执行有期徒刑，再执行管制。因此，B 选项是正确的。

C 选项，同时判处有期徒刑和拘役的，采用吸收原则，只需要继续执行未执行的有期徒刑即可。因此，C 选项是正确的。

D 选项，同时判处有期徒刑和管制的，采用并科原则，先执行尚未执行的 2 年有期徒刑，再执行管制。因此，D 选项是正确的。

【答案】ABCD

【相关法条】第六十九条 【数罪并罚的一般原则】判决宣告以前一人犯数罪的，除判处死刑和无期徒刑的以外，应当在总和刑期以下、数刑中最高刑期以上，酌情决定执行的刑期，但是管制最高不能超过三年，拘役最高不能超过一年，有期徒刑总和刑期不满三十五年的，最高不能超过二十年，总和刑期在三十五年以上的，最高不能超过二十五年。

数罪中有判处**有期徒刑**和**拘役**的，执行**有期徒刑**。数罪中有判处**有期徒刑**和**管制**，或者**拘役**和**管制**的，**有期徒刑、拘役**执行完毕后，**管制**仍须执行。

数罪中有判处附加刑的，附加刑仍须执行，其中附加刑**种类相同**的，**合并**执行，**种类不同**的，**分别**执行。

扫码听课

【2017－2－10】王某多次吸毒，某日下午在市区超市门口与同居女友沈某发生争吵。沈某欲离开，王某将其按倒在地，用菜刀砍死。后查明：王某案发时因吸毒出现精神病性障碍，导致辨认控制能力减弱。关于本案的刑罚裁量，下列哪一选项是**错误**的？（　　）

A. 王某是偶犯，可酌情从轻处罚

B. 王某刑事责任能力降低，可从轻处罚

C. 王某在公众场合持刀行凶，社会影响恶劣，可从重处罚

D. 王某与被害人存在特殊身份关系，可酌情从轻处罚

【考点】刑罚的裁量

【解析】A 选项，“酌情从轻处罚”即表示非“法定从轻处罚”情节，而是“酌定从轻处罚”情节。题目中并未交代王某有前科，也未表明王某是累犯，证明王某是偶犯，而偶犯确实是酌定从轻处罚的情节。因此，A 选项是正确的。

B 选项，由于王某吸毒前是具有辨认和控制能力的，具备完全刑事责任能力，基于自己的自由意志而使自己陷入责任能力降低的状态，根据“原因自由行为”理论，王某该行为不属于法定从轻处罚的情节。因此，B 选项是错误的。

C 选项，王某在公众场合持刀行凶，造成了极为恶劣的社会影响，确实属于酌定从重处罚的情节。因此，C 选项是正确的。

D 选项，最高人民法院 2010 年 2 月 8 日发布《关于贯彻宽严相济刑事政策的若干意见》中规定，对于因恋爱、婚姻、家庭、邻里纠纷等民间矛盾激化引发的犯罪，因劳动纠纷、管理失当等原因引发、犯罪动机不属恶劣的犯罪，因被害方过错或者基于义愤引发的或者具有防卫因素的突发性犯罪，应酌情从宽处罚。所以，王某与被害人的同居女友的身份关系，作为从轻处罚的酌定情节予以考量，是符合宽严相济的刑事政策的。因此，D 选项是正确的。

【答案】B

大咖点拨区

扫码听课

【2017－2－11】在符合“执行期间，认真遵守监规，接受教育改造”的前提下，关于减刑、假释的分析，下列哪一选项是正确的？（　　）

A. 甲因爆炸罪被判处有期徒刑 12 年，已服刑 10 年，确有悔改表现，无再犯危险。对甲可以假释

B. 乙因行贿罪被判处有期徒刑 9 年，已服刑 5 年，确有悔改表现，无再犯危险。对乙可优先适用假释

C. 丙犯贪污罪被判处无期徒刑，拒不交代贪污款去向，一直未退赃。丙已服刑 20 年，确有悔改表现，无再犯危险。对丙可假释

D. 丁因盗窃罪被判处有期徒刑 5 年，已服刑 3 年，一直未退赃。丁虽在服刑中有重大技术革新，成绩突出，对其也不得减刑

【考点】减刑，假释

【解析】A、B 选项，《刑法》第 81 条规定：“被判处有期徒刑的犯罪分子，执行原判刑期二分之一以上，被判处无期徒刑的犯罪分子，实际执行十三年以上，如果认真遵守监规，接受教育改造，确有悔改表现，没有再犯罪的危险的，可以假释。如果有特殊情况，经最高人民法院核准，可以不受上述执行刑期的限制。对累犯以及因故意杀人、强奸、抢劫、绑架、放火、爆炸、投放危险物质或者有组织有暴力性犯罪被判处十年以上有期徒刑、无期徒刑的犯罪分子，不得假释。对犯罪分子决定假释时，应当考虑其假释后对所居住社区的影响。”因此，A 选项是错误的，B 选项是正确的。

C 选项，根据 2016 年《最高人民法院关于办理减刑、假释案件具体应用法律的规定》对职务犯罪、破坏金融管理秩序和金融诈骗犯罪、组织（领导、参加、包庇、纵容）黑社会性质组织犯罪等罪犯，不积极退赃、协助追缴赃款赃物、赔偿损失，或者服刑期间利用个人影响力和社会关系等不正当手段意图获得减刑、假释的，不认定其“确有悔改表现”。因此，C 选项是错误的。

D 选项，减刑分为可以型减刑和应当型减刑两种，根据《刑法》第 78 条规定，认真遵守监规，接受教育改造，确有悔改表现的，或者有立功表现的，属于可以型减刑的情节；有重大立功表现的，则属于应当型减刑的情节。丁是普通的盗窃犯，即便没有退赃，也不能认定其没有悔改表现，何况丁有重大技术革新，属于重大立功表现之一，应当减刑。因此，D 选项是错误的。

扫码听课

【答案】B

【2016－2－55】判决宣告以前一人犯数罪，数罪中有判处（1）和（2）的，执行（3）；数罪中所判处的（4），仍须执行。将下列哪些选项内容填入以上相应

大咖点拨区

扫码听课

扫码听课

括号内是正确的？（　　）

A.（1）死刑（2）有期徒刑（3）死刑（4）罚金

B.（1）无期徒刑（2）拘役（3）无期徒刑（4）没收财产

C.（1）有期徒刑（2）拘役（3）有期徒刑（4）附加刑

D.（1）拘役（2）管制（3）拘役（4）剥夺政治权利

【考点】吸收原则，并科原则

【解析】根据《刑法》第69条规定，数罪并罚时，死刑、无期徒刑可以吸收其他主刑，有期徒刑吸收拘役，有期徒刑、拘役和管制是并科原则。在数刑中有附加刑的，主刑和附加刑是并科原则，附加刑仍需执行。因此A、B、C选项是正确的，D选项是错误的。

【答案】ABC

【2015－2－10】关于累犯，下列哪一选项是正确的？（　　）

A. 对累犯和犯罪集团的积极参加者，不适用缓刑

B. 对累犯，如假释后对所居住的社区无不良影响的，法院可决定假释

C. 对被判处无期徒刑的累犯，根据犯罪情节等情况，法院可同时决定对其限制减刑

D. 犯恐怖活动犯罪被判处有期徒刑4年，刑罚执行完毕后的第12年又犯黑社会性质的组织犯罪的，成立累犯

【考点】累犯

【解析】A选项，不适用缓刑的对象是犯罪集团的首要分子，而非积极参加者。因此，A选项是错误的。

B选项，累犯不得假释。对累犯，即使假释后对所居住的社区无不良影响的，也不得适用假释。因此，B选项是错误的。

C选项，限制减刑的对象是判处死缓的犯罪分子，一个是被判处**死缓**的累犯，一个是被判处**死缓**的八类重犯，无期徒刑不是被限制减刑的对象。因此，C选项是错误的。

D选项，危害国家安全犯罪、恐怖活动犯罪、黑社会性质组织犯罪的犯罪分子，在刑法执行完毕或者赦免以后，在任何时候再犯上述任一类罪的，都以累犯论处，属于特别累犯。

【相关法条】第六十五条　【一般累犯】被判处**有期徒刑**以上刑罚的犯罪分子，**刑罚执行完毕**或者**赦免**以后，在**五年以内**再犯应当判处有期徒刑以上刑罚之罪的，是累犯，应当从重处罚，但是**过失**犯罪和**不满十八周岁**的人犯罪的除外。

前款规定的期限，对于被假释的犯罪分子，从**假释期满之日**起计算。

第六十六条　【特别累犯】**危害国家安全**犯罪、**恐怖活动**犯罪、**黑社会性质**的组织犯罪的犯罪分子，在刑罚执行完毕或者赦免以后，在任何时候再犯上述任一类罪的，都以累犯论处。

【答案】D

【2015－2－11】下列哪一选项成立自首？（　　）

A. 甲挪用公款后主动向单位领导承认了全部犯罪事实，并请求单位领导不要将自己移送司法机关

B. 乙涉嫌贪污被检察院讯问时，如实供述将该笔公款分给了国有单位职工，

辩称其行为不是贪污

C. 丙参与共同盗窃后，主动投案并供述其参与盗窃的具体情况。后查明，系因分赃太少、得知举报有奖才投案

D. 丁因纠纷致程某轻伤后，报警说自己伤人了。报警后见程某举拳冲过来，丁以暴力致其死亡，并逃离现场

【考点】自首

【解析】A选项，“不要将自己移送到司法机关”，说明他不愿将自己置于司法机关的控制之下，自首不但要求如实供述，在如实供述之前还要自愿将自己置于司法机关的控制之下，所以甲不成立自首。因此，A选项是错误的。

B选项，乙在被检察机关讯问时，已经丧失了自动投案的机会，尽管如实供述，也不可成立自首。B选项是错误的。

C选项，丙作为共同犯罪人，主动投案并如实供述共同犯罪的内容，满足自首的要求，至于丙的自首动机，由于动机不是自首的成立要素，不影响自首的成立。因此，C选项是正确的。

D选项，丁虽有报警行为，但最终逃离现场，逃避警察的抓捕，不满足“自动投案”的条件。因此，D选项是错误的。

【答案】C

【2015－2－59】关于缓刑的适用，下列哪些选项是正确的？（　　）

A. 甲犯重婚罪和虐待罪，数罪并罚后也可能适用缓刑

B. 乙犯遗弃罪被判处管制1年，即使犯罪情节轻微，也不能宣告缓刑

C. 丙犯绑架罪但有立功情节，即使该罪的法定最低刑为5年有期徒刑，也可能适用缓刑

D. 丁17岁时因犯放火罪被判处有期徒刑5年，23岁时又犯伪证罪，仍有可能适用缓刑

【考点】缓刑

【解析】A选项，甲犯重婚罪和虐待罪，数罪并罚后也可能适用缓刑。缓刑的适用条件（一）犯罪情节较轻；（二）有悔罪表现；（三）没有再犯罪的危险；（四）宣告缓刑对所居住社区没有重大不良影响。具备这四个条件就可以缓刑。数罪并罚并不排斥缓刑的适用。因此，A选项是正确的。

B选项，管制刑原本就不羁押，不存在也不需要适用缓刑。因此，B选项是正确的。

C选项，丙有立功情节，立功情节是可以从轻或者减轻处罚的。减轻处罚就可能被减到三年或者是三年以下有期徒刑的，所以是可能适用缓刑的。因此，C选项是正确的。

D选项，丁犯前罪时不满18周岁，所以丁不成立累犯，是可能适用缓刑的。因此，D选项是正确的。

【答案】ABCD

【2015－2－12】关于假释的撤销，下列哪一选项是错误的？（　　）

A. 被假释的犯罪分子，在假释考验期内犯新罪的，应撤销假释，按照先减后并的方法实行并罚

B. 被假释的犯罪分子，在假释考验期内严重违反假释监督管理规定，即使假

大咖点拨区

扫码听课

扫码听课

大咖点拨区

释考验期满后才被发现，也应撤销假释

C. 在假释考验期内，发现被假释的犯罪分子在判决宣告前还有同种罪未判决的，应撤销假释

D. 在假释考验期满后，发现被假释的犯罪分子在判决宣告前有他罪未判决的，应撤销假释，数罪并罚

【考点】假释

【解析】A 选项，被假释的犯罪分子，在假释考验期内犯新罪的，应撤销假释，按照“先减后并”的方法实行并罚。先减后并中“减”的是假释之前所执行的刑期，剩余刑罚跟新罪进行合并。因此，A 选项是正确的。

B 选项，根据《刑法》第 86 条：“被假释的犯罪分子，在假释考验期限内，有违反法律、行政法规或者国务院有关部门关于假释的监督管理规定的行为，尚未构成新的犯罪的，应当依照法定程序撤销假释，收监执行未执行完毕的刑罚。”被假释的犯罪分子，只要在假释考验期内有违规行为，不论是否在考验期内发现，都应当撤销假释，收监执行剩余刑期。因此，B 选项是正确的。

C 选项，在假释考验期内，发现被假释的犯罪分子在判决宣告前还有同种罪未判决的，应撤销假释。对于“漏罪”只要是在考验期内发现的，就应当撤销假释、数罪并罚。如果是在考验期满之后发现，就不撤销假释了，只对漏罪进行审判。因此，C 选项是正确的。

D 选项，在假释考验期满后，发现被假释的犯罪分子在判决宣告前有他罪未判决的，应撤销假释，数罪并罚，这是错的。假释考验期满后，就不需要撤销假释，只需要对漏罪进行定罪量刑，然后只执行漏罪的刑罚即可。因此，D 选项是错误的。

【答案】D

扫码听课

【2014－2－11】甲因在学校饭堂投毒被判处 8 年有期徒刑。服刑期间，甲认真遵守监规，接受教育改造，确有悔改表现。关于甲的假释，下列哪一说法是正确的？（　　）

A. 可否假释，由检察机关决定　　B. 可否假释，由执行机关决定

C. 服刑 4 年以上才可假释　　D. 不得假释

【考点】假释

【解析】A、B 选项，可否假释，由执行机关先提交减刑或者假释的建议书，然后由服刑地的中级以上人民法院组成合议庭进行审查，如果认为符合减刑假释条件的，再做出准予减刑假释的裁定书，所以假释是由执行机关和审判机关分工合作、共同完成的。因此，A、B 选项是错误的。

C、D 选项，服刑 4 年以上才可假释，因为要求假释执行了二分之一以上刑罚。因此，C 选项是正确的，D 选项是错误的。

【答案】C

扫码听课

【2014－2－12】甲（民营企业销售经理）因合同诈骗罪被捕。在侦查期间，甲主动供述曾向国家工作人员乙行贿 9 万元，司法机关遂对乙进行追诉。后查明，甲的行为属于单位行贿，行贿数额尚未达到单位行贿罪的定罪标准。甲的主动供述构成下列哪一量刑情节？（　　）

A. 坦白　　B. 立功

C. 自首　　　　　　　　　　　　　　D. 准自首

【考点】量刑情节

【解析】A 选项，甲主动供述的是自己被侦查罪行以外的其他犯罪，不是坦白。因此，A 选项是错误的。

B、C、D 选项，单位行贿，是指单位为谋取不正当利益而行贿，或者违反国家规定，给予国家工作人员以回扣、手续费，情节严重的情形。根据司法解释规定数额要达到 10 万元以上才能构成犯罪，所以甲不构成单位行贿罪，既然不构成犯罪，则甲也不满足自首的条件。但是由于甲的自首起到了揭发乙受贿的效果，所以甲的行为可以评价为立功。一句话，甲想自首，但是却产生了立功的效果，所以应该认定为立功，因此，B 选项是正确的，C、D 选项是错误的。

【答案】B

【2014－2－55】关于刑罚的具体运用，下列哪些选项是**错误**的？（　　）

A. 甲 1998 年因间谍罪被判处有期徒刑 4 年。2010 年，甲因参加恐怖组织罪被判处有期徒刑 8 年。甲构成累犯

B. 乙因倒卖文物罪被判处有期徒刑 1 年，罚金 5000 元；因假冒专利罪被判处有期徒刑 2 年，罚金 5000 元。对乙数罪并罚，决定执行有期徒刑 2 年 6 个月，罚金 1 万元。此时，即使乙符合缓刑的其他条件，也不可对乙适用缓刑

C. 丙因无钱在网吧玩游戏而抢劫，被判处有期徒刑 1 年缓刑 1 年，并处罚金 2000 元，同时禁止丙在 12 个月内进入网吧。若在考验期限内，丙仍常进网吧，情节严重，则应对丙撤销缓刑

D. 丁系特殊领域专家，因贪污罪被判处有期徒刑 8 年。丁遵守监规，接受教育改造，有悔改表现，无再犯危险。1 年后，因国家科研需要，经最高法院核准，可假释丁

【考点】刑罚的适用

【解析】A 选项，根据 2011 年的《刑法修正案（八）》要求前后两罪是“涉恐、涉黑、危害国家安全”之一的，就成立特别累犯；而根据《刑法修正案（八）》之前的规定，特别累犯要求前后两罪必须都是危害国家安全的犯罪，由此可见，新法的规定扩大了累犯的成立范围，对行为人更加不利。甲的前后两个行为都发生在《刑法修正案（八）》之前，因此应当适用旧法，不构成累犯。因此，A 的选项是错误的。

B 选项，对乙数罪并罚，决定执行有期徒刑 2 年 6 个月，罚金 1 万元。此时，只要乙符合缓刑的其他条件，就可以对乙适用缓刑。因为，只有两类人不得缓刑，一个是累犯，一个是犯罪集团的首要分子，除此之外只要满足累犯的条件就可以。因此，B 选项是错误的。

C 选项，丙在考验期限内，丙仍常进网吧，情节严重，说明丙已经违反了禁止令的要求，缓刑考验期内如果违反了所应当遵守的规定，情节严重的撤销缓刑，收监执行原判刑罚。因此，C 的选项是正确的。

D 选项，法律确实有一个变通的规定，原则上必须要执行二分之一以上刑罚，在刑法的第 81 条第一自然段最后一句话说，“如果有特殊情况，经最高人民法院核准，可以不受上述执行刑期的限制。”这里的国家科研的需要，就属于特殊需要，经最高法院核准，可以假释。因此，D 的选项是正确的。

大咖点拨区

扫码听课

大咖点拨区

扫码听课

扫码听课

【答案】AB

【2013－2－11】被宣告______的犯罪分子，在______考验期内犯新罪或者发现判决宣告以前还有其他罪没有判决的，应当撤销______，对新犯的罪或者新发现的罪作出判决，把前罪和后罪所判处的刑罚，依照《刑法》第69条的规定，决定执行的刑罚。

关于三个空格的填充内容，下列哪一选项是正确的？

A. 均应填“假释”

B. 均应填“缓刑”

C. 既可均填“假释”，也可均填“缓刑”

D. 既不能均填“假释”，也不能均填“缓刑”

【考点】刑罚的适用

【解析】根据《刑法》第77条的规定：“被宣告缓刑的犯罪分子，在缓刑考验期限内犯新罪或者发现判决宣告以前还有其他罪没有判决的，应当撤销缓刑，对新犯的罪或者新发现的罪作出判决，把前罪和后罪所判处的刑罚，依照本法第69条的规定，决定执行的刑罚。”不可以填“假释”的原因是，假释的撤销后的数罪并罚，存在与已执行的刑期是否折抵的问题，所以适用的是第70条和第71条。《刑法》第86条规定：“被假释的犯罪分子，在假释考验期限内犯新罪，应当撤销假释，依照本法第71条的规定实行数罪并罚。在假释考验期限内，发现被假释的犯罪分子在判决宣告以前还有其他罪没有判决的，应当撤销假释，依照本法第70条的规定实行数罪并罚。”因此，B选项是正确的。

【答案】B

【2013－2－57】关于减刑、假释的适用，下列哪些选项是**错误**的？（　　）

A. 对所有未被判处死刑的犯罪分子，如认真遵守监规，接受教育改造，确有悔改表现，或者有立功表现的，均可减刑

B. 无期徒刑减为有期徒刑的刑期，从裁定被执行之日起计算

C. 被宣告缓刑的犯罪分子，不符合“认真遵守监规，接受教育改造”的减刑要件，不能减刑

D. 在假释考验期限内犯新罪，假释考验期满后才发现的，不得撤销假释

【考点】减刑，假释

【解析】A选项，表述不对。如果单处附加刑，如罚金刑就不能减刑，罚金刑虽然也可以减免缴纳，但不属于减刑。因此，A选项是错误的。

B选项，无期徒刑减为有期徒刑的刑期，应该是裁定减刑之日起计算。因此，B选项是错误的。

C选项，被宣告缓刑的犯罪分子若真的有立功表现，或者真的有重大立功表现，也可以减，不但要减原判刑罚，还可以适当缩短其考验期。但是这个选项仍然是错误的，错在“认真遵守监规”，被宣告缓刑的人并不羁押，因此不存在“认真遵守监规”的问题。因此，C选项是错误的。

D选项，在假释考验期限内犯“新罪”，假释考验期满后才发现的，也要撤销假释数罪并罚。但是，如果是“漏罪”，在考验期满之后的，则不撤销，直接执行漏罪刑罚即可。因此D选项是错误的。

【答案】ABCD

大咖点拨区

扫码听课

【2012－2－12】甲因走私武器被判处15年有期徒刑，剥夺政治权利5年；因组织他人偷越国境被判处14年有期徒刑，并处没收财产5万元，剥夺政治权利3年；因骗取出口退税被判处10年有期徒刑，并处罚金20万元。关于数罪并罚，下列哪一选项符合《刑法》规定？（　　）

A. 决定判处甲有期徒刑35年，没收财产25万元，剥夺政治权利8年

B. 决定判处甲有期徒刑20年，罚金25万元，剥夺政治权利8年

C. 决定判处甲有期徒刑25年，没收财产5万元，罚金20万元，剥夺政治权利6年

D. 决定判处甲有期徒刑23年，没收财产5万元，罚金20万元，剥夺政治权利8年

【考点】数罪并罚

【解析】数罪中最高刑期是15年，则在15年以上总和刑期以下选择刑罚，同时还要受一个上限的限制。本案中总和刑期是39年，大于35年，所以甲的主刑上限应该是25年，因此量刑幅度在15年以上，25年以下。附加刑的并罚，附加刑种类相同的合并执行，种类不同的分别执行。其中，剥夺政治权利，一个是5年、一个是3年，所谓种类相同的“合并执行”指的是绝对相加，3年和5年加在一起是8年。种类不同的“分别执行”，一个是没收财产5万、一个是罚金20万都要执行，一个都不能少。因此，D选项是正确的。

【答案】D

扫码听课

【2012－2－57】下列哪些选项**不构成**立功？（　　）

A. 甲是唯一知晓同案犯裴某手机号的人，其主动供述裴某手机号，侦查机关据此采用技术侦查手段将裴某抓获

B. 乙因购买境外人士赵某的海洛因被抓获后，按司法机关要求向赵某发短信“报平安”，并表示还要购买毒品，赵某因此未离境，等待乙时被抓获

C. 丙被抓获后，通过律师转告其父想办法协助司法机关抓捕同案犯，丙父最终找到同案犯藏匿地点，协助侦查机关将其抓获

D. 丁被抓获后，向侦查机关提供同案犯的体貌特征，同案犯由此被抓获

【考点】立功

【解析】A选项，根据2010年《最高人民法院关于处理自首和立功若干具体问题的意见》，“犯罪分子提供同案犯姓名、住址、体貌特征等基本情况，或者提供犯罪前、犯罪中掌握、使用的同案犯联络方式、藏匿地址，司法机关据此抓捕同案犯的，不能认定为协助司法机关抓捕同案犯。”因此，甲不成立立功，A选项是正确的。

B选项，提供司法解释的规定，打电话、发信息，将同案犯约至特定地点，属于“协助司法机关抓捕其他犯罪嫌疑人”，成立立功。因此，乙成立立功，B选项是错误的。

C选项，根据2010年《最高人民法院关于处理自首和立功若干具体问题的意见》，“犯罪分子亲友为使犯罪分子‘立功’，向司法机关提供他人犯罪线索、协助抓捕犯罪嫌疑人的，不能认定为犯罪分子有立功表现。”因此，丙不成立立功，C选项是正确的。

D选项，根据2010年《最高人民法院关于处理自首和立功若干具体问题的意

大咖点拨区

扫码听课

见》，“犯罪分子提供同案犯姓名、住址、体貌特征等基本情况，或者提供犯罪前、犯罪中掌握、使用的同案犯联络方式、藏匿地址，司法机关据此抓捕同案犯的，不能认定为协助司法机关抓捕同案犯。”因此，丁不成立立功，D选项是正确的。

【答案】ACD

【2011－2－10】关于缓刑的适用，下列哪一选项是**错误**的？（　　）

A. 被宣告缓刑的犯罪分子，在考验期内再犯罪的，应当数罪并罚，且不得再次宣告缓刑

B. 对于被宣告缓刑的犯罪分子，可以同时禁止其从事特定活动，进入特定区域、场所，接触特定的人

C. 对于黑社会性质组织的首要分子，不得适用缓刑

D. 被宣告缓刑的犯罪分子，在考验期内由公安机关考察，所在单位或者基层组织予以配合

【考点】缓刑

【解析】A选项，适用缓刑的实质条件：“（一）犯罪情节较轻；（二）有悔罪表现；（三）没有再犯罪的危险；（四）宣告缓刑对所居住社区没有重大不良影响。”考验期内再次犯罪充分暴露了行为人的再犯罪危险，具有明显的再犯可能性，所以不适用缓刑。因此，A选项表述正确。

B选项，禁止令的规定适用于缓刑犯。对于被宣告缓刑的犯罪分子，可以同时禁止其从事特定活动，进入特定区域、场所，接触特定的人。因此，B选项表述正确。

C选项，“第74条 对于累犯和犯罪集团的首要分子，不适用缓刑。”因此，对于黑社会性质组织的首要分子，不得适用缓刑。C选项表述正确。

D选项，被宣告缓刑的犯罪分子，适用社区矫正，在考验期内由司法行政机关考察，所在单位或者基层组织予以配合。因此，D选项是错误的。

【答案】D

扫码听课

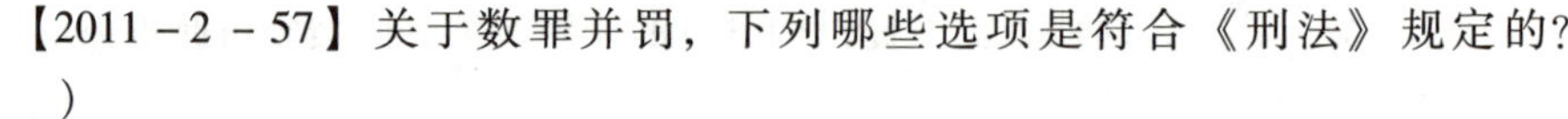

【2011－2－57】关于数罪并罚，下列哪些选项是符合《刑法》规定的？（　　）

A. 甲在判决宣告以前犯抢劫罪、盗窃罪与贩卖毒品罪，分别被判处13年、8年、15年有期徒刑。法院数罪并罚决定执行18年有期徒刑

B. 乙犯抢劫罪、盗窃罪分别被判处13年、6年有期徒刑，数罪并罚决定执行18年有期徒刑。在执行5年后，发现乙在判决宣告前还犯有贩卖毒品罪，应当判处15年有期徒刑。法院数罪并罚决定应当执行19年有期徒刑，已经执行的刑期，计算在新判决决定的刑期之内

C. 丙犯抢劫罪、盗窃罪分别被判处13年、8年有期徒刑，数罪并罚决定执行18年有期徒刑。在执行5年后，丙又犯故意伤害罪，被判处15年有期徒刑。法院在15年以上20年以下决定应当判处16年有期徒刑，已经执行的刑期，不计算在新判决决定的刑期之内

D. 丁在判决宣告前犯有3罪，被分别并处罚金3万元、7万元和没收全部财产。法院不仅要合并执行罚金10万元，而且要没收全部财产

【考点】数罪并罚

大咖点拨区

【解析】A 选项，甲是 15 年以上 36 年（13 + 8 + 15）以下，因为总和刑期大于 35 年，所以甲的上限应该是 25 年，所以是 15 年以上 25 年以下，所以 18 年是没问题的。因此，A 选项是正确的。

B 选项，发现“漏罪”，先并后减，即 18 年和 15 年要先进行合并，18 年是原判刑罚，15 年是漏罪的刑罚，对这俩进行合并，在 18 年以上 20 年以下的范围内，选择决定执行乙的刑期 19 年，再减去已经执行的 5 年，就是乙还需要执行的刑罚。因此，B 选项是正确的。

C 选项，再犯“新罪”，先减后并。18 年要先减去已经执行的 5 年，剩下 13 年再和 15 年进行合并。在 15 年以上 20 年以下的范围内决定执行的刑期是 16 年，则丙还需要执行 16 年。因此，C 选项是正确的。

D 选项，罚金 3 万和 7 万是属于种类相同的附加刑，所以用了合并执行这样的表达，这是正确的。没收财产属于种类不相同的附加刑，分别执行，一个都不能少。因此，D 选项是正确。

【答案】ABCD

【2010－2－8】关于累犯，下列哪一判断是正确的？（　　）

扫码听课

A. 甲因抢劫罪被判处有期徒刑十年，并被附加剥夺政治权利三年。甲在附加刑执行完毕之日起五年之内又犯罪。甲成立累犯

B. 甲犯抢夺罪于 2005 年 3 月假释出狱，考验期为剩余的二年刑期。甲从假释考验期满之日起五年内再故意犯重罪。甲成立累犯

C. 甲犯危害国家安全罪五年徒刑期满，六年后又犯杀人罪。甲成立累犯

D. 对累犯可以从重处罚

【考点】累犯

【解析】A 选项，累犯在前罪刑罚执行完毕之日起的五年内，所谓“执行完毕”指的是主刑执行完毕之日，而不是附加刑执行完毕。因此，A 选项是错误的。

B 选项，假释考验期满视为原判刑罚执行完毕，既然是执行完毕，执行完毕之日起的五年内犯新罪当然是成立累犯了。因此，B 选项是正确的。

C 选项，甲犯危害国家安全罪五年徒刑期满，六年后又犯杀人罪，前后两罪间隔六年，不满足一般累犯的成立条件；后罪是故意杀人罪，不满足特别累犯的成立条件，因此，甲不成立累犯。因此，C 选项是错误的。

D 选项，对累犯应当从重处罚。不是“可以”，而是“应当”，因此，D 选项是错误的。

【答案】B

【2010－2－10】关于减刑，下列哪一选项是正确的？（　　）

扫码听课

A. 减刑只适用于被判处拘役、有期徒刑、无期徒刑和死缓的犯罪分子

B. 对一名服刑犯人的减刑不得超过三次，否则有损原判决的权威性

C. 被判处无期徒刑的罪犯减刑后，实际执行时间可能超过十五年

D. 对被判处无期徒刑、死缓的罪犯的减刑，需要报请高级法院核准

【考点】减刑

【解析】A 选项，减刑的适用对象是被判处管制、拘役、有期、无期的犯罪分子。判处死缓的犯罪分子，死缓考验期满之后，减成无期也好，减成有期也好，虽然实际上减轻了刑罚，但是有特殊性，并不是刑法 78 条所规定的基本减刑

大咖点拨区

制度。因此，A 选项是错误的。

B 选项，刑法没有限制减刑的次数，只要符合减刑的条件，就可以多次减刑。因此，B 选项是错误的。

C 选项，根据司法解释，被判处无期徒刑的罪犯，服刑满两年，确有悔改或立功表现的刑期可以减为 18 年以上 20 年以下有期徒刑，确有重大立功表现的，刑期可以减为 13 年以上 18 年以下有期徒刑，因此实际执行刑期超过 15 年是完全有可能的，C 的选项是正确的。

D 选项，可否假释，由执行机关先做出减刑或者假释的建议书，然后由服刑地的中级以上人民法院组成合议庭进行审查，如果认为符合减刑、假释条件的，再做出准予减刑、假释的裁定书。因此，D 的选项是错误的。

【答案】C

大咖点拨区

扫码听课

专题十二　刑罚的消灭

【2018 网络回忆版】关于追诉期限的表述，正确的有？（　　）

A. 追诉期限为 15 年的共同犯罪案件，有的犯罪人被追究刑事责任，未被立案侦查的共犯人，在追诉期满后可以立案追究其刑事责任

B. 在共同犯罪案件中，在追诉期限内又犯新罪的共犯人，其前罪的追诉期限从犯后罪之日起重新计算，其他未犯新罪的共犯人的追诉期限应立一并中断

C. 国家工作人员在工作中严重失职，玩忽职守，多年后才发生致使国家利益遭受重大损失的危害结果，其追诉期限应当自重大损失的结果发生之日起计算

D. 法定最高刑为 10 年以上有期徒刑的故意犯罪，经过 15 年后，司法机关认为犯罪分子罪行严重，具有极大社会危险性的，应当立案追究其刑事责任

【考点】追诉时效

【解析】A 选项，共同犯罪中，各个共犯人之间的追诉时效不具有连带性，每个人按照自己对应的法定刑量刑区间确定时效。例如甲乙入户盗窃 3000 元，离开时乙为了抗拒抓捕将主人打成重伤，甲对此不知情，甲是盗窃罪，追诉时效是 5 年；乙转化为抢劫罪（致人重伤），追诉时效 20 年，如果经过 10 年后，只能追究乙而不能追究甲。A 错误。

B 选项，共同犯罪中，各个共犯人之间的追诉时效不具有连带性，又犯新罪的共犯人，只有他本人发生追诉时效的中断，对其他共犯人没有影响。B 错误。

C 选项，根据司法解释“以危害结果为条件的渎职犯罪的追诉期限，从危害结果发生之日起计算；有数个危害结果的，从最后一个危害结果发生之日起计算。”C 正确。

D 选项，法定最高刑为 10 年以上有期徒刑犯罪，追诉时效是 15 年，经过 15 年后，无论罪行多么严重，都不得追究其刑事责任。D 错误。

【答案】C

【2016－2－10】关于追诉时效，下列哪一选项是正确的？（　　）

扫码听课

A.《刑法》规定，法定最高刑为不满 5 年有期徒刑的，经过 5 年不再追诉。危险驾驶罪的法定刑为拘役，不能适用该规定计算危险驾驶罪的追诉时效

B. 在共同犯罪中，对主犯与从犯适用不同的法定刑时，应分别计算各自的追诉时效，不得按照主犯适用的法定刑计算从犯的追诉期限

C. 追诉时效实际上属于刑事诉讼的内容，刑事诉讼采取从新原则，故对刑法所规定的追诉时效，不适用从旧兼从轻原则

D. 刘某故意杀人后逃往国外 18 年，在国外因伪造私人印章（在我国不构成犯罪）被通缉时潜回国内。4 年后，其杀人案件被公安机关发现。因追诉时效中断，应追诉刘某故意杀人的罪行

【考点】追诉时效

【解析】A 选项，拘役不满 5 年里面包含拘役，法定最高刑不满 5 年的它就包

大咖点拨区

含所有轻于五年的刑罚。因此，A选项是错误的。

B选项，应该分别计算，共同犯罪在追诉时效的计算问题上不具有连带性。因此，B选项是正确的。

C选项，追诉时效是刑法的内容，《刑法》第87条明确规定了时效问题，所以就应该遵守刑法的规定，应该从旧兼从轻。因此，C选项是错误的。

D选项，所谓追诉时效的中断指的是在前罪追诉时效期间内再犯新罪，刘某在这里的追诉时效没有中断，他所犯的伪造私人印章罪在我国不构成犯罪，所以追诉时效不中断，不中断意味着时效连续计算，因此18+4=22年。刘某前罪故意杀人罪法定最高刑为死刑，因此追诉时效20年，显然已经过了追诉时效，不应当追诉。因此，D选项是错误的。

【答案】B

【相关法条】第八十七条 【追诉时效期限】犯罪经过下列期限不再追诉：

（一）法定最高刑为不满五年有期徒刑的，经过五年；

（二）法定最高刑为五年以上不满十年有期徒刑的，经过十年；

（三）法定最高刑为十年以上有期徒刑的，经过十五年；

（四）法定最高刑为无期徒刑、死刑的，经过二十年。如果二十年以后认为必须追诉的，须报请最高人民检察院核准。

第八十九条 【追诉期限的计算与中断】追诉期限从犯罪之日起计算；犯罪行为有连续或者继续状态的，从犯罪行为终了之日起计算。

在追诉期限以内又犯罪的，前罪追诉的期限从犯后罪之日起计算。

【2015-2-60】关于追诉时效，下列哪些选项是正确的？（ ）

扫码听课

A. 甲犯劫持航空器罪，即便经过30年，也可能被追诉

B. 乙于2013年1月10日挪用公款5万元用于结婚，2013年7月10日归还。对乙的追诉期限应从2013年1月10日起计算

C. 丙于2000年故意轻伤李某，直到2008年李某才报案，但公安机关未立案。2014年，丙因他事被抓。不能追诉丙故意伤害的刑事责任

D. 丁与王某共同实施合同诈骗犯罪。在合同诈骗罪的追诉期届满前，王某单独实施抢夺罪。对丁合同诈骗罪的追诉时效，应从王某犯抢夺罪之日起计算

【考点】追诉时效

【解析】A选项，根据《刑法》第87条的规定：“法定最高刑为无期徒刑、死刑的，经过二十年。如果二十年以后认为必须追诉的，须报请最高人民检察院核准。”劫持航空器罪，法定最高刑为死刑，因此可以适用该规定。因此，A选项是正确的。

B选项，追诉时效的起算，从犯罪构成之日起，即行为符合犯罪构成之日。乙1月10日挪用公款的时候不构成犯罪，乙是用于结婚，要求超过3个月不还，才会构成犯罪。那么只有4月10日时乙才构成挪用公款罪，此时才应当开始计算乙的追诉时效，所以不是1月10日也不是7月10日，而是4月10日。因此，B选项是错误的。

C选项，2000年故意伤害轻伤，法定最高刑是3年。丙的追诉时效是5年。到了2008年的时候才报案，公安机关未立案是对的，因为已经过了追诉时效了，所以公安机关本来就不应当立案，追诉时效并未延长。2014年丙因他事被抓，不

能追究丙故意伤害罪的刑事责任是正确的，因为前罪的追诉时效已经过了。

D选项，共同犯罪的追诉时效计算不具有连带性，所以共犯王某再犯新罪，他的前罪从再犯新罪之日还是计算，但是对其他共犯人不能这样计算。因此，D选项是错误的。

【答案】AC

【相关法条】第八十八条【追诉期限的延长】在人民检察院、公安机关、国家安全机关立案侦查或者在人民法院受理案件以后，逃避侦查或者审判的，不受追诉期限的限制。

被害人在追诉期限内提出控告，人民法院、人民检察院、公安机关应当立案而不予立案的，不受追诉期限的限制。

大咖点拨区

【2014－2－56】1999年11月，甲（17周岁）因邻里纠纷，将邻居杀害后逃往外地。2004年7月，甲诈骗他人5000元现金。2014年8月，甲因扒窃3000元现金，被公安机关抓获。在讯问阶段，甲主动供述了杀人、诈骗罪行。关于本案的分析，下列哪些选项是错误的？（　　）

扫码听课

A. 前罪的追诉期限从犯后罪之日起计算，甲所犯三罪均在追诉期限内

B. 对甲所犯的故意杀人罪、诈骗罪与盗窃罪应分别定罪量刑后，实行数罪并罚

C. 甲如实供述了公安机关尚未掌握的罪行，成立自首，故对盗窃罪可从轻或者减轻处罚

D. 甲审判时已满18周岁，虽可适用死刑，但鉴于其有自首表现，不应判处死刑

【考点】追诉时效

【解析】A、B选项，前罪的追诉时效从犯后罪之日起计算，甲所犯的三罪均在追诉时效期间内。故意杀人罪的时效是20年，刚开始是从1999年开始算，到了2004年甲再犯新罪（诈骗）时又开始重新计算，到2024年的时候才届满。所以故意杀人罪显然没有届满。2004年诈骗7000元，法定最高刑是3年，追诉时效是5年，因此到2009年就届满，但是一直没有追诉，到了2014年才供述，那么诈骗罪已经不能追究。盗窃罪是3年，而且盗窃罪是被当场抓获的，所以不存在追诉时效的问题，所以当甲被抓的时候只有两个罪，一个是故意杀人罪，一个是盗窃罪，在追诉时效期间内，诈骗罪已经经过了追诉时效。因此，A、B选项是错误的。

C选项，甲因盗窃罪被抓捕，如实交代司法机关尚未掌握的杀人和诈骗，对故意杀人罪和诈骗罪可以成立自首，但是自首的法律效果不及于被动归案的盗窃罪。因此，C选项是错误的。

D选项，只要犯罪时不满18周岁就不可以适用死刑。因此，D选项是错误的。

【答案】ABCD

【2012－2－13】犯罪分子没有法定减轻处罚情节，但根据案件特殊情况，经（　　）核准，可在法定刑以下判处刑罚；被判处无期徒刑的犯人，如有特殊情况，经（　　）核准，实际执行未达13年的，可以假释；在死刑缓期执行期间，如故意犯罪，查证属实，由（　　）核准，执行死刑；犯罪已经经过20年，如果

扫码听课

大咖点拨区

认为必须追诉的，须报(　　)核准。

下列哪一选项与题干空格内容相匹配？(　　)

A. 最高人民法院—最高人民法院—最高人民法院—最高人民法院

B. 最高人民法院—最高人民检察院—最高人民法院—最高人民法院

C. 最高人民法院—最高人民检察院—最高人民法院—最高人民检察院

D. 最高人民法院—最高人民法院—最高人民法院—最高人民检察院

【考点】重点法条的掌握

【解析】法院是决定定罪量刑的，而检察院是决定追诉与否的。前3种情形都是与定罪量刑有关的，所以都由最高人民法院决定。因此，D选项是正确的。

【答案】D

大咖点拨区

扫码听课

专题十三　分则概述

【2011－2－58】关于《刑法》分则条文的理解，下列哪些选项是**错误**的？（　　）

A. 即使没有《刑法》第二百六十九条的规定，对于犯盗窃罪，为毁灭罪证而当场使用暴力的行为，也要认定为抢劫罪

B. 即使没有《刑法》第二百六十七条第二款的规定，对于携带凶器抢夺的行为也应认定为抢劫罪

C. 即使没有《刑法》第一百九十六条第三款的规定，对于盗窃信用卡并在ATM取款的行为，也能认定为盗窃罪

D. 即使没有《刑法》第一百九十八条第四款的规定，对于保险事故的鉴定人故意提供虚假的证明文件为他人实施保险诈骗提供条件的，也应当认定为保险诈骗罪的共犯

【考点】注意性规定，法律拟制

【解析】A选项，《刑法》第269条规定，在犯盗窃、诈骗、抢夺的过程中，为了窝藏赃物，抗拒抓捕，毁灭罪证，而当场使用暴力或者以暴力相威胁的要构成抢劫罪，但事实上，这样的行为并不完全符合抢劫罪的构成要件，如果立法者没有作出这样的拟制性规定，则应以盗窃罪和故意伤害罪数罪并罚，而不会直接变成抢劫罪，因此，A选项是错误的。

B选项，与A选项一样，属于法律拟制的情形，如果立法者没有做出这样的规定，则携带凶器抢夺的，应当以抢夺罪从重处罚。因此，B选项是错误的。

C选项，《刑法》第196条规定，盗窃信用卡并使用，认定为盗窃罪。如果盗窃信用卡，在ATM机上使用，对机器使用本来就因此定盗窃罪，所以有没有这样的规定，都应该认定构成盗窃罪。因此，C选项是正确的。

D选项，属于注意规定。明知对方实施保险诈骗，还为其提供证明文件的帮助行为，本来就应该是共犯，完全符合共犯的成立条件。所以做出这样的规定和没做出这样的规定没什么区别，仅仅是提醒法律适用者注意而已。因此，D选项是正确的。

【答案】AB

大咖点拨区

专题十四　危害国家安全罪

扫码听课

【2012－2－14】甲系海关工作人员，被派往某国考察。甲担心自己放纵走私被查处，拒不归国。为获得庇护，甲向某国难民署提供我国从未对外公布且影响我国经济安全的海关数据。关于本案，下列哪一选项是**错误**的？（　　）

A. 甲构成叛逃罪

B. 甲构成为境外非法提供国家秘密、情报罪

C. 对甲不应数罪并罚

D. 即使《刑法》分则对叛逃罪未规定剥夺政治权利，也应对甲附加剥夺1年以上5年以下政治权利

【考点】叛逃罪、为境外非法提供国家秘密、情报罪

【解析】A、B、C选项，甲作为海关工作人员，在境外叛逃的，成立叛逃罪。又故意向某国难民署提供我国从未对外公布且影响我国经济安全的海关数据，属于向境外机构非法提供国家秘密、情报，成立为境外非法提供国家秘密、情报罪。前后两个行为不具有类型化的牵连关系，应该数罪并罚。因此，A、B选项是正确的，C选项是错误的。

D选项，危害国家安全的犯罪，无论分则条文有没有规定，总则都规定了，一定要附加剥夺政治权利。因此，D选项是正确的。

【相关法条】第一百零九条　【叛逃罪】**国家机关工作人员**在**履行公务期间**，**擅离岗位，叛逃境外**或者**在境外叛逃**的，处五年以下有期徒刑、拘役、管制或者剥夺政治权利；情节严重的，处五年以上十年以下有期徒刑。

掌握国家秘密的国家工作人员叛逃境外或者在境外叛逃的，依照前款的规定**从重**处罚。

第一百一十一条　【为境外窃取、刺探、收买、非法提供国家秘密、情报罪】为境外的机构、组织、人员**窃取、刺探、收买、非法提供**国家秘密或者情报的，处五年以上十年以下有期徒刑；情节特别严重的，处十年以上有期徒刑或者无期徒刑；情节较轻的，处五年以下有期徒刑、拘役、管制或者剥夺政治权利。

【答案】C

大咖点拨区

扫码听课

专题十五　危害公共安全犯罪

【2021 网络回忆版】《刑法》第 120 条之二（准备实施恐怖活动罪）规定，为实施恐怖活动准备凶器、危险物品或者其他工具构成准备实施恐怖活动罪，关于这一规定，下列理解正确的是？（　　）

A. 为实施恐怖活动而非法购买爆炸物的，应依本罪论处

B. 本罪属于预备犯，应比照既遂犯从轻、减轻或免除处罚

C. 为他人实施恐怖活动而准备凶器的，不能依本罪论处

D. 本罪为目的犯，如果不是为实施恐怖活动而准备凶器的，不成立本罪

【考点】涉恐犯罪

【解析】准备实施恐怖活动罪，是指为实施恐怖活动准备凶器、危险物品或者其他工具；或者组织恐怖活动培训或者积极参加恐怖活动培训，或者为实施恐怖活动与境外恐怖活动组织或者人员联络；或者为实施恐怖活动进行策划或者其他准备。

A 选项，为实施恐怖活动而非法购买爆炸物，属于为实施恐怖活动准备凶器、危险物品，成立本罪（法定最高刑为 15 年有期徒刑），同时构成非法买卖爆炸物罪（法定最高刑为死刑），想象竞合，择一重罪论处。（参见张明楷：《刑法学》（第 6 版），法律出版社 2021 年版，第 706 页）。

B 选项，本罪属于预备行为实行化（预备犯的既遂化），行为人完成了本罪的行为，即构成犯罪既遂，不适用刑法总则关于预备犯的规定，B 错误。

C 选项，本罪的实行行为并没有要求必须为自己实施恐怖活动做准备，因此为他人实施恐怖活动而准备凶器的，也成立本罪，C 错误。

D 选项，本罪是目的犯，准备凶器、危险物品或者其他工具，必须是为实施恐怖活动，D 正确。

【答案】D

扫码听课

【2020 网络回忆版】甲从境外网站购买爆炸物，但是卖家寄错了，寄来了子弹。下列说法正确的是？（　　）

A. 甲构成非法买卖弹药罪既遂

B. 甲构成非法买卖爆炸物罪未遂

C. 甲客观上买到子弹。但主观上没有购买子弹的故意。故不构成非法买卖弹药罪

D. 因子弹脱离枪支后，子弹本身无法造成危害，故乙不构成非法买卖弹药罪

【考点】非法买卖枪支、弹药、爆炸物罪　事实认识错误

【解析】非法买卖枪支、弹药、爆炸物罪是一个选择性罪名，在选择性罪名内部发生认识错误，属于具体事实认识错误，以实际发生的客观事实定罪。甲主观上想要购买爆炸物，客观上买到了子弹（弹药），最终应当认定为非法买卖弹药罪。A 正确

大咖点拨区

扫码听课

【答案】A

【2020 网络回忆版】关于危害公共安全犯罪，下列说法正确的有？（　　）

A. 甲故意在高速公路上泼洒工业机油，导致十几辆车发生交通事故，造成重大人员伤亡。甲构成破坏交通设施罪

B. 乙醉酒逆行在高速公路上，行驶十多公里。路上车辆纷纷躲避，所幸没有造成人员伤亡。乙构成以危险方法危害公共安全罪

C. 丙为了报复邻居，从高空向四下无人的邻居车上扔酒瓶子，砸中车辆。丙构成以危险方法危害公共安全罪

D. 丁为了自杀，打开自家煤气，给周围邻居造成重大安全隐患。丁构成以危险方法危害公共安全罪

【考点】危害公共安全犯罪

【解析】A 选项，高速公路属于交通设施，在高速公路上泼洒工业机油，使得高速公路丧失原有功能，变的不再可用，属于对于交通设施的破坏，构成破坏交通设施罪，由此导致发生事故，属于破坏交通工具罪的结果加重犯。A 正确。

B 选项，乙醉酒逆行在高速公路，首先构成危险驾驶罪，同时由于逆向在高速公路上行驶，给公共安全带来现实、紧迫、具体的危险，达到了与放火、爆炸、投放危险物质相当的程度，构成以危险方法危害公共安全罪，属于两个罪的想象竞合，最终应当认定为以危险方法危害公共安全罪。B 正确。

C 选项，从高空扔酒瓶子的行为，不具有瞬间的爆发性，损害结果也不可能随时扩大或增加，无法与放火、爆炸、决水行为程度相当，应当是故意毁坏财物罪。C 错误。

D 选项，丁的行为严重危及公共安全，还具有瞬间的爆发性，损害结果随时扩大或增加，达到了与放火、爆炸、决水行为相当的程度，应当构成以危险方法危害公共安全罪。D 正确。

【答案】ABD

扫码听课

【2018 网络回忆版】甲、乙二人出于毁坏车辆，以达到帮助别人修车、守车获取劳务费的目的，在某二级汽车专用公路的行车路面上放置了两块分别约 80 公斤和 20 公斤的石头。当晚 23 时许，驾驶汽车途经此地，汽车装在二被告人放置的石头上，致左前轮爆裂，车辆失控冲下公路旁的防洪沟内，造成车内二人死亡。下列说法正确的有？（　　）

A. 甲、乙构成破坏交通设施罪

B. 甲、乙构成破坏交通工具罪

C. 甲、乙构成故意毁坏财物罪

D. 甲、乙构成以危险方法危害公共安全罪

【考点】破坏重要设施危害公共安全的犯罪

【解析】A 选项，二级汽车专用公路属于交通设施，甲乙二人在上面放置石头，使得公路丧失原有功能，变得不再可用，属于对于交通设施的破坏，A 正确。

B 选项，甲乙二人的行为虽然没有直接作用于汽车，但是必然会导致汽车撞上巨石、损坏轮胎以及汽车的其他部件，也是一种破坏交通工具的行为。B 正确。

C 选项，汽车属于财物，造成汽车的毁坏，必然是一种毁坏财物的行为，甲乙二人同时构成故意毁坏财物罪。C 正确。

由于甲、乙只有一个行为，属于破坏交通设施罪、破坏交通工具罪、故意毁坏财物罪，想象竞合，从一重罪论处。

D选项，以危险方法危害公共安全罪的构成要件缺乏明确性，如果某一行为符合刑法分则第二章其他犯罪的构成要件，则应当认定为其他罪名，而不需要认定为以危险方法危害公共安全罪。D正确。

【答案】ABC

【2017－2－12】关于危害公共安全罪的认定，下列哪一选项是正确的?

A. 猎户甲合法持有猎枪，猎枪被盗后没有及时报告，造成严重后果。甲构成丢失枪支不报罪

B. 乙故意破坏旅游景点的缆车的关键设备，致数名游客从空中摔下。乙构成破坏交通设施罪

C. 丙吸毒后驾车将行人撞成重伤（负主要责任），但毫无觉察，驾车离去。丙构成交通肇事罪

D. 丁被空姐告知“不得打开安全门”，仍拧开安全门，致飞机不能正点起飞。丁构成破坏交通工具罪

【考点】危害公共安全罪

【解析】A选项，丢失枪支不报罪属于真正身份犯，其犯罪主体是依法配备公务用枪的人员，猎户甲不具有该身份，不能成立本罪。因此，A选项是错误的。

B选项，缆车属于交通工具，而非交通设施，所以乙应当构成破坏交通工具罪。因此，B选项是错误的。

C选项，依照司法解释的规定，丙在负主要责任的前提下，吸毒驾车，致使一人重伤，符合交通肇事罪的犯罪构成。因此，C选项是正确的。

D选项，对于飞机而言，安全门并非是飞机的关键部门，而且在飞机起飞前打开安全门的行为既不能被评价为“破坏”，不足以致使飞机发生倾覆、毁坏的危险，所以丁不成立破坏交通工具罪。因此，D选项是错误的。

【答案】C

【2017－2－57】下列哪些行为构成投放危险物质罪?（　　）

A. 甲故意非法开启实验室装有放射性物质的容器，致使多名实验人员遭受辐射

B. 乙投放毒害性、放射性、传染病病原体之外的其他有害物质，危害公共安全

C. 丙欲制造社会恐慌气氛，将食品干燥剂粉末冒充炭疽杆菌，大量邮寄给他人

D. 丁在食品中违法添加易使人形成瘾癖的罂粟壳粉末，食品在市场上极为畅销

【考点】投放危险物质罪

【解析】A选项，投放危险物质罪中“投放”的行为包括开启装有有毒、有害或有放射性物质的容器，致使不特定或多数人遭受该物质侵害的方式。因此，A选项是正确的。

B选项，投放危险物质罪中“危险物质”包括毒害性、放射性、放射性病原体的物质，也包括与前述所列物质性质相同、危害程度相当的其他物质。因此，

大咖点拨区

扫码听课

扫码听课

大咖点拨区

扫码听课

B选项是正确的。

C选项，丙的行为由于客观上不存在危险物质，不可能危害公共安全，所以丙不成立投放危险物质罪。因此，C选项是错误的。

D选项，罂粟壳粉末不属于危险物质，属于非食品原料，丁在食品中添加禁用的非食品原料，成立生产、销售有毒、有害食品罪。因此，D选项是错误的。

【答案】AB

【2016－2－12】甲对拆迁不满，在高速公路中间车道用树枝点燃一个焰高约20厘米的火堆，将其分成两堆后离开。火堆很快就被通行车辆轧灭。关于本案，下列哪一选项是正确的？（　　）

A. 甲的行为成立放火罪

B. 甲的行为成立以危险方法危害公共安全罪

C. 如认为甲的行为不成立放火罪，那么其行为也不可能成立以危险方法危害公共安全罪

D. 行为危害公共安全，但不构成放火、决水、爆炸等犯罪的，应以以危险方法危害公共安全罪论处

【考点】放火罪，以危险方法危害公共安全罪

【解析】A选项，甲的行为没有引起火灾的危险和可能性，仅仅是一种燃烧的行为，“燃烧”和“火灾”不同，“燃烧”在时间、空间上失去控制的状态才是火灾，所以构成放火罪必须是这种“燃烧”有变成“火灾”的可能性。甲在高速公路中间点燃两堆火焰，没有失控的可能，就算不被来往的车辆轧灭，也不具有失控的可能性，所以不应该构成放火罪。因此，A选项是错误的。

B、C选项，以危险方法危害公共安全罪和放火罪都要求引起危害不特定或者多数人安全的危险。不构成放火罪，就不可能构成以危险方法危害公共安全罪，因为甲没有危及公共安全。因此，B选项是错误的，C选项是正确的。

D选项，没有危害公共安全，所以不构成放火罪，也就不会构成其他的涉及公共安全的犯罪。因此，D选项是错误的。

【答案】C

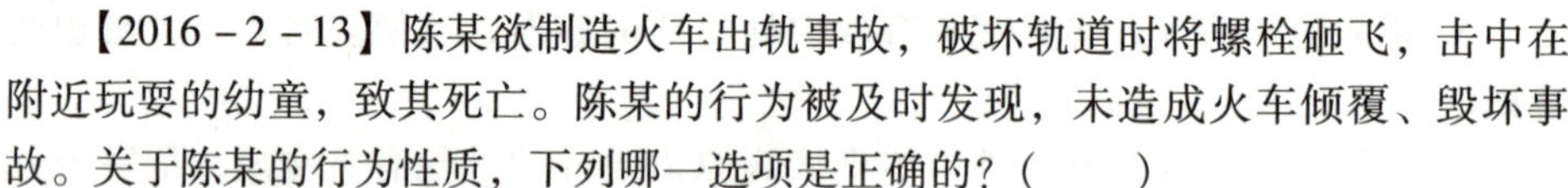

扫码听课

【2016－2－13】陈某欲制造火车出轨事故，破坏轨道时将螺栓砸飞，击中在附近玩耍的幼童，致其死亡。陈某的行为被及时发现，未造成火车倾覆、毁坏事故。关于陈某的行为性质，下列哪一选项是正确的？（　　）

A. 构成破坏交通设施罪的结果加重犯

B. 构成破坏交通设施罪的基本犯与故意杀人罪的想象竞合犯

C. 构成破坏交通设施罪的基本犯与过失致人死亡罪的想象竞合犯

D. 构成破坏交通设施罪的结果加重犯与过失致人死亡罪的想象竞合犯

【考点】破坏交通设施罪

【解析】陈某破坏交通设施，但不属于结果加重犯。结果加重犯必须是基本犯罪行为本身所具有的高度危险被现实化为加重结果。陈某破坏交通设施罪，所引起的危险是导致交通工具发生倾覆、毁坏的结果，进而造成人员伤亡和财产损失才是把危险现实化。在这里偶然的、过失导致的第三人死亡，属于想象竞合，一个行为既构成破坏交通设施罪，又构成过失致人死亡罪，择一重罪论处。因此，A、B、D选项是错误的，C选项是正确的。

【答案】C

【2016－2－56】乙成立恐怖组织并开展培训活动，甲为其提供资助。受培训的丙、丁为实施恐怖活动准备凶器。因案件被及时侦破，乙、丙、丁未能实施恐怖活动。关于本案，下列哪些选项是正确的？（　　）

A. 甲构成帮助恐怖活动罪，不再适用《刑法》总则关于从犯的规定

B. 乙构成组织、领导恐怖组织罪

C. 丙、丁构成准备实施恐怖活动罪

D. 对丙、丁定罪量刑时，不再适用《刑法》总则关于预备犯的规定

【考点】帮助恐怖活动罪，准备实施恐怖活动罪

【解析】这是《刑法修正案（九）》新增的罪名——帮助恐怖活动罪、准备实施恐怖活动罪。一个是为别人实施恐怖犯罪活动提供帮助的，一个是自己为自己实施恐怖犯罪活动做准备的，都构成独立的犯罪。

A 选项，甲对乙的资助的行为本身就是帮助恐怖活动罪的正犯行为，所以就没有必要再适用《刑法》总则关于从犯的规定，直接认定构成帮助恐怖活动罪。因此，A 选项是正确的。

B 选项，乙是组织者，构成组织、领导、参加恐怖组织罪。因此，B 选项是正确的。

C 选项，为自己实施恐怖活动准备凶器就构成准备实施恐怖活动罪，把原来的预备行为独立成罪，成为实行行为。因此，C 选项是正确的。

D 选项，丙、丁的行为变成一个独立罪名的实行犯，所以不需要再适用预备犯的规定，不可从轻减轻处罚。因此，D 选项是正确的。

【相关法条】第一百二十条之一　【帮助恐怖活动罪】**资助**恐怖活动**组织**、实施恐怖活动的**个人**的，或者资助恐怖活动**培训**的，处五年以下有期徒刑、拘役、管制或者剥夺政治权利，并处罚金；情节严重的，处五年以上有期徒刑，并处罚金或者没收财产。

为恐怖活动组织、实施恐怖活动或者恐怖活动培训**招募、运送**人员的，依照前款的规定处罚。

单位犯前两款罪的，对单位判处罚金，并对其直接负责的主管人员和其他直接责任人员，依照第一款的规定处罚。

第一百二十条之二　【准备实施恐怖活动罪】有下列情形之一的，处五年以下有期徒刑、拘役、管制或者剥夺政治权利，并处罚金；情节严重的，处五年以上有期徒刑，并处罚金或者没收财产：

（一）为实施恐怖活动**准备凶器、危险物品**或者**其他工具**的；

（二）**组织**恐怖活动**培训**或者**积极参加**恐怖活动**培训**的；

（三）为实施恐怖活动与**境外恐怖活动组织**或者**人员联络**的；

（四）为实施恐怖活动进行**策划**或者**其他准备**的。

有前款行为，同时构成其他犯罪的，依照处罚较重的规定定罪处罚。

【答案】ABCD

【2015－2－13】下列哪一行为应以危险驾驶罪论处？（　　）

A. 醉酒驾驶机动车，误将红灯看成绿灯，撞死 2 名行人

B. 吸毒后驾驶机动车，未造成人员伤亡，但危及交通安全

大咖点拨区

扫码听课

扫码听课

大咖点拨区

C. 在驾驶汽车前吃了大量荔枝，被交警以呼气式酒精检测仪测试到酒精含量达到醉酒程度

D. 将汽车误停在大型商场地下固定卸货车位，后在醉酒时将汽车从地下三层开到地下一层的停车位

【考点】危险驾驶罪

【解析】A 选项，危险驾驶罪仅仅评价危险驾驶的行为，一旦发生事故就超出危险驾驶罪的评价范围，变成交通肇事罪或者以危险方法危害公共安全。因此，A 选项是错误的。

B 选项，轻行为醉酒驾驶构成危险驾驶罪，按照当然解释，吸毒驾驶更应该构成危险驾驶罪了。但是，《刑法》第 133 条仅仅规定醉酒驾驶机动车，将“吸毒”评价为“醉酒”的一种，是违反罪刑法定原则的。所以根据当然解释得出的结论，并不必然正确。因此，B 选项是错误的。

C 选项，没有醉酒驾驶（危险驾驶）的故意。所谓危险驾驶的故意是明知自己处于一种危险驾驶状态而仍然驾驶。吃了荔枝之后被检测出酒精含量，行为人根本没有危险驾驶的故意，不构成本罪。因此，C 选项是错误的。

D 选项，在大型商场的停车位算是公共交通管理的范围内，地下三层开到地下一层，属于一种驾驶行为，构成危险驾驶罪。因此，D 选项是正确的。

【答案】D

扫码听课

【2014－2－13】乙（15 周岁）在乡村公路驾驶机动车时过失将吴某撞成重伤。乙正要下车救人，坐在车上的甲（乙父）说：“别下车！前面来了许多村民，下车会有麻烦。”乙便驾车逃走，吴某因流血过多而亡。关于本案，下列哪一选项是正确的？（　　）

A. 因乙不成立交通肇事罪，甲也不成立交通肇事罪

B. 对甲应按交通肇事罪的间接正犯论处

C. 根据司法实践，对甲应以交通肇事罪论处

D. 根据刑法规定，甲、乙均不成立犯罪

【考点】交通肇事罪

【解析】A 选项，根据《最高人民法院关于审理交通肇事刑事案件具体应用法律若干问题的解释》，机动车辆乘车人，在事故发生后指使司机逃逸，以交通肇事罪论处。本案中因为乙只有 15 岁，最终不构成交通肇事罪，但是甲要成立本罪。因此，A 选项是错误的。

B 选项，甲只是对乙教唆，并没有形成对于乙的控制支配的作用，所以不是间接正犯，而仅仅是教唆。因此，B 选项是错误的。

C 选项，《最高人民法院关于审理交通肇事刑事案件具体应用法律若干问题的解释》第 5 条第 2 款规定，交通肇事后，单位主管人员、机动车辆所有人、承包人或者乘车人指使肇事人逃逸，致使被害人因得不到救助而死亡的，以交通肇事罪的共犯论处。因此，C 选项是正确的。

D 选项，最终乙是不能成立犯罪，因为其年龄没有达到交通肇事罪承担责任的年龄，但是甲要成立交通肇事罪的。因此，D 选项是错误的。

【答案】C

【2014－2－57】关于危害公共安全罪的论述，下列哪些选项是正确的？(　　)

A. 甲持有大量毒害性物质，乙持有大量放射性物质，甲用部分毒害性物质与乙交换了部分放射性物质。甲、乙的行为属于非法买卖危险物质

B. 吸毒者甲用毒害性物质与贩毒者乙交换毒品。甲、乙的行为属于非法买卖危险物质，乙的行为另触犯贩卖毒品罪

C. 依法配备公务用枪的甲，将枪赠与他人。甲的行为构成非法出借枪支罪

D. 甲父去世前告诉甲“咱家院墙内埋着5支枪”，甲说“知道了”，但此后甲什么也没做。甲的行为构成非法持有枪支罪

【考点】危害公共安全罪

【解析】A选项，以物易物就是一种买卖，无论买方还是卖方都成立非法买卖危险物质罪。因此，A选项是正确的。

B选项，吸毒者甲用毒害性物质，与贩毒者乙交换毒品，甲、乙属于非法买卖危险物质罪，贩毒者乙用毒品交换甲的危险物品，还构成贩卖毒品罪。因此，他的行为既构成非法买卖物质罪，也构成贩卖物品罪。因此，B选项是正确的。

C选项，“赠与”可以评价为无需归还的“出借”行为，甲的行为构成非法出借枪支罪，因此，C选项是正确。

D选项，客观上枪支是在甲的占有和控制之下，主观上甲也有占有和控制的故意，应该构成非法持有枪支罪。在控制支配领域内存放的，就是一种持有的行为。因此，D选项是正确的。

【答案】ABCD

【2013－2－1】甲给机场打电话谎称“3架飞机上有炸弹”，机场立即紧急疏散乘客，对飞机进行地毯式安检，3小时后才恢复正常航班秩序。关于本案，下列哪一选项是正确的？(　　)

A. 为维护社会稳定，无论甲的行为是否严重扰乱社会秩序，都应追究甲的刑事责任

B. 为防范危害航空安全行为的发生，保护人民群众，应以危害公共安全相关犯罪判处甲死刑

C. 从事实和法律出发，甲的行为符合编造、故意传播虚假恐怖信息罪的犯罪构成，应追究其刑事责任

D. 对于散布虚假信息，危及航空安全，造成国内国际重大影响的案件，可突破司法程序规定，以高效办案取信社会

【考点】编造、故意传播虚假恐怖信息罪

【解析】A选项，为维护社会稳定，无论甲的行为是否严重扰乱社会秩序，都应当追究甲刑事责任，这种绝对表达是错误的，对一个人定罪量刑不能罔顾行为是否满足构成要件，仅以维护社会稳定为目的。因此，A选项是错误的。

B选项，表述太过绝对，错误，给一个人判处死刑的原因，只能是“罪行极其严重”。

C选项，从事实和法律出发，甲的行为符合《刑法》第291条之一的规定，满足“编造、故意传播虚假恐怖信息罪”的犯罪构成，应当追究刑事责任。因此，C选项是正确的。

大咖点拨区

扫码听课

扫码听课

大咖点拨区

D 选项，任何人都必须在法律规定的范围活动，“突破司法程序”这句表述明显是错的。因此，D 选项是错误的。

【相关法条】第二百九十一条之一【投放虚假危险物质罪；编造、故意传播虚假恐怖信息罪】**投放虚假的**爆炸性、毒害性、放射性、传染病病原体等物质，或者**编造**爆炸威胁、生化威胁、放射威胁等恐怖信息，或者明知是编造的恐怖信息而**故意传播**，严重扰乱社会秩序的，处五年以下有期徒刑、拘役或者管制；造成严重后果的，处五年以上有期徒刑。

【答案】C

扫码听课

【2013－2－12】甲在建筑工地开翻斗车。某夜，甲开车时未注意路况，当场将工友乙撞死、丙撞伤。甲背丙去医院，想到会坐牢，遂将丙弃至路沟后逃跑。丙不得救治而亡。关于本案，下列哪一选项是**错误**的？（　　）

A. 甲违反交通运输管理法规，因而发生重大事故，致人死伤，触犯交通肇事罪

B. 甲在作业中违反安全管理规定，发生重大伤亡事故，触犯重大责任事故罪

C. 甲不构成交通肇事罪与重大责任事故罪的想象竞合犯

D. 甲为逃避法律责任，将丙带离事故现场后遗弃，致丙不得救治而亡，还触犯故意杀人罪

【考点】交通肇事罪，重大责任事故罪

【解析】A、C 选项，甲不是在交通运输活动中，而是在生产、作业过程中。因此，A 选项是错误的，C 选项正确。

B 选项，甲成立重大责任事故罪。B 选项正确。

D 选项，甲把丙弃至沟内，断绝了丙被别人救治的机会，根据司法解释“行为人在交通肇事后，将被害人带离事故现场后隐藏或者遗弃，致使被害人无法得到救助而死亡或者严重残疾的，应当分别以故意杀人罪或者故意伤害罪定罪处罚。”因此，D 选项是正确的。

【相关法条】第一百三十四条【重大责任事故罪】在生产、作业中违反有关安全管理的规定，因而发生重大伤亡事故或者造成其他严重后果的，处三年以下有期徒刑或者拘役；情节特别恶劣的，处三年以上七年以下有期徒刑。

【答案】A

扫码听课

【2012－2－15】下列哪一行为成立以危险方法危害公共安全罪？（　　）

A. 甲驾车在公路转弯处高速行驶，撞翻相向行驶车辆，致 2 人死亡

B. 乙驾驶越野车在道路上横冲直撞，撞翻数辆他人所驾汽车，致 2 人死亡

C. 丙醉酒后驾车，刚开出 10 米就撞死 2 人

D. 丁在繁华路段飙车，2 名老妇受到惊吓致心脏病发作死亡

【考点】以危险方法危害公共安全罪

【解析】A 选项，甲成立交通肇事罪，主观上是过失，客观上没有连续冲撞人群，不构成以危险方法危害公共安全的程度。因此，A 选项是错误的。

B 选项，乙驾驶车辆冲撞人群危及公共安全，主观上明显是故意，客观上连续冲撞人群，应当构成以危险方法危害公共安全罪。因此，B 选项是正确的。

C 选项，丙成立交通肇事罪。因此，C 选项是错误的。

D 选项，危险驾驶罪的立法本意在于，禁止“飙车”行为给公共安全带来的

直接风险，路人受惊吓而心脏病发作死亡，不在危险驾驶罪的规范保护目的之内，因此不构成危险驾驶罪。因此，D 选项是错误的。

【答案】B

【2012－2－58】警察甲为讨好妻弟乙，将公务用枪私自送乙把玩，丙乘乙在人前炫耀枪支时，偷取枪支送交派出所，揭发乙持枪的犯罪事实。关于本案，下列哪些选项是正确的？（　　）

A. 甲私自出借枪支，构成非法出借枪支罪

B. 乙非法持有枪支，构成非法持有枪支罪

C. 丙构成盗窃枪支罪

D. 丙揭发乙持枪的犯罪事实，构成刑法上的立功

【考点】非法出借枪支罪，非法持有枪支罪

【解析】A 选项，甲私自出借枪支构成非法出借枪支罪。A 选项正确。

B 选项，乙非法持有枪支构成非法持枪支罪。B 选项正确。

C 选项，丙不构成盗窃枪支罪。盗窃是以非法占有为目的，所谓“非法占有目的”，必须要有排除的意思，还要有利用的意思。丙并没有利用的意思，他取得枪是为了去告发，所以他不构成盗窃枪支罪。C 选项错误。

D 选项，丙没有犯罪，刑法中的立功必须是犯罪之后为了减轻处罚，或者在服刑过程中为了缩短刑期，丙的行为与刑法中的立功无关。D 选项错误。

【答案】AB

【2012－2－59】甲、乙等人佯装乘客登上长途车。甲用枪控制司机，令司机将车开到偏僻路段；乙等人用刀控制乘客，命乘客交出随身财物。一乘客反抗，被乙捅成重伤。财物到手下车时，甲打死司机。关于本案，下列哪些选项是正确的？（　　）

A. 甲等人劫持汽车，构成劫持汽车罪

B. 甲等人构成抢劫罪，属于在公共交通工具上抢劫

C. 乙重伤乘客，无需以故意伤害罪另行追究刑事责任

D. 甲开枪打死司机，需以故意杀人罪另行追究刑事责任

【考点】劫持汽车罪

【解析】A 选项，第 122 条“以暴力、胁迫或者其他方法劫持船只、汽车的，处五年以上十年以下有期徒刑；造成严重后果的，处十年以上有期徒刑或者无期徒刑。”甲等人改变汽车的方向和目的，该行为构成劫持汽车罪，因此，A 选项是正确的。

B 选项，甲等人构成抢劫罪，属于在公共交通工具上抢劫的情形。因此，B 选项是正确的。

C 选项，乙重伤乘客是为了劫取财物的，所以将乘客桶成重伤的行为是抢劫的手段行为，不需要另外评价为故意杀害罪，只需要定抢劫罪从重处罚。因此，C 选项是正确的。

D 选项，在下车之前，甲开枪打死司机属于另起犯意，需要与抢劫罪并罚。因此，D 选项是正确的。

【相关法条】第一百二十二条　【劫持船只、汽车罪】以**暴力、胁迫**或者**其他方法**劫持**船只、汽车**的，处五年以上十年以下有期徒刑；造成严重后果的，处十

大咖点拨区

扫码听课

扫码听课

大咖点拨区

扫码听课

年以上有期徒刑或者无期徒刑。

【答案】ABCD

【2010－2－11】甲将邻居交售粮站的稻米淋洒农药，取出部分作饵料，毒死麻雀后售与饭馆，非法获利5，000元。关于甲行为的定性，下列哪一选项是正确的？（　　）

A. 构成故意毁坏财物罪

B. 构成以危险方法危害公共安全罪和盗窃罪

C. 仅构成以危险方法危害公共安全罪

D. 构成投放危险物质罪和销售有毒、有害食品罪

【考点】以危险方法危害公共安全罪

【解析】A选项，往稻米上淋洒农药，构成投放危险物质，因为甲危害的是不特定多数人的生命安全。因此，A选项是错误的。

B、C选项，因为是要交收粮站，说明粮食会进入到流通过程中，可能会危害到不特定多数人的生命安全，成立投放危险物质罪。因此，B、C选项是错误的。

D选项，甲又取出一部分作为诱饵毒死麻雀。麻雀在本案中属于食品，毒死麻雀之后售与饭店，就构成销售有毒、有害毒品罪。因此，D选项是正确的。

【答案】D

扫码听课

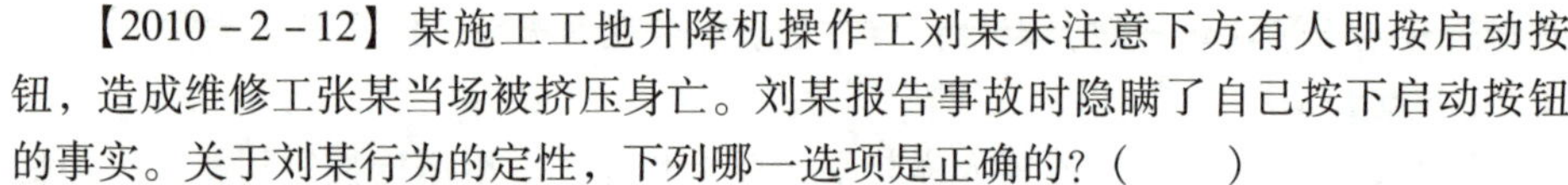

【2010－2－12】某施工工地升降机操作工刘某未注意下方有人即按启动按钮，造成维修工张某当场被挤压身亡。刘某报告事故时隐瞒了自己按下启动按钮的事实。关于刘某行为的定性，下列哪一选项是正确的？（　　）

A.（间接）故意杀人罪

B. 过失致人死亡罪

C. 谎报安全事故罪

D. 重大责任事故罪

【考点】重大责任事故罪

【解析】A、B、D选项，刘某实施了过失致人死亡的行为，但是过失致人死亡是发生在生产作业过程中，所以直接就认定是重大责任事故罪。因此，A、B选项是错误的，D选项是正确的。

C选项，正常作业当中违反规定造成事故的应该构成重大责任事故罪。不报、谎报安全事故罪，必须是因为负有报告责任的人不报或谎报，延误了事故抢救才会构成犯罪。刘某仅仅是对于事故的原因隐瞒了真相，并没有因此而延误事故抢救，不构成谎报安全事故罪。因此，C选项是错误的。

【答案】D

大咖点拨区

专题十六　破坏社会主义市场经济秩序罪

【2021 网络回忆版】关于药品犯罪的认定，下列说法正确的是？(　　)

A. 生产、销售、提供假药罪是抽象危险犯，生产、销售、提供劣药罪是具体危险犯

B. 生产、销售国务院药品监督管理部门禁止使用的药品的，构成生产、销售假药罪

C. 药品使用单位或者单位的人员销售、提供假药给他人的，成立销售、提供假药罪

D. 擅自进口药品在国内销售的，不能成立销售假药罪，但可能成立妨害药品管理罪

扫码听课

【考点】药品犯罪

【解析】A 选项，生产、销售、提供假药罪是抽象危险犯，生产、销售、提供劣药罪是结果犯，需要对人体健康造成严重危害，犯罪才成立。A 错误。

B 选项，生产、销售国务院药品监督管理部门禁止使用的药品，足以严重危害人体健康的，构成妨害药品管理罪。B 错误。

C 选项，根据《刑法》第 141 条的规定，药品使用单位或其人员销售、提供假药给他人的，成立销售、提供假药罪。C 正确。

D 选项，根据《药品管理法》的规定，有下列情形之一的为假药：①药品所含成份与国家药品标准规定的成份不符；②以非药品冒充药品或者以他种药品冒充此种药品；③变质的药品；④药品所标明的适应症或者功能主治超出规定范围。因此未取得药品相关批准证明文件生产、进口药品，不属于假药。但是根据《刑法》第 142 条之一的规定，未取得药品相关批准证明文件生产、进口药品或者明知是上述药品而销售，足以严重危害人体健康的，构成妨害药品管理罪。D 正确。

【答案】CD

【2018 网络回忆版】甲（A 公司股东）、乙（A 公司总经理）为男女朋友，分手后，甲怀恨在心，经自己研究发现，A 公司生产的保健品毫无保健作用。甲抛售股票后紧接着在网上公布该研究结果，并写明乙是公司总经理。该报告导致乙公司股价狂跌。关于甲的行为，下列哪一说法是正确的？(　　)

扫码听课

A. 甲构成破坏生产经营罪　　B. 甲构成侵犯公民个人信息罪

C. 甲构成内幕交易罪　　D. 不构成犯罪

【考点】破坏生产经营罪、侵犯公民个人信息罪、内幕交易罪

【解析】A 选项，甲在网上公布 A 公司生产的保健品毫无保健作用这一信息，确实导致 A 公司股价狂跌，给 A 公司造成损失，但这是 A 公司生产、销售没有功效的保健品，欺骗消费者所应当承受的损失，不需要刑法评价。

B 选项，侵犯公民个人信息罪，是指违反国家有关规定，向他人出售或者提

大咖点拨区

供公民个人信息，情节严重的行为。甲披露的不是乙的个人信息，不成立本罪。

C选项，内幕交易、泄露内幕信息罪，是指证券、期货交易内幕信息的知情人员或者非法获取证券、期货内幕信息的人员，在涉及证券、期货的发行，交易或者其他对证券、期货交易价格有重大影响的信息尚未公开前，买入或者卖出该证券，或者从事与该内幕信息有关的期货交易，或者泄露该信息，或者明示、暗示他人从事上述交易活动，情节严重的行为。本罪中的"知情人员"，特指在公司内部利用其职务上的便利和信息上的优势，可以接触、知悉内幕信息的人员，甲对于乙公司关键信息的知悉，是经自己研究发现，不是对于自己优势地位的滥用；甲的行为确实会造成普通股民利益损失，但这是炒股行为所应当承担的风险，刑法也不必干涉。甲的行为不成立本罪。

D选项，正确。

【答案】D

扫码听课

【2017－2－13】甲系外贸公司总经理，在公司会议上拍板：为物尽其用，将公司以来料加工方式申报进口的原材料剩料在境内销售。该行为未经海关许可，应缴税款90万元，公司亦未补缴。关于本案，下列哪一选项是正确的？（　　）

A. 虽未经海关许可，但外贸公司擅自销售原材料剩料的行为发生在我国境内，不属于走私行为

B. 外贸公司的销售行为有利于物尽其用，从利益衡量出发，应认定存在超法规的犯罪排除事由

C. 外贸公司采取隐瞒手段不进行纳税申报，逃避缴纳税款数额较大且占应纳税额的10%以上，构成逃税罪

D. 如海关下达补缴通知后，外贸公司补缴应纳税款，缴纳滞纳金，接受行政处罚，则不再追究外贸公司的刑事责任

【考点】走私罪，逃税罪

【解析】甲将公司以来料加工方式申报进口的原材料剩料在境内销售，属于变相走私的行为，触犯了走私普通货物、物品罪。走私行为其本质就是逃避关税的行为，本身也符合逃税罪的犯罪构成，但如税务机关（海关）下达补缴通知后，外贸公司补缴应纳税款，缴纳滞纳金，接受行政处罚，根据《刑法》的规定，不再追究外贸公司逃税罪的刑事责任，但是走私普通货物、物品罪的责任仍然要追究，因此，A、B、D选项错误，C选项正确。

【答案】C

扫码听课

【2017－2－14】关于诈骗犯罪的论述，下列哪一选项是正确的（不考虑数额）？（　　）

A. 与银行工作人员相勾结，使用伪造的银行存单，骗取银行巨额存款的，只能构成票据诈骗罪，不构成金融凭证诈骗罪

B. 单位以非法占有目的骗取银行贷款的，不能以贷款诈骗罪追究单位的刑事责任，但可以该罪追究策划人员的刑事责任

C. 购买意外伤害保险，制造自己意外受重伤假象，骗取保险公司巨额保险金的，仅构成保险诈骗罪，不构成合同诈骗罪

D. 签订合同时并无非法占有目的，履行合同过程中才产生非法占有目的，后收受被害人货款逃匿的，不构成合同诈骗罪

大咖点拨区

【考点】诈骗罪

【解析】A选项，票据诈骗罪中“票据”特指本票、汇票和支票。本案中所指的伪造的银行存单，属于金融凭证。因此，A选项是错误的。

B选项，2014年4月25日的立法解释，公司、企业、事业单位、机关、团体等单位实施刑法规定的危害社会的行为，刑法分则和其他法律未规定追究单位的刑事责任的，对组织、策划、实施该危害社会行为的人依法追究刑事责任。因此，B选项是正确的。

C选项，保险诈骗罪与合同诈骗罪是法条竞合的关系，保险诈骗罪是特别法，合同诈骗罪是一般法，既然构成保险诈骗罪，就一定构成合同诈骗罪。因此，C选项是错误的。

D选项，构成合同诈骗罪，行为人非法占有的目的，既可以产生于签订合同阶段，也可以产生于履行合同阶段。因此，D选项是错误的。

【答案】B

【2020网络回忆版】甲乙约定结伴爬山，在大巴上，甲看到乙睡着，将乙的手机偷出来，将乙的微信里的余额转到自己账户上，然后把乙的手机放进自己的背包，打算下车后扔掉。下车后，乙问甲看到自己的手机了吗？甲谎称是不是落在车上了。乙自认倒霉。后来，甲没有扔掉乙的手机，而是谎称手机是自己的，卖给不知情的丙。下列说法正确的有？（　　）

扫码听课

A. 甲对手机构成盗窃罪

B. 甲对手机和微信余额构成不同种罪名

C. 甲对手机和微信余额构成相同罪名

D. 甲对丙构成诈骗罪

【考点】信用卡诈骗罪，盗窃罪

【解析】甲以和平的方式排除了乙对于手机的占有，建立起自己对于手机的支配，对于手机成立盗窃罪；甲将乙的微信里的余额转到自己账户上的行为，等于盗划乙账户上的余额，同样是一种盗窃行为，AC正确。甲谎称手机是自己的，卖给丙的行为并不是销赃行为，丙也不是以销赃的价格购买，其实质是以正常价格购买了赃物，是一种基于错误认识的处分行为，甲对丙构成诈骗罪，D正确。

【答案】ACD

【2019网络回忆版】乙在某银行领取银行卡及配套的U盾，U盾中有银行卡信息资料。银行大厅经理甲（非国家工作人员）假意指导乙如何使用U盾，偷换了乙的U盾，并欺骗乙：“只能在一周后使用U盾。”乙信以为真。后甲利用乙的U盾，在网上将乙银行卡账户内的3万元转入自己的银行卡账户。对甲的处理，下列说法正确的是？（　　）

扫码听课

A. 盗窃罪　　B. 职务侵占罪

C. 诈骗罪　　D. 信用卡诈骗罪

【考点】信用卡诈骗罪

【解析】根据2018年《最高人民法院、最高人民检察院关于办理妨害信用卡管理刑事案件具体应用法律若干问题的解释》，以非法方式获取他人信用卡信息资料，无论对人还是对机器使用，一律定**信用卡诈骗罪**。U盾实质上就是装着信用卡信息资料的U盘，甲偷换乙的U盾，其实就是盗窃了乙的信用卡信息资料，

大咖点拨区

扫码听课

尽管是在网上银行使用，也应当成立信用卡诈骗罪。

【答案】D

【2019 网络回忆版】王某捡到李某丢失的手机，发现李某的微信支付软件与储蓄卡绑定。王某猜出支付密码后，通过微信支付，将李某储蓄卡中的 3 万元资金转到自己的银行卡账户。下列说法正确的是？（　　）

A. 对王某以诈骗罪论处

B. 对王某以盗窃罪论处

C. 相关司法解释规定，拾得他人信用卡并在 ATM 机上使用的，以信用卡诈骗罪论处。基于此，对王某以信用卡诈骗罪论处

D. 相关司法解释规定，以非法方式获取他人信用卡信息资料，并通过互联网使用的，以信用卡诈骗罪论处。基于此，对王某以信用卡诈骗罪论处

【考点】信用卡诈骗罪

【解析】根据 2018 年《最高人民法院、最高人民检察院关于办理妨害信用卡管理刑事案件具体应用法律若干问题的解释》，以非法方式获取他人信用卡信息资料，无论对人还是对机器使用，一律定信用卡诈骗罪。本案中，王某捡到李某丢失的手机，进入微信获取微信绑定的信用卡信息资料，再利用互联网转账，属于以非法方式获取他人信用卡信息资料后通过互联网使用，定信用卡诈骗罪。

【答案】D

扫码听课

【2019 网络回忆版】甲盗窃了丙的一张银行卡，卡里有 3 万元。甲告诉乙该卡是捡来的，让乙在商场购物。乙在商场冒用该卡购买了 3 万元商品。关于本案，下列说法正确的有？（　　）

A. 甲、乙均成立盗窃罪

B. 甲、乙均成立信用卡诈骗罪

C. 甲是信用卡诈骗罪的教唆犯和帮助犯

D. 乙是信用卡诈骗罪的正犯

【考点】根据《刑法》第 196 条的规定，盗窃信用卡并使用的，定盗窃罪。“使用”既包括自己使用，也包括让第三人使用。本案中，甲盗窃信用卡后让乙使用，也属于“使用”，因此甲成立盗窃罪。乙明知信用卡不是自己的，而冒用该卡购买了 3 万元商品，构成信用卡诈骗罪，甲同时是乙的信用卡诈骗的教唆犯和帮助犯。甲的一个行为“盗窃信用卡并使用”，既构成盗窃罪，又构成信用卡诈骗的教唆犯和帮助犯，最终应当以盗窃罪定罪。BCD 正确。

【答案】BCD

扫码听课

【2019 网络回忆版】甲伪造身份证，身份信息是虚假的，用该身份证申领了信用卡，持该信用卡到商场透支消费 4 万元，立即还款。银行误以为甲信用良好，遂将甲的信用额度提高至 10 万元额度。甲透支消费 10 万元后，立即注销电话号码，后经银行两次催收后超过 3 个月仍不还款。下列说法正确的有？（　　）

A. 甲触犯伪造身份证件罪

B. 甲触犯妨害信用卡管理罪

C. 甲触犯信用卡诈骗罪，属于该罪第一种行为类型“使用伪造的信用卡或者使用以虚假的身份证明骗领的信用卡”

D. 甲触犯信用卡诈骗罪，属于该罪第四种行为类型“恶意透支”

【考点】妨害信用卡管理罪 信用卡诈骗罪

【解析】A选项，《刑法》第280条【伪造、变造、买卖身份证件罪】伪造、变造、买卖居民身份证、护照、社会保障卡、驾驶证等依法可以用于证明身份的证件的，处三年以下有期徒刑、拘役、管制或者剥夺政治权利，并处罚金。甲触犯伪造身份证件罪。

B选项，根据《刑法》第177条之一【妨害信用卡管理罪】包括下列情形：(1) 明知是伪造的信用卡而持有、运输的，或者明知是伪造的空白信用卡而持有、运输，数量较大的；(2) 非法持有他人信用卡，数量较大的；(3) 使用虚假的身份证明骗领信用卡的；(4) 出售、购买、为他人提供伪造的信用卡或者以虚假的身份证明骗领的信用卡的。本案中，甲使用虚假的身份证明骗领信用卡，构成妨害信用卡管理罪。

CD选项，根据《刑法》第169条【信用卡诈骗罪】包括下列方式：(1) 使用伪造的信用卡，或者使用以虚假的身份证明骗领的信用卡的；(2) 使用作废的信用卡的；(3) 冒用他人信用卡的；(4) 恶意透支的。所谓“恶意透支”，是指持卡人以非法占有为目的，超过规定限额或者规定期限透支，并且经发卡银行两次有效催收后超过3个月仍不归还的，应当认定为恶意透支。“恶意透支”型的信用卡诈骗罪，要求犯罪主体必须是合法的持卡人本人，甲的信用卡是使用虚假身份证明骗领的，甲不是合法的持卡人本人，D选项错误。甲属于“使用以虚假的身份证明骗领的信用卡”，C正确。

【答案】ABC

【2017－2－58】关于信用卡诈骗罪，下列哪些选项是**错误**的？(　　)

A. 以非法占有目的，用虚假身份证明骗领信用卡后又使用该卡的，应以妨害信用卡管理罪与信用卡诈骗罪并罚

B. 根据司法解释，在自动柜员机（ATM机）上擅自使用他人信用卡的，属于冒用他人信用卡的行为，构成信用卡诈骗罪

C. 透支时具有归还意思，透支后经发卡银行两次催收，超过3个月仍不归还的，属于恶意透支，成立信用卡诈骗罪

D. 《刑法》规定，盗窃信用卡并使用的，以盗窃罪论处。与此相应，拾得信用卡并使用的，就应以侵占罪论处

【考点】信用卡诈骗罪

【解析】A选项，以非法占有为目的，用虚假身份证明骗领信用卡后又使用该卡的，由于后行为吸收了前行为，所以只需直接认定为信用卡诈骗罪即可。因此，A选项是错误的。

B选项，《最高人民检察院关于拾得他人信用卡并在自动柜员机（ATM机）上使用的行为如何定性问题的批复》：“拾得他人信用卡并在自动柜员机（ATM机）上使用的行为，属于刑法第一百九十六条第一款第（三）项规定的“冒用他人信用卡”的情形，构成犯罪的，以信用卡诈骗罪追究刑事责任。”因此，B选项是正确的。

C选项，以恶意透支的方式成立信用卡诈骗罪，要求在恶意透支时就必须具有非法占有的目的。因此，C选项是错误的。

D选项，根据《刑法》第196条的规定，盗窃信用卡并使用（无论对人还是

大咖点拨区

扫码听课

大咖点拨区

扫码听课

对机器）都成立盗窃罪，这属于法律拟制的规定，不能直接适用到其他法律没有特殊规定的情形中，拾得信用卡并使用的，应当成立信用卡诈骗罪。因此，D选项是错误的。

【相关法条】第一百九十六条 【信用卡诈骗罪、盗窃罪】有下列情形之一，进行信用卡诈骗活动，数额较大的，处五年以下有期徒刑或者拘役，并处二万元以上二十万元以下罚金；数额巨大或者有其他严重情节的，处五年以上十年以下有期徒刑，并处五万元以上五十万元以下罚金；数额特别巨大或者有其他特别严重情节的，处十年以上有期徒刑或者无期徒刑，并处五万元以上五十万元以下罚金或者没收财产：

（一）**使用伪造的**信用卡，或者使用以虚假的身份证明**骗领的**信用卡的；

（二）**使用作废的**信用卡的；

（三）**冒用他人**信用卡的；

（四）**恶意透支**的。

前款所称恶意透支，是指持卡人以**非法占有**为目的，超过规定**限额**或者规定**期限**透支，并且经发卡银行**催收后仍不归还**的行为。

盗窃信用卡并使用的，依照本法第二百六十四条的规定定罪处罚。

【答案】ACD

【2016－2－14】甲急需20万元从事养殖，向农村信用社贷款时被信用社主任乙告知，一个身份证只能贷款5万元，再借几个身份证可多贷。甲用自己的名义贷款5万元，另借用4个身份证贷款20万元，但由于经营不善，不能归还本息。关于本案，下列哪一选项是正确的？（ ）

A. 甲构成贷款诈骗罪，乙不构成犯罪

B. 甲构成骗取贷款罪，乙不构成犯罪

C. 甲构成骗取贷款罪，乙构成违法发放贷款罪

D. 甲不构成骗取贷款罪，乙构成违法发放贷款罪

【考点】贷款诈骗罪，骗取贷款罪

【解析】甲虽然利用他人的身份证贷款，但是并未对农村信用社的工作人员隐瞒真相，没有利用信息优势进行欺骗的诈骗行为，不成立贷款诈骗罪或者骗取贷款罪。信用社主任乙在明知甲在利用完自己的身份证后不能再贷款的情况下，仍然同意对其他人身份证违规贷款，成立违法发放贷款罪。因此，D选项是正确的。

【相关法条】第一百七十五条之一 【骗取贷款、票据承兑、金融票证罪】以欺骗手段取得银行或者其他金融机构**贷款、票据承兑、信用证、保函**等，给银行或者其他金融机构造成**重大损失**的，处三年以下有期徒刑或者拘役，并处或者单处罚金；给银行或者其他金融机构造成特别重大损失或者有其他特别严重情节的，处三年以上七年以下有期徒刑，并处罚金。

单位犯前款罪的，对单位判处罚金，并对其直接负责的主管人员和其他直接责任人员，依照前款的规定处罚。

第一百八十六条 【违法发放贷款罪】**银行**或者**其他金融机构**的工作人员**违反国家规定发放贷款，**数额巨大或者造成重大损失的，处五年以下有期徒刑或者拘役，并处一万元以上十万元以下罚金；数额特别巨大或者造成特别重大损失

的，处五年以上有期徒刑，并处二万元以上二十万元以下罚金。

银行或者其他金融机构的工作人员违反国家规定，向**关系人**发放贷款的，依照前款的规定从重处罚。

单位犯前两款罪的，对单位判处罚金，并对其直接负责的主管人员和其他直接责任人员，依照前两款的规定处罚。

关系人的范围，依照《中华人民共和国商业银行法》和有关金融法规确定。

【答案】D

【2016－2－57】关于生产、销售伪劣商品罪，下列哪些选项是正确的？（　　）

A. 甲既生产、销售劣药，对人体健康造成严重危害，同时又生产、销售假药的，应实行数罪并罚

B. 乙为提高猪肉的瘦肉率，在饲料中添加“瘦肉精”。由于生猪本身不是食品，故乙不构成生产有毒、有害食品罪

C. 丙销售不符合安全标准的饼干，足以造成严重食物中毒事故，但销售金额仅有500元。对丙应以销售不符合安全标准的食品罪论处

D. 丁明知香肠不符合安全标准，足以造成严重食源性疾患，但误以为没有毒害而销售，事实上香肠中掺有有毒的非食品原料。对丁应以销售不符合安全标准的食品罪论处

【考点】生产、销售伪劣产品罪

【解析】A选项，甲既有生产、销售劣药的行为，又有生产、销售假药的行为，满足生产、销售劣药罪和生产、销售假药罪的构成。对于不同的行为、不同的对象成立数罪，应当数罪并罚。因此，A选项是正确的。

B选项，瘦肉精是国家明令禁止在食品中添加的原料，生猪虽然不能直接作为食品，但是被屠宰后其肉属于人类餐桌上的食品，在猪饲料中添加瘦肉精，最终瘦肉精将通过食物环节进入人体，满足生产、销售有毒、有害食品罪的要求。因此，B选项是错误的。

C选项，“第143条 生产、销售不符合安全标准的食品，足以造成严重食物中毒事故或者其他严重食源性疾病的，处三年以下有期徒刑或者拘役，并处罚金；”丙销售不符合安全标准的食品，足以造成严重食物中毒事故，构成销售不符合安全标准的食品罪。因此，C选项是正确的。

D选项，丁主观上有销售不符合安全标准食品的故意，客观上确实销售有毒、有害食品，属于抽象事实认识错误。由于两个罪有法益重合，处理方式是在重合的范围内成立轻罪的既遂，即对丁按照销售不符合安全标准的食品罪论处。因此，D选项是正确的。

【答案】ACD

【2015－2－14】下列哪一犯罪属抽象危险犯？（　　）

A. 污染环境罪　　B. 投放危险物质罪

C. 破坏电力设备罪　　D. 生产、销售假药罪

【考点】抽象危险犯

【解析】A选项，第338条规定：“违反国家规定，排放、倾倒或者处置有放射性的废物、含传染病病原体的废物、有毒物质或者其他有害物质，严重污染环

大咖点拨区

扫码听课

扫码听课

大咖点拨区

境的，处三年以下有期徒刑或者拘役，并处或者单处罚金。”由此可见，污染环境罪是结果犯，要求严重污染环境的才会既遂。因此，A选项是错误的。

B、C选项，投放危险物质罪和破坏电力设备罪是具体的危险犯，要求达到给公共安全带来现实紧迫危险才既遂。因此，B、C选项是错误的。

D选项，生产、售假药罪是抽象的危险犯，因此，D选项是正确的。

【相关法条】第一百四十一条【生产、销售假药罪】**生产、销售假药的**，处三年以下有期徒刑或者拘役，并处罚金；对人体健康造成严重危害或者有其他严重情节的，处三年以上十年以下有期徒刑，并处罚金；致人死亡或者有其他特别严重情节的，处十年以上有期徒刑、无期徒刑或者死刑，并处罚金或者没收财产。

药品使用单位的人员明知是假药而提供给他人使用的，依照前款的规定处罚。

【答案】D

【2015－2－15】下列哪一行为**不成立**使用假币罪（不考虑数额）？（　　）

扫码听课

A. 用假币缴纳罚款

B. 用假币兑换外币

C. 在朋友结婚时，将假币塞进红包送给朋友

D. 与网友见面时，显示假币以证明经济实力

【考点】使用假币罪

【解析】A、B、C选项，注意成立使用假币罪有两个关键问题，1. 让假币进入流通领域；2. 对方接受假币时不知情。这两个条件要同时具备。因此，A、B、C选项是正确的。

D选项，没有让假币进入流通。因此，D选项是错误。

【答案】D

【2015－2－61】下列哪些行为（不考虑数量），应以走私普通货物、物品罪论处？（　　）

扫码听课

A. 将白银从境外走私进入中国境内

B. 走私国家禁止进出口的旧机动车

C. 走私淫秽物品，有传播目的但无牟利目的

D. 走私无法组装并使用（不属于废物）的弹头、弹壳

【考点】走私普通货物、物品罪

【解析】A选项，走私贵重金属罪要求携带出境，该罪禁止出境但是不禁止进境，将白银从境外走私进入中国境内不构成走私贵重金属，但如果未缴纳关税的，构成走私普通货物物品罪。因此，A选项是正确的。

B选项，构成走私国家禁止进出口的货物物品罪。因此，B选项是错误的。

C选项，构成走私淫秽物品罪，要么具有传播的目的，要么具有牟利的目的，只具有其一即可。所以构成走私淫秽物品罪。因此，C选项是错误的。

D选项，刑法当中关于“弹头弹壳”分成三个档次，第一个档次是可以用的，经过组装可以使用，发挥弹药作用的，构成走私弹药罪；第二，如果走私的无法组装并使用的弹头弹壳，但是还不属于废物的，就应该以走私普通货物物品罪论处；第三，如果走私无法武装并使用，经过鉴定属于废物的，那么就是走私废物罪。依据是《最高人民法院、最高人民检察院关于办理走私刑事案件适用法

大咖点拨区

律若干问题的解释》（2014）第 4 条："走私各种弹药的弹头、弹壳，构成犯罪的，依照刑法第 151 条第一款的规定，以走私弹药罪定罪处罚。具体的定罪量刑标准，按照本解释第一条规定的数量标准的五倍执行。走私报废或者无法组装并使用的各种弹药的弹头、弹壳，构成犯罪的，依照刑法第 153 条的规定，以走私普通货物、物品罪定罪处罚；属于废物的，依照刑法第 152 条第二款的规定，以走私废物罪定罪处罚。弹头、弹壳是否属于前款规定的"报废或者无法组装并使用"或者"废物"，由国家有关技术部门进行鉴定。"因此，D 选项是正确的。

【答案】AD

【2014－2－14】关于破坏社会主义市场经济秩序罪的认定，下列哪一选项是**错误**的？（　　）

A. 采用运输方式将大量假币运到国外的，应以走私假币罪定罪量刑

B. 以暴力、胁迫手段强迫他人借贷，情节严重的，触犯强迫交易罪

C. 未经批准，擅自发行、销售彩票的，应以非法经营罪定罪处罚

D. 为项目筹集资金，向亲戚宣称有高息理财产品，以委托理财方式吸收 10 名亲戚 300 万元资金的，构成非法吸收公众存款罪

扫码听课

【考点】破坏社会主义市场经济秩序罪

【解析】A 选项，走私假币罪的客观行为是违反海关法律、法规，逃避海关监督管理，非法运输、携带、邮寄假币进出境的行为。A 选项的表述是正确的。

B 选项，强迫交易罪的实行行为表现为，以暴力、威胁手段（一）强买强卖商品的；（二）强迫他人提供或者接受服务的；（三）强迫他人参与或者退出投标、拍卖的；（四）强迫他人转让或者收购公司、企业的股份、债券或者其他资产的；（五）强迫他人参与或者退出特定的经营活动的。借贷方式也是一种交易行为，所以构成强迫交易罪没有问题。B 选项正确。

C 选项，根据司法解释，未经批准，擅自发行、销售彩票的，构成非法经营罪。C 选项正确。

D 选项，非法吸收公众存款，要求具有社会性和公开性。所谓社会性就是要出资者与吸纳者之间没有特别的关系，且出资者随时可以增加或者减少。仅仅在亲友或者单位内部针对特定对象吸收资金，不认为具有公开性，不能构成非法吸收公众存款。因此，行为人仅仅是向 10 名亲戚吸收资金，不成立非法吸收公众存款罪。D 选项错误。

【答案】D

【2014－2－58】关于生产、销售伪劣商品罪，下列哪些判决是正确的？（　　）

A. 甲销售的假药无批准文号，但颇有疗效，销售金额达 500 万元，如按销售假药罪处理会导致处罚较轻，法院以销售伪劣产品罪定罪处罚

B. 甲明知病死猪肉有害，仍将大量收购的病死猪肉，冒充合格猪肉在市场上销售。法院以销售有毒、有害食品罪定罪处罚

C. 甲明知贮存的苹果上使用了禁用农药，仍将苹果批发给零售商。法院以销售有毒、有害食品罪定罪处罚

D. 甲以为是劣药而销售，但实际上销售了假药，且对人体健康造成严重危害。法院以销售劣药罪定罪处罚

扫码听课

大咖点拨区

【考点】生产、销售伪劣商品罪

【解析】A选项，根据2019年《药品管理法》的规定，无批准文号的药，已经不能认定为“假药”，因此甲的行为不能认定为销售假药罪；既然不是假药，甲的销售行为也就不属于“销售者在产品中掺杂、掺假、以假充真、以次充好或者以不合格产品冒充合格产品”，不成立销售伪劣产品。根据《刑法修正案（十一）》“未取得药品相关批准证明文件生产、进口药品或者明知是上述药品而销售的，足以严重危害人体健康的”可以成立妨害药品管理罪，但是甲销售的药品颇有疗效，也不能成立妨害药品管理罪。A选项错误。

B选项，《关于办理危害食品安全刑事案件适用法律若干问题的解释》第1条规定：“生产、销售不符合食品安全标准的食品，具有下列情形之一的，应当认定为刑法第一百四十三条规定的‘足以造成严重食物中毒事故或者其他严重食源性疾病’：……（二）属于病死、死因不明或者检验检疫不合格的畜、禽、兽、水产动物肉类及其制品的；……”据此，甲销售病死猪肉的，成立销售不符合安全标准的食品罪。因此，B选项是错误的。

C选项，根据B项解析所列司法解释第11条第2款的规定，“在食用农产品种植、养殖、销售、运输、贮存等过程中，使用禁用农药、食品动物中禁止使用的药品及其他化合物等有毒、有害的非食品原料”，适用生产、销售有毒、有害食品罪定罪处罚。因为是禁用的农药，则对人体健康已经不单是不够安全的问题，是毒害人体健康的问题。因此，C选项是正确的。

D选项，甲出于销售劣药的故意实际上销售了假药，属于抽象的事实认识错误，由于主观上没有销售假药的故意，因此不能认定为销售假药罪。按照主客观相一致原则，二罪可以重合在轻罪的范围内，应认定为销售劣药罪。因此，D选项是正确的。

【答案】CD（当年司法部的答案是ACD，现在应当改为CD）

【2013－2－14】关于货币犯罪，下列哪一选项是**错误**的？（　　）

A. 伪造货币罪中的“货币”，包括在国内流通的人民币、在国内可兑换的境外货币，以及正在流通的境外货币

B. 根据《刑法》规定，伪造货币并出售或者运输伪造的货币的，依照伪造货币罪从重处罚。据此，行为人伪造美元，并运输他人伪造的欧元的，应按伪造货币罪从重处罚

C. 将低额美元的纸币加工成高额英镑的纸币的，属于伪造货币

D. 对人民币真币加工处理，使100元面额变为50元面额的，属于变造货币

扫码听课

【考点】货币犯罪

【解析】A选项，伪造货币罪当中的“货币”，包括在国内流通的人民币、在国内可兑换的境外货币，以及正在流通的境外货币。因此，A选项的表述是正确的。

B选项，根据《刑法》的规定，伪造货币并出售或者运输伪造的货币的，依照伪造货币罪从重处罚。根据该规定，伪造货币罪确实可以吸收一切货币犯罪。但是注意，存在吸收关系必须是针对同一批假币。如果伪造货币之后，运输了别人伪造的货币，或者使用了别人伪造的货币，就要数罪并罚。因此，B选项是错误的。

C选项，将低额美元的纸币加工成高额英镑的纸币的，属于伪造货币。以真实的货币为原材料进行加工的并不都是变造，小改是变造，大改是伪造。美元与英镑是不同主权国家发行的货币，属于大改，因此，C选项的表述是正确的。

D选项，对人民币真币加工处理，使100元面额变为50元面额的，改的是面值，属于小改，因此是变造货币。因此，D选项的表述是正确的。

【答案】B

大咖点拨区

扫码听课

【2013－2－58】关于生产、销售伪劣商品罪，下列哪些选项是正确的？（　　）

A. 甲未经批准进口一批药品销售给医院。虽该药品质量合格，甲的行为仍构成销售假药罪

B. 甲大量使用禁用农药种植大豆。甲的行为属于“在生产的食品中掺入有毒、有害的非食品原料”，构成生产有毒、有害食品罪

C. 甲将纯净水掺入到工业酒精中，冒充白酒销售。甲的行为不属于“在生产、销售的食品中掺入有毒、有害的非食品原料”，不成立生产、销售有毒、有害食品罪

D. 甲利用“地沟油”大量生产“食用油”后销售。因不能查明“地沟油”的具体毒害成分，对甲的行为不能以生产、销售有毒、有害食品罪论处

【考点】生产、销售伪劣商品罪

【解析】根据2019年《药品管理法》的规定，有下列情形之一的为假药：①药品所含成份与国家药品标准规定的成份不符；②以非药品冒充药品或者以他种药品冒充此种药品；③变质的药品；④药品所标明的适应症或者功能主治超出规定范围。未经批准进口的药品，已经不属于假药，因此A选项错误。

B选项，甲大量使用禁用农药种植大豆，只要是“禁用”，就可以直接认定“有毒、有害”，甲的行为属于“在生产的食品中掺入有毒、有害的非食品原料”，构成生产有毒、有害食品罪。因此，B选项是正确的。

C选项，掺入非食品原料，没有要求必须在食品当中掺入非食品原料。因为其本质是一样的，无论是将纯净水倒到工业酒精，还是将工业酒精倒到纯净水里，都属于在生产、销售的食品中掺入有毒、有害的非食品原料，因此，C选项是错误的。

D选项，根据《最高人民法院、最高人民检察院关于办理危害食品安全刑事案件适用法律若干问题的解释》：在食品加工、销售、运输、贮存等过程中，掺入有毒、有害的非食品原料，或者使用有毒、有害的非食品原料加工食品的，成立生产、销售有毒有害食品罪。“地沟油”是国家明确规定的非食品原料，对甲的行为应当以生产、销售有毒、有害食品罪论处因此，D选项是错误的。

【答案】B（当年司法部的答案是AB，现在应当改为B）

扫码听课

【2012－2－61】①纳税人逃税，经税务机关依法下达追缴通知后，补缴应纳税款，缴纳滞纳金，已受行政处罚的，一律不予追究刑事责任

②纳税人逃避追缴欠税，经税务机关依法下达追缴通知后，补缴应纳税款，缴纳滞纳金，已受行政处罚的，应减轻或者免除处罚

③纳税人以暴力方法拒不缴纳税款，后主动补缴应纳税款，缴纳滞纳金，已受行政处罚的，不予追究刑事责任

大咖点拨区

④扣缴义务人逃税，经税务机关依法下达追缴通知后，补缴应纳税款，缴纳滞纳金，已受行政处罚的，不予追究刑事责任

关于上述观点的正误判断，下列哪些选项是**错误**的？（　　）

A. 第①句正确，第②③④句错误

B. 第①②句正确，第③④句错误

C. 第①③句正确，第②④句错误

D. 第①②③句正确，第④句错

【考点】逃税罪

【解析】①五年内因逃税已经受过行政处罚或者受过两次以上行政处罚之后又逃税的，这种情况下仍要追究刑事责任。所以①这个是一个处罚阻却事由，但该阻却事由是有例外的。所以“一律不予追究”错误。

②纳税人逃避追缴欠税，经税务机关依法下达追缴通知后，补缴应纳税款，缴纳滞纳金，已受行政处罚的，是“不予追究刑事责任”，而不是“减轻或者免除处罚”。

③该规定仅仅适用于逃税罪，像这种以暴力方法拒不缴纳的行为触犯了抗税罪，抗税罪中是不存在处罚阻却事由的，所以第三句话是错误的。

④对于扣缴义务人逃税，经税务机关依法下达追缴通知后，补缴应纳税款，缴纳滞纳金，已受行政处罚的，仍应追究刑事责任。即纳税人的处罚阻却事由不适用与扣缴义务人。

因此 A、B、C、D 是错误的。

【答案】ABCD

【2021 网络回忆版】关于洗钱罪，下列说法正确的是？（　　）

A. 甲协助康康将贩毒所得转移到国外，甲构成洗钱罪与转移毒赃罪的想象竞合

B. 国家工作人员乙将受贿所得转移到国外，应以洗钱罪与受贿罪数罪并罚

C. 丙贩毒后将毒赃转移到国外，构成洗钱罪，不构成转移毒赃罪

D. 丁向国家工作人员乐某某行贿，乐某某让乙直接将款项打入其在国外的账户，丁照办。丁构成洗钱罪与行贿罪的想象竞合

扫码听课

【考点】洗钱罪

【解析】A 选项，甲明知是毒品犯罪所得，而将其转移到国外，属于跨境转移财产，成立洗钱罪；同时也是一种转移毒赃的行为，甲构成洗钱罪与转移毒赃罪的想象竞合，A 选项正确。

《刑法》第 349 条第 1 款【包庇毒品犯罪分子罪】【窝藏、转移、隐瞒毒品、毒赃罪】包庇走私、贩卖、运输、制造毒品的犯罪分子的，为犯罪分子窝藏、转移、隐瞒毒品或者犯罪所得的财物的，处三年以下有期徒刑、拘役或者管制；情节严重的，处三年以上十年以下有期徒刑。

B 选项，根据《刑法修正案（十一）》自己为自己洗钱的行为，同样构成洗钱罪。乙收受贿赂构成受贿罪，将贿赂款转移到国外，属于跨境转移财产，成立洗钱罪，两个行为应当数罪并罚。B 正确。

C 选项，丙将毒赃转移到国外，属于自洗钱行为，构成洗钱罪；但是转移毒赃罪是事后的赃物犯罪，应遵循期待可能性原理，贩毒分子给自己转移毒赃，不

具有期待可能性不构成转移毒赃罪。C 正确。

D 选项，乙直接将款项打入乐某某在国外的账户，既构成行贿罪，又属于将贿赂款跨境转移的行为，构成洗钱罪，即一个行为触犯两个罪名，想象竞合。D 正确。

【答案】ABCD

大咖点拨区

【2021 网络回忆版】甲盗窃他人的银行卡，然后在银行柜台冒用该银行卡，欺骗柜台员，将卡中资金 50 万元转入自己银行账户。次日，甲来到另一银行柜台，向柜台员乙告知真相，指示乙将该 50 万元汇往境外。下列说法正确的有（　　）

扫码听课

A. 甲构成盗窃罪

B. 乙仅构成掩饰、隐瞒犯罪所得罪

C. 由于甲实施了信用卡诈骗罪的行为，所以乙构成洗钱罪

D. 如果对乙以洗钱罪论处，那么必须对甲以信用卡诈骗罪论处，否则违反罪刑法定原则

【考点】洗钱罪　信用卡诈骗罪

【解析】根据《刑法》第 196 条的规定，盗窃信用卡并使用的构成盗窃罪。A 正确。

实际上，盗窃信用卡之后在银行柜台冒用该银行卡，欺骗柜台员，将卡中资金 50 万元转入自己银行账户的行为，按照刑法原理原本应当成立信用卡诈骗罪，是《刑法》196 条的特别规定，将该行为拟制为盗窃罪，尽管在定罪上选择盗窃罪，但是并不能因此否认甲实施信用卡诈骗罪的犯罪事实，而信用卡诈骗罪属于洗钱罪的上游犯罪，因此乙构成洗钱罪，而非仅构成掩饰、隐瞒犯罪所得罪。B 错误，C 正确，D 错误。

【答案】AC

【2011－2－12】关于洗钱罪的认定，下列哪一选项是**错误**的？（　　）

A.《刑法》第一百九十一条虽未明文规定侵犯财产罪是洗钱罪的上游犯罪，但是，黑社会性质组织实施的侵犯财产罪，依然是洗钱罪的上游犯罪

扫码听课

B. 将上游的毒品犯罪所得误认为是贪污犯罪所得而实施洗钱行为的，不影响洗钱罪的成立

C. 上游犯罪事实上可以确认，因上游犯罪人死亡依法不能追究刑事责任的，不影响洗钱罪的认定

D. 单位贷款诈骗应以合同诈骗罪论处，合同诈骗罪不是洗钱罪的上游犯罪。为单位贷款诈骗所得实施洗钱行为的，不成立洗钱罪

【考点】洗钱罪

【解析】A 选项，黑社会性质组织的犯罪，组织者所组织实施的侵犯财产罪，即使侵犯了公民个人的财产，也属于黑社会组织的犯罪。只要是黑社会组织所实施的犯罪，就是洗钱罪的上游犯罪，因此，A 选项是正确的。

B 选项，被告人将《刑法》第 191 条规定的某一上游犯罪的犯罪所得及其收益误认为是上游犯罪范围内其他犯罪的其他犯罪所得及其收益的，属于同一犯罪构成内的对象错误，不影响定罪。因此，B 选项是正确的。

C 选项，只要上游犯罪依法成立就可以，是否追究上游犯罪的刑事责任不影

大咖点拨区

扫码听课

响洗钱罪的认定。因此，C选项是正确的。

D选项，贷款诈骗只要行为人事实上有贷款诈骗的行为就可以，对于这样的犯罪，可以直接追究单位的直接责任人的刑事责任，所以在这里明明是有贷款诈骗的犯罪事实，完全可以认为下游的人成立洗钱罪。因此，D选项是错误的。

【答案】D

【2011-2-59】关于货币犯罪的认定，下列哪些选项是正确的？(　　)

A. 以使用为目的，大量印制停止流通的第三版人民币的，不成立伪造货币罪

B. 伪造正在流通但在我国尚无法兑换的境外货币的，成立伪造货币罪

C. 将白纸冒充假币卖给他人的，构成诈骗罪，不成立出售假币罪

D. 将一半真币与一半假币拼接，制造大量半真半假面额100元纸币的，成立变造货币罪

【考点】货币犯罪

【解析】A选项，成立货币犯罪，无论是伪造、变造、持有、运输、出售、购买的行为，都必须要求对象是正在流通当中的货币。正在流通当中才有货币的公共信用，才需要刑法予以保护。停止流通的，由于已经不存在货币的公共信用，所以不存在需要被刑法保护的金融秩序。因此，A选项是正确的。

B选项，我们中国是一个实施严格外汇管制的国家，能够在中国境内兑换的境外货币其实很少的，为数不多。但在这里不能因为它不能在中国境内兑换，就认定该种货币没有公共信用，就不值得刑法保护了。只要是仍在流通的货币，都有值得刑法保护的金融秩序。因此，B选项是正确的。

C选项，出售假币罪要求出售的是伪造货币，白纸不是伪造的货币，不会侵犯金融秩序。所以不成立该罪。因此，C选项是正确的。

D选项，司法解释明确规定，将货币的碎片粘贴成为残币的，将真假拼接的、或者将金属过滤熔化之后制成更多的较薄的金属货币，都属于伪造货币，所以D不是变造货币，而应该是伪造货币。因此，D选项是错误的

【答案】ABC

扫码听课

【2010-2-13】关于货币犯罪，下列哪一选项是正确的？(　　)

A. 以货币碎片为材料，加入其他纸张，制作成假币的，属于变造货币

B. 将金属货币熔化后，制作成较薄的、更多的金属货币的，属于变造货币

C. 将伪造的货币赠与他人的，属于使用假币

D. 运输假币并使用假币的，按运输假币罪从重处罚

【考点】货币犯罪

【解析】A选项，根据司法解释，以货币碎片为材料，加入其他纸张，是伪造货币。因此，A选项是错误的

B选项，将金属货币熔化后，制成较薄的更多的金属货币的行为，不是变造，还是伪造。因此，B选项是错误的

C选项，将伪造的货币赠与他人，既使得该假币进入流通领域，且受赠人并不知情，成立使用假币罪。因此，C选项是正确的。

D选项，运输的过程当中又使用假币的，这两个行为各自独立成罪，且不具备高度伴随性，应数罪并罚。因此，D选项是错误的。

【答案】B

大咖点拨区

扫码听课

【2010－2－14】张某窃得同事一张银行借记卡及身份证，向丈夫何某谎称路上所拾。张某与何某根据身份证号码试出了借记卡密码，持卡消费5000元。关于本案，下列哪一说法是正确的？（　　）

A. 张某与何某均构成盗窃罪

B. 张某与何某均构成信用卡诈骗罪

C. 张某构成盗窃罪，何某构成信用卡诈骗罪

D. 张某构成信用卡诈骗罪，何某不构成犯罪

【考点】信用卡诈骗罪

【解析】A选项，张某属于盗窃信用卡并使用的情形，定盗窃罪。对于张某来讲，无论是自己用，还是交给丈夫何某来用，都是“使用”，都属于盗窃信用卡并使用，所以要定盗窃罪。因此，A选项是正确的。

B、C、D选项，张某是盗窃信用卡并使用的情形，但何某以为自己是拾得的信用卡，后去商场持卡消费，持卡消费属于对人使用，所以应该定信用卡诈骗罪。因此，B、D选项是错的，C选项是正确的。

【答案】C

扫码听课

【2011－2－11】关于走私犯罪，下列哪一选项是正确的？（　　）

A. 甲误将淫秽光盘当作普通光盘走私入境。虽不构成走私淫秽物品罪，但如按照普通光盘计算，其偷逃应缴税额较大时，应认定为走私普通货物、物品罪

B. 乙走私大量弹头、弹壳。由于弹头、弹壳不等于弹药，故乙不成立走私弹药罪

C. 丙走私枪支入境后非法出卖。此情形属于吸收犯，按重罪吸收轻罪的原则论处

D. 丁走私武器时以暴力抗拒缉私。此情形属于牵连犯，从一重罪论处

【考点】走私犯罪

【解析】A选项，甲没有走私淫秽物品罪的故意，不构成走私淫秽物品罪，但是未缴关税的，成立走私普通货物、物品罪。因此，A选项是正确的。

B选项，弹头、弹壳只要能够使用，经过组装可以使用的，就应该构成走私弹药罪。因此，B选项是错误的。

C选项，成立吸收犯，需要前后行为有高度伴随的关系，即前行为是后行为的必经阶段，后行为是前行为的必然结果，而走私武器罪和非法买卖枪支罪并不是高度伴随。而且，走私武器罪的法益是海关监管秩序，而非法买卖枪支罪的法益是危害了公共安全。完全两个不同的行为，侵犯了两个法益，所以应该数罪并罚。因此，C选项是错误的。

D选项，通常行为人实施的某种犯罪遭遇了国家机关工作人员的检查，以暴力威胁的方法抗拒检查，要以妨碍公务罪数罪并罚。走私武器就是属于一般情形，所以要并罚。但有三个罪名是例外：组织他人偷越国边境；运送他人偷越国边境；走私、贩卖、运输、制造毒品。在这三个罪名实施的过程当中，如果有以暴力威胁的方法抗拒检查，直接认定这三个罪名，法定刑升级，无需数罪并罚。因此，D选项是错误的。

【答案】A

大咖点拨区

扫码听课

【2010-2-15】杨某生产假冒避孕药品，其成份为面粉和白糖的混合物，货值金额达15万多元，尚未销售即被查获。关于杨某的行为，下列哪一选项是正确的？（　　）

A. 不构成犯罪

B. 以生产、销售伪劣产品罪（未遂）定罪处罚

C. 以生产、销售伪劣产品罪（既遂）定罪处罚

D. 触犯生产假药罪与生产、销售伪劣产品罪（未遂），依照处罚较重的规定定罪处罚

【考点】生产、销售伪劣产品罪

【解析】以面粉和白糖的混合物冒充避孕药，即以非药品冒充药品属于假药，因为该行为让消费者对这个药品原本的期许会落空。所以杨某首先构成生产、销售假药罪。其次，尚未销售货值达到15万元，构成生产销售伪劣产品罪（未遂）。杨某的一个行为构成两个罪，生产、销售假药罪，生产、销售伪劣产品罪（未遂），而且这两个罪名之间具有特别法与一般法的关系，属于法条竞合的关系。此时，《刑法》第149条明确规定了要重法优于轻法，所以要依照处罚较重的规定来定罪处罚。因此，A、B、C选项是错误的，D选项是正确的。

【答案】D

大咖点拨区

专题十七　侵犯公民人身权利、民主权利罪

扫码听课

【2021 网络回忆版】甲欲与妻子乙离婚，担心乙不同意。丙向甲出主意，让甲向乙投毒。某日，甲将投有毒药的牛奶递给乙，但乙并未喝下，而是递给了甲的孩子。甲看到乙将牛奶递给孩子说："他已经喝过了，不用再喝了"，但乙仍然将牛奶递给孩子。在孩子喝牛奶时，甲转身离开。孩子喝完牛奶后立刻呕吐不已，乙立即将孩子送往医院，但是抢救脱无效死亡。关于本案，下列哪些选项是正确的？（　　）

A. 甲对乙构成故意杀人罪未遂

B. 甲对孩子构成故意杀人罪既遂

C. 丙对乙构成故意杀人罪未遂

D. 丙对孩子属于对象错误，构成故意杀人罪未遂

【考点】故意杀人罪，不作为犯罪

【解析】A 选项，甲将投有毒药的牛奶递给乙属于故意杀人行为，乙没有死亡对甲而言属于意志以外的原因未能得逞，因此构成故意杀人罪未遂。A 正确。

B 选项，甲对孩子有救助义务。救助义务的来源根据有两项：第一，甲的孩子先行行为（递毒牛奶行为）对孩子制造了危险，有消除危险的义务。第二，甲是的父亲，有法律上的救助义务。甲能够阻止却故意不阻止，构成不作为的故意杀人罪既遂。甲的一句话"他喝过了，不用喝了"不属于真诚有效的履行了救助义务。B 正确。

【提示】甲对于儿子的死亡，既没有发生身份识别的错误，不属于对象错误；也不是客观打击方向的偏离，不属于打击错误，而是一个独立的不作为犯罪。

C 选项，既然实行犯甲对乙构成故意杀人罪未遂，那么教唆犯丙对乙也构成故意杀人罪未遂。C 正确。

D 选项，甲对孩子的不作为是甲的独立行为，与丙无关，丙对于孩子的死亡结果不承担责任。D 错误。

【答案】ABC

扫码听课

【2021 网络回忆版】下列关于侮辱，诽谤行为，下列选项正确的是？（　　）

A. 甲冲入小孟家中，当着小孟父母的面将垃圾倒在小孟脸上，并将侮辱小孟的漫画贴在小孟家中。甲不构成侮辱罪

B. 乙以康康为原型创作小说，将康康定位为主人公。该小说中，主人公极其卑鄙，枪杀了二十多名警察，强奸了多名网红女主播并被通缉，被枪决后投胎又干坏事。尽管读者难以将主人公与康康对号入座，乙仍构成侮辱罪

C. 丙为报复同事乐某，编造乐某虐待前妻和多次离婚的谣言，并到处散布。丙构成诽谤罪和诬告陷害罪的想象竞合

D. 丁对某品牌的奶商不满，编造在该品牌的牛奶中喝出苍蝇的谣言，导致该奶商损失巨大。丁构成损害商品声誉罪

大咖点拨区

【考点】侮辱罪，诽谤罪

【解析】A选项，侮辱罪是侵犯他人名誉，降低他人社会评价的犯罪，所以必须具有公然性，即采用不特定或者多数人可能知悉的方式对他人进行侮辱。甲的行为是在被害人家实施的，不具有公然性，不构成侮辱罪。A正确。

B选项，侮辱罪的对象必须是特定的人。特定的人既可以是一人，也可以是数人，但必须是具体的，乙的行为无法导致特定人的名誉受损，所以不构成侮辱罪。

C选项，丙的行为会导致乐某的名誉受损，但不会引起刑事追诉。所谓诬告陷害罪，是指捏造犯罪事实诬告陷害他人，意图使他人受刑事追究，情节严重的行为。丙编造乐某虐待前妻的谣言，但虐待罪属于亲告罪，即便丙捏造的情节达到虐待罪的标准，也不会自动引起司法机关的介入，因此不构成诬告陷害罪。C错误。

D选项，损害商业信誉、商品声誉罪，是指捏造并散布虚伪事实，损害他人的商业信誉、商品声誉，给他人造成重大损失或者有其他严重情节的行为，丁的行为成立本罪。D正确。

【答案】AD

扫码听课

【2021网络回忆版】关于拐卖妇女儿童罪，以下选项正确的是？(　　)

A. 甲以拐卖妇女为目的，将妇女带至外省，后没人收买，便以夫妻名义与该妇女生活。甲构成拐卖妇女罪

B. 乙以拐卖妇女为目的，将妇女带至外省，后没人收买，还搭上了好几天的食宿费用。乙构成拐卖妇女罪

C. 妇女小孟不愿意在农村生活，便上街跪着，谎称“卖身葬母”。丙男便用50万元将妇女买回。丙构成收买被拐卖的妇女罪

D. 丁收买妇女乐某，后因经济困难，又将乐某卖出。丁构成拐卖妇女罪

【考点】拐卖妇女儿童罪

【解析】拐卖妇女罪只要以出卖为目的，将妇女控制，犯罪就既遂，并不需要实际贩卖出手。AB选项都正确。

C选项，收买被拐卖的妇女罪，是指明知是被拐卖的妇女而予以收买的行为。妇女小孟是自己在卖自己，并不存在被拐卖的妇女，因此不成立收买被拐卖的妇女罪。C错误。

D选项，根据刑法的规定，收买被拐卖的妇女、儿童又出卖的，依照拐卖妇女、儿童罪定罪处罚。D正确。

【答案】ABD

扫码听课

【2019网络回忆版】甲与乙在农贸市场内嬉戏打闹，乙拿着棍棒追打甲，甲手持尖刀在乙面前挥舞，以阻挡乙靠近，不慎将尖刀刺入乙腹部，致使乙受到重伤。甲的行为构成？(　　)

A. 故意伤害罪既遂，属于间接故意

B. 过失致人重伤罪，属于疏忽大意的过失

C. 正当防卫

D. 相互斗殴

【考点】故意伤害，过失致人重伤

大咖点拨区

扫码听课

【解析】 甲乙二人在农贸市场内嬉戏打闹，不存在一方对另一方的不法侵害，也不是相互斗殴行为，甲在此情形下挥舞尖刀也是斗殴的一种方式，但是作为一个理性的成年人，应当预见到此时面对他人挥舞尖刀有致人伤亡的风险，却因为疏忽大意没有预见，导致尖刀致乙重伤，成立过失致人重伤罪。

【注意】 当题干中有“不慎”这样的表达，通常是过失犯罪；题干中没有提到行为人为避免结果发生做出努力或者客观上存在可以依凭的避免结果发生的条件，就不应当认定为过于自信的过失。

【答案】 B

【2017－2－59】下列哪些行为构成侵犯公民个人信息罪（不考虑情节）？（　　）

A. 甲长期用高倍望远镜偷窥邻居的日常生活

B. 乙将单位数据库中病人的姓名、血型、DNA 等资料，卖给某生物制药公司

C. 丙将捡到的几本通讯簿在网上卖给他人，通讯簿被他人用于电信诈骗犯罪

D. 丁将收藏的多封 50 年代的信封（上有收件人姓名、单位或住址等信息）高价转让他人

【考点】 侵犯公民个人信息罪

【解析】 所谓侵犯公民个人信息罪，指的是违反国家有关规定，向他人出售或者提供公民个人信息，情节严重的行为。

A 选项，“公民个人信息”，是指用电子设备或其他存储设备记录下来的，能够单独或者与其他信息结合识别特定自然人身份，或者反映特定自然人活动的信息。因此，甲仅仅是偷窥行为，达不到对于公民个人信息侵犯的程度，A 选项是错误的。

B 选项，乙的行为属于对公民个人信息的非法出售行为，构成侵犯公民个人信息罪。因此，B 选项是正确的。

C 选项，虽然丙捡拾通讯簿的行为并不违法，但其后未经他人同意擅自出售的行为，侵犯了公民的个人信息。因此，C 选项是正确的。

D 选项，50 年代的信封，由于年代久远，其上所记载的当事人的信息不再与当事人的生活密切相关，所以丁出售的行为难以侵犯到这些特定人的生活安宁。因此，D 选项是错误的。

【相关法条】 第二百五十三条之一【侵犯公民个人信息罪】违反国家有关规定，向他人**出售**或者**提供**公民个人信息，情节严重的，处三年以下有期徒刑或者拘役，并处或者单处罚金；情节特别严重的，处三年以上七年以下有期徒刑，并处罚金。

违反国家有关规定，将在**履行职责**或者**提供服务**过程中获得的公民个人信息，出售或者提供给他人的，依照前款的规定**从重**处罚。

窃取或者以其他方法**非法获取**公民个人信息的，依照第一款的规定处罚。

单位犯前三款罪的，对单位判处罚金，并对其直接负责的主管人员和其他直接责任人员，依照各该款的规定处罚。

【答案】 BC

大咖点拨区

扫码听课

【2017－2－15】关于侵犯公民人身权利的犯罪，下列哪一选项是正确的？(　　)

A. 甲对家庭成员负有扶养义务而拒绝扶养，故意造成家庭成员死亡。甲不构成遗弃罪，成立不作为的故意杀人罪

B. 乙闯入银行营业厅挟持客户王某，以杀害王某相要挟，迫使银行职员交给自己20万元。乙不构成抢劫罪，仅成立绑架罪

C. 丙为报复周某，花5000元路费将周某12岁的孩子带至外地，以2000元的价格卖给他人。丙虽无获利目的，也构成拐卖儿童罪

D. 丁明知工厂主熊某强迫工人劳动，仍招募苏某等人前往熊某工厂做工。丁未亲自强迫苏某等人劳动，不构成强迫劳动罪

【考点】侵犯公民人身权利的犯罪

【解析】A选项，甲对家庭成员负有扶养义务而拒绝扶养，既构成遗弃罪也构成不作为的故意杀人罪，属于想象竞合。因此，A选项是错误的。

B选项，如果行为人控制被害人，向在场的第三人索要财物的，成立抢劫罪。但如果行为人以被害人的安危相要挟，向不在场的第三人提出不法要求的，成立绑架罪。因此，B选项是错误的。

C选项，拐卖儿童罪是侵犯的法益是人身不可买卖性，属于侵犯公民人身权利的犯罪，而不是侵犯财产权利的犯罪，所以并不要求丙主观上需要具有营利的目的。因此，C选项是正确的。

D选项，《刑法修正案（八）》对强迫劳动罪的强迫行为界定为直接强迫和间接强迫，《刑法》第244条规定："明知他人实施前款行为，为其招募、运送人员或者有其他协助强迫他人劳动行为的，依照前款的规定处罚。"此种情形属于间接强迫，成立强迫劳动罪。因此，D选项是错误的。

【答案】C

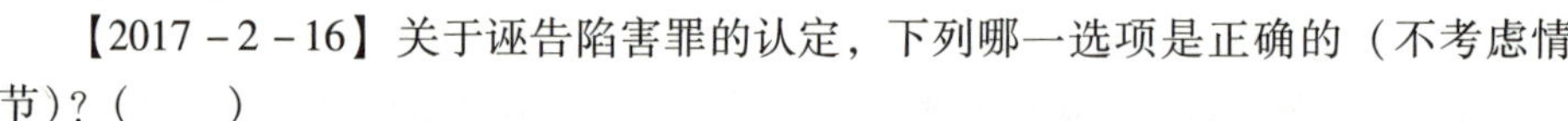

扫码听课

【2017－2－16】关于诬告陷害罪的认定，下列哪一选项是正确的（不考虑情节）？(　　)

A. 意图使他人受刑事追究，向司法机关诬告他人介绍卖淫的，不仅触犯诬告陷害罪，而且触犯侮辱罪

B. 法官明知被告人系被诬告，仍判决被告人有罪的，法官不仅触犯徇私枉法罪，而且触犯诬告陷害罪

C. 诬告陷害罪虽是侵犯公民人身权利的犯罪，但诬告企业犯逃税罪的，也能追究其诬告陷害罪的刑事责任

D. 15周岁的人不对盗窃负刑事责任，故诬告15周岁的人犯盗窃罪的，不能追究行为人诬告陷害罪的刑事责任

【考点】诬告陷害罪

【解析】A选项，侮辱罪要求具有"公然性"，行为人向司法机关诬告他人介绍卖淫，不具有"公然性"的要求，不成立侮辱罪。因此，A选项是错误的。

B选项，法官并未实施捏造事实并向司法机关告发的行为，所以法官并不构成诬告陷害罪。因此，B选项是错误的。

C选项，由于我国《刑法》中所有的单位犯罪都会处罚自然人，故行为人诬告单位犯罪的，也可能使自然人受到刑事追究（能侵犯他人的人身权利），所以

大咖点拨区

可能成立诬告陷害罪。因此，C 选项是正确的。

D 选项，只要行为人的诬告陷害行为达到可能使得被害人受到刑事责任追究的程度，即可成立本罪。不要求司法机关事实上采取了刑事追究活动，更不要求被害人被判处刑罚。因此，D 选项是错误的。

【相关法条】第二百四十三条　【诬告陷害罪】**捏造**事实**诬告陷害**他人，意图使他人受**刑事追究**，情节严重的，处三年以下有期徒刑、拘役或者管制；造成严重后果的，处三年以上十年以下有期徒刑。

国家机关工作人员犯前款罪的，**从重**处罚。

不是有意诬陷，而是**错告**，或者**检举失实**的，不适用前两款的规定。

【答案】C

【2020 网络回忆版】《刑法》第 239 条第 2 款规定："犯前款罪，杀害被绑架人的，或者故意伤害被绑架人，致人重伤、死亡的，处无期徒刑或者死刑，并处没收财产"。下列情形中，属于"杀害被绑架人"的是？（　　）

扫码听课

A. 绑架并控制被绑架人后，故意伤害被绑架人，致被绑架人死亡

B. 为勒索钱财而控制被绑架人，因害怕其出声，用毛巾塞住其嘴巴，被绑架人窒息而死

C. 为勒索钱财而绑架被绑架人，取得赎金后释放被绑架人，因害怕其报警，又开车追了 3 公里，追上后撞死被绑架人

D. 绑架被绑架人时遭到其激烈反抗，用绳子勒死被绑架人

【考点】绑架罪的加重情形

【解析】绑架罪中"杀害被绑架人的，或者故意伤害被绑架人，致人重伤、死亡的"是指在绑架行为持续过程中的故意杀人、故意伤害致人重伤、死亡的情形，直接认定为绑架罪一罪，属于结合犯。公式如下：(1) 绑架罪 + 故意杀人罪 = 绑架罪；(2) 绑架罪 + 故意伤害（重伤、死亡）= 绑架罪。

A 选项，属于"故意伤害被绑架人，致人死亡的"，而不是"杀害被绑架人"；A 错误。

B 选项，因害怕其出声，"用毛巾塞住其嘴巴"，仍然属于绑架罪的实行行为，属于绑架本身的暴力致人死亡的情形，行为人只有一个行为，因此是绑架罪与过失致人死亡罪的想象竞合；B 错误。

C 选项，绑架行为已经结束，并且将被害人释放，又另起犯意实施的杀人行为，应当数罪并罚；C 错误。

D 选项，用绳子勒死被绑架人，属于在绑架行为持续过程中的杀人行为。在绑架被绑架人时遭到其激烈反抗，也不需要用杀死的方式压制被绑架人的反抗，因此杀人的行为不是绑架的实行行为，属于在绑架过程中另起犯意，应当适用公式 (1) 绑架罪 + 故意杀人罪 = 绑架罪；D 选项正确。

【答案】D

【2016－2－15】甲为勒索财物，打算绑架富商之子吴某（5 岁）。甲欺骗乙、丙说："富商欠我 100 万元不还，你们帮我扣押其子，成功后给你们每人 10 万元。"乙、丙将吴某扣押，但甲无法联系上富商，未能进行勒索。3 天后，甲让乙、丙将吴某释放。吴某一人在回家路上溺水身亡。关于本案，下列哪一选项是正确的？（　　）

扫码听课

大咖点拨区

A. 甲、乙、丙构成绑架罪的共同犯罪，但对乙、丙只能适用非法拘禁罪的法定刑

B. 甲未能实施勒索行为，属绑架未遂；甲主动让乙、丙放人，属绑架中止

C. 吴某的死亡结果应归责于甲的行为，甲成立绑架致人死亡的结果加重犯

D. 不管甲是绑架未遂、绑架中止还是绑架既遂，乙、丙均成立犯罪既遂

【考点】绑架罪，非法拘禁罪

【解析】A 选项，甲、乙、丙不是绑架罪的共犯，因为乙、丙只有非法拘禁的行为，并且只有非法拘禁的故意。因此，A 选项是错误的。

B 选项，甲已经实施了勒索行为，成立绑架罪的既遂。因此，B 选项是错误的。

C 选项，虽然吴某的死亡结果应当归责于甲的行为，但是不能因此就成立绑架致人死亡的结果加重犯，因为吴某的死亡并不是绑架行为导致的，而是甲后来的过失行为（让未成年人独自回家）导致的，所以不是绑架的结果加重犯。而且，在《刑法修正案（九）》出台之后，现在绑架罪已经取消结果加重犯的规定。因此，C 选项是错误的。

D 选项，乙、丙均成立犯罪既遂，乙、丙是非法拘禁罪的既遂。因此，D 选项是正确的。

【答案】D

扫码听课

【2016－2－58】关于侵犯公民人身权利罪的认定，下列哪些选项是正确的？（　　）

A. 甲征得 17 周岁的夏某同意，摘其一个肾脏后卖给他人，所获 3 万元全部交给夏某。甲的行为构成故意伤害罪

B. 乙将自己 1 岁的女儿出卖，获利 6 万元用于赌博。对乙出卖女儿的行为，应以遗弃罪追究刑事责任

C. 丙为索债将吴某绑于地下室。吴某挣脱后，驾车离开途中发生交通事故死亡。丙的行为不属于非法拘禁致人死亡

D. 丁和朋友为寻求刺激，在大街上追逐、拦截两位女生。丁的行为构成强制侮辱罪

【考点】故意伤害罪，遗弃罪，非法拘禁罪，强制侮辱罪

【解析】A 选项，根据《刑法》第 234 条之一的规定，摘取未成年人器官的，认定为故意伤害罪。因此，A 选项是正确的。

B 选项，根据《刑法》第 240 条的规定，出卖自己的亲生子女以换取身价的，成立拐卖儿童罪。即只要以非法获利为目的，出卖亲生子女的行为，构成拐卖儿童罪，当然乙同时构成遗弃罪，属于遗弃罪与拐卖儿童罪想象竞合，从一重罪处罚，还应该按照拐卖儿童罪论处。因此，B 选项是错误的。

C 选项，在非法拘禁的过程中，如果被害人自杀的，或者被害人为了逃离现场而跳楼的，或者在驾车途中发生事故的，都是属于介入了异常因素而中断因果关系，死亡结果不应当归属于非法拘禁行为，不属于非法拘禁罪的结果加重犯。因此，C 选项是正确的。

D 选项，强制猥亵、侮辱罪是涉性犯罪，需要侵犯被害人的性羞耻心。寻衅滋事罪，是为了寻求刺激在大街上追赶、拦截，追赶、拦截的行为，既没有性色

彩，也不会侵犯被害人性羞耻心。本案中丁和朋友不应该认定为强制侮辱罪，而应该是认定为寻衅滋事罪。因此，D选项是错误的。

【答案】AC

【2015－2－16】甲以伤害故意砍乙两刀，随即心生杀意又砍两刀，但四刀中只有一刀砍中乙并致其死亡，且无法查明由前后四刀中的哪一刀造成死亡。关于本案，下列哪一选项是正确的？（　　）

A. 不管是哪一刀造成致命伤，都应认定为一个故意杀人罪既遂

B. 不管是哪一刀造成致命伤，只能分别认定为故意伤害罪既遂与故意杀人罪未遂

C. 根据日常生活经验，应推定是后两刀中的一刀造成致命伤，故应认定为故意伤害罪未遂与故意杀人罪既遂

D. 根据存疑时有利于被告人的原则，虽可分别认定为故意伤害罪未遂与故意杀人罪未遂，但杀人与伤害不是对立关系，故可按故意伤害（致死）罪处理本案

【考点】故意伤害罪与故意杀人罪的关系

【解析】A、B选项，如果能够证明是前两刀引起死亡结果，则成立故意伤害致人死亡和故意杀人罪未遂并罚；如果是后两刀引起死亡结果，则成立故意伤害罪与故意杀人罪既遂并罚。因此，A、B选项是错误的。

C选项，在死亡结果出现却没有充分证据证明该归属于故意伤害罪还是故意杀人罪时，不能根据日常生活经验贸然推断，这不是刑法认定事实的方法。因此，C选项是错误的。

D选项，故意伤害罪与故意杀人罪不是绝对的对立关系，就可以说杀害是一种伤害，是最高级别的伤害，此时前后四刀，可以综合评价为一个故意伤害行为，死亡结果归结于这一个故意伤害行为，成立故意伤害（致死）因此，D选项是正确的。

【答案】D

【2015－2－62】甲与乙（女）2012年开始同居，生有一子丙。甲、乙虽未办理结婚登记，但以夫妻名义自居，周围群众公认二人是夫妻。对甲的行为，下列哪些分析是正确的？（　　）

A. 甲长期虐待乙的，构成虐待罪

B. 甲伤害丙（致丙轻伤）时，乙不阻止的，乙构成不作为的故意伤害罪

C. 甲如与丁（女）领取结婚证后，不再与乙同居，也不抚养丙的，可能构成遗弃罪

D. 甲如与丁领取结婚证后，不再与乙同居，某日采用暴力强行与乙性交的，构成强奸罪

【考点】虐待罪，故意伤害罪，遗弃罪，强奸罪

【解析】A选项，虐待罪，是指对共同生活的家庭成员实施虐待行为，至于是否有法定婚姻关系，不影响本罪的成立。因此，A选项是正确的。

B选项，甲伤害丙的时候，乙作为母亲是负有制止的义务，不阻止则有可能构成不作为犯罪。因此，B选项是正确的。

C选项，甲对于丙是负有抚养义务的，能抚养而不抚养就可能构成遗弃罪。因此，C选项是正确的。

大咖点拨区

扫码听课

扫码听课

大咖点拨区

D 选项，强迫女子发生性关系的，成立强奸罪。对于婚姻状况结束后的女子，原来的“丈夫”当然可以成为强奸罪的主体。因此，D 选项是正确的。

【相关法条】第二百六十条 【虐待罪】虐待**家庭成员**，情节恶劣的，处二年以下有期徒刑、拘役或者管制。

犯前款罪，致使被害人重伤、死亡的，处二年以上七年以下有期徒刑。

第一款罪，告诉的才处理，但被害人**没有能力告诉**，或者因受到**强制、威吓**无法告诉的除外。

第二百六十一条 【遗弃罪】对于**年老、年幼、患病**或者**其他没有独立生活能力**的人，负有扶养义务而**拒绝扶养，情节恶劣**的，处五年以下有期徒刑、拘役或者管制。

【答案】ABCD

【2014－2－15】关于故意杀人罪、故意伤害罪的判断，下列哪一选项是正确的？（　　）

A. 甲的父亲乙身患绝症，痛苦不堪。甲根据乙的请求，给乙注射过量镇定剂致乙死亡。乙的同意是真实的，对甲的行为不应以故意杀人罪论处

扫码听课

B. 甲因口角，捅乙数刀，乙死亡。如甲不顾乙的死伤，则应按实际造成的死亡结果认定甲构成故意杀人罪，因为死亡与伤害结果都在甲的犯意之内

C. 甲谎称乙的女儿丙需要移植肾脏，让乙捐肾给丙。乙同意，但甲将乙的肾脏摘出后移植给丁。因乙同意捐献肾脏，甲的行为不成立故意伤害罪

D. 甲征得乙（17 周岁）的同意，将乙的左肾摘出，移植给乙崇拜的歌星。乙的同意有效，甲的行为不成立故意伤害罪

【考点】故意杀人罪，故意伤害罪

【解析】A 选项，积极的安乐死在中国是不合法，甲构成故意杀人罪。因此，A 选项是错误的 。

B 选项，两个人发生口角之后甲捅乙数刀，这属于间接故意里面的一种情形，即不计后果型的间接故意，所以定罪要以实际发生的结果来认定，发生了死亡结果，就成立故意杀人罪。因此，B 选项是正确的 。

C 选项，虽然有被害人的承诺，但被害人是基于错误认识所作出的承诺，乙做到这样的捐献肾脏的决定，其想要救助的法益没有得到救助，该承诺无效，所以甲要成立故意伤害罪。因此，C 选项是错误的。

D 选项，17 周岁属于未成年人，对于捐献器官这样的重大事项做出的承诺是无效的。因此，D 选项是错误的。

【答案】B

【2014－2－16】甲男（15 周岁）与乙女（16 周岁）因缺钱，共同绑架富商之子丙，成功索得 50 万元赎金。甲担心丙将来可能认出他们，提议杀丙，乙同意。乙给甲一根绳子，甲用绳子勒死丙。关于本案的分析，下列哪一选项是**错误**的？（　　）

扫码听课

A. 甲、乙均触犯故意杀人罪，因而对故意杀人罪成立共同犯罪

B. 甲、乙均触犯故意杀人罪，对甲以故意杀人罪论处，但对乙应以绑架罪论处

C. 丙系死于甲之手，乙未杀害丙，故对乙虽以绑架罪定罪，但对乙不能适用

大咖点拨区

“杀害被绑架人”的规定

D. 对甲以故意杀人罪论处，对乙以绑架罪论处，与二人成立故意杀人罪的共同犯罪并不矛盾

【考点】故意杀人罪，绑架罪

【解析】A 选项，两个人都有杀人的行为，只不过乙已满 16 周岁，要对绑架罪承担刑事责任，根据《刑法》第 239 条的规定杀人行为评价在绑架罪中，只成立绑架罪一罪即可。但是乙事实上是有杀人的行为，在故意杀人的范畴内，甲、乙是可以成立共犯的。因此，A 选项是正确的。

B、D 选项，根据“部分犯罪共同说”，甲、乙成立共犯的基础上可以分别定罪。因此，B、D 选项是正确的。

C 选项，乙参与了杀人行为，所以乙对于故意杀人行为提供了帮助，死亡结果是甲、乙二人共同引起的。因此，C 选项是错误的。

【答案】C

【2014－2－59】甲为要回 30 万元赌债，将乙扣押，但 2 天后乙仍无还款意思。甲等 5 人将乙押到一处山崖上，对乙说：“3 天内让你家人送钱来，如今天不答应，就摔死你。”乙勉强说只有能力还 5 万元。甲刚说完“一分都不能少”，乙便跳崖。众人慌忙下山找乙，发现乙已坠亡。关于甲的行为定性，下列哪些选项是**错误**的？（　　）

扫码听课

A. 属于绑架致使被绑架人死亡

B. 属于抢劫致人死亡

C. 属于不作为的故意杀人

D. 成立非法拘禁，但不属于非法拘禁致人死亡

【考点】非法拘禁罪

【解析】甲为索取赌债扣押了乙的行为，成立非法拘禁罪。甲虽然口头上威胁了乙，但是乙主动跳崖的行为还是超出了非法拘禁行为的涵摄范围，属于一般人难以预料的因素，隔断了甲非法拘禁行为与死亡结果之间的因果关系，因而不属于非法拘禁致人死亡。因此，D 选项是正确的。

【答案】ABC

【2013－2－16】关于侮辱罪与诽谤罪的论述，下列哪一选项是正确的？（　　）

扫码听课

A. 为寻求刺激在车站扒光妇女衣服，引起他人围观的，触犯强制猥亵、侮辱妇女罪，未触犯侮辱罪

B. 为报复妇女，在大街上边打妇女边骂“狐狸精”，情节严重的，应以侮辱罪论处，不以诽谤罪论处

C. 捏造他人强奸妇女的犯罪事实，向公安局和媒体告发，意图使他人受刑事追究，情节严重的，触犯诬告陷害罪，未触犯诽谤罪

D. 侮辱罪、诽谤罪属于亲告罪，未经当事人告诉，一律不得追究被告人的刑事责任

【考点】侮辱罪，诽谤罪

【解析】A 选项，该行为是既会导致被害人的性羞耻心受到侵犯，同时也是一种让被害人名誉受到侵犯的双重行为，所以既构成强制猥亵侮辱罪，又构成侮

大咖点拨区

辱罪。因此，A选项是错误的。

B选项，诽谤要求散布的事实是假的，但必须求足以使人信以为真，“狐狸精”不足以使人信以为真。因此，B选项是正确的。

C选项，向媒体告发，捏造事实并散布的行为成立诽谤罪；同时向公安局告发的行为还属于诬告陷害罪，两个罪名都成立。因此，C选项是错误的。

D选项，侮辱罪、诽谤罪虽然是亲告罪，但存在例外的情形，如果严重危害社会秩序和国家利益的就不是亲告罪，而转变成公诉案件。因此，D选项是错误的。

【答案】B

扫码听课

【2013－2－59】关于侵犯人身权利罪，下列哪些选项是**错误**的？（　　）

A. 医生甲征得乙（15周岁）同意，将其肾脏摘出后移植给乙的叔叔丙。甲的行为不成立故意伤害罪

B. 丈夫甲拒绝扶养因吸毒而缺乏生活能力的妻子乙，致乙死亡。因吸毒行为

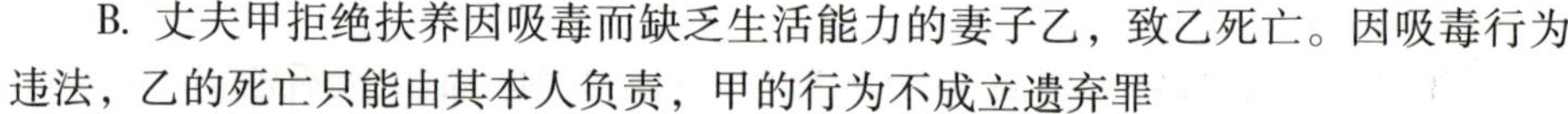

违法，乙的死亡只能由其本人负责，甲的行为不成立遗弃罪

C. 乙盗窃甲价值4000余元财物，甲向派出所报案被拒后，向县公安局告发乙抢劫价值4000余元财物。公安局立案后查明了乙的盗窃事实。对甲的行为不应以诬告陷害罪论处

D. 成年妇女甲与13周岁男孩乙性交，因性交不属于猥亵行为，甲的行为不成立猥亵儿童罪

【考点】故意伤害罪，遗弃罪，诬告陷害罪，猥亵儿童罪

【解析】A选项，未成年人关于捐赠器官的承诺是没有法律效力的。因此，A选项是错误的。

B选项，遗弃罪的主体是对年老、年幼、患病等没有独立生活能力的人负有抚养义务而拒绝抚养的人，不论被害人为何进入一种没有独立生活能力的状态，不论被害人本人是否有过错，“扶养义务”的存在是不可改变的。因此，B选项是错误的。

C选项，乙存在盗窃的犯罪事实，甲在以自己被盗窃为由报案被拒后，为了引起司法机关重视，才将乙的犯罪事实提升为“抢劫”，其目的并不是让乙以抢劫罪被追究责任，而是为了能够立案，所以不成立诬告陷害罪。C选项正确。

D选项，性交也是一种猥亵，是性质最为严重的猥亵，成年妇女甲成立猥亵儿童罪。因此，D选项是错误的。

【答案】ABD

扫码听课

【2012－2－16】下列哪一行为<u>不应</u>以故意伤害罪论处？（　　）

A. 监狱监管人员吊打被监管人，致其骨折

B. 非法拘禁被害人，大力反扭被害人胳膊，致其胳膊折断

C. 经本人同意，摘取17周岁少年的肾脏1只，支付少年5万元补偿费

D. 黑社会成员因违反帮规，在其同意之下，被截断1截小指头

【考点】故意伤害罪

【解析】A选项，属于法律拟制的情形，在虐待被监管人过程当中，如果使用暴力致人伤残的，要拟制为故意伤害罪。因此，A选项是错误的。

B选项，在非法拘禁过程中，如果使用了另外的暴力行为，即并不是非法拘

禁本身所需要的暴力，导致了被害人伤残的，直接定故意伤害罪。因此，B选项是错误的。

C选项，未成年人关于捐赠器官的承诺是没有法律效力的，该行为定故意伤害罪。因此，C选项是错误的。

D选项，由于存在被害人有效的承诺，所以行为人不构成故意伤害罪。因此，D选项是正确的。

【答案】D

【2012－2－17】关于侵犯人身权利罪的论述，下列哪一选项是错误的？（　　）

A. 强行与卖淫幼女发生性关系，事后给幼女500元的，构成强奸罪

B. 使用暴力强迫单位职工以外的其他人员在采石场劳动的，构成强迫劳动罪

C. 雇用16周岁未成年人从事高空、井下作业的，构成雇用童工从事危重劳动罪

D. 收留流浪儿童后，因儿童不听话将其出卖的，构成拐卖儿童罪

【考点】强奸罪，强迫劳动罪，雇用童工从事危重劳动罪，拐卖儿童罪

【解析】A选项，卖淫女的性的自主决定权仍然受法律保护，而且幼女对自己的性的自主承诺在法律上是无效的。因此，A选项是正确的。

B选项，2011年的《刑法修正案（八）》，对于强迫劳动罪已经删掉了必须强迫本单位职工的要求，所以强迫劳动罪的对象可以是包括强迫任何人劳动。因此，B选项是正确的。

C选项，雇用童工从事危重劳动罪的对象必须不满16周岁的未成年人，因此雇用16周岁未成年人从事高空、井下作业的不成立本罪。因此，C选项是错误的。

D选项，将收留的儿童予以出卖的，成立拐卖儿童罪。因此，D选项是正确的。

【答案】C

【2012－2－60】关于刑讯逼供罪的认定，下列哪些选项是错误的？（　　）

A. 甲系机关保卫处长，采用多日不让小偷睡觉的方式，迫其承认偷盗事实。甲构成刑讯逼供罪

B. 乙系教师，受聘为法院人民陪审员，因庭审时被告人刘某气焰嚣张，乙气愤不过，一拳致其轻伤。乙不构成刑讯逼供罪

C. 丙系检察官，为逼取口供殴打犯罪嫌疑人郭某，致其重伤。对丙应以刑讯逼供罪论处

D. 丁系警察，讯问时佯装要实施酷刑，犯罪嫌疑人因害怕承认犯罪事实。丁构成刑讯逼供罪

【考点】刑讯逼供罪

【解析】A选项，刑讯逼供罪的主体必须是司法工作人员，甲系机关保卫处长，不具备刑讯逼供罪的主体身份。因此，A选项是错误的。

B选项，人民陪审员在依法履行人民陪审员职责的时候，视为司法工作者。但是，刑讯逼供罪的主观方面是故意，并且具有逼取口供的目的。乙不是为了逼取口供，而是气愤不过将刘某打成轻伤，所以不构成刑讯逼供罪。因此，B选项

大咖点拨区

扫码听课

扫码听课

大咖点拨区

是正确的。

C选项，属于法律拟制的情形，在刑讯逼供的过程中，如果使用暴力致人重伤的，直接拟制为故意伤害罪，不论行为人主观上是故意还是过失。因此，C选项是错误的。

D选项，丁只是假装要实施，是一种欺骗的手段，不构成刑讯逼供。刑讯逼供必须是实际使用肉刑或者变相肉刑来逼取口供。因此，D选项是错误的。

【相关法条】第二百四十七条 【刑讯逼供罪、暴力取证罪】**司法工作人员**对犯罪嫌疑人、被告人实行**刑讯逼供**或者**使用暴力逼取证人证言**的，处三年以下有期徒刑或者拘役。致人**伤残、死亡**的，依照本法**第二百三十四条、第二百三十二条**的规定定罪从重处罚。

【答案】ACD

扫码听课

【2011－2－13】关于自伤，下列哪一选项是**错误**的？（　　）

A. 军人在战时自伤身体、逃避军事义务的，成立战时自伤罪

B. 帮助有责任能力成年人自伤的，不成立故意伤害罪

C. 受益人唆使60周岁的被保险人自伤、骗取保险金的，成立故意伤害罪与保险诈骗罪

D. 父母故意不救助自伤的12周岁儿子而致其死亡的，视具体情形成立故意杀人罪或者遗弃罪

【考点】自伤行为

【解析】A选项，军人在战时自伤身体、逃避军事义务的，符合战时自伤罪的构成要件，成立战时自伤罪。因此，A选项的表述是正确的。

B选项，帮助他人自伤，不构成犯罪，这是根据“共犯从属性原则”，实行犯自己伤害自己不构成犯罪，帮助犯当然不构成犯罪，这里的“帮助犯”指的是为他人自伤提供工具，或者帮助他人自伤创造条件，因此，帮助有责任能力成年人自伤的，不成立故意伤害罪。因此，B选项的表述是正确的。

C选项，教唆他人自伤，帮助他人自伤都不应该构成犯罪，因为自伤者自己不构成犯罪，根据“共犯从属性原则”，教唆犯、帮助犯的可罚性是从属于正犯的，如果正犯的行为不具有可罚性，帮助犯、教唆犯也不具有可罚性，所以受益人只成立保险诈骗罪，不成立故意伤害罪。因此，C选项的表述是错误的。

D选项，对于未成年人的自伤行为，监护主体、其他有义务的主体应当予以救助，不救助而致其死亡的成立（不作为）故意杀人罪或者遗弃罪。因此，D选项的表述是正确的。

【相关法条】第四百三十四条 【战时自伤罪】战时自伤身体，逃避军事义务的，处三年以下有期徒刑；情节严重的，处三年以上七年以下有期徒刑。

【答案】C

扫码听课

【2011－2－14】关于故意伤害罪与组织出卖人体器官罪，下列哪一选项是正确的？（　　）

A. 非法经营尸体器官买卖的，成立组织出卖人体器官罪

B. 医生明知是未成年人，虽征得其同意而摘取其器官的，成立故意伤害罪

C. 组织他人出卖人体器官并不从中牟利的，不成立组织出卖人体器官罪

D. 组织者出卖一个肾脏获15万元，欺骗提供者说只卖了5万元的，应认定

为故意伤害罪

【考点】故意伤害罪，组织出卖人体器官罪

【解析】A 选项，组织出卖人体器官罪必须是活体器官，如果是组织尸体器官买卖的应该构成盗窃、侮辱、故意毁坏尸体、尸骨、骨灰罪。因此，A 选项是错误的。

B 选项，未成年人对于重大事项的承诺是无效的，征得未成年人同意摘取其器官仍然成立故意伤害罪。因此，B 选项是正确的。

C 选项，从中牟利并非组织出卖人体器官罪的成立条件，本罪的法益是合法的器官移植监管秩序，只要行为使得人体器官发生了有偿转移，就可以成立犯罪，而不要求必须从中获利。因此，C 选项是错误的。

D 选项，构成故意伤害罪必须对方是不自愿的情况下，强行摘取或者欺骗、诱骗对方摘取器官。本案虽然在组织者对提供者有欺骗和隐瞒，仅仅在报酬上有了欺骗和隐瞒，该欺骗、隐瞒认为并不会导致被害人的承诺是无效的，提供者仍然是一个自愿提供人体器官的人，所以不应该构成故意伤害罪。因此，D 选项是错误的。

【相关法条】第二百三十四条　【故意伤害罪；组织出卖人体器官罪】故意伤害他人身体的，处三年以下有期徒刑、拘役或者管制。

犯前款罪，致人重伤的，处三年以上十年以下有期徒刑；致人死亡或者以特别残忍手段致人重伤造成严重残疾的，处十年以上有期徒刑、无期徒刑或者死刑。本法另有规定的，依照规定。

第二百三十四条之一　组织他人出卖人体器官的，处五年以下有期徒刑，并处罚金；情节严重的，处五年以上有期徒刑，并处罚金或者没收财产。

未经本人同意摘取其器官，或者摘取不满十八周岁的人的器官，或者强迫、欺骗他人捐献器官的，依照本法第二百三十四条、第二百三十二条的规定定罪处罚。

违背本人生前意愿摘取其尸体器官，或者本人生前未表示同意，违反国家规定，违背其近亲属意愿摘取其尸体器官的，依照本法第三百零二条的规定定罪处罚。

【答案】B

【2011－2－60】《刑法》第二百三十八条第一款与第二款分别规定：“非法拘禁他人或者以其他方法非法剥夺他人人身自由的，处三年以下有期徒刑、拘役、管制或者剥夺政治权利。具有殴打、侮辱情节的，从重处罚。”“犯前款罪，致人重伤的，处三年以上十年以下有期徒刑；致人死亡的，处十年以上有期徒刑。使用暴力致人伤残、死亡的，依照本法第二百三十四条、第二百三十二条的规定定罪处罚。”关于该条款的理解，下列哪些选项是正确的？（　　）

A. 第一款所称“殴打、侮辱”属于法定量刑情节

B. 第二款所称“犯前款罪，致人重伤”属于结果加重犯

C. 非法拘禁致人重伤并具有侮辱情节的，适用第二款的规定，侮辱情节不再是法定的从重处罚情节

D. 第二款规定的“使用暴力致人伤残、死亡”，是指非法拘禁行为之外的暴力致人伤残、死亡

大咖点拨区

扫码听课

大咖点拨区

【考点】非法拘禁罪

【解析】A选项，第一款所说的“殴打、侮辱”情节属于法定的量刑情节，法律明文规定的就是法定的量刑情节。因此，A选项是正确的。

B选项，第二款所称犯前款罪，致人重伤的属于结果加重犯，是正确的。非法拘禁本身所需要的暴力导致被害人重伤、死亡的属于结果加重犯。因此，B选项是正确的。

C选项，非法拘禁致人重伤并且有侮辱情节，首先“致人重伤”作为加重构成的要件，在3到10年幅度量刑。同时又具有“侮辱”情节，要在3到10年幅度内从重处罚，所以“加重”情节与“从重”情节是并行不悖的。因此，C选项是错误的。

D选项，使用非法拘禁以外的暴力导致伤残、死亡，法律拟制为故意伤害罪，故意杀人罪。因此，D选项是正确的。

【相关法条】第二百三十八条 【非法拘禁罪】非法拘禁他人或者以其他方法非法剥夺他人人身自由的，处三年以下有期徒刑、拘役、管制或者剥夺政治权利。具有殴打、侮辱情节的，从重处罚。

犯前款罪，**致人重伤**的，处三年以上十年以下有期徒刑；**致人死亡**的，处十年以上有期徒刑。**使用暴力致人伤残、死亡的**，依照本法第二百三十四条、第二百三十二条的规定定罪处罚。

为索取债务非法扣押、拘禁他人的，依照前两款的规定处罚。

国家机关工作人员利用职权犯前三款罪的，依照前三款的规定从重处罚。

【答案】ABD

扫码听课

【2010-2-60】甲欲绑架女大学生乙卖往外地，乙强烈反抗，甲将乙打成重伤，并多次对乙实施强制猥亵行为。甲尚未将乙卖出便被公安人员抓获。关于甲行为的定性和处罚，下列哪些判断是**错误**的？（　　）

A. 构成绑架罪、故意伤害罪与强制猥亵妇女罪，实行并罚

B. 构成拐卖妇女罪、故意伤害罪、强制猥亵妇女罪，实行并罚

C. 构成拐卖妇女罪、强制猥亵妇女罪，实行并罚

D. 构成拐卖妇女罪、强制猥亵妇女罪，实行并罚，但由于尚未出卖，对拐卖妇女罪应适用未遂犯的规定

【考点】拐卖妇女罪，故意伤害罪，强制猥亵妇女罪

【解析】首先甲欲绑架女大学生卖往外地，甲实施的拐卖妇女的行为，乙强烈反抗，甲将乙打成重伤，打成重伤是为拐卖妇女服务的，不需要另外评价，属于拐卖妇女致人重伤的情况，不需要另外成立故意伤害罪。其次，甲多次对乙实施强制猥亵行为，猥亵行为不能够被包容评价，猥亵行为应该并罚。所以甲应该定为拐卖妇女罪与强制猥亵妇女罪数罪并罚。因此，C选项是正确的，A、B、D选项是错误的。

【答案】ABD

大咖点拨区

专题十八　侵犯财产罪

扫码听课

【2021 网络回忆版】2019 年 10 月，吴某在某网络平台上下单购买了苹果手机一部，支付货款 7630 元，3 天后，顺丰快递员张某将该手机快递件送至黄埔区某处时，拨打吴某电话送件。吴某声称自己不在家中，后趁快递员张某改送其他快递之际，从快递车内盗走该手机的快递件。隔日，吴某向网络平台商家反映快递件丢失，要求退回货款，获得退款。2019 年 11 月，吴某又以同样方式作案获得手机一部，并获得退款。两个月后，顺丰快递员向警方报案，吴某被抓获，并主动带民警前往家中，将两部手机交给民警。关于本案，下列选项正确的是？（　　）

A. 不区分手机和手机款，整体构成诈骗罪

B. 吴某对手机构成盗窃罪

C. 吴某对手机款构成诈骗罪

D. 吴某对手机构成盗窃罪，对手机款构成诈骗罪

【考点】盗窃罪，诈骗罪

【解析】吴某从快递车内盗走该手机的快递件时，该快递件在快递员张某的占有之下，吴某的这一行为成立盗窃罪；向网络平台商家反映快递件丢失，获得退款的行为是虚构事实、隐瞒真相，骗取他人财物的行为，成立诈骗罪。甲先后实施两个行为，针对两个对象，实际上只是获得一部手机这样的财产性利益，最终以一个重罪论处即可，不需要数罪并罚。

【答案】D

扫码听课

【2021 网络回忆版】赵某为无户籍人员，借用同名同姓堂兄的户口，在公安局办理了身份证，随后用该身份证办理银行卡，并绑定支付宝，同时发现，该支付宝还可以绑定另外一张非自己的银行卡，赵某猜到该银行卡应该是堂兄的（该卡未绑定支付宝），遂将该卡绑定至自己的支付宝。某日，赵某前往某商场购物时支付宝消费 3 万元，致使堂兄的银行卡内被扣款 3 万元。赵某的行为构成何种犯罪？（　　）

A. 诈骗罪　　　　B. 侵占罪

C. 盗窃罪　　　　D. 信用卡诈骗罪

【考点】盗窃罪，诈骗罪

【解析】赵某的支付宝上虽然绑定的是其堂兄的银行卡，但是支付宝的账号、密码都是赵某自己的，不存在非法取得他人信用卡信息资料，并使用的问题。赵某的行为，实质是在堂兄不知情的情况下，盗刷其堂兄信用卡，属于将他人财物不法转移为自己占有的行为，构成盗窃罪。

【答案】C

扫码听课

【2021 网络回忆版】关于财产犯罪的认定，下列哪些选项是正确的（不考虑数额和情节）？（　　）

大咖点拨区

A. 甲未经孙某同意，将孙某的银行卡与孙某的微信绑定，后甲在自己的手机上登陆孙某的微信，从孙某的微信中，将5000元转入自己的微信。甲的行为构成信用卡诈骗罪

B. 乙趁钱某熟睡时，将钱某银行卡中的5000元转入钱某的微信中，后从钱某的微信中将5000元转入自己的微信。乙的行为构成盗窃罪

C. 家长将小学生的生活费发到某个微信群里，在班主任接收该红包前，丙“抢”走了其中的5000元红包，事后群内的家长纷纷谴责丙。丙的行为构成抢夺罪

D. 丁趁赵某熟睡时，将赵某微信中的5000元转入自己的微信中。丁的行为构成盗窃罪

【考点】盗窃罪

【解析】A选项，甲将孙某的银行卡与孙某的微信绑定的行为不构成犯罪；甲从孙某的微信中，将5000元转入自己的微信，属于以和平手段破坏旧占有、建立新占有的行为，构成盗窃罪；甲没有非法获取并利用他人的信用卡信息资料，不成立信用卡诈骗罪。A错误。

B选项，乙将钱某银行卡中的5000元转入钱某的微信的行为不构成犯罪；乙从钱某的微信中将5000元转入自己微信的行为，属于以和平手段破坏旧占有、建立新占有的行为，构成盗窃罪。B正确。

C选项，丙的行为既没有对人暴力，也没有对物暴力，属于以和平手段破坏旧占有、建立新占有的行为，构成盗窃罪。C选项错误。

D选项，丁将赵某微信中的5000元转入自己的微信中，属于以和平手段破坏旧占有、建立新占有的行为，构成盗窃罪。D正确。

【答案】BD

【2021网络回忆版】关于财产犯罪，下列选项正确的是？（　　）

扫码听课

A. 甲驾驶摩托车抢夺小孟背包，小孟死死抓住不放手，被甲拖行近30多米后放手，甲的行为构成抢夺罪

B. 乙进入一栋别墅盗窃，当着家中9岁儿童面盗窃财物后离去。如果认为盗窃罪可以以公开的方式进行，则乙的行为构成盗窃罪

C. 康康驾车在高速行驶1000余公里后准备从收费站驶出，康康交费后驶离收费站。丙为逃避高速路收费紧跟康康车后，驾车冲出收费站，丙的行为构成诈骗罪

D. 丁进入他人家中，当着家中90岁老人面拿走了屋内价值未达“数额较大”的财物，由于抢夺罪要求达到数额较大才构成，故丁不构成抢夺罪。如果认为盗窃罪不可以以公开方式进行，那丁的行为也不构成盗窃罪。因此丁不构成任何犯罪

【考点】盗窃罪，诈骗罪

【解析】A选项，根据司法解释，驾驶车辆强抢财物时，因被害人不放手而采取强拉硬拽方法劫取财物的，成立抢劫罪。A错误。

B选项、D选项都是公开盗窃，应该构成盗窃罪。D选项的价值是向考生展示盗窃罪不应该限制为“秘密窃取”，否则会导致丁的行为无法构成财产犯罪，只能视情况认定为非法侵入住宅罪等罪。

C选项，丙的行为不是虚构事实、隐瞒真相，不成立诈骗罪，C错误。但是丙确实因此获得了不缴过路费的利益，就此行为能否成立盗窃罪，有不同观点。

“肯定说”（构成盗窃罪）：行为人的逃跑行为，获得了不用过路费的利益，收费站债权利益无法实现。可以认为，行为人在事实上已经取得了免予支付过路费的财产性利益。

“否定说”（不构成盗窃罪）：行为人虽然取得了财产性利益、被害人也遭受了利益损失，但并不存在将他人占有的财产性利益转移给自己或者第三者占有的。虽然，债权人可能因此无法实现债权，而且行为人也获得不交过路费的利益。但是，这只是意味着被害人不能实现债权，但不能认为被害人的债权被转移给行为人或第三者占有。

【答案】 B

【2021网络回忆版】关于诈骗罪处分意识的判断，下列选项中，乙存在处分意识的是？（　　）

A. 甲在超市购物时，趁无人时打开饮料箱包装，把高档白酒放进去，收银员乙按饮料价格收款

B. 甲通过伪造购车发票、车辆行驶证，将在租车行租得的车冒充自己的车，质押给被害人乙，向被害人乙“借款”20万元，后逃匿

C. 甲请人吃饭后，才产生逃单不支付想法。在经过收银台时，欺骗收银员乙说：“我把客人送走就来买单”。收银员乙信以为真，甲一去不回

D. 甲为了不缴电费，事先采用不法手段，使电表停止运行。电费收缴员乙来到甲家中查找电费时，发现电表度数为零，遂离开。甲通过此种方式少交5000元电费

【考点】 诈骗罪中处分意识

【解析】 诈骗罪中“处分的意思”，是指对于转移占有和转移占有的财物性质有认识。

“对于转移占有有认识”，即认识到自己将对于财物稳定的、较长时间的、相对独立的控制，转移给对方；“对于转移占有的**财物性质**有认识”，即认识到自己转移的财物“是什么”即可，不需要认识到财物的数量和价值。

A选项，收银员乙对于财物的性质缺乏基本认识，因此不具有处分的意思。

B选项，被害人将20万元交给甲时，意识到20万元的存在，意识到自己将自己对于20万元的占有，转移给甲，因此存在处分意识。

C选项，收银员乙同意甲送完人之后回来买单，并不是免除了甲的债务，因此不存在处分意识。

D选项，根据张明楷教授的观点，“行为人正常大量用电后，在电力公司人员即将按电表收取电费时，产生不缴或者少缴电费之念，使用不法手段将电表显示数调至极小额度，使收费人员误以为行为人没有用电，从而免除行为人的电费缴纳义务的，成立诈骗罪。因为在这种场合，电力公司不存在电力返还请求权，只有货款（电费）请求权。行为人所骗取的不是电力本身，而是对方的电费请求权这一财产性利益。行为人为了不缴或者少缴电费，事先采用不法手段，使电表停止运行的，所窃取的是电力本身，成立盗窃。上述两种情形不宜混淆。”（参见张明楷：《刑法学》（第6版），法律出版社2021年版，第1013页）。甲的行为属

大咖点拨区

扫码听课

大咖点拨区

扫码听课

于盗窃电力的行为，电费收缴员乙不存在处分意识。

【答案】B

【2021网络回忆版】下列哪些行为成立抢劫（不考虑前一行为定性）？（ ）

A. 甲基于报复动机将赵某打成重伤，后赵某要求甲将自己送去医院。甲要求赵某给自己1万元，否则不送赵某去医院。赵某出于无奈，遂给甲1万元

B. 乙基于报复动机伤害孙某，孙某为避免身受重伤，提出给乙5000元。但乙要求孙某给1万元才可以不实施伤害行为，孙某遂给乙1万元，乙得款后离开

C. 丙基于报复动机殴打钱某，导致钱某倒地昏迷不醒。丙离开时发现钱某手机掉在地上，便顺手拿走该手机

D. 丁基于报复动机伤害李某，李某因受重伤倒地，手刚好放在口袋上。丁以为李某在保护口袋里的钱包，遂将李某手移开。李某敢怒不敢言，丁取走了该钱包

【考点】抢劫罪

【解析】A选项，甲将赵某打成重伤，对赵某负有救助义务，甲的不救助对于赵某是一种不法侵害，但是甲以“不送医院”相威胁，要求赵某给自己1万元的行为，并不能评价为以“暴力”相威胁，而抢劫罪的胁迫必须是以“暴力”相威胁，甲不构成抢劫罪。

B选项，乙要求孙某给他1万元，否则还要伤害，即以“继续伤害”相威胁，要求孙某给钱，这种行为已经属于“以暴力相胁迫”的胁迫行为，成立抢劫罪。

C选项，丙基于报复动机将钱某打致昏迷不醒，成立故意伤害罪；当钱某倒地昏迷不醒时，丙拿走其手机的行为，既没有对人暴力也没有对物暴力，成立盗窃罪。

D选项，2005年6月最高人民法院《关于审理抢劫、抢夺刑事案件适用法律若干问题的意见》的规定：“行为人实施伤害、强奸等犯罪行为，在被害人未失去知觉，利用被害人不能反抗、不敢反抗的处境，临时起意劫取他人财物的，应以此前所实施的具体犯罪与**抢劫罪**实行数罪并罚；在被害人失去知觉或者没有发觉的情形下，以及实施故意杀人犯罪行为之后，临时起意拿走他人财物的，应以此前所实施的具体犯罪与**盗窃罪**实行数罪并罚。”李某处于未失去知觉的状态，丁取走钱包时，李某敢怒不敢言意味着之前的暴力所产生的压力和胁迫感依然在起作用，使得李某处于不敢反抗的状态，因此成立抢劫罪。

【答案】BD

扫码听课

【2020网络回忆版】甲乙共同去某工厂仓库盗窃。甲望风，乙进去盗窃。乙窃得财物，从仓库出来时，被保安丙看到，丙上前抓捕乙。乙逃跑，丙追赶。此时甲为了阻止丙，将丙打成轻伤。乙事后才知道甲殴打了丙。下列说法正确的有？（ ）

A. 甲构成转化型抢劫罪

B. 乙构成转化型抢劫罪

C. 乙仅构成盗窃罪

D. 甲构成盗窃罪和故意伤害罪，并罚

【考点】转化型抢劫，共犯

大咖点拨区

扫码听课

扫码听课

【解析】甲乙是盗窃罪的共犯，甲为了抗拒抓捕当场使用暴力，转化为抢劫罪；在甲使用暴力时，乙不知情，因此乙不发生转化，仅成立盗窃罪。甲乙二人仍然在盗窃罪的范围内成立共犯。

【答案】AC

【2019 网络回忆版】刘某在公交车到站时，抢夺了乘客陈某的提包，立即下车，刚下车，被路过的民警王某发现，王某抓捕刘某，刘某为抗拒抓捕对王某实施暴力，将王某打倒在地。刘某趁机跑向马路对面。王某起身追赶，也跑向马路对面，不幸被过往车辆撞死。下列说法正确的有？（　　）

A. 刘某构成抢夺罪未遂

B. 刘某构成转化抢劫

C. 刘某构成“在公共交通工具上抢劫”

D. 刘某构成抢劫罪致人死亡

【考点】转化型抢劫

【解析】A 选项，刘某抢夺陈某提包后立即下车，虽然主人已经失去了对于财物的控制，但是刘某刚下车就遭遇了民警的追捕，始终没有取得对于财物平稳的控制，因此是抢夺罪未遂。A 正确。

B 选项，刘某在抢夺过程中，为了抗拒抓捕而当场使用暴力，应当转化为抢劫罪。B 正确。

C 选项，刘某对于王某使用暴力不是在公共交通工具上，因此不属于“在公共交通工具上抢劫”。C 错误。

D 选项，王某追赶刘某过程中，被过往车辆撞死，介入了“车祸”这一异常且作用大的介入因素，刘某的抢劫行为与王某的死亡结果之间，不具有因果关系，刘某不构成抢劫罪致人死亡。D 错误。

【答案】AB

【2019 网络回忆版】乙骑自行车，甲抢夺乙车筐的提包，乙摔倒在地，导致重伤。甲抢夺到提包逃跑。路人丙见此情景，上前追捕甲。甲将丙打成轻伤，但是最终丙制服了甲。关于本案，下列说法错误的有？（　　）

A. 甲构成结果加重犯“抢夺罪致人重伤”

B. 甲构成转化型抢劫罪，属于“抢劫罪致人重伤”

C. 甲构成转化型抢劫罪。并且既遂

D. 抢夺罪与普通的抢劫罪是法条竞合关系

【考点】转化型抢劫

【解析】A 选项，甲抢夺行为同时导致乙重伤，属于抢夺罪的结果加重犯，即抢夺致人重伤，[①] A 正确。

B 选项，甲在抢夺过程中为了抗拒抓捕而当场使用暴力，构成转化型抢劫。但是，抢劫致人重伤，要求必须是在为抗拒抓捕而当场使用暴力的过程中造成

① 《最高人民法院最高人民检察院关于办理抢夺刑事案件适用法律若干问题的解释》：抢夺公私财物，具有下列情形之一的，应当认定为刑法第二百六十七条规定的“其他严重情节”：（1）导致他人重伤的；（2）导致他人自杀的；（3）具有本解释第二条第三项至第十项规定的情形之一，数额达到本解释第一条规定的“数额巨大”百分之五十的。

大咖点拨区

扫码听课

的，而甲此时只是造成丙轻伤，因此不属于“抢劫罪致人重伤”。B错误。

C选项，转化型抢劫也是抢劫罪，根据司法解释，抢劫罪既遂的标准是取得财物或者造成轻伤以上后果，甲将丙打成轻伤，成立抢劫罪既遂。C正确。

D选项，抢劫罪中必然包含在公然夺取的内容，满足抢劫罪构成要件一定会满足抢夺罪构成要件。抢夺罪是一般法，抢劫罪是特别法，抢劫罪在满足抢夺罪构成要件的基础上增加了“对人暴力”的内容，因此两罪之间是法条竞合关系。

【答案】B

【2017－2－60】关于抢劫罪的认定，下列哪些选项是正确的？（　　）

A. 甲欲进王某家盗窃，正撬门时，路人李某经过。甲误以为李某是王某，会阻止自己盗窃，将李某打昏，再从王某家窃走财物。甲不构成抢劫既遂

B. 乙潜入周某家盗窃，正欲离开时，周某回家，进屋将乙堵在卧室内。乙掏出凶器对周某进行恐吓，迫使周某让其携带财物离开。乙构成入户抢劫

C. 丙窃取刘某汽车时被发现，驾刘某的汽车逃跑，刘某乘出租车追赶。途遇路人陈某过马路，丙也未减速，将陈某撞成重伤。丙构成抢劫致人重伤

D. 丁抢夺张某财物后逃跑，为阻止张某追赶，出于杀害故意向张某开枪射击。子弹未击中张某，但击中路人汪某，致其死亡。丁构成抢劫致人死亡

【考点】抢劫罪

【解析】A选项，抢劫罪的既遂，要求压制被害人反抗与取得财物之间具有因果关系，而李某是路人，不是财物的所有者或者看护人，即便不将李某打昏也无妨甲取得财物。既然甲不属于实施暴力压制被害人的反抗进而取得财物，甲的取财结果与甲的暴力行为之间不存在因果关系，甲就不构成抢劫既遂。因此，A选项是正确的。

B选项，乙属于转化型抢劫，而且其暴力相威胁行为也发生在户内，所以乙成立“入户抢劫”。因此，B选项是正确的。

C选项，丙将路人陈某撞成重伤，既非基于窝藏赃物、抗拒抓捕和毁灭罪证，也非是为了夺取财物，只是逃跑过程中所实施的又一违法行为，应当另行评价。因此，C选项是错误的。

D选项，丁抢夺张某财物后，为阻止张某追赶而杀人，该行为符合事后抢劫的构成要件，成立抢劫罪。客观上，是丁开枪这一抢劫性质的行为造成路人汪某死亡；主观上，丁本想打死张某，实际上却打死了汪某，属于打击错误。按照“法定符合说”定对于汪某的死亡是故意，按照“具体符合说”丁对汪某的死亡是过失，而抢劫致人死亡既包括故意致人死亡也包括过失致人死亡，因此虽然存在打击错误，但不影响丁抢劫致人死亡的认定。D选项是正确的。

【答案】ABD

【2019网络回忆版】甲公司将共享单车投放在街边。下列哪些行为构成盗窃？（　　）

A. 乙将共享单车的锁拆掉，放在自家楼下，专供自己免费使用

B. 乙正常使用完共享单车后，将车停在自家楼下，方便自己下次扫码使用

C. 乙将市区的共享单车偷偷搬到偏远农村，供村民扫码使用

D. 乙将市区的共享单车偷偷搬到偏远农村，供村民免费使用

【考点】盗窃罪

扫码听课

大咖点拨区

【解析】盗窃罪的成立必须具有“非法占有目的”，即排除权利人，将他人财物作为自己的财物进行支配，并遵从财物的用途进行利用、处分的意思。非法占有目的要求具有排除的意思和利用的意思，且两者同时具备。

A选项，“乙让共享单车专供自己免费使用”，既然是“免费使用”，就等于排除甲公司的占有，将甲公司财物作为自己的财物进行支配，具有非法占有目的，构成盗窃罪。A正确。

B选项，“乙将车停在自家楼下，方便自己下次扫码使用”，由于是“扫码使用”，乙并未形成对于共享单车的优势支配，第三人也可以扫码使用该车，乙没有将他人财物作为自己的财物进行支配的意思，因此不成立盗窃罪。B错误。

C选项，“乙将共享单车搬到偏远农村，供村民扫码使用”，既然是扫码使用，乙和村民都未形成对于共享单车的优势支配，也没有将他人财物作为自己的财物进行支配的意思，因此不成立盗窃罪。C错误。

D选项，“非法占有目的”，既包括让本人非法占有，也包括让第三人非法占有，“乙将共享单车搬到偏远农村，供村民免费使用”，既然是“免费使用”，就等于排除甲公司的占有，将甲公司财物作为自己或第三人的财物进行支配，具有非法占有目的，构成盗窃罪。D正确。

【答案】AD

【2018网络回忆版】甲骑摩托车载着乙，遇到一段路比较崎岖。甲下车推车，乙提出自己骑车过去，在前方等甲。甲答应，看着乙骑车前去。乙竟然骑车扬长而去。乙的行为构成何罪？（ ）

A. 诈骗罪　　B. 抢夺罪

C. 盗窃罪　　D. 侵占罪

扫码听课

【考点】盗窃罪，抢夺罪

【解析】甲是摩托车的主人，由于甲一直在现场，摩托车就一直在甲的占有之下，乙将摩托车骑走的行为，成立盗窃罪。

【注意】盗窃罪与抢夺罪区分的关键在于，抢夺罪有对物暴力，而盗窃罪没有暴力，是以和平的方式排除旧占有、建立新的支配关系的过程。

【答案】C

【2020网络回忆版】甲、乙、丙等人经预谋后，从淘宝店购买了某品牌的最新款手机30部，收到手机后拆下手机主板，换上废旧主板，然后利用7天无条件退货规则，将手机退货，从店主处获得全额退款。关于甲等3人的刑事责任，哪一项说法正确（不考虑数额）？（ ）

A. 就手机主板构成诈骗罪　　B. 就手机主板构成盗窃罪

C. 就手机整体构成诈骗罪　　D. 就退货款构成诈骗罪

扫码听课

【考点】盗窃罪，诈骗罪

【解析】首先，甲、乙、丙等人收到手机后，该手机已经在他们的占有之下，拆下手机主板的行为不构成盗窃罪，因为盗窃罪的犯罪对象不能是自己占有的财物；其次，甲、乙、丙等人是在付款之后，收到手机的，因此对于手机和手机主板都不成立诈骗罪；最后，甲、乙、丙等人拆下手机主板，换上废旧主板，此时的手机是具有严重瑕疵的手机，三人将这样的手机冒充全新的原装手机主张退货，商家误以为收到全新原装手机，陷入错误认识，退还全部货款，属于基于错

大咖点拨区

扫码听课

误认识处分财物。行为人就退货款构成诈骗罪。

【答案】D

【2018 网络回忆版】甲用乙的淘宝账号从网上买了一个手机，用甲自己的银行卡付了款，留的是自己的号码。手机卖家核实信息时，按照淘宝账号信息打电话给了乙，乙骗商家说手机是他买的，并告知商家更改收货地址，商家把手机发货给乙。下列说法正确的是？（　　）

A. 若承认商家对该货物有处分权，乙欺骗商家的行为成立诈骗罪

B. 如果否认商家对该货物有处分权，商家只是被乙利用的工具，乙的行为成立盗窃罪的间接正犯

C. 如果持 B 选项的观点，乙成立盗窃罪的间接正犯，盗窃的对象是甲对商家的债权（发货权）

D. 该案是一种较为特殊的“三角诈骗”，即便认为乙的行为成立诈骗罪，商家受骗了，但商家的做法并没有违反法律规定，实际财产遭受损失的人仍然是甲

【考点】盗窃罪与诈骗罪的区别

【解析】关于本案，理论界形成了盗窃与诈骗，两种观点，这两种观点最大的分歧，在于商家是否有处分权。

观点 1：商家具有对于手机的处分权，乙骗商家说手机是他买的，商家陷入错误认识，并基于错误认识处分财物，即将手机发货给乙，最终遭受财产损失的是甲，属于三角诈骗。

观点 2：商家不具有对于手机的处分权，乙骗商家说手机是他买的，并告知商家更改收货地址，等于是在甲不知情的状态下，窃取了甲的债权利益，即甲对于商家的发货权，商家只是被乙利用的工具，乙的行为成立盗窃罪的间接正犯。

本题 AD 是一组观点，BC 是一组观点，考生都应当掌握。

【答案】ABCD

【2019 网络回忆版】甲冒充家电维修人员，想把王某家的冰箱骗到手。某日，甲来到王某家，开门的却是王某家保姆，甲误把保姆当成王某，谎称商家搞活动，正在以旧换新。保姆以为甲事前跟王某商量好了，就把冰箱给了甲。下列说法正确的有？（　　）

扫码听课

A. 甲构成狭义的因果关系错误

B. 甲构成打击错误

C. 甲构成诈骗罪既遂

D. 由于甲未认识到被骗对象是保姆，构成诈骗罪未遂

【考点】三角诈骗

【解析】本案属于三角诈骗，行为人（诈骗人）对受骗人虚构事实、隐瞒真相，受骗人陷入错误认识后，将被害人的财物交给行为人。因此，形成诈骗人、受骗人和被害人之间的三角关系。究竟成立盗窃罪还是诈骗罪？

第一步，看“阵营”：受骗人属于哪个阵营：①受骗人属于犯罪人阵营：犯罪人成立盗窃罪；②受骗人属于被害人阵营：犯罪人成立诈骗罪。

第二步，如果受骗人于中立位置：再看受骗人对于被害人的财产有无强大的处分权？①受骗人对于被害人的财产有强大的处分权：犯罪人成立诈骗罪；②受骗人对于被害人的财产无强大的处分权：犯罪人成立盗窃罪。本案中，受骗人是

王某家的住家保姆，保姆显然跟王某属于同一阵营，在处分地位上与王某相当，保姆的处分相当于王某自己的处分。

【答案】C

【2018 网络回忆版】下列情形，构成盗窃罪的有（不考虑数额）？（　　）

A. 一辆汽车被法院依法放置在某居民小区，并派专人看守。甲欺骗看守者，谎称汽车为自己所有，前来取车。看守者信以为真，让甲将汽车开走

B. 甲与乙坐在公园的长椅上，甲看乙身边放了一个包，乙离去时忘记带走其包，甲立即拿着包离去

C. 邮政工作人员甲分拣包裹时，拿走不属于其所属区域的包裹，将其拆开，拿走里面的物品

D. 甲骑摩托车载着乙，路过一片工地，甲说路面不平不敢骑过去。乙说："我帮你骑过这路面"，甲便将摩托车交给乙。乙遂骑着甲的摩托车，扬长而去

【考点】盗窃罪

【解析】A 选项，本案属于三角诈骗，行为人（诈骗人）对受骗人虚构事实、隐瞒真相，受骗人陷入错误认识后，将被害人的财物交给行为人。因此，形成诈骗人、受骗人和被害人之间的三角关系。究竟成立盗窃罪还是诈骗罪？

第一步，看"阵营"：受骗人属于哪个阵营：①受骗人属于犯罪人阵营：犯罪人成立盗窃罪；②受骗人属于被害人阵营：犯罪人成立诈骗罪。

第二步，如果受骗人于中立位置：再看受骗人对于被害人的财产有无强大的处分权？①受骗人对于被害人的财产有强大的处分权：犯罪人成立诈骗罪；②受骗人对于被害人的财产无强大的处分权：犯罪人成立盗窃罪。本案中，看守者如果是法院内部工作人员，是不可能仅因为甲称汽车为自己所有，而不做任何核实，就让甲将车开走，说明看守者仅仅是法院雇佣的第三方人员，处于中立位置；同时看守者对于汽车也无强大的处分权，因此，成立盗窃罪。

B 选项，乙离去时忘记带走其包，该包属于他人短暂遗忘、短暂离开的财物，仍然是主人乙在占有，甲成立盗窃罪

C 选项，甲对于不属于其所属区域的包裹没有占有，该包裹属于负责该区域的邮政工作人员占有，甲的行为属于破坏旧占有、建立新占有，成立盗窃罪。如果负责该区域的邮政工作人员将该包裹整体占为己有，成立职务侵占罪（基于职务原因合法占有、非法侵吞）；如果负责该区域的邮政工作人员将整体占有之后，将包裹拆开，从中取出内容物的，则成立盗窃罪。因为，包裹是封缄物，封缄物的整体，由受托人（邮政工作人员）占有，封缄物的内容物，则由委托人（包裹的主人）在占有。

D 选项，甲是摩托车的主人，由于甲一直在现场，摩托车就一直在甲的占有之下，乙将摩托车骑走的行为，成立盗窃罪。

【答案】ABCD

【2017－2－17】郑某冒充银行客服发送短信，称张某手机银行即将失效，需重新验证。张某信以为真，按短信提示输入银行卡号、密码等信息后，又将收到的编号为 135423 的"验证码"输入手机页面。后张某发现，其实是将 135423 元汇入了郑某账户。关于本案的分析，下列哪一选项是正确的？

A. 郑某将张某作为工具加以利用，实现转移张某财产的目的，应以盗窃罪

大咖点拨区

扫码听课

扫码听课

大咖点拨区

论处

B. 郑某虚构事实，对张某实施欺骗并导致张某处分财产，应以诈骗罪论处

C. 郑某骗取张某的银行卡号、密码等个人信息，应以侵犯公民个人信息罪论处

D. 郑某利用电信网络，为实施诈骗而发布信息，应以非法利用信息网络罪论处

【考点】盗窃罪，诈骗罪

【解析】本案中，被害人张某误以为自己是在客服的指引之下，重新验证手机银行，并未产生处分财物的意思，也没有处分财产的行为。所以郑某利用了张某不知情的行为，转移了张某财产的占有，成立盗窃罪的间接正犯，而不成立诈骗罪。因此，A 选项是正确的。

【答案】A

扫码听课

【2019 网络回忆版】某村有一片荒山，山上有 30 亩树木，属于村集体财产。在其他村委会成员不知情的情况下，村委会主任王某私下将这些树木卖给木材商李某。王某对李某谎称这些树木是自家的，以市场行情价予以出售，收到李某的货款，让李某带人砍伐了树木，自行运走。关于本案，下列说法错误的有？（　　）

A. 王某触犯职务侵占罪　　B. 王某触犯盗窃罪

C. 王某触犯诈骗罪　　D. 王某触犯盗伐林木罪

【考点】侵占罪，职务侵占罪

【解析】A 项，根据刑法第 271 条规定，职务侵占罪要求行为人利用职务便利，而侵占罪、盗窃罪、诈骗罪的行为人没有利用职务便利。“利用职务便利”中的“职务”，是指具有一定管理权限的职务。例如，主管、管理、经营等职务。依据这种职权，能够占有或支配单位财物。纯粹的体力性劳务，没有管理权限，只是机械执行的角色，不属于这里的“职务”，其对单位财物只是占有的辅助者，而没有独立占有。本案中，王某虽然是村委会主任，但是私下卖树，而且谎称是自家的树，表明这个过程中都是私人行为，没有实质利用村委会主任的职务便利。因此，王某不构成职务侵占罪。

B 项，盗窃罪是指以非法占有为目的，将他人占有的财物通过平和手段转移为自己占有。王某在村委会不知情的情况下，将村里的财产非法转移为自己占有，构成盗窃罪。

C 项，王某对李某是否构成诈骗罪，关键看李某有无财产损失。少数观点认为：李某虽然花了钱，但取得了财物，没有财产损失，所以王某对李某不构成诈骗罪。多数观点认为：李某用正常价格买到赃物，吃亏了，有财产损失，所以王某对李某构成诈骗罪。对于观点展示，如果考唯一答案，做题时按照多数观点答。由于王某只有一个处分行为（出卖行为），但针对了两个对象，同时触犯诈骗罪（对李某）与盗窃罪（对本村），想象竞合，择一重罪论处，一般以盗窃罪论处。

D 项，区分标准：盗窃罪 = A（侵犯他人林木财产权）。滥伐林木罪 = B（破坏生态环境）。盗伐林木罪 = A + B（破坏生态环境）。由于王某盗窃的对象是荒山上的 30 亩的树木，数量规模很大，破坏了生态环境，因此，构成盗伐林木罪。

正常情况下，盗窃罪与盗伐林木罪是法条竞合关系，优先以盗伐林木罪论处。按道理，立法者应当给盗伐林木罪配置比盗窃罪更重的法定刑，但是没有。盗伐林木罪最高刑是15年有期徒刑，盗窃罪最高刑是无期徒刑。当行为人盗伐的林木价值1000万元，此时如果一定要以盗伐林木罪论处，就只能判15年，这显然不合适。因此，此时只能认为二者是想象竞合关系，择一重罪论处，以盗窃罪判处无期徒刑。由于本题没有交代量刑上的罪刑相适应问题，因此，按照正常的法条竞合来处理盗窃罪与盗伐林木罪的关系。

综上所述，本题答案为A。

【注意】职务侵占罪的实质是公司、企业或者其他单位的人员，利用职务上的便利，对本单位财物实施的侵占、盗窃、诈骗行为。

【答案】A

【2017－2－18】下列哪一行为成立侵占罪？（　　）

A. 张某欲向县长钱某行贿，委托甲代为将5万元贿赂款转交钱某。甲假意答应，拿到钱后据为己有

B. 乙将自己的房屋出售给赵某，虽收取房款却未进行所有权转移登记，后又将房屋出售给李某

C. 丙发现洪灾灾区的居民已全部转移，遂进入居民房屋，取走居民来不及带走的贵重财物

D. 丁分期付款购买汽车，约定车款付清前汽车由丁使用，所有权归卖方。丁在车款付清前将车另售他人

【考点】侵占罪

【解析】A选项，张某对该财物没有权利请求返还，故可以认为该财物所有权已经不属于张某，而且该财物也不能认为是属于国家所有，所以行为人没有将“他人财物”据为己有；民法上都不保护的“返还请求权”，更不应当成为刑法上的法益，如果将行为人的行为认定为犯罪，则破坏了法秩序的统一性。因此，A选项是错误的。

B选项，因为尚未进行所有权的转移登记，所以房屋的所有权人仍是乙，乙将自己所有的房屋再出售给李某，属于一物二卖的行为，不构成侵占罪。因此，B选项是错误的。

C选项，居民来不及带走的财物，由于财物仍处于居民家中，根据社会的一般观念，这些财物仍属于居民占有，而非无主物，丙的行为应构成盗窃罪。因此，C选项是错误的。

D选项，丁基于约定合法占有汽车，但并未是汽车的所有权人，其在付清款项前将汽车予以出卖的行为，属于典型的变占有为所有的行为，侵犯了所有权人的所有权。成立侵占罪。因此，D选项是正确的。

【相关法条】第二百七十条　【侵占罪】将**代为保管**的他人财物非法占为己有，数额较大，拒不退还的，处二年以下有期徒刑、拘役或者罚金；数额巨大或者有其他严重情节的，处二年以上五年以下有期徒刑，并处罚金。

将他人的**遗忘物**或者**埋藏物**非法占为己有，数额较大，拒不交出的，依照前款的规定处罚。

本条罪，告诉的才处理。

大咖点拨区

扫码听课

大咖点拨区

扫码听课

【答案】D

【2016-2-16】贾某在路边将马某打倒在地，劫取其财物。离开时贾某为报复马某之前的反抗，往其胸口轻踢了一脚，不料造成马某心脏骤停死亡。设定贾某对马某的死亡具有过失，下列哪一分析是正确的？（　　）

A. 贾某踢马某一脚，是抢劫行为的延续，构成抢劫致人死亡

B. 贾某踢马某一脚，成立事后抢劫，构成抢劫致人死亡

C. 贾某构成抢劫罪的基本犯，应与过失致人死亡罪数罪并罚

D. 贾某构成抢劫罪的基本犯与故意伤害（致死）罪的想象竞合犯

【考点】抢劫罪

【解析】A选项，贾某踢马某一脚时，抢劫行为已经完成，是独立于抢劫之外的另一行为，构成抢劫致人死亡。因此，A选项是错误的。

B选项，事后抢劫需求得是为了窝藏赃物，抗拒抓捕，毁灭罪证而当场使用暴力或者以暴力相威胁，本案中贾某只是为报复马某之前的反抗，往其胸口轻踢了一脚。所以不是事后抢劫。因此，B选项是错误的。

C选项，贾某有两个行为，一个是抢劫行为、一个是过失致人死亡行为，两行为之间不具有任何关联性，所以数罪并罚。因此，C选项是正确的。

D选项，同理，实施两个行为，应该数罪并罚，而非想象竞合。因此，D选项是错误的。

【答案】C

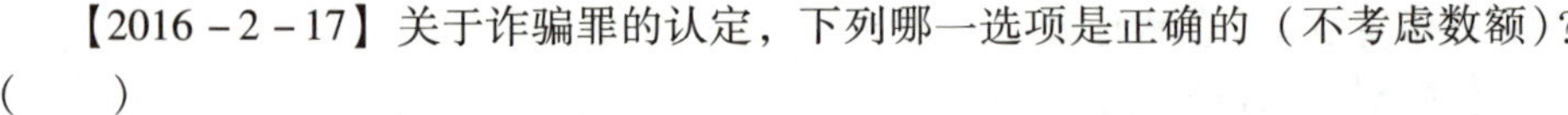

【2016-2-17】关于诈骗罪的认定，下列哪一选项是正确的（不考虑数额）？（　　）

扫码听课

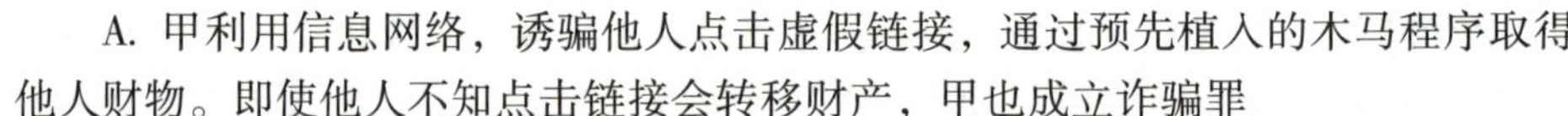

A. 甲利用信息网络，诱骗他人点击虚假链接，通过预先植入的木马程序取得他人财物。即使他人不知点击链接会转移财产，甲也成立诈骗罪

B. 乙虚构可供交易的商品，欺骗他人点击付款链接，取得他人财物的，由于他人知道自己付款，故乙触犯诈骗罪

C. 丙将钱某门前停放的摩托车谎称是自己的，卖给孙某，让其骑走。丙就钱某的摩托车成立诈骗罪

D. 丁侵入银行计算机信息系统，将刘某存折中的5万元存款转入自己的账户。对丁应以诈骗罪论处

【考点】诈骗罪

【解析】A选项，被害人不知道虚假链接，说明被害人没有处分财物的意思，没有处分财物，就不能构成诈骗罪，诈骗罪必须是基于错误认识处分财物。因此，A选项是错误的。

B选项，不存在可供交易的对象，而被害人误以为有（陷入错误认识），于是自愿点击链接，自愿付款（处分财物），乙应该构成诈骗罪。因此，B选项是正确的。

C选项，卖给孙某，让孙某骑走，孙某是不知情的，丙将孙某作为工具，而达到了自己窃取他人财物的目的，所以是盗窃罪的间接正犯。因此，C选项是错误的。

D选项，丁将他人存折上的5万元转入自己的账户，盗窃的是财产性利益，即盗窃了被害人相对于银行5万元的债权利益，所以应该成立盗窃罪。因此，C

大咖点拨区

扫码听课

选项是错误的。

【答案】B

【2016－2－18】乙女在路上被铁丝绊倒，受伤不能动，手中钱包（内有现金5000元）摔出七八米外。路过的甲捡起钱包时，乙大喊“我的钱包不要拿”，甲说“你不要喊，我拿给你”，乙信以为真没有再喊。甲捡起钱包后立即逃走。关于本案，下列哪一选项是正确的？（　　）

A. 甲以其他方法抢劫他人财物，成立抢劫罪

B. 甲以欺骗方法使乙信以为真，成立诈骗罪

C. 甲将乙的遗忘物据为己有，成立侵占罪

D. 只能在盗窃罪或者抢夺罪中，择一定性甲的行为

【考点】盗窃罪，抢夺罪

【解析】A选项，甲并没有实施压制被害人反抗的行为，所以不构成抢劫罪。因此，A选项是错误的。

B选项，被害人虽然上当了，即陷入错误认识，但是并没有基于认识错误而处分财物，所以不成立诈骗罪。因此，B选项是错误的。

C选项，钱包在案件中根本不是遗忘物，主人在场，所以是主人占有的财物。因此，C选项是错误的。

D选项，甲以和平的方式破坏旧占有、建立新占有，属于“公开盗窃”成立盗窃罪；根据传统刑法理论的观点，甲乘人不备、公然夺取，成立抢夺罪。因此，D选项是正确的。

【答案】D

扫码听课

【2016－2－59】下列哪些行为构成盗窃罪（不考虑数额）？（　　）

A. 酒店服务员甲在帮客人拎包时，将包中的手机放入自己的口袋据为己有

B. 客人在小饭馆吃饭时，将手机放在收银台边上充电，请服务员乙帮忙照看。乙假意答应，却将手机据为己有

C. 旅客将行李放在托运柜台旁，到相距20余米的另一柜台问事时，机场清洁工丙将该行李拿走据为己有

D. 顾客购物时将车钥匙遗忘在收银台，收银员问是谁的，丁谎称是自己的，然后持该钥匙将顾客的车开走

【考点】盗窃罪

【解析】A选项，酒店服务员甲在帮客人拎包时，手机是客人在占有，服务员虽然拎着包，但是手机主人在场，所以包和手机都应该由主人占有。因此，甲构成盗窃罪。A选项是正确的。

B选项，客人在吃饭时，将手机放在收银台边上充电，此时，手机仍然是客人在占有。因此，乙构成盗窃罪。B选项是正确的。

C选项，旅客将行李放在托运柜台旁，到相距20米的另一柜台问事时，行李箱是旅客在占有，机场清洁工丙将该行李拿走据为己有，构成盗窃罪。因此，丙构成盗窃罪，C选项是正确的。

D选项，顾客在商场购物，车在商场的停车场，所以同样是主人在场，车是由主人在占有，丁把车开走的行为，破坏了顾客（车主）的占有，构成盗窃罪。因此，D选项是正确的。

大咖点拨区

扫码听课

【答案】ABCD

【2015－2－17】李某乘正在遛狗的老妇人王某不备，抢下王某装有4000元现金的手包就跑。王某让名贵的宠物狗追咬李某。李某见状在距王某50米处转身将狗踢死后逃离。王某眼见一切，因激愤致心脏病发作而亡。关于本案，下列哪一选项是正确的？（　　）

A. 李某将狗踢死，属事后抢劫中的暴力行为

B. 李某将狗踢死，属对王某以暴力相威胁

C. 李某的行为满足事后抢劫的当场性要件

D. 对李某的行为应整体上评价为抢劫罪

【考点】抢劫罪

【解析】A选项，事后抢劫的暴力需求是对人暴力，不能是对狗暴力，所以李某的行为不属于事后抢劫罪当中的暴力。因此，A选项是错误的。

B选项，李某将狗踢死，不属于对王某以暴力相威胁，所以B的表述也是错误的。因此，B选项是错误的。

C选项，李某的行为满足事后抢劫的当场性要件。事后抢劫需要很多条件，要求以暴力相威胁，要求具有当场性，要求为了窝藏赃物、抗拒抓捕、毁灭罪证。在这个案例里李某的行为显然不能够转化为事后抢劫，因为他仅仅满足当场性的要件，但是C的表述是正确的。因此，C选项是正确的。

D选项，李某的行为满足事后抢劫的当场性要件，但又仅具有当场性要件，因此不能成立事后抢劫。因此，D选项是正确的。

【答案】C

扫码听课

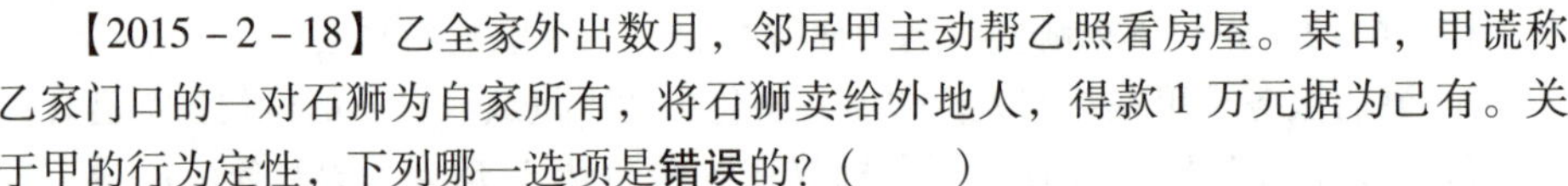

【2015－2－18】乙全家外出数月，邻居甲主动帮乙照看房屋。某日，甲谎称乙家门口的一对石狮为自家所有，将石狮卖给外地人，得款1万元据为己有。关于甲的行为定性，下列哪一选项是**错误**的？（　　）

A. 甲同时触犯侵占罪与诈骗罪

B. 如认为购买者无财产损失，则甲仅触犯盗窃罪

C. 如认为购买者有财产损失，则甲同时触犯盗窃罪与诈骗罪

D. 不管购买者是否存在财产损失，甲都触犯盗窃罪

【考点】侵占罪，诈骗罪

【解析】A选项，甲并不是合法占有而非法侵占的，甲帮乙照看房屋，但是门口的一对石狮仍然是主人在占有，既然是主人在占有，甲将石狮卖掉的行为肯定是构成盗窃罪而不应该构成侵占罪，所以A的表述是错误的，A的表述就是说同时构成侵占罪和诈骗罪，构不构成诈骗罪待定，但他肯定不构成侵占罪。因此，A选项是错误的。

B选项，甲把乙的石狮予以出卖，甲对于乙构成盗窃罪，他卖的行为购买者拿走的行为，这破坏了主人对于石狮的占有，而建立起第三人对于石狮的占有，所以构成盗窃罪。甲对于乙构成盗窃罪没有问题，那么甲对于购买者要不要构成诈骗罪？对此有不同观点，如果认为购买者有财产损失，就要构成诈骗；如果认为购买者没有财产损失，对购买者就不构成犯罪。因此，B选项是正确的。

C选项，2014年10月30日，《最高人民法院关于刑事裁判涉财产部分执行的若干规定》自2014年11月6日起施行，其中第21条第2款明确规定，第三人善

意取得涉案财物的不予追缴。第三人只要他善意的，他取得的涉案的财物，可能是盗窃所得、可能是侵占所得、可能是任何所得，都可以不追缴。作为原所有人的被害人，对于该涉案财物主张权利的，人民法院应当告知其通过诉讼程序来另外处理。所以在这个问题上原则不予追缴，被害人认为石狮得要回来，另外提起其他的诉讼程序来另行处理。按照该司法解释，购买者是没有财产损失的，没有财产损失就不构成诈骗罪。所以B和C的表述都是正确的。

D选项，不管购买者是否存在财产损失，甲都触犯盗窃罪，这个是正确的。甲把乙的财物卖给了别人，是一种盗窃行为。

【答案】A

【2015－2－19】菜贩刘某将蔬菜装入袋中，放在居民小区路旁长条桌上，写明“每袋20元，请将钱放在铁盒内”。然后，刘某去3公里外的市场卖菜。小区理发店的店员经常好奇地出来看看是否有人偷菜。甲数次公开拿走蔬菜时假装往铁盒里放钱。关于甲的行为定性（不考虑数额），下列哪一选项是正确的？（　　）

A. 甲乘人不备，公然拿走刘某所有的蔬菜，构成抢夺罪

B. 蔬菜为经常出来查看的店员占有，甲构成盗窃罪

C. 甲假装放钱而实际未放钱，属诈骗行为，构成诈骗罪

D. 刘某虽距现场3公里，但仍占有蔬菜，甲构成盗窃罪

【考点】盗窃罪

【解析】A选项，甲乘人不备，公然拿走刘某所有的蔬菜，但是没有对物的暴力手段，所以不成立抢夺罪。因此，A选项是错误的。

B、D选项，蔬菜为经常出来查看的店员占有，甲构成盗窃罪，是错误的，占有的判断错误，刘某虽距现场3公里，但根据社会生活，仍然是刘某在占有。因此，B选项是错误的，D选项是正确的。

C选项，甲假装放钱而实际未放钱，属于诈骗行为，构成诈骗罪的表述是错误的。被害人并没有基于错误认识而处分财物，不成立诈骗罪，只构成盗窃罪。因此，C选项是错误的。

【答案】D

【2015－2－63】下列哪些行为触犯诈骗罪（不考虑数额）？（　　）

A. 甲对李某家的保姆说：“李某现在使用的手提电脑是我的，你还给我吧。”保姆信以为真，将电脑交给甲

B. 甲对持有外币的乙说：“你手上拿的是假币，得扔掉，否则要坐牢。”乙将外币扔掉，甲乘机将外币捡走

C. 甲为灾民募捐，一般人捐款几百元。富商经过募捐地点时，甲称：“不少人都捐一、二万元，您多捐点吧。”富商信以为真，捐款2万元

D. 乙窃取摩托车，准备骑走。甲觉其可疑，装成摩托车主人的样子说：“你想把我的车骑走啊？”乙弃车逃走，甲将摩托车据为己有

【考点】诈骗罪

【解析】A选项，甲属于三角诈骗。三角诈骗，甲骗了李某的保姆，而李某的保姆将李某的财产交给甲，这种三角诈骗首先看的不是处分权。第一步要看阵营，受骗人（保姆）跟谁是一个阵营的，跟甲是一个阵营的，还是跟李某是一个

大咖点拨区

扫码听课

扫码听课

大咖点拨区

阵营的，显然，受骗人保姆跟李某是同一阵营的。在三角诈骗中，受骗人跟被害人是同一阵营的，就应该是诈骗罪。也就是说，既然是同一个阵营的，李某家的保姆处分了李某的财物，相当于李某自己处分了自己的财物，所以甲构成诈骗罪。因此，A选项是正确的。

B选项，乙误以为是假币，即基于错误认识处分财物，"扔掉"就是一种处分行为，所以属于诈骗。因此，B选项是正确的。

C选项，富翁只是对于别人的捐款数额产生错误认识，但是该错误认识对于是否捐款一事，不会产生实质性影响，因此并未发生基于错误认识处分财物的事实，最终决定捐款是他本人意志决定，所以不应构成诈骗罪。因此，C选项是错误的。

D选项，乙窃取摩托车，说明此时乙已经取得了对摩托车的占有。当他准备骑走的时候，甲对他进行了欺骗，乙陷入错误认识，错误认识之后"弃车逃走"，"弃车逃走"就是一种处分，所以B选项里面的"扔掉"和D选项里面的"弃车"，都是在处分财物，且行为人也基于他们的处分取得了财物，所以都应是诈骗罪。因此，D选项是正确的。

注意：A、B、D都是诈骗罪。诈骗罪完整的行为模式：①行为人虚构事实、隐瞒真相；②被害人陷入错误认识；③基于错误认识处分财物；④行为人因此取得财物。四个环节中，最重要的环节就是被害人基于错误认识处分财物。

【答案】ABD

扫码听课

【2014－2－17】公司保安甲在休假期内，以"第二天晚上要去医院看望病人"为由，欺骗保安乙，成功和乙换岗。当晚，甲将其看管的公司仓库内价值5万元的财物运走变卖。甲的行为构成下列哪一犯罪？（　　）

A. 盗窃罪　　　　B. 诈骗罪

C. 职务侵占罪　　D. 侵占罪

【考点】职务侵占罪

【解析】职务侵占罪是利用作为本单位职工，主管、管理、经手、保管本单位财务的便利条件，将本单位财务据为己有。本案中，有两点需要注意，第一点，一个单位里面的保安有很多，有看门的保安，也有看仓库的保安，还有看职工宿舍的保安。在本案当中，"甲将其看管的公司仓库内"的财物拉走变卖，甲显然是专门负责看管公司仓库的保安，所以晚上在他值班的时候，他就是仓库内财务的占有者。第二点，虽然保安有换班的工作，但当天晚上甲在值班，甲就是基于自己职务上的原因依法占有本单位的财务，然后把它运走变卖，是一个非法侵吞行为。合法占有、非法侵吞就构成职务侵占罪。因此，C选项是正确的。

【相关法条】第二百七十一条【职务侵占罪；贪污罪】**公司、企业**或者**其他单位**的人员，利用职务上的便利，**将本单位财物非法占为己有**，数额较大的，处三年以下有期徒刑或者拘役，并处罚金；数额巨大的，处三年以上十年以下有期徒刑，并处罚金；数额特别巨大的，处十年以上有期徒刑或者无期徒刑，并处罚金。

国有公司、企业或者**其他国有单位**中**从事公务**的人员和国有公司、企业或者其他国有单位**委派到**非国有公司、企业以及其他单位**从事公务**的人员有前款行为的，依照本法第三百八十二条、第三百八十三条的规定定罪处罚。

大咖点拨区

扫码听课

扫码听课

扫码听课

【答案】C

【2014－2－18】乙（16 周岁）进城打工，用人单位要求乙提供银行卡号以便发放工资。乙忘带身份证，借用老乡甲的身份证以甲的名义办理了银行卡。乙将银行卡号提供给用人单位后，请甲保管银行卡。数月后，甲持该卡到银行柜台办理密码挂失，取出 1 万余元现金，拒不退还。甲的行为构成下列哪一犯罪？（　　）

A. 信用卡诈骗罪　　B. 诈骗罪

C. 盗窃罪（间接正犯）　　D. 侵占罪

【考点】侵占罪

【解析】银行卡是用甲的身份证，以甲的名义办理的，乙的工资存在甲的卡里，等于让甲代为保管自己的工资，甲将代为保管的他人财物，据为己有，成立侵占罪。D 选项正确。

【答案】D

【2014－2－19】乙购物后，将购物小票随手扔在超市门口。甲捡到小票，立即拦住乙说："你怎么把我购买的东西拿走？"乙莫名其妙，甲便向乙出示小票，两人发生争执。适逢交警丙路过，乙请丙判断是非，丙让乙将商品还给甲，有口难辩的乙只好照办。关于本案的分析（不考虑数额），下列哪一选项是<u>错误</u>的？（　　）

A. 如认为交警丙没有处分权限，则甲的行为不成立诈骗罪

B. 如认为盗窃必须表现为秘密窃取，则甲的行为不成立盗窃罪

C. 如认为抢夺必须表现为乘人不备公然夺取，则甲的行为不成立抢夺罪

D. 甲虽未实施恐吓行为，但如乙心生恐惧而交出商品的，甲的行为构成敲诈勒索罪

【考点】盗窃罪，诈骗罪，敲诈勒索罪

【解析】A 选项成立诈骗罪必须要求"基于错误认识"处分财物，如果认为交警丙没有处分权限，则甲的行为不成立诈骗罪。A 选项是正确的。

B 选项，如果认为盗窃必须表现为秘密窃取，则甲的行为不成立盗窃罪。如果按照传统刑法理论，认为盗窃罪必须是秘密窃取的话，甲不会构成盗窃罪。所以 B 选项其实是在告诉我们，传统刑法理论认为盗窃罪必须表现为"秘密窃取"这个观点是不可取的。如果按照这个观点，甲那就不可能成立盗窃罪。因此，B 选项是正确的。

C 选项，如果认为抢夺必须表现为"乘人不备、公然夺取"，则甲的行为也不成立抢夺罪。甲没有因此乘人不备公然夺取，没有对物暴力的行为。因此，C 选项是正确的。

D 选项，敲诈勒索罪必须威胁→恐惧→交付，如果没有实施威胁行为，即使被害人产生恐惧，交付财物也不应该构成敲诈勒索罪。因此，D 选项是错误的。

【答案】D

【2014－2－60】甲的下列哪些行为属于盗窃（不考虑数额）？（　　）

A. 某大学的学生进食堂吃饭时习惯于用手机、钱包等物占座后，再去购买饭菜。甲将学生乙用于占座的钱包拿走

B. 乙进入面馆，将手机放在大厅 6 号桌的空位上，表示占座，然后到靠近窗

大咖点拨区

户的地方看看有没有更合适的座位。在7号桌吃面的甲将手机拿走

C. 乙将手提箱忘在出租车的后备箱。后甲搭乘该出租车时，将自己的手提箱也放进后备箱，并在下车时将乙的手提箱一并拿走

D. 乙全家外出打工，委托邻居甲照看房屋。有人来村里购树，甲将乙家山头上的树谎称为自家的树，卖给购树人，得款3万元

【考点】盗窃罪

【解析】A选项，在学生占座的时候，手机、钱包还是学生自己占有，所以甲的行为是盗窃。因此，A选项是正确的。

B选项，乙把手机放在空位上，虽然去别的地方看，但手机仍然是主人乙在占有，所以甲的行为是盗窃。因此，B选项是正确的。

C选项，乙将手提箱落在出租车的后备箱，此时手提箱是司机在占有，所以甲的行为是盗窃。因此，C选项是正确的。

D选项，农民地里的农产品，或者说果园里面的果树，无论主人身在何处，都是主人在占有，所以甲的行为是盗窃。因此，D选项是正确的。

【答案】ABCD

扫码听课

【2013-2-15】甲、乙为朋友。乙出国前，将自己的借记卡（背面写有密码）交甲保管。后甲持卡购物，将卡中1.3万元用完。乙回国后发现卡里没钱，便问甲是否用过此卡，甲否认。关于甲的行为性质，下列哪一选项是正确的？（　　）

A. 侵占罪　　B. 信用卡诈骗罪

C. 诈骗罪　　D. 盗窃罪

【考点】信用卡诈骗罪

【解析】甲基于代为保管的关系合法占有乙的借记卡，然后持卡购物，整体评价甲的行为属于“冒用他人信用卡”成立信用卡诈骗罪。注意，此时甲代为保管的是乙的信用卡而不是乙卡里的钱。因此，B选项是正确的。

【答案】B

扫码听课

【2013-2-17】乙驾车带甲去海边游玩。到达后，乙欲游泳。甲骗乙说：“我在车里休息，把车钥匙给我。”趁乙游泳，甲将该车开往外地卖给他人。甲构成何罪？（　　）

A. 侵占罪　　B. 盗窃罪

C. 诈骗罪　　D. 盗窃罪与诈骗罪的竞合

【考点】盗窃罪

【解析】B选项，乙是车的主人，乙去游泳，甲在乙的车里，在这个场景下，由于车的主人乙在场，所以车是由其主人占有，甲将车开走出卖的行为构成盗窃罪。因此，B选项是正确的。

【答案】B

扫码听课

【2013-2-60】甲潜入他人房间欲盗窃，忽见床上坐起一老妪，哀求其不要拿她的东西。甲不理睬而继续翻找，拿走一条银项链（价值400元）。关于本案的分析，下列哪些选项是正确的？（　　）

A. 甲并未采取足以压制老妪反抗的方法取得财物，不构成抢劫罪

B. 如认为区分盗窃罪与抢夺罪的关键在于是秘密取得财物还是公然取得财

物，则甲的行为属于抢夺行为；如甲作案时携带了凶器，则对甲应以抢劫罪论处

C. 如采取B选项的观点，因甲作案时未携带凶器，也未秘密窃取财物，又不符合抢夺罪“数额较大”的要件，无法以侵犯财产罪追究甲的刑事责任

D. 如认为盗窃行为并不限于秘密窃取，则甲的行为属于入户盗窃，可按盗窃罪追究甲的刑事责任

【考点】盗窃罪

【解析】A选项，甲并未采取足以压制被害人反抗的方法取得财物，不构成抢劫罪。因此，A选项是正确的。

B选项，如认为区分盗窃罪与抢夺罪的关键在于秘密窃取还是公然取得，则甲的行为属于抢夺行为；如甲作案时携带了凶器，则可以抢劫罪来论处。因此，B选项是正确的。

C选项，如采取B选项的观点，因甲作案时未携带凶器，也未秘密窃取，又不符合抢夺罪“数额较大”的要件，无法以侵犯财产罪追究刑事责任。按照B观点，就是盗窃是秘密窃取，抢夺是公然取得，所以按照B观点甲不是秘密窃取，所以不是盗窃。甲如果是抢夺的，又没有取得数额较大的财物也不能构成抢夺罪，还有没有携带凶器则不能构成抢劫罪，以上是张明楷老师的观点，该观点想告诉我们盗窃罪不应该限制为秘密窃取。传统刑法理论认为盗窃罪必须是秘密窃取这个观点是不可取的。因此，C选项是正确的。

D选项，如果认为盗窃行为并不是限于秘密窃取，则甲的行为属于入户盗窃，可以按盗窃罪来追究刑事责任。前面ABC都是铺垫，D才是命题老师的观点，也是学界的主流观点，即盗窃罪不要求“秘密窃取”。因此，D选项是正确的。

【答案】ABCD

【2013－2－61】关于诈骗罪的理解和认定，下列哪些选项是错误的？（　　）

A. 甲曾借给好友乙1万元。乙还款时未要回借条。1年后，甲故意拿借条要乙还款。乙明知但碍于情面，又给甲1万元。甲虽获得1万元，但不能认定为诈骗既遂

B. 甲发现乙出国后其房屋无人居住，便伪造房产证，将该房租给丙住了一年，收取租金2万元。甲的行为构成诈骗罪

C. 甲请客（餐费1万元）后，发现未带钱，便向餐厅经理谎称送走客人后再付款。经理信以为真，甲趁机逃走。不管怎样理解处分意识，对甲的行为都应以诈骗罪论处

D. 乙花2万元向甲购买假币，后发现是一堆白纸。由于购买假币的行为是违法的，乙不是诈骗罪的受害人，甲不成立诈骗罪

【考点】诈骗罪

【解析】A选项，被害人没有基于认识错误而处分财产，甲虽然取得了钱，但不是乙基于错误认识处分财物，不能够成立犯诈骗罪既遂。因此，A选项是正确的。

B选项，本案中丙没有财产损失，有财产损失的是乙，但是乙并没有基于错误认识处分财物，加不成立诈骗罪。如果认为盗窃罪的对象包括财产权利益的话，甲应该构成盗窃罪，甲窃取了乙的出租权；如果认为盗窃的对象不应该包括财产权益，甲的行为就不成立盗窃罪。总之，甲的行为不成立诈骗罪。因此，B

大咖点拨区

扫码听课

大咖点拨区

扫码听课

扫码听课

选项是错误的。

C选项，经理"信以为真"，也只是允许甲可以"送走客人后再付款"，不是说甲可以不付钱，并没有发生处分财物的行为，所以不应该是诈骗罪。因此，C选项是错误的。

D选项，诈骗罪的本质是骗取他人财物，而不要求诈骗手段必须合法。基于不法原因而完成的交易行为，也可能会导致财产损失，成立诈骗罪，乙是诈骗罪的受害人。因此，D选项是错误的。

【答案】BCD

【2012－2－1】老板甲春节前转移资产，拒不支付农民工工资。劳动部门下达责令支付通知书后，甲故意失踪。公安机关接到报警后，立即抽调警力，迅速将甲抓获。在侦查期间，甲主动支付了所欠工资。起诉后，法院根据《刑法修正案（八）》拒不支付劳动报酬罪认定甲的行为，甲表示认罪。关于此案，下列哪一说法是**错误**的？（　　）

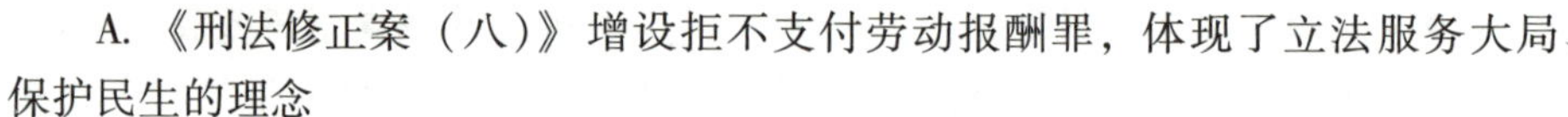

A.《刑法修正案（八）》增设拒不支付劳动报酬罪，体现了立法服务大局、保护民生的理念

B. 公安机关积极破案解决社会问题，发挥了保障民生的作用

C. 依据《刑法修正案（八）》对欠薪案的审理，体现了惩教并举，引导公民守法、社会向善的作用

D. 甲已支付所欠工资，可不再追究甲的刑事责任，以利于实现良好的社会效果

【考点】拒不支付劳动报酬罪

【解析】A、B、C选项，《刑法修正案（八）》增设了部分罪名，体现了立法服务大局、保护民生的理念。案件的审理也体现了惩教并举，引导公民守法、社会向善的作用。因此，A、B、C选项是正确的。

D选项，如果支付了拖欠的工资，没有造成严重后果的，是"可以减轻或者免除处罚"，而不是说"可不再追究甲的刑事责任"因此，D选项是错误的。

【答案】D

【2012－2－18】不计数额，下列哪一选项构成侵占罪？（　　）

A. 甲是个体干洗店老板，洗衣时发现衣袋内有钱，将钱藏匿

B. 乙受公司委托外出收取货款，隐匿收取的部分货款

C. 丙下飞机时发现乘客钱包掉在座位底下，捡起钱包离去

D. 丁是宾馆前台服务员，客人将礼品存于前台让朋友自取。丁见久无人取，私吞礼品

【考点】侵占罪

【解析】A选项，观点一认为衣服里的钱跟衣服一样，顾客概括性的把衣服交给干洗店老板甲，而衣服里面有钱的可能性也是比较大的。顾客这时候没注意到，直接把衣服交给甲，概括性的认为把衣服里的所有东西都交给甲了，老板占有他人交由保管的委托物，构成侵占罪；观点二认为在这里面衣服口袋里的钱，主人忘记它的存在，所以属于遗忘物。那么甲是基于合法的原因而占有他人遗忘物，所以也构成侵占罪。因此，A选项是正确的。

B选项，乙从收到货款到交回公司这段时间，是在占有该笔货款，但乙是因

大咖点拨区

为职务上的原因而占有，所以是职务侵占罪。因此，B选项是错误的。

C选项，这个钱包此时可能是失主在占有，也可能是空乘人员在占有。要看这个主人离开的时间长还是短，如果刚刚离开还是主人在占有，如果离开时间很长就是空乘人员在占有。总之，它不是无人占有，所以丙是盗窃。因此C选项是错误的。

D选项，客人把礼品放到前台，让朋友来取，在客人的朋友来取之前，礼品是放置者（即客人）在占有，该财物属于主人特别声明，特意放置于某处的财物，所以应该是放置者在占有，丁属于盗窃罪。因此，D选项是错误的。

【答案】A

【2011－2－15】甲预谋拍摄乙与卖淫女的裸照，迫使乙交付财物。一日，甲请乙吃饭，叫卖淫女丙相陪。饭后，甲将乙、丙送上车。乙、丙刚到乙宅，乙便被老板电话叫走，丙亦离开。半小时后，甲持相机闯入乙宅发现无人，遂拿走了乙的3万元现金。关于甲的行为性质，下列哪一选项是正确的？（　　）

扫码听课

A. 抢劫未遂与盗窃既遂

B. 抢劫既遂与盗窃既遂的想象竞合

C. 敲诈勒索预备与盗窃既遂

D. 敲诈勒索未遂与盗窃既遂的想象竞合

【考点】敲诈勒索罪与盗窃罪

【解析】甲有两个行为，第一个行为是敲诈勒索，敲诈勒索罪的实行行为是威胁、恐惧、交付，但是甲还没有发出威胁，所以敲诈勒索是预备。第二个行为是拿乙的三万元现金，是盗窃行为，所以，甲构成敲诈勒索罪预备与盗窃罪数罪并罚。因此，C选项是正确的。

【答案】C

【2011－2－16】关于盗窃罪的理解，下列哪一选项是正确的？（　　）

扫码听课

A. 扒窃成立盗窃罪的，以携带凶器为前提

B. 扒窃仅限于窃取他人衣服口袋内体积较小的财物

C. 扒窃时无论窃取数额大小，即使窃得一张白纸，也成立盗窃罪既遂

D. 入户盗窃成立盗窃罪的，既不要求数额较大，也不要求多次盗窃

【考点】盗窃罪

【解析】成立盗窃罪要求两个条件具备其一：1、数额较大；2、其他情节（多次、入户、携带凶器、扒窃）。其中“数额”和“情节”不需要同时具备；“情节”的各项，只具其一就可以。

A选项，扒窃成立盗窃罪并不要求以携带凶器为前提。因此，A选项是错误的。

B选项，扒窃并没有对财物的体积有要求，体积大的财物也可以扒窃。因此，B选项是错误的。

C选项，“扒窃”虽然不要求数额较大，但是要求有价值，是值得刑法保护的财物，一张纸、一块钱、一支笔都不是值得刑法保护的财物。所以单纯的取得一张白纸、一块钱不应该构成盗窃罪。因此，C选项的是错误的。

D选项，入户盗窃成立盗窃罪的，既不要求数额较大，也不要求多次盗窃。因此，D选项是正确的。

大咖点拨区

扫码听课

扫码听课

【答案】D

【2011－2－61】下列哪些选项的行为人具有非法占有目的？（　　）

A. 男性基于癖好入户窃取女士内衣

B. 为了燃柴取暖而窃取他人木质家具

C. 骗取他人钢材后作为废品卖给废品回收公司

D. 杀人后为避免公安机关识别被害人身份，将被害人钱包等物丢弃

【考点】非法占有为目的

【解析】非法占有目的的认定，要求同时具备两个意思：“排除”的意思和“利用”的意思。“排除”是永久性排除原权利人的占有；“利用”是遵循财物可能具有的用途而加以利用。

A 选项，男性基于癖好入户窃取女性内衣有排除的意思，不要求遵循这个财物原本所具有的用途，只要他认为是可用的就可以，所以，他无论怎么用，对于行为人来说是可用的就可以。因此，A 选项是正确的。

B 选项，木质家具通常不是当柴烧的。但是行为人认为，当柴烧是可以的，那就具有非法占有的目的了。因此，B 选项是正确的。

C 选项，行为人窃取钢材之后，予以出售的，是有利用的意思，所以行为人具有非法占有为目的。因此，C 选项是正确的。

D 选项，在这个选项中行为人是排除主人对于财物的占有，所以他从被害人身上拿走，具有排除的意思了，但是他没有利用的意思，他在这里面只有妨碍别人利用，不让警方利用的意思，这个不叫做利用的意思。排除的意思是排除主人对于财物的占有，利用的意思是在占有之后我对它加以利用，两个意思要同时具备才能说具有非法占有目的。因此，D 选项是错误的。

【答案】ABC

【2011－2－62】关于侵占罪的认定（不考虑数额），下列哪些选项是**错误**的？（　　）

A. 甲将他人停放在车棚内未上锁的自行车骑走卖掉。甲行为构成侵占罪

B. 乙下车取自己行李时将后备厢内乘客遗忘的行李箱一并拿走变卖。乙行为构成侵占罪

C. 丙在某大学食堂将学生用于占座的手机拿走卖掉。丙行为成立侵占罪

D. 丁受托为外出邻居看房，将邻居锁在柜里的手提电脑拿走变卖。丁行为成立侵占罪

【考点】侵占罪

【解析】A 选项甲的行为构成盗窃罪，他人车棚内停放的车不管是否上锁都是他人在占有，所以甲是盗窃罪。因此，A 选项是错误的。

B 选项，乘客遗忘的行李箱是司机在占有，所以成立盗窃罪。因此，B 选项是错误的。

C 选项，手机主人在场，所以该手机是其主人占有，所以丙构成盗窃罪。因此，C 选项是错误的。

D 选项，丁虽然是受托为邻居看房，但是锁在柜子里的手提电脑，是主人特意放置于某处，是主人在占有，所以是盗窃。因此，D 选项是错误的。

【答案】ABCD

大咖点拨区

扫码听课

扫码听课

扫码听课

【2010－2－16】甲持刀将乙逼入山中，让乙通知其母送钱赎人。乙担心其母心脏病发作，遂谎称开车撞人，需付5万元治疗费，其母信以为真。关于甲的行为性质，下列哪一选项是正确的？（　　）

A. 非法拘禁罪　　B. 绑架罪

C. 抢劫罪　　D. 诈骗罪

【考点】绑架罪

【解析】甲让乙通知其母“送钱赎人”，此时甲的主观意图非常明确，就是要勒索赎金，因此成立绑架罪。只有在行为人究竟是“勒索赎金”和是“当场劫取财物”的意图不明确时，才需要考察第三人是否知情。第三人知情的就是绑架，第三人不知情的就是抢劫。因此，B选项是正确的。

【答案】B

【2010－2－17】甲欠乙10万元久不归还，乙反复催讨。某日，甲持凶器闯入乙家，殴打乙致其重伤，迫乙交出10万元欠条并在已备好的还款收条上签字。关于甲的行为性质，下列哪一选项是正确的？（　　）

A. 故意伤害罪　　B. 抢劫罪

C. 非法侵入住宅罪　　D. 抢夺罪

【考点】抢劫罪

【解析】甲劫取的是乙的财产性利益，应该是抢劫罪。命题老师观点认为，乘坐出租车到了目的地之后使用暴力强迫司机免除车费的也构成抢劫罪，抢的就是司机的债权利益。因此，B选项是正确的。

【答案】B

【2010－2－59】关于抢夺罪，下列哪些判断是错误的？（　　）

A. 甲驾驶汽车抢夺乙的提包，汽车能致人死亡属于凶器。甲的行为应认定为携带凶器抢夺罪

B. 甲与乙女因琐事相互厮打时，乙的耳环（价值8000元）掉在地上。甲假装摔倒在地迅速将耳环握在手中，乙见甲摔倒便离开了现场。甲的行为成立抢夺罪

C. 甲骑着摩托车抢夺乙的背包，乙使劲抓住背包带，甲见状便加速行驶，乙被拖行十多米后松手。甲的行为属于情节特别严重的抢夺罪

D. 甲明知行人乙的提包中装有毒品而抢夺，毒品虽然是违禁品，但也是财物。甲的行为成立抢夺罪

【考点】抢夺罪

【解析】A选项，凶器在外观上是要能够给人带来压力感、胁迫感、紧张感，不是只要可以致人死亡就属于凶器，所以汽车不是凶器。（同样穿着高跟鞋抢夺，也不是携带凶器抢夺）因此，A选项是错误的。

B选项，抢夺必须是对物暴力，没有对物的暴力，甲的行为构成的是盗窃罪。因此，B选项是错误的。

C选项，甲的行为构成的是抢劫罪。根据双抢问题的司法解释，使用强拉硬拽的方法，强行夺取财物，“强拉硬拽”就变成了对人暴力，成立抢劫罪。因此，C选项是错误的。

D选项，对毒品、货币、淫秽物品的盗窃或者抢夺。尽管这些违禁品虽然都

大咖点拨区

扫码听课

不能够在市场上流流通，但是具有财产价值，对于这些违禁品的盗窃、抢夺、抢劫，成立盗窃罪、抢夺罪、抢劫罪的。因此，D选项是正确的。

【答案】ABC

【2010－2－62】下列哪些行为属于盗窃？（　　）

A. 甲穿过铁丝网从高尔夫球场内“拾得”大量高尔夫球

B. 甲在夜间翻入公园内，从公园水池中“捞得”旅客投掷的大量硬币

C. 甲在宾馆房间“拾得”前一顾客遗忘的笔记本电脑一台

D. 甲从一辆没有关好门的小轿车内“拿走”他人公文包

【考点】盗窃罪

【解析】A选项，高尔夫球场的高尔夫球是高尔夫球场在占有，所以是盗窃罪。因此，A选项正确。

B选项，硬币是属于公园占有，所以是盗窃罪。因此，B选项正确。

C选项，笔记本电脑是属于宾馆的管理者占有，所以是盗窃罪。因此，C选项正确。

D选项，公文包是车的主人在占有，所以是盗窃罪。因此，D选项正确。

【答案】ABCD

大咖点拨区

专题十九　妨害社会管理秩序罪

【2021 网络回忆版】2021 年 2 月 28 日晚 11 时，甲从自家三楼向下扔四袋厨余垃圾，刚好砸到自家车上。下列选项正确的是？（　　）

A. 甲的行为发生在《刑法修正案（十一）》实施之前，甲不成立以危险方法危害公共安全罪，根据从旧兼从轻原则，甲无罪

B. 甲的行为发生在《刑法修正案（十一）》实施之前，甲成立以危险方法危害公共安全，根据从旧兼从轻原则，甲构成高空抛物罪

C. 三楼不构成高空，即使甲的行为发生在《刑法修正案（十一）》实施之后，甲也不构成高空抛物罪

D. 甲的垃圾砸在自家车上，没有危害公共安全，即使甲的行为发生在《刑法修正案（十一）》实施之后，甲也不构成以危险方法危害公共安全罪

扫码听课

【考点】高空抛物罪，以危险方法危害公共安全罪

【解析】根据最高人民法院《关于依法妥善审理高空抛物、坠物案件的意见》（以下简称《意见》），故意从高空抛弃物品，尚未造成严重后果，但足以危害公共安全的，成立以危险方法危害公共安全罪。根据张明楷教授的观点，以危险方法危害公共安全罪是与“放火罪、爆炸罪、决水罪”并列的罪名，因此要求行为不但危及公共安全，还要具有瞬间的爆发性，损害结果随时扩大或增加，只有这样才能认为与放火、爆炸、决水行为程度相当，因此应当对《意见》进行**限缩解释**，故意从高空抛弃物品，只有在给公共安全带来现实、紧迫、具体的危险（如一次性扔下十个啤酒瓶），且具有瞬间的爆发性才能成立以危险方法危害公共安全罪，而不是只要有高空抛物的行为，可能威胁到不特定的某个人就成立本罪。因此，甲的行为发生在《刑法修正案（十一）》实施之前，但是难以构成以危险方法危害公共安全罪，根据甲行为当时的法律，甲无罪；甲的行为其实符合《刑法修正案（十一）》新增的高空抛物罪的构成要件，但是新法不得溯及既往，因此甲的行为最终无罪。A 选项正确；B 选项错误。

C 选项，三楼属于高空，如果甲的行为发生《刑法修正案（十一）》之后，构成高空抛物罪，C 选项错误。

D 选项，甲从三楼扔垃圾的行为不具有瞬间的爆发性，损害结果随时扩大或增加，因此无论发生在《刑法修正案（十一）》实施前还是实施后，都不构成以危险方法危害公共安全罪。

【答案】AD

【2021 网络回忆版】《刑法》第 291 条之二规定“从建筑物或者其他高空抛掷物品，情节严重的，处一年以下有期徒刑、拘役或者管制”。根据上述法条，下列说法正确的是？（　　　　　）

扫码听课

A. 高空抛物罪仅从高空抛下，才可定罪

B. 行为人站在地面向上抛物品时，物品从高空掉落也构成高空抛物罪

大咖点拨区

C. 在建筑物抛掷物品不需要满足高空的要求

D. 抛掷的物品不需要满足足以致人重伤的重量和大小

【考点】高空抛物罪

【解析】A选项，高空抛物罪，是从建筑物或者其他高空抛掷物品，情节严重的行为，但是“高空”是一个相对概念，有人在矿井下作业，而从地面向井下投掷，亦属于高空抛物。A的表述不准确。

B选项，既然法条使用了“从建筑物或者其他高空抛掷物品”这样的表达，就意味着必须从高向低抛，在地面向上抛物品再从高空掉落，不构成高空抛物罪。

C选项，“建筑物或者其他高空”表明建筑物也是高空的一种，当然需要满足高空的条件。

D选项，本罪是抽象危险犯，从建筑物或者其他高空抛掷物品，情节严重，就可认为给公共安全造成抽象危险，犯罪就成立，因此不需要达到足以致人重伤的程度。

【答案】D

扫码听课

【2021网络回忆版】甲购买乙公司的货车，约定付清车款后所有权才归甲。乙公司为保障自身的权利，在该车辆上安装了定位系统。后甲不想履行付款义务，欲将车卖掉，便叫丙利用信息网络干扰定位系统，导致车辆定位系统被解除，后甲成功将车辆卖掉。丙的行为构成何罪？（　　）

A. 非法侵入计算机信息系统罪

B. 非法利用信息网络罪

C. 非法控制计算机信息系统罪

D. 破坏计算机信息系统罪

【考点】计算机类犯罪

【解析】A选项，非法侵入计算机信息系统罪，是违反国家规定，侵入国家事务、国防建设、尖端科学技术领域的计算机信息系统的行为，本案中企业的机械远程监控系统不属于上述种类的信息系统，不成立本罪。

B选项，非法利用信息网络罪，是利用信息网络设立用于实施诈骗、传授犯罪方法、制作或者销售违禁物品、管制物品等违法犯罪活动的网站、通讯群组，或发布有关制作或者销售毒品、枪支、淫秽物品等违禁物品、管制物品或者其他违法犯罪信息，或为实施诈骗等违法犯罪活动发布信息，情节严重的行为。甲违反国家规定，对企业的机械远程监控系统功能进行破坏，造成计算机信息系统不能正常运行，不属于非法利用信息网络的行为。

C选项，非法控制计算机信息系统罪，是指违反国家规定，对该计算机信息系统实施非法控制，情节严重的行为。甲并没有对计算机信息系统进行控制，不成立本罪。

D选项，破坏计算机信息系统罪，是指违反国家规定，对计算机信息系统功能进行删除、修改、增加、干扰，造成计算机信息系统不能正常运行，后果严重的行为。企业的机械远程监控系统属于计算机信息系统。违反国家规定，对企业的机械远程监控系统功能进行破坏，造成计算机信息系统不能正常运行，后果严重的，构成破坏计算机信息系统罪。D正确。

注意：甲付清车款前并没有取得汽车的所有权，属于合法占有他人财物，擅自出卖即为非法侵吞，成立侵占罪。

【答案】D

【2021 网络回忆版】下列行为人，构成开设赌场罪的有？（　　）（不考虑数额）

A. 王某等人在我国境内组织旅游团赴境外旅游，在境外旅游期间，组织人员前往当地合法开业的赌场参与赌博

B. 陈某以营利为目的，邀请人员加入微信群，根据竞猜游戏网站的开奖结果"比大小"等方式进行赌博，利用微信群进行控制管理

C. 梁某等人明知是境外赌博网站，仍为其提供资金结算业务，并组织境内人员参与网络赌博

D. 方某等人建立微信群，邀请人员加入微信群，利用微信群进行控制管理，以抢红包方式进行赌博，并抽成盈利

【考点】涉赌犯罪

【解析】A 选项，王某组织旅游团赴境外旅游并参与赌博，构成组织参与国（境）外赌博罪，而不是开设赌场罪。

《刑法》第 303 条第 3 款【组织参与国（境）外赌博罪】组织中华人民共和国公民参与国（境）外赌博，数额巨大或者有其他严重情节的，依照前款的规定处罚。

BD 选项都属于利用微信群的方式组织赌博，并进行控制管理，满足开设赌场罪的构成要件。

C 选项，梁某等人明知是境外赌博网站，仍为其提供资金结算业务，构成开设赌场罪的帮助犯，同时构成帮助信息网络犯罪活动罪，想象竞合，从一重罪论处。

《刑法》第 287 条之二【帮助信息网络犯罪活动罪】明知他人利用信息网络实施犯罪，为其犯罪提供互联网接入、服务器托管、网络存储、通讯传输等技术支持，或者提供广告推广、支付结算等帮助，情节严重的，处三年以下有期徒刑或者拘役，并处或者单处罚金。

单位犯前款罪的，对单位判处罚金，并对其直接负责的主管人员和其他直接责任人员，依照第一款的规定处罚。

有前两款行为，同时构成其他犯罪的，依照处罚较重的规定定罪处罚。

【答案】BCD

【2021 网络回忆版】以下几句话：①《刑法修正案（九）》增设了虚假诉讼罪；②普通公民通过虚假诉讼骗取他人财物，构成虚假诉讼罪与诈骗罪想象竞合；③虚假诉讼行为人与案件审理法官串通，法官枉法裁决，法官构成诈骗罪；④虚假诉讼行为人没有与审理案件法官串通，法官明知事情真相，仍枉法裁决，虚假诉讼行为人构成虚假诉讼罪，不能构成诈骗罪。下面哪一选项是正确的？（　　）

A. ①②③④均正确　　B. ①②④正确，③错误

C. ①②正确，③④错误　　D. ①正确，②③④错误

【考点】虚假诉讼罪

【解析】通过伪造证据等方法提起民事诉讼欺骗法官，导致法官做出错误判

大咖点拨区

扫码听课

扫码听课

大咖点拨区

扫码听课

扫码听课

决，使得他人交付财物或者处分财产，行为人非法占有他人财产或者逃避合法债务的，成立诈骗罪（典型的三角诈骗），属于诈骗罪与虚假诉讼罪想象竞合。如果虚假诉讼人与法官串通，法官明知真相而作出而枉法裁判，法官构成民事枉法裁判罪，但是由于没有发生基于错误处分财物的事实，法官与虚假诉讼人都不构成诈骗罪，因此①②④正确，③错误。

【答案】B

【2019 网络回忆版】黑社会性质的组织应当同时具备下列哪些特征？（　　）

A. 形成稳定的犯罪组织，人数较多，有明确的组织者

B. 有组织地多次进行违法犯罪

C. 通过违法犯罪获取经济利益，具有经济实力

D. 有官员提供保护，为其称霸一方提供支持

【考点】黑社会性质组织的特征

【解析】根据《刑法》第 294 条规定，黑社会性质的组织应当同时具备以下特征：

（一）形成**较稳定的犯罪组织，人数较多，有明确的组织者**、领导者，骨干成员基本固定；

（二）**有组织地通过违法犯罪活动**或者其他手段**获取经济利益**，具有一定的**经济实力**，以支持该组织的活动；

（三）以暴力、威胁或者其他手段，有组织地多次进行违法犯罪活动，为非作恶，欺压、残害群众；

（四）通过实施违法犯罪活动，**或者利用国家工作人员的包庇或者纵容**，称霸一方，在一定区域或者行业内，形成非法控制或者重大影响，严重破坏经济、社会生活秩序。

由此可见“保护伞”并不是黑社会性质组织的必须具备的条件。

【答案】ABC

【2017－2－19】《刑法》第 310 条第 1 款规定了窝藏、包庇罪，第 2 款规定：“犯前款罪，事前通谋的，以共同犯罪论处。”《刑法》第 312 条规定了掩饰、隐瞒犯罪所得罪，但没有规定“事前通谋的，以共同犯罪论处。”关于上述规定，下列哪一说法是正确的？

A. 若事前通谋之罪的法定刑低于窝藏、包庇罪的法定刑，即使事前通谋的，也应以窝藏、包庇罪论处

B. 即使《刑法》第 310 条没有第 2 款的规定，对于事前通谋事后窝藏、包庇的，也应以共同犯罪论处

C. 因缺乏明文规定，事前通谋事后掩饰、隐瞒犯罪所得的，不能以共同犯罪论处

D. 事前通谋事后掩饰、隐瞒犯罪所得的，属于想象竞合，应从一重罪处罚

【考点】窝藏、包庇罪，掩饰、隐瞒犯罪所得罪

【解析】A 选项，由于《刑法》第 310 条已经作了明确的规定，“犯前款罪，事前通谋的，以共同犯罪论处。”A 选项的表述明显违反了罪刑法定原则。因此，A 选项是错误的。

B 选项，事先有通谋的事后窝藏行为，属于帮助行为，《刑法》第 310 条第 2

款的规定属于注意规定，即便没有该规定，也应当认定为共犯。因此，B选项是正确的。

C选项，不论《刑法》第312条有无“事前通谋的，以共同犯罪论处”的规定，事前通谋的事后掩饰、隐瞒犯罪所得的行为，本身就符合共同犯罪的规定，属于帮助行为，所以应当以共同犯罪论处。因此，C选项是错误的。

D选项，只要事前有通谋，事后实施掩饰、隐瞒犯罪所得的行为，无需再评价掩饰、隐瞒犯罪所得的行为，直接认定为共同犯罪即可。因此，D选项是错误的。

【答案】B

【2017－2－20】关于盗伐林木罪，下列哪一选项是正确的？（　　）

A. 甲盗伐本村村民张某院落外面的零星树木，如果盗伐数量较大，构成盗伐林木罪

B. 乙在林区盗伐珍贵林木，数量较大，如同时触犯其他法条构成其他犯罪，应数罪并罚

C. 丙将邻县国有林区的珍贵树木移植到自己承包的林地精心养护使之成活的，不属于盗伐林木

D. 丁在林区偷扒数量不多的具有药用价值的树皮，致使数量较大的林木枯死的，构成盗伐林木罪

【考点】盗伐林木罪

【解析】A选项，司法解释规定，盗窃他人房前屋后的零星数目，由于并未达到破坏森林资源的程度，只是侵犯了公民个人所有的财产，所以甲应成立盗窃罪。因此，A选项是错误的。

B选项，乙只实施了一个行为，触犯了盗伐林木罪与非法采伐国家重点保护植物罪，属于想象竞合，从一重处罚，而不是数罪并罚。因此，B选项是错误的。

C选项，丙以非法占有为目的，将邻县所有的珍贵树木据为已有，数额较大，当然成立盗伐林木罪，“精心养护使之成活”不影响对于行为性质的判断。因此，C选项是错误的。

D选项，丁未取得许可证，偷扒树皮的行为满足“盗”的特征，同时其“盗”的行为导致数量较大的林木枯死，所以丁的行为成立盗伐林木罪。因此，D选项是正确的。

【相关法条】第三百四十五条　【盗伐林木罪；滥伐林木罪】**盗伐**森林或者其他林木，**数量较大**的，处三年以下有期徒刑、拘役或者管制，并处或者单处罚金；数量巨大的，处三年以上七年以下有期徒刑，并处罚金；数量特别巨大的，处七年以上有期徒刑，并处罚金。

违反森林法的规定，**滥伐**森林或者其他林木，**数量较大**的，处三年以下有期徒刑、拘役或者管制，并处或者单处罚金；数量巨大的，处三年以上七年以下有期徒刑，并处罚金。

盗伐、滥伐**国家级自然保护区内**的森林或者其他林木的，从重处罚。

【答案】D

大咖点拨区

扫码听课

大咖点拨区

扫码听课

【2016－2－19（2021年改编）】下列哪一行为应以**袭警罪**论处？（　　）

A. 甲与傅某相互斗殴，警察处理完毕后让各自回家。傅某当即离开，甲认为警察的处理不公平，朝警察小腿踢一脚后逃走

B. 乙夜间入户盗窃时，发现户主戴某是警察，窃得财物后正要离开时被戴某发现。为摆脱抓捕，乙对戴某使用暴力致其轻微伤

C. 丙为使其弟逃跑，将前来实施行政拘留的警察打倒在地，其弟顺利逃走

D. 丁在组织他人偷越国（边）境的过程中，以暴力方法抗拒警察检查

【考点】袭警罪

【解析】袭警罪是指暴力袭击正在依法执行职务的人民警察的行为。

A选项，甲对警察使用暴力时，警察的执法活动已经结束，甲不是对警察公务活动的阻碍，不成立袭警罪。因此，A选项是错误的。

B选项，戴某并不是作为警察在执行职务，仅仅是作为被害人在保护自己的财物。因此，B选项是错误的。

C选项，丙对正在依法执行职务的人民警察使用暴力，阻碍其履行拘留职责的，成立袭警罪。因此，C选项是正确的。

D选项，组织他人偷越国边境罪，运送他人偷越国边境，以暴力、威胁的方法抗拒检查的，以组织他人偷越国边境罪、运送他人偷越国边境罪论处，法定刑升级即可。因此，D选项是错误的。

【相关法条】第二百七十七条　【妨害公务罪】以**暴力、威胁**方法阻碍**国家机关工作人员**依法执行职务的，处三年以下有期徒刑、拘役、管制或者罚金。

以**暴力、威胁**方法阻碍**全国人民代表大会**和**地方各级人民代表大会代表**依法执行代表职务的，依照前款的规定处罚。

在**自然灾害**和**突发事件**中，以**暴力、威胁**方法阻碍红十字会工作人员依法履行职责的，依照第一款的规定处罚。

故意阻碍**国家安全机关、公安机关**依法执行**国家安全**工作任务，**未使用暴力、威胁**方法，造成**严重后果**的，依照第一款的规定处罚。

暴力袭击正在依法执行职务的**人民警察**的，处三年以下有期徒刑、拘役或者管制；使用枪支、管制刀具，或者以驾驶机动车撞击等手段，严重危及其人身安全的，处三年以上七年以下有期徒刑。

【答案】C

扫码听课

【2019网络回忆版】甲于2011年借给乙50万元。1年后乙通过银行转账将50万元转给甲。因为有银行转账记录，乙未向甲索要回欠条。甲将欠条涂改为2017年借给乙50万元，并向法院起诉，要求乙还款（本息52万元）。乙以银行转账记录为证据，主张自己已经还款。法官经过调查，最终作出乙败诉的判决，判决乙应向甲还款52万元。关于本案，下列说法正确的有？（　　）

A. 甲的行为构成虚假诉讼罪与诈骗罪，两罪在一审判决作出时便既遂

B. 甲的行为构成诉讼诈骗，法官是受骗人，乙是受害人

C. 甲的行为构成虚假诉讼罪和诈骗罪的想象竞合

D. 法官虽然受骗，但是不构成民事枉法裁判罪

【考点】虚假诉讼罪，诈骗罪

【解析】虚假诉讼罪是指以捏造的事实提起民事诉讼，妨害司法秩序或者严

重侵害他人合法权益的行为。

A 选项，诈骗罪是取得型财产犯罪，需要取得财物犯罪才达到既遂状态，在一审判决作出，但是还未执行时，犯罪并没有既遂；虚假诉讼罪只要行为人向人民法院提起虚假的民事诉讼，法院已经受理，即使还没有开庭审理，也妨害了司法秩序，应当认定为本罪的既遂，而不是在一审判决作出时既遂。A 错误。

BC 选项，通过伪造证据等方法提起民事诉讼欺骗法官，导致法官做出错误判决，使得他人交付财物或者处分财产，行为人非法占有他人财产或者逃避合法债务的，法官是受骗人，乙是受害人，是一种诉讼诈骗，成立诈骗罪，并且是诈骗罪与虚假诉讼罪的想象竞合。BC 正确。

D 选项，民事、行政枉法裁判罪，是指在民事、行政审判活动中故意违背事实和法律作枉法裁判，情节严重的行为。本案中，法官本身也是被骗，并不是故意作出违背事实和法律的错误判决，不构成民事枉法裁判罪。D 正确。

【答案】BCD

大咖点拨区

【2016－2－20】甲杀丙后潜逃。为干扰侦查，甲打电话让乙将一把未留有指纹的斧头粘上丙的鲜血放到现场。乙照办后报案称，自己看到“凶手”杀害了丙，并描述了与甲相貌特征完全不同的“凶手”情况，导致公安机关长期未将甲列为嫌疑人。关于本案，下列哪一选项是**错误**的？（　　）

扫码听课

A. 乙将未留有指纹的斧头放到现场，成立帮助伪造证据罪

B. 对乙伪造证据的行为，甲不负刑事责任

C. 乙捏造事实诬告陷害他人，成立诬告陷害罪

D. 乙向公安机关虚假描述“凶手”的相貌特征，成立包庇罪

【考点】帮助毁灭、伪造证据罪，包庇罪，期待可能性

【解析】A 选项，乙伪造的是有利于被告人的证据，所以是成立帮助伪造证据罪。因此，A 选项是正确的。

B 选项，对乙伪造证据的行为，甲不负刑事责任。本犯自己毁灭、伪造自己的证据，或者说指使别人伪造对自己有利的证据，本犯都不会构成犯罪，因为没有期待可能性，所以甲不负刑事责任。因此，B 选项是正确的。

C 选项，诬告陷害罪针对的是一个具体的实在的人，而乙针对的是一个抽象的人，乙只想转移司法机关的视野，不要把怀疑落在甲身上，所以乙并没有诬告一个具体的人，不成立诬告陷害罪。因此，C 选项是错误的。

D 选项，包庇罪是指，行为人为了保护“犯了罪的他人”，面对司法机关在作假证明。所以乙报案称，自己看到“凶手”，并描述了与甲相貌特征完全不同的“凶手”情况，就是在作假证明，满足包庇罪的构成要件，成立包庇罪。因此，D 选项是正确的。

【答案】C

【2016－2－60】2016 年 4 月，甲利用乙提供的作弊器材，安排大学生丙在地方公务员考试中代替自己参加考试。但丙考试成绩不佳，甲未能进入复试。关于本案，下列哪些选项是正确的？（　　）

扫码听课

A. 甲组织他人考试作弊，应以组织考试作弊罪论处

B. 乙为他人考试作弊提供作弊器材，应按组织考试作弊罪论处

C. 丙考试成绩虽不佳，仍构成代替考试罪

大咖点拨区

D. 甲让丙代替自己参加考试，构成代替考试罪

【考点】组织考试作弊罪，代替考试罪

【解析】《刑法修正案（九）》新增的罪名：组织考试作弊罪、代替考试罪和非法提供试题答案罪，与考试相关的三个罪名是新增的罪名。

A 选项，甲没有组织行为，仅仅是让别人替自己考试，所以甲不构成组织考试作弊罪。因此，A 选项是错误的。

B 选项，乙虽然提供器材，但是在这里并没有组织行为，所以甲不构成组织考试作弊罪，乙也不应该构成组织考试作弊罪。因此，B 选项是错误的。

C、D 选项，代替考试罪既包括让别人代替自己，也包括自己去代替别人，都算作是代替考试罪。所以甲和丙都构成代替考试罪。因此，C、D 选项是正确的。

【相关法条】第二百八十四条之一　【组织考试作弊罪；非法出售、提供试题答案罪；代替考试罪】在法律规定的国家考试中，组织作弊的，处三年以下有期徒刑或者拘役，并处或者单处罚金；情节严重的，处三年以上七年以下有期徒刑，并处罚金。

为他人实施前款犯罪提供作弊器材或者其他帮助的，依照前款的规定处罚。

为实施考试作弊行为，向他人非法出售或者提供第一款规定的考试的试题、答案的，依照第一款的规定处罚。

代替他人或者让他人代替自己参加第一款规定的考试的，处拘役或者管制，并处或者单处罚金。

【答案】CD

扫码听课

【2016－2－61】关于毒品犯罪，下列哪些选项是正确的？（　　）

A. 甲无牟利目的，为江某代购仅用于吸食的毒品，达到非法持有毒品罪的数量标准。对甲应以非法持有毒品罪定罪

B. 乙为蒋某代购仅用于吸食的毒品，在交通费等必要开销之外收取了若干“劳务费”。对乙应以贩卖毒品罪论处

C. 丙与曾某互不知情，受雇于同一雇主，各自运输海洛因 500 克。丙将海洛因从一地运往另一地后，按雇主吩咐交给曾某，曾某再运往第三地。丙应对运输 1000 克海洛因负责

D. 丁盗窃他人 200 克毒品后，将该毒品出卖。对丁应以盗窃罪和贩卖毒品罪实行数罪并罚

【考点】毒品犯罪

【解析】A、B 选项，根据司法解释，有证据证明行为人不以牟利为目的，为他人代购仅用于吸食的毒品，毒品数量超过非法持有毒品罪的最低数量标准的，对托购者、代购者应以非法持有毒品罪定罪。代购者从中牟利，变相加价贩卖毒品的，对代购者应以贩卖毒品罪定罪。仅是为他人代购，成立非法持有毒品罪。代购毒品构成贩卖毒品罪，一般认为是三种情形：第一种情形是明显站在卖方的立场上，帮助卖方来招揽买方，为卖方贩卖毒品提供帮助的；显然 A 中的甲并不属于这种情形，甲是为江某代购仅用于吸食的毒品，甲不是为卖方来招揽买方，所以甲不会构成贩卖毒品罪；第二种情形是构成贩卖毒品是买方、卖方并不认识，如果没有行为人对于买卖双方牵线搭桥，毒品交易是无法完成的，对于毒品

大咖点拨区

交易至关重要，这种情况下也构成贩卖毒品；第三种情况就是从中加价，在必要的交通费之外，又要所谓的辛苦费、劳务费，或者就是单纯的从中加价，都会构成贩卖毒品。因此甲仅仅是非法持有毒品罪、乙成立贩卖毒品罪。因此，A、B选项是正确的。

C选项，丙只对自己运输的500克海洛因负责，丙将500克海洛因交给曾某，曾某运1000克海洛因到第三地，曾某要对自己运输的1000克海洛因负责。因此，C选项是错误的。

D选项，盗窃他人毒品之后又往出卖的，不能把“出卖”的行为认为是不可罚的事后行为，“出卖毒品”的行为又侵犯了新的法益，前面盗窃罪是财产权法益，而贩卖毒品是国家对于麻醉药品、精神药品的管制秩序，所以后面再往外卖的行为要构成贩卖毒品罪。因此，D选项是正确的。

【答案】 ABD

【2015－2－20】甲杀人后将凶器忘在现场，打电话告诉乙真相，请乙帮助扔掉凶器。乙随即把凶器藏在自家地窖里。数月后，甲生活无着落，准备投案自首时，乙向甲汇款2万元，使其继续在外生活。关于本案，下列哪一选项是正确的？（　　）

扫码听课

A. 乙藏匿凶器的行为不属毁灭证据，不成立帮助毁灭证据罪

B. 乙向甲汇款2万元不属帮助甲逃匿，不成立窝藏罪

C. 乙的行为既不成立帮助毁灭证据罪，也不成立窝藏罪

D. 甲虽唆使乙毁灭证据，但不能认定为帮助毁灭证据罪的教唆犯

【考点】 帮助毁灭证据罪，窝藏罪

【解析】 A选项，乙帮助甲把凶器藏在自己家的地窖里，是一种“毁灭”证据的行为。毁灭证据并不是等同于让这个证据在物理上消灭。“毁灭”的本质是妨碍司法机关发现，把证据隐匿起来，让司法机关难以查找就是毁灭证据。所以乙就是一种毁灭证据的行为。因此，A选项是错误的。

B、C选项，乙的行为触犯窝藏罪。窝藏就是为罪犯逃跑提供任何帮助，可以是交通工具，可以是路线，可以是藏匿的处所，还可以是财物，提供任何帮助的行为都是窝藏的行为。因此，B、C选项是错误的。

D选项，本犯教唆别人帮助自己毁灭证据，没有期待可能性，所以不构成犯罪。因此，D选项是正确的。

【相关法条】 第三百零七条　【妨害作证罪；帮助毁灭、伪造证据罪】以**暴力、威胁、贿买**等方法**阻止证人作证**或者**指使他人作伪证**的，处三年以下有期徒刑或者拘役；情节严重的，处三年以上七年以下有期徒刑。

帮助当事人毁灭、伪造证据，情节严重的，处三年以下有期徒刑或者拘役。

司法工作人员犯前两款罪的，**从重**处罚。

【答案】 D

【2015－2－58】甲在公园游玩时遇见仇人胡某，顿生杀死胡某的念头，便欺骗随行的朋友乙、丙说：“我们追逐胡某，让他出洋相。”三人捡起木棒追逐胡某，致公园秩序严重混乱。将胡某追到公园后门偏僻处后，乙、丙因故离开。随后甲追上胡某，用木棒重击其头部，致其死亡。关于本案，下列哪些选项是正确的？（　　）

扫码听课

大咖点拨区

A. 甲触犯故意杀人罪与寻衅滋事罪

B. 乙、丙的追逐行为是否构成寻衅滋事罪，与该行为能否产生救助胡某的义务是不同的问题

C. 乙、丙的追逐行为使胡某处于孤立无援的境地，但无法预见甲会杀害胡某，不成立过失致人死亡罪

D. 乙、丙属寻衅滋事致人死亡，应从重处罚

【考点】寻衅滋事罪

【解析】A 选项，甲的前行为是寻衅滋事，后行为是故意杀人。所以前半段的行为对于甲来讲也要评价，不能只评价故意杀人行为。因此，A 选项是正确的。

B 选项，乙、丙追逐的行为是寻衅滋事，但并不因为寻衅滋事就产生救助的义务。寻衅滋事、追逐拦截、辱骂，或者殴打被害人，但是乙、丙并不能预见到这种行为会让被害人面临着被人杀害的危险，所以乙、丙并没有救助义务。因此，B 选项是正确的。

C 选项，虽然乙、丙的行为是让胡某处于孤立无援的境地，但是对于那个致死的结果，对于甲的杀人行为，乙和丙没有预见，也不能够预见，所以既不能是不作为的故意杀人，也不能是不作为的过失致人死亡，也就说对后半段甲杀人的行为，乙、丙不应当承担责任。因此，C 选项是正确的。

D 选项，《刑法》中没有寻衅滋事致人死亡这样的规定，并且胡某的死亡结果与乙、丙的寻衅滋事行为也没有直接的因果关系。因此，D 选项是错误的。

【相关法条】第二百九十三条【寻衅滋事罪】有下列寻衅滋事行为之一，破坏社会秩序的，处五年以下有期徒刑、拘役或者管制：

（一）随意殴打他人，情节恶劣的；

（二）追逐、拦截、辱骂、恐吓他人，情节恶劣的；

（三）强拿硬要或者任意损毁、占用公私财物，情节严重的；

（四）在公共场所起哄闹事，造成公共场所秩序严重混乱的。

纠集他人多次实施前款行为，严重破坏社会秩序的，处五年以上十年以下有期徒刑，可以并处罚金。

【答案】ABC

扫码听课

【2014-2-20】首要分子甲通过手机指令所有参与者“和对方打斗时，下手重一点”。在聚众斗殴过程中，被害人被谁的行为重伤致死这一关键事实已无法查明。关于本案的分析，下列哪一选项是正确的？（　　）

A. 对甲应以故意杀人罪定罪量刑

B. 甲是教唆犯，未参与打斗，应认定为从犯

C. 所有在现场斗殴者都构成故意杀人罪

D. 对积极参加者按故意杀人罪定罪，对其他参加者按聚众斗殴罪定罪

【考点】故意杀人罪，聚众斗殴罪

【解析】A 选项，甲不仅是聚众斗殴的首要分子，还指使“下手重一点”，对死亡结果不仅在客观上有因果关系，在主观上也有放任，自然应按照故意杀人罪论处。因此，A 选项是正确的。

B 选项，甲不仅教唆，而且是首要分子，虽然没有实际参与打斗，但仍对打斗起主要作用，对甲应认定为主犯。因此，B 选项是错误的。

C、D选项，在聚众斗殴过程中，由于被害人的死亡原因无法查明，依据存疑有利于被告人的原则，除首要分子外的其他人都不能对死亡结果承担故意杀人罪的责任。因此，C、D选项是错误的。

【相关法条】 第二百九十二条【聚众斗殴罪】聚众斗殴的，对**首要分子**和其他**积极参加**的，处三年以下有期徒刑、拘役或者管制；有下列情形之一的，对首要分子和其他积极参加的，处三年以上十年以下有期徒刑：

（一）**多次**聚众斗殴的；

（二）聚众斗殴**人数多，规模大**，社会影响恶劣的；

（三）在**公共场所**或者**交通要道**聚众斗殴，造成社会秩序严重混乱的；

（四）**持械**聚众斗殴的。

聚众斗殴，致人**重伤、死亡**的，依照本法**第二百三十四条、第二百三十二条**的规定定罪处罚。

【答案】 A

【2014－2－61】甲的下列哪些行为成立帮助毁灭证据罪（不考虑情节）？（　　）

A. 甲、乙共同盗窃了丙的财物。为防止公安人员提取指纹，甲在丙报案前擦掉了两人留在现场的指纹

B. 甲、乙是好友。乙的重大贪污罪行被丙发现。甲是丙的上司，为防止丙作证，将丙派往境外工作

C. 甲得知乙放火致人死亡后未清理现场痕迹，便劝说乙回到现场毁灭证据

D. 甲经过犯罪嫌疑人乙的同意，毁灭了对乙有利的无罪证据

【考点】 帮助毁灭证据罪

【解析】 A选项，甲不但擦了自己的指纹，也擦了乙的指纹，但是甲擦乙的指纹也不具有期待可能性，因为甲擦乙的指纹也是为了保护自己，乙的指纹是共同犯罪的证据，所以甲毁灭共同犯罪的证据不具有期待可能性。因此，A选项是错误的。

B选项，帮助毁灭证据必须是针对实物证据，而不能针对人证，甲将人证“调虎离山”不能够认为是毁灭证据。因此，B选项是错误的。

C选项，乙不构成本罪，但是甲要构成本罪。客观上甲、乙二人构成帮助毁灭证据罪的共犯，但在主观层面上，乙不构成本罪，因为乙不具有期待可能性，具备责任阻却事由。而甲单独成立本罪。因此，C选项是正确的。

D选项，对乙有利的无罪证据进行毁坏，同样会给司法秩序带来破坏，帮助毁灭证据罪保护的法益并不是某个人，而是司法秩序，所以无论毁坏的是有罪证据还是无罪证据，都是对于司法秩序的干扰和破坏，所以也构成帮助毁灭证据罪。因此，D选项是正确的。

【答案】 CD

【2013－2－18】医生甲退休后，擅自为人看病2年多。某日，甲为乙治疗，需注射青霉素。乙自述以前曾注射过青霉素，甲便未做皮试就给乙注射青霉素，乙因青霉素过敏而死亡。关于本案，下列哪一选项是正确的？（　　）

A. 以非法行医罪的结果加重犯论处

B. 以非法行医罪的基本犯论处

大咖点拨区

扫码听课

扫码听课

大咖点拨区

扫码听课

扫码听课

C. 以过失致人死亡罪论处

D. 以医疗事故罪论处

【考点】非法行医罪

【解析】甲退休后擅自为病人看病，属于“未取得医生执业资格的人”非法行医的情形，成立非法行医罪。在非法行医的过程中造成乙死亡，属于非法行医罪的结果加重犯，因此，A选项是正确的。

【相关法条】第三百三十六条【非法行医罪】**未取得医生执业资格的人**非法行医，情节严重的，处三年以下有期徒刑、拘役或者管制，并处或者单处罚金；**严重损害就诊人身体健康的**，处三年以上十年以下有期徒刑，并处罚金；**造成就诊人死亡的**，处十年以上有期徒刑，并处罚金。

【答案】A

【2013－2－19】甲公司竖立的广告牌被路边树枝遮挡，甲公司在未取得采伐许可的情况下，将遮挡广告牌的部分树枝砍掉，所砍树枝共计6立方米。关于本案，下列哪一选项是正确的？（　　）

A. 盗伐林木包括砍伐树枝，甲公司的行为成立盗伐林木罪

B. 盗伐林木罪是行为犯，不以破坏林木资源为要件，甲公司的行为成立盗伐林木罪

C. 甲公司不以非法占有为目的，只成立滥伐林木罪

D. 不能以盗伐林木罪判处甲公司罚金

【考点】盗伐林木罪，滥伐林木罪

【解析】A、B选项，盗伐林木要求行为人主观上有非法占有的目的，甲公司显然没有非法占有的目的，不能构成本罪。因此，A、B选项是错误的。

C选项，甲公司不成立滥伐林木罪。滥伐林木罪是需要破坏森林资源，而甲公司仅仅砍掉了6立方米，难以认定为滥伐。所谓滥伐是数量较大，6立方米达不到滥伐的程度，也难以破坏森林资源，所以不构成本罪。因此，C选项是错误的。

D选项，甲公司不构成盗伐林木罪，就不能够以这个罪来判处罚金，甲公司的行为既不构成盗伐林木罪，也不构成滥伐林木罪，甲公司无罪的。因此，D选项是正确的。

【答案】D

【2013－2－62】甲、乙两村因水源发生纠纷。甲村20名村民手持铁锹等农具，在两村交界处强行修建引水设施。乙村18名村民随即赶到，手持木棍、铁锹等与甲村村民互相谩骂、互扔石块，甲村3人被砸成重伤。因警察及时疏导，两村村民才逐渐散去。关于本案，下列哪些选项是正确的？（　　）

A. 村民为争水源而斗殴，符合聚众斗殴罪的主观要件

B. 不分一般参加斗殴还是积极参加斗殴，甲、乙两村村民均触犯聚众斗殴罪

C. 因警察及时疏导，两村未发生持械斗殴，属于聚众斗殴未遂

D. 对扔石块将甲村3人砸成重伤的乙村村民，应以故意伤害罪论处

【考点】聚众斗殴罪

【解析】A选项，村民为了争夺水源而斗殴，能够认识到打斗行为会扰乱社会公共秩序，并不具备正当性，因而符合聚众斗殴罪的主观要件。因此，A选项

是正确的。

B 选项，聚众斗殴罪法律规定处罚的是首要分子和其他积极参加者，如果是一般参加者，是不会构成本罪的。因此，B 选项是错误的。

C 选项，聚众斗殴罪的法益是公共秩序，只要斗殴行为造成公共场所秩序混乱，此罪即是既遂。持械斗殴是法定刑升格条件之一，而不是既遂的标准。因此，C 选项是错误的。

D 选项，属于法律拟制的情形，聚众斗殴致人重伤的，应以故意伤害罪论处。因此，D 选项是正确的。

【答案】AD

大咖点拨区

【2012－2－19】甲路过偏僻路段，看到其友乙强奸丙的犯罪事实。甲的下列哪一行为构成**包庇罪**？（　　）

A. 用手机向乙通报公安机关抓捕乙的消息

B. 对侦查人员的询问沉默不语

C. 对侦查人员声称乙、丙系恋人，因乙另有新欢遭丙报案诬陷

D. 经法院通知，无正当理由，拒绝出庭作证

扫码听课

【考点】包庇罪

【解析】包庇罪的关键是作假证明。A 选项，用手机向乙通报公安机关抓捕乙的消息是帮助他人逃匿的行为，构成窝藏罪。因此，A 选项是错误的。

B 选项，对侦查人员的询问沉默不语的，不等同于作假证明。因此，B 选项是错误的。

C 选项，对侦查人员声称乙、丙系恋人，因乙另有新欢遭丙报案诬陷，这时甲作了假证明，所以构成包庇罪。因此，C 选项是正确的。

D 选项，不出庭不等同于包庇，包庇就仅限于以作为的方式作假证明。因此，D 选项是错误的。

【相关法条】第三百一十条　【窝藏、包庇罪】明知是**犯罪的人**而为其提**供隐藏处所、财物**，帮助其**逃匿**或者**作假证明包庇**的，处三年以下有期徒刑、拘役或者管制；情节严重的，处三年以上十年以下有期徒刑。

犯前款罪，**事前通谋**的，以**共同犯罪**论处。

【答案】C

【2012－2－62】关于毒品犯罪的论述，下列哪些选项是**错误**的？（　　）

A. 非法买卖制毒物品的，无论数量多少，都应追究刑事责任

B. 缉毒警察掩护、包庇走私毒品的犯罪分子的，构成放纵走私罪

C. 强行给他人注射毒品，使人形成毒瘾的，应以故意伤害罪论处

D. 窝藏毒品犯罪所得的财物的，属于窝藏毒赃罪与掩饰、隐瞒犯罪所得罪的法条竞合，应以窝藏毒赃罪定罪处刑

扫码听课

【考点】毒品犯罪

【解析】A 选项，“非法买卖制毒物品的，无论数量多少，都应追究刑事责任”的说法是错误的。如果改成“非法买卖毒品的，无论数量多少，都应追究刑事责任”则是正确的。因为对于走私、贩卖、运输、制造毒品罪，《刑法》第 347 条明确规定了，无论数量多少，都要追究刑事责任。而 A 选项偷换概念，把“毒品”换成“制毒物品”。因此，A 选项是错误的。

大咖点拨区

B选项，“缉毒警察掩护、包庇走私毒品的犯罪分子的，构成放纵走私罪”的表述错误，应该构成包庇毒品犯罪分子罪，规定在《刑法》第349条。因此，B选项是错误的。

C选项，“强行给他人注射毒品，使人形成毒瘾的，应以故意伤害罪论处”的表述错误，应该构成强迫他人吸毒罪，而不是故意伤害罪。因此，C选项是错误的。

D选项，窝藏毒品犯罪所得的财物的，成立窝藏毒赃罪。同时满足掩饰、隐瞒犯罪所得罪的构成要件。二者属于法条竞合的关系，特别法优于一般法，以窝藏毒赃罪定罪处刑。因此，D选项的表述是正确的。

【相关法条】第三百四十九条 【包庇毒品犯罪分子罪；窝藏、转移、隐瞒毒品、毒赃罪】**包庇**走私、贩卖、运输、制造毒品的犯罪分子的，为犯罪分子**窝藏、转移、隐瞒毒品**或者**犯罪所得的财物**的，处三年以下有期徒刑、拘役或者管制；情节严重的，处三年以上十年以下有期徒刑。

缉毒人员或者**其他国家机关工作人员**掩护、包庇走私、贩卖、运输、制造毒品的犯罪分子的，依照前款的规定**从重**处罚。

犯前两款罪，**事先通谋**的，以走私、贩卖、运输、制造毒品罪的**共犯**论处。

第三百五十条 【非法生产、买卖、运输、走私制毒物品罪】违反国家规定，非法**生产**、**买卖**、**运输醋酸酐、乙醚、三氯甲烷**或者其他用于**制造毒品的原料、配剂**，或者携带上述物品**进出境**，情节较重的，处三年以下有期徒刑、拘役或者管制，并处罚金；情节严重的，处三年以上七年以下有期徒刑，并处罚金；情节特别严重的，处七年以上有期徒刑，并处罚金或者没收财产。

明知他人制造毒品而为其生产、买卖、运输前款规定的物品的，以**制造毒品罪的共犯**论处。

单位犯前两款罪的，对单位判处罚金，并对其直接负责的主管人员和其他直接责任人员，依照前两款的规定处罚。

【答案】ABC

【2011－2－17】下列哪一选项的行为应以**掩饰、隐瞒犯罪所得罪**论处？(　　)

A. 甲用受贿所得1000万元购买了一处别墅

B. 乙明知是他人用于抢劫的汽车而更改车身颜色

C. 丙与抢劫犯事前通谋后代为销售抢劫财物

D. 丁明知是他人盗窃的汽车而为其提供伪造的机动车来历凭证

扫码听课

【考点】掩饰、隐瞒犯罪所得罪

【解析】A选项，犯罪人本人实施的掩饰、隐瞒犯罪所得的行为，由于缺乏期待可能性，所以不会构成本罪。因此，A选项是错误的。

B选项，把“用于抢劫的汽车”更改车身颜色，而不是“抢来的汽车”，汽车性质上属于犯罪工具而不是犯罪所得。因此，B选项是错误的。

C选项，事前有通谋的时候窝赃、销赃行为，成立共同犯罪。所以丙构成抢劫罪。因此，C选项是错误的。

D选项，丁为他人提供伪造的机动车来历凭证，使得他人的盗赃物得以顺利窝藏，且使得司法机关难以发现或者难以分辨赃物的性质，构成掩饰、隐瞒犯罪

大咖点拨区

所得罪。因此，D选项是正确的。

【相关法条】第三百一十二条　【掩饰、隐瞒犯罪所得、犯罪所得收益罪】明知是**犯罪所得**及其产生的**收益**而予以**窝藏、转移、收购、代为销售**或者以其他方法掩饰、隐瞒的，处三年以下有期徒刑、拘役或者管制，并处或者单处罚金；情节严重的，处三年以上七年以下有期徒刑，并处罚金。

单位犯前款罪的，对单位判处罚金，并对其直接负责的主管人员和其他直接责任人员，依照前款的规定处罚。

【答案】D

【2011－2－18】关于非法持有毒品罪，下列哪一选项是正确的？（　　）

A. 非法持有毒品的，无论数量多少都应当追究刑事责任

B. 持有毒品不限于本人持有，包括通过他人持有

C. 持有毒品者而非所有者时，必须知道谁是所有者

D. 因贩卖而持有毒品的，应当实行数罪并罚

扫码听课

【考点】非法持有毒品罪

【解析】A选项，非法持有毒品罪要求鸦片达到200克，海洛因、甲基苯丙胺达到10克，才能追究刑事责任。因此，A选项是错误的。

B选项，非法持有毒品的持有方式，既包括本人直接持有，也包括通过他人间接持有。因此，B选项是正确的。

C选项，持有毒品就是对于毒品事实上的占有和控制，与所有人是谁没有任何关系。因此，C选项是错误的。

D选项，因贩卖而持有毒品的仅成立贩卖毒品罪一罪，即贩卖毒品罪吸收非法持有毒品罪，因此并不要数罪并罚。因此，D选项是错误的。

【相关法条】第三百四十八条　【非法持有毒品罪】非法持有**鸦片一千克**以上、**海洛因**或者**甲基苯丙胺五十克**以上或者其他毒品数量大的，处七年以上有期徒刑或者无期徒刑，并处罚金；非法持有鸦片二百克以上不满一千克、海洛因或者甲基苯丙胺十克以上不满五十克或者其他毒品数量较大的，处三年以下有期徒刑、拘役或者管制，并处罚金；情节严重的，处三年以上七年以下有期徒刑，并处罚金。

【答案】B

【2010－2－18】甲任邮政中心信函分拣组长期间，先后三次将各地退回信函数万封（约500公斤），以每公斤0.4元的价格卖给废品收购站，所得款项占为己有。关于本案，下列哪一选项是正确的？（　　）

A. 退回的信函不属于信件，甲的行为不成立侵犯通信自由罪

B. 退回的信函虽属于信件，但甲没有实施隐匿、毁弃与开拆行为，故不成立侵犯通信自由罪

C. 退回的信函处于邮政中心的管理过程中，属于公共财物，甲的行为成立贪污罪

D. 退回的信函被当作废品出卖也属于毁弃邮件，甲的行为成立私自毁弃邮件罪

扫码听课

【考点】私自开拆、隐匿、毁弃邮件电报罪

【解析】私自开拆、隐匿、毁弃邮件电报罪，根据《刑法》第253条规定，

大咖点拨区

本罪的犯罪主体必须是邮政工作人员，而且也只能是邮政工作人员。

A选项，退回的信件也属于信件，里面也承载着公民的通信自由，也有公民不希望被第三人知悉的事项。因此，A选项是错误的。

B选项，“毁弃”并不一定是把信件毁掉，妨害物品本来效用的行为是“毁弃”，所以甲把信函卖给废品收购站，妨害了信件原本的效用，就是一种毁弃的行为。因此，B选项是错误的。

C选项，甲的行为是贪污的行为。按照法律的规定，贪污罪必须达到数额较大的标准，即5000元（2016年前）。通过计算，甲以每公斤0.4元的价格，贩卖了一共500公斤，获利200元，没有达到数额较大的程度，所以不构成贪污罪。因此，C选项是错误的。

D选项，甲实施的是毁弃的行为，毁弃的对象又是邮件，所以就构成私自毁弃邮件罪。因此，D选项是正确的。

【相关法条】第二百五十三条 【私自开拆、隐匿、毁弃邮件、电报罪；盗窃罪】**邮政工作人员**私自**开拆**或者**隐匿、毁弃邮件、电报**的，处二年以下有期徒刑或者拘役。

犯前款罪而**窃取**财物的，依照本法**第二百六十四条**的规定定罪**从重**处罚。

【答案】D

【2010-2-19】甲承租乙的房屋后，伪造身份证与房产证交与中介公司，中介公司不知有假，为其售房给不知情的丙，甲获款300万元。关于本案，下列哪一选项是**错误**的？（　　）

扫码听课

A. 甲的行为触犯了伪造居民身份证罪与伪造国家机关证件罪，同时是诈骗罪的教唆犯

B. 甲是诈骗罪、伪造居民身份证罪与伪造国家机关证件罪的正犯

C. 伪造居民身份证罪、伪造国家机关证件罪与诈骗罪之间具有牵连关系

D. 由于存在牵连关系，对甲的行为应以诈骗罪从重处罚

【考点】诈骗罪，伪造居民身份证件罪，伪造国家机关证件罪

【解析】A选项，甲不是教唆中介公司实施诈骗行为，而是操控中介公司实施了诈骗行为，中介公司不知情，变成了被甲利用的工具，所以应该构成间接正犯，属于诈骗罪的间接正犯。因此，A选项是错误的。

B选项，甲是诈骗罪的间接正犯、伪造居民身份证罪与伪造国家机关证件罪的直接正犯，间接正犯也属于正犯。因此，B选项是正确的。

C、D选项，诈骗是目的行为，伪造证件是方法的行为，两者之间在社会生活中有极高的并发性，即两行为之间具有牵连关系，属于牵连犯，应当从一重罪从重处罚。因此，C、D选项是正确的。

【相关法条】第二百八十条 【伪造、变造、买卖国家机关公文、证件、印章罪；盗窃、抢夺、毁灭国家机关公文、证件、印章罪；伪造公司、企业、事业单位、人民团体印章罪；伪造、变造、买卖身份证件罪】**伪造、变造、买卖**或者**盗窃、抢夺、毁灭国家机关**的**公文**、**证件**、**印章**的，处三年以下有期徒刑、拘役、管制或者剥夺政治权利，并处罚金；情节严重的，处三年以上十年以下有期徒刑，并处罚金。

伪造公司、企业、事业单位、人民团体的印章的，处三年以下有期徒刑、拘役、管制或者剥夺政治权利，并处罚金。

伪造、变造、买卖居民身份证、护照、社会保障卡、驾驶证等依法可以用于证明身份的证件的，处三年以下有期徒刑、拘役、管制或者剥夺政治权利，并处罚金；情节严重的，处三年以上七年以下有期徒刑，并处罚金。

【答案】A

【2010－2－58】下列哪些情形不能数罪并罚？（　　）

A. 投保人甲，为了骗取保险金杀害被保险人

B. 15周岁的甲，盗窃时拒捕杀死被害人

C. 司法工作人员甲，刑讯逼供致被害人死亡

D. 运送他人偷越边境的甲，遇到检查将被运送人推进大海溺死

【考点】数罪并罚

【解析】A选项，保险诈骗是目的行为，杀人是方法行为，为了保险诈骗而采用了杀人的方法，两者之间具有方法与目的的牵连，二者之间确实具有牵连关系。但是要注意牵连犯的处理原则是择一重处罚，但也有例外，当法律明确规定要数罪并罚的时候，就不再择一重，要数罪并罚。《刑法》第198条明确规定了，为实施保险诈骗行为而杀害被保险人的，要数罪并罚，所以该规定是牵连犯处罚原则的例外，要数罪并罚。因此，A选项是错误的。

B选项，根据司法解释的规定，15周岁的甲盗窃时拒捕杀死被害人的，成立故意杀人罪一罪。因此，B选项是正确的。

C选项，刑讯逼供致人死亡，根据《刑法》第247条的规定，属于法律拟制的情形，只定故意杀人罪即可，不需要数罪并罚。因此，C选项是正确的。

D选项，组织运送他人偷越国边境，如果对于被组织者实施伤害、杀害、强奸、拐卖的行为，要数罪并罚；如果剥夺、限制被组织者的人身自由，导致重伤、死亡的，则按一罪论处，定本罪即可。因此，D选项是错误的。

【答案】BC

【2010－2－60】关于毒品犯罪，下列哪些选项是正确的？（　　）

A. 明知他人实施毒品犯罪而为其居间介绍，代购代卖的，即使没有牟利目的，也成立贩卖毒品罪

B. 为便于隐蔽运输，对毒品掺杂使假的行为，或者为了销售，去除毒品中的非毒品物质的行为，不成立制造毒品罪

C. 甲认为自己管理毒品不安全，将数量较大毒品委托给乙保管时，甲、乙均成立非法持有毒品罪

D. 行为人对同一宗毒品既走私又贩卖的，量刑时不应重复计算毒品数量

【考点】毒品犯罪

【解析】是一个涉毒犯罪。

A选项，明知他人实施毒品犯罪而为其居间介绍，代购代卖，首先意味着行为人在为他人毒品犯罪提供帮助，即站在卖方的立场上提供代卖服务，其次“居中介绍、代买代卖”又对毒品交易的完成提供至关重要的作用，即促成了毒品交易的完成。所以应该成立贩卖毒品罪。因此，A选项是正确的。

B选项，制造毒品是要让毒品发生化学变化，而不是让毒品发生物理变化。所谓“化学变化”是把原料加工成为成品，让初级毒品变成高级毒品，或者对毒

大咖点拨区

扫码听课

扫码听课

大咖点拨区

品进行化学提纯，或者依据一定的配方对毒品进行配制，这些属于制造毒品。B选项中的掺杂使假，或者去除杂质的行为，都是物理变化，不是化学变化。因此，B选项是正确的。

C选项，持有并不等同于是物理上的控制，还包括事实上的占有和控制。因此，甲、乙都是非法持有毒品。C选项是正确的。

D选项，走私、贩卖、运输、制造毒品罪，是一个选择性罪名。如果是同一宗毒品，就100克海洛因，既走私又运输又贩卖又制造，先制造再走私再贩卖再运输，依然只成立一个罪，数量是100克海洛因，不能重复计算；如果走私100克海洛因，贩卖100克可卡因，运输100克大麻，制造100克冰毒，那么还是一个罪名——走私、贩卖、运输、制造毒品罪，但是数量是400克，要累积相加。因此，D选项是正确的。

【答案】ABCD

【2010-2-63】甲盗掘国家重点保护的古墓葬，窃取大量珍贵文物，并将部分文物偷偷运往境外出售牟利。司法机关发现后，甲为毁灭罪证将剩余珍贵文物损毁。关于本案，下列哪些选项是**错误**的？（　　）

A. 运往境外出售与损毁文物，属于不可罚的事后行为，对甲应以盗掘古墓葬罪、盗窃罪论处

扫码听课

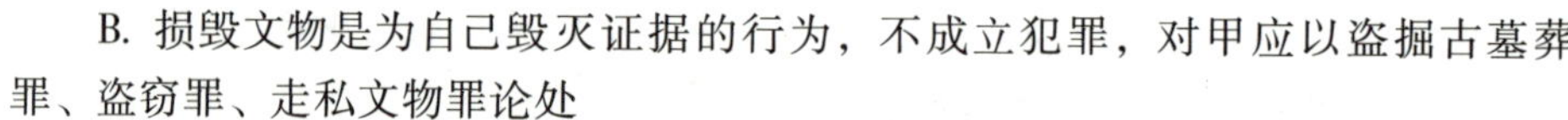

B. 损毁文物是为自己毁灭证据的行为，不成立犯罪，对甲应以盗掘古墓葬罪、盗窃罪、走私文物罪论处

C. 盗窃文物是盗掘古墓葬罪的法定刑升格条件，对甲应以盗掘古墓葬罪、走私文物罪、故意损毁文物罪论处

D. 盗掘古墓葬罪的成立不以盗窃文物为前提，对甲应以盗掘古墓葬罪、盗窃罪、走私文物罪、故意损毁文物罪论处

【考点】盗掘古墓葬罪，盗窃罪，故意损毁文物罪

【解析】甲首先是盗掘了古墓，然后掘开之后又窃取了文物，再然后又把文物卖到境外销售牟利。A选项，将文物在境内销售的是不可罚的事后行为，因为不具有期待可能性，也没有侵犯新的法益，但到境外销售，则侵犯了海关的监管秩序，侵犯新的法益，则需数罪并罚了。因此，A选项是错误的。

B选项，如果损毁的是其他的一般盗赃物，比如盗窃汽车后进行毁坏的，不会另外评价，因为没有侵犯新的法益。但是损毁文物已经侵犯了新的法益，侵犯了国家对于文物的管理和保护秩序，不是不可罚的事后行为，应当数罪并罚。因此，B选项是错误的。

C、D选项，《刑法》第328条规定的盗掘古文化遗址、古墓葬罪，盗掘古文化遗址、古墓葬，并盗窃珍贵文物或者造成珍贵文物严重破坏的，是盗掘古墓葬的法定刑升格条件，不实行数罪并罚，即盗窃的行为不另行评价。因此，C选项是正确的，D选项是错误的。

【相关法条】第三百二十八条　【盗掘古文化遗址、古墓葬罪；盗掘古人类化石、古脊椎动物化石罪】**盗掘**具有**历史、艺术、科学**价值的**古文化遗址、古墓葬**的，处三年以上十年以下有期徒刑，并处罚金；情节较轻的，处三年以下有期徒刑、拘役或者管制，并处罚金；有下列情形之一的，处十年以上有期徒刑或者无期徒刑，并处罚金或者没收财产：

大咖点拨区

（一）盗掘确定为**全国**重点文物保护单位和**省级**文物保护单位的古文化遗址、古墓葬的；

（二）盗掘古文化遗址、古墓葬集团的**首要分子**；

（三）**多次**盗掘古文化遗址、古墓葬的；

（四）盗掘古文化遗址、古墓葬，并**盗窃**珍贵文物或者造成珍贵文物**严重破坏**的。

盗掘国家保护的具有科学价值的古人类化石和古脊椎动物化石的，依照前款的规定处罚。

【答案】ABD

【2010－2－64】关于利用互联网传播淫秽物品牟利的犯罪，可以由哪些主体构成？（　　）

A. 网站建立者　　B. 网站直接管理者

C. 电信业务经营者　　D. 互联网信息服务提供者

【考点】利用互联网传播淫秽物品牟利犯罪的主体

【解析】关于利用互联网传播淫秽物品牟利的犯罪，A、B、C、D都可以成为犯罪主体，这是司法解释的明文规定，即对传播淫秽物品牟利罪的犯罪主体做了扩大解释。因此，A、B、C、D选项是正确的。

【答案】ABCD

扫码听课

大咖点拨区

专题二十 贪污贿赂罪

扫码听课

【2021 网络回忆版】乙为某国企出纳，甲对乙说：“你挪用 300 万元给我炒股，2 个月后还你，挣的 100 万我们平分。”乙遂将挪用的 300 万元公款打到甲指定银行账户上，甲收到款后，将 100 万元用于炒股，200 万元用于自购房屋。2 个月后，甲将 300 万元还给乙。甲、乙二人挪用金额分别是多少？（　　）

A. 甲、乙都是 100 万元　　B. 甲 100 万元，乙 300 万元

C. 甲 300 万元，乙 100 万元　　D. 甲、乙都是 300 万元

【考点】挪用公款罪

【解析】挪用 100 万炒股的部分，尽管 2 个月就归还仍然构成挪用公款罪。挪用 200 万自购房屋，由于 2 个月即归还不构成挪用公款罪。因此甲乙挪用公款的金额都是 100 万。注意，尽管乙主观上认为 300 万全是用来从事炒股这一营利活动，但客观上只发生了挪用 100 万满足挪用公款罪构成要件的事实，因此无论甲乙，数额都是 100 万，这是客观主义刑法学的基本立场。

【答案】A

扫码听课

【2019 网络回忆版】某国企公司里，财务室的保险柜须有钥匙和密码共同使用才能打开，会计甲掌管钥匙，出纳乙掌管密码，甲乙均是国家工作人员。下列说法正确的有？（　　）

A. 乙捡到甲的钥匙，打开保险柜，取走现金，属于利用职务便利侵吞公共财物

B. 乙骗到甲的钥匙，打开保险柜，取走现金，属于利用职务便利骗取公共财物

C. 甲偷看乙的密码，打开保险柜，取走现金，属于利用职务便利窃取公共财物

D. 甲和乙共谋打开保险柜，取走现金，属于利用职务便利侵吞公共财物

【考点】贪污罪的行为方式

【解析】贪污罪，是指国家工作人员利用职务权力与地位所形成的主管、管理、经营、经手本单位公共财物的便利条件，侵吞、窃取、骗取或者以其他手段非法占有公共财物的行为。所谓“侵吞”，与侵占是同义语，即将自己因为职务而独自占有、管理的公共财物据为己有；所谓“窃取”，职务上与他人共同保管公共财物的人员，将共同保管的财物秘密据为己有；所谓“骗取”，是指假借职务上的合法形式，采用虚构事实、隐瞒真相的办法取得公共财物。

A 选项，乙拾得甲的钥匙，并不等于拾得保险柜的现金，“乙利用钥匙 + 密码打开保险柜”，乙对于密码的利用属于利用职务之便；“取走现金”，是职务上与他人共同保管公共财物的人员，将共同保管的财物秘密据为己有，即利用职务便利**窃取**公共财物，成立贪污罪，但**不是侵吞**公共财物。A 错误。

B 选项，乙骗到甲的钥匙，并不等于骗到保险柜的现金，“乙利用钥匙 + 密码

打开保险柜”，乙对于密码的利用属于利用职务之便；“取走现金”，是职务上与他人共同保管公共财物的人员，将共同保管的财物秘密据为己有，即利用职务便利**窃取**公共财物，成立贪污罪，但**不是骗取**公共财物。B 错误。

C 选项，“甲利用钥匙 + 密码打开保险柜”，甲对于钥匙的利用属于利用职务之便；“取走现金”，是职务上与他人共同保管公共财物的人员，将共同保管的财物秘密据为己有，即利用职务便利**窃取**公共财物，成立贪污罪。C 正确。

D 选项，甲乙二人基于职务原因共同保管本单位公共财物，利用职务之便，将占有、管理的公共财物据为己有，属于利用职务便利侵吞公共财物，构成贪污罪。D 正确。

【答案】CD

【2017－2－21】国有甲公司领导王某与私企乙公司签订采购合同，以 10 万元的价格向乙公司采购一批设备。后王某发现，丙公司销售的相同设备仅为 6 万元。王某虽有权取消合同，但却与乙公司老总刘某商议，由王某花 6 万元从丙公司购置设备交给乙公司，再由乙公司以 10 万元的价格卖给甲公司。经王某签字批准，甲公司将 10 万元货款支付给乙公司后，刘某再将 10 万元返给王某。刘某为方便以后参与甲公司采购业务，完全照办。关于本案的分析，下列哪一选项是正确的？（ ）

A. 王某利用职务上的便利套取公款，构成贪污罪，贪污数额为 10 万元

B. 王某利用与乙公司签订合同的机会谋取私利，应以职务侵占罪论处

C. 刘某为谋取不正当利益，事后将货款交给王某，刘某行为构成贪污罪

D. 刘某协助王某骗取公款，但因其并非国家工作人员，故构成诈骗罪

【考点】贪污罪，职务侵占罪

【解析】A 选项，王某贪污的数额应为 4 万元，即 10 万与 6 万之间的差价。因此，A 选项是错误的。

B 选项，王某是国有甲公司的领导，具有国家工作人员的身份，所以不应认定为职务侵占罪，而应当是贪污罪。因此，B 选项是错误的。

C 选项，刘某虽然不是国家工作人员，但刘某可以成立贪污罪的帮助犯，甲公司的 10 万元就是经刘某的授权交给王某的，刘某为王某贪污行为提供了实质性帮助，二人成立贪污罪的共同犯罪。因此，C 选项是正确的。

D 选项，刘某的行为属于诈骗行为，由于实行犯王某成立贪污罪，故帮助犯王某无需再认定为诈骗罪，直接成立贪污罪的帮助犯即可。因此，D 选项是错误的。

【答案】C

【2021 网络回忆版】假设甲为谋取不正当利益实施下列行为，以下构成行贿罪的是？（ ）

A. 国家工作人员不符合购买股票情形，甲通过运作使其获得了资格。公司上市后，国家工作人员抛售股票获益 2000 万元

B. 国家工作人员利用职务之便为甲谋取不正当利益，同时利用自身技术，在周末为甲解决技术难题，甲为答谢工作人员的该两项行为，给国家工作人员 500 万元以表感谢

C. 国家工作人员为买房，向甲借 500 万元并约定还款日期和利息。2 年后，

大咖点拨区

扫码听课

扫码听课

大咖点拨区

甲因不正当利益有求国家工作人员，免除了国家工作人员的还款义务

D. 国家工作人员的妻子赵某的公司因运营不良，无法扭亏为盈。甲明知该情况而向该公司投资500万元，后该公司破产

【考点】行贿罪

【解析】A选项，为谋取不正当利益，给予国家工作人员以财物的，是行贿罪。甲使国家工作人员获得一种资格，资格本身不属于财物也不属于财产性利益，所以甲不构成行贿罪。

B选项，甲给国家工作人员的500万元，一部分是国家工作人员利用职务之便为甲谋取不正当利益，而收受的贿赂，对于这部分，甲构成行贿罪；另一部分是国家工作人员为甲解决技术难题，而获得的合理报酬，对于这一部分，甲不构成行贿罪。只要第一部分的数额达到3万元，甲就应当构成行贿罪。B当选。

C选项，甲为谋取不正当利益而免除国家工作人员债务，与给予国家工作人员以财物的性质是一样的，构成行贿罪。C当选。

D选项，赵某的公司运营不良，无法扭亏为盈，向该公司投资具有极大血本无归的可能性，甲仍然奋不顾身投资，其实就是给予国家工作人员以财物。构成行贿罪。D当选。

【答案】BCD

扫码听课

【2021网络回忆版】赵某的丈夫刘某因职务犯罪被监察委留置，与赵某相识的甲声称可以把刘某“捞出来”，不过需要50万元打点关系。赵某给了甲50万元，并许诺如果成功“捞”出来另有重金酬谢。甲欺骗赵某说，会将50万元全部用于捞刘某，事实上甲只想将其中的10万元用于“捞”人。后甲将40万元用于偿还其个人债务，10万元给了朋友乙，让乙将钱给有门路“捞”刘某的人。乙将此事告知在监察委工作的孙某，并将10万元给了孙某，被孙某拒绝。关于本案，下列选项正确的是？（　　）

A. 如孙某接受了10万元后立即上交，甲、乙均构成行贿罪既遂

B. 甲、乙构成行贿罪未遂，行贿金额为10万元

C. 赵某构成行贿罪既遂，行贿金额为50万元

D. 甲对赵某构成诈骗罪，诈骗金额为40万元

【考点】贿赂犯罪

【解析】A选项，只要将财物交给国家工作人员，行贿罪就已经既遂。即便孙某接受了10万元后立即上交，不影响甲、乙行贿罪既遂的认定。A正确。

BC选项，国家工作人员孙某并没有接受这10万，甲、乙构成行贿罪未遂，行贿金额为10万元。虽然刘某主观上想行贿50万元，但实际上其中40万元被甲骗了，实际行贿数额只有10万元。B正确，C错误。

D选项，赵某遭受了40万元的财产损失，属于诈骗罪的被害人。甲构成诈骗罪。

【答案】ABD

扫码听课

【2020网络回忆版】关于贿赂犯罪下列说法正确的是？（　　）

A. 甲向国家工作人员乙行贿，甲带了100万元现金去乙的办公室，乙对甲说：“钱先放你那里吧。”甲遂将现金带回并放进自己的保险箱里，直至案发时也没有移动。甲行贿100万元既遂，乙受贿100万元既遂

B. 乙利用职务便利违法为甲开具彩票经营同意书，并欺骗甲需要支付 10 万元才能开具，甲信以为真支付 10 万元给乙。乙受贿 10 万元既遂

C. 甲向国家工作人员乙行贿，给了乙一张空白支票，支票最高金额为 999 万元，甲账户上也有千万余额，直至案发时，乙也没有填写支票上的数字。甲行贿 999 万元既遂，乙受贿 999 万元既遂

D. 甲向国家工作人员乙行贿，给了乙一张 500 万元的银行卡，并告知其卡内余额，乙收下后，没有查看余额，也没有使用，直至案发时，卡上余额连本带息共 600 万元。甲行贿 500 万元，乙受贿 600 万元

【考点】贿赂犯罪

【解析】A 正确，甲、乙之间行贿受贿行为已经完成，虽然 100 万元现金在甲保险箱里，但乙形成对 100 万元现金的控制，并已经实质已经认可、收受了该 100 万元，甲、乙之间的权钱交易已经完成。甲行贿 100 万元既遂，乙受贿 100 万元既遂。A 正确。

B 乙利用职务上的便利为他人谋取利益，非法收受他人财物，成立受贿罪。虽然乙欺骗甲"需要支付 10 万元才能开具"，但是甲支付 10 万元也是对于乙职务行为的对价，是一种钱权交易行为，成立受贿罪。B 正确。

C 选项，甲有行贿的故意、乙有受贿的故意。甲客观上已经将 999 万元的支配权（空白支票）交给了乙，乙事实上获得了 999 万元的支配权；甲主观上对行贿金额有概括的故意，乙也主观上也知道自己对该 999 万元有支配权。因此，甲的行贿金额为 999 万元，乙的受贿金额为 999 万元，尽管乙没有填写数字，不影响受贿 999 万元既遂的认定。

D 选项，甲给了乙一张 500 万元的银行卡，甲行贿 500 万元，乙的受贿金额为 500 万元。案发时卡内多出来的 100 万不是行贿、受贿本身的数额，只是犯罪所得收益，不应当计入受贿数额。

【答案】ABC

【2018、2020 网络回忆版】王某想请李某（国家工作人员）帮忙进行非法获利活动。由于不认识李某，王某遂请李某的妻子陈某说情，并交付 10 万元，作为感谢费。陈某对李某提及此事，被李某拒绝，并要求陈某把钱退回。后陈某欺骗李某说钱已退回，实际却全部用于家庭生活支出。下列说法错误的有？（　　）

A. 王某构成行贿罪既遂

B. 陈某没有退回 10 万元感谢费，对王某构成侵占罪

C. 由于陈某已经实际收到钱，所以构成受贿罪的片面共犯

D. 李某对陈某的退钱行为没有进行细致监督，所以构成受贿罪

【考点】受贿罪，利用影响力受贿罪

【解析】A 选项，行贿人将财物交给国家工作人员的近亲属、关系密切人，国家工作人员对于收受贿赂并不知情，则行为人成立对有影响力的人行贿罪，而不是行贿罪；A 错误。

B 选项，从民法角度，行为人王某对于 10 万元行贿款没有返还请求权，如认定为侵占罪，会得出民法上没有返还请求权，但刑法上认为其有返还请求权的结论，刑法和民法对相同问题会得出不同结论，法秩序的统一性会受到破坏，因此通说观点认为不构成侵占罪。B 错误。

大咖点拨区

扫码听课

大咖点拨区

扫码听课

C选项，李某自始至终没有答应为王某谋取利益，因此根本没有发生受贿罪的犯罪事实，陈某无法构成受贿罪的片面共犯。C错误。

D选项，法律没有要求国家工作人员监督近亲属和关系密切人退钱，李某不会因为没有对陈某退钱行为进行监督，而构成受贿罪。D错误。

【答案】ABCD

【2019网络回忆版】甲的弟弟犯故意伤害罪，甲送给财政局局长乙50万元作为“活动经费”，让乙去找公安局局长丙，让自己的弟弟只受到治安管理处罚。乙找到丙，丙办成此事，乙给了丙20万元。丙不知甲给了乙50万元。关于乙和丙的行为，下列说法正确的是？（　　）

A. 乙、丙构成受贿罪共犯，受贿数额是50万元

B. 乙构成受贿罪，数额是50万元；丙构成受贿罪，数额是20万元

C. 乙构成侵占罪，数额是30万元，还构成行贿罪；丙构成受贿罪，数额是20万元

D. 乙构成受贿罪，数额是30万元，还构成行贿罪；丙构成受贿罪，数额是20万元

【考点】受贿罪

【解析】甲给乙50万元的“活动经费”，意味着只要能够办成此事，50万元的额度内乙可以自由处分。无论乙将50万全部据为己有，还是将50万元全部给丙，抑或乙部分给丙部分留给自己，甲都接受，所以甲构成行贿罪，数额都是50万。乙作为财政局长，甲的请托事项并不在他的职务范围内，但是乙利用自己作为财政局长所形成的便利条件，就公安局长丙的职务行为进行斡旋，使丙利用职务上的便利为甲不正当利益，从而收受甲50万，属于斡旋受贿型受贿罪，数额是50万；丙收受乙的20万，成立受贿罪，数额是20万。因此B正确。

A选项，丙对于20万以外的30万是不知情的，没有受贿的故意，所以丙的受贿数额是20万。A错误。

C选项，乙没有将代为保管的他人财物据为己有，不构成侵占罪；乙给丙20万元的行为，可以与甲构成行贿罪的共犯。C错误。

D选项，乙受贿数额是50万，而不是30万。D错误。

【答案】B

扫码听课

【2017－2－62】关于受贿罪，下列哪些选项是正确的？（　　）

A. 国家工作人员明知其近亲属利用自己的职务行为受贿的，构成受贿罪

B. 国家工作人员虚假承诺利用职务之便为他人谋利，收取他人财物的，构成受贿罪

C. 国家机关工作人员实施渎职犯罪并收受贿赂，同时构成渎职罪和受贿罪的，除《刑法》有特别规定外，以渎职罪和受贿罪数罪并罚

D. 国家工作人员明知他人有请托事项而收受其财物，视为具备“为他人谋取利益”的构成要件，是否已实际为他人谋取利益，不影响受贿的认定

【考点】受贿罪

【解析】A选项，司法解释规定，国家工作人员明知其近亲属利用自己的职务之便收受贿赂而不予以上交的，也应认定为该国家工作人员具有受贿的故意。因此，A选项是正确的。

大咖点拨区

B 选项，受贿罪保护的法益是国家工作人员行为的不可收买性，只要国家工作人员对行贿人予以承诺（不论该承诺是真实还是虚假的），并收受行贿人的贿赂，以自己的承诺与收受的贿赂形成对价，该国家工作人员即成立受贿罪既遂。因此，B 选项是正确的。

C 选项，除了《刑法》第 399 条明确规定的四个罪名（徇私枉法罪；民事、行政枉法裁判罪；执行判决、裁定失职罪；执行判决、裁定滥用职权罪）以外，行为人因为收受贿赂而渎职的，应当以受贿罪和渎职类犯罪，数罪并罚。因此，C 选项是正确的。

D 选项，国家工作人员明知行贿人有请托的事由而收受其贿赂，即构成默示的承诺，认为该国家工作人员具有受贿的故意。因此，D 选项是正确的。

【答案】ABCD

【2016－2－21】国家工作人员甲听到有人敲门，开门后有人扔进一个包就跑。甲发现包内有 20 万元现金，推测是有求于自己职务行为的乙送的。甲打电话问乙时被告知“不要问是谁送的，收下就是了”（事实上是乙安排丙送的），并重复了前几天的请托事项。甲虽不能确定是乙送的，但还是允诺为乙谋取利益。关于本案，下列哪一选项是正确的？（　　）

扫码听课

A. 甲没有主动索取、收受财物，不构成受贿罪

B. 甲没有受贿的直接故意，间接故意不可能构成受贿罪，故甲不构成受贿罪

C. 甲允诺为乙谋取利益与收受 20 万元现金之间无因果关系，故不构成受贿罪

D. 即使认为甲不构成受贿罪，乙与丙也构成行贿罪

【考点】受贿罪

【解析】A 选项，甲是被动受贿，被动受贿要构成受贿罪，要求为他人谋利，但不需要为他人谋取了实际的利益，只需要允诺为他人谋取利益即可。本题中甲允诺为乙谋利，成立受贿罪。因此，A 选项是错误的。

B 选项，受贿罪是故意犯罪，直接故意和间接故意都包含在内。因此，B 选项是错误的。

C 选项，本题中二者之间显然有因果关系，允诺谋利与收受现金形成对价，所以应该构成受贿罪。因此，C 选项是错误的。

D 选项，行贿罪有自己独立的行为构成，不取决于对向犯（受贿方）是否构成受贿罪，乙、丙构成行贿罪。因此，D 选项是正确的。

【答案】D

【2016－2－62】关于贿赂犯罪的认定，下列哪些选项是正确的？（　　）

A. 甲是公立高校普通任课教师，在学校委派其招生时，利用职务便利收受考生家长 10 万元。甲成立受贿罪

扫码听课

B. 乙是国有医院副院长，收受医药代表 10 万元，承诺为病人开处方时多开相关药品。乙成立非国家工作人员受贿罪

C. 丙是村委会主任，在村集体企业招投标过程中，利用职务收受他人财物 10 万元，为其谋利。丙成立非国家工作人员受贿罪

D. 丁为国有公司临时工，与本公司办理采购业务的副总经理相勾结，收受 10 万元回扣归二人所有。丁构成受贿罪

大咖点拨区

【考点】受贿罪

【解析】受贿罪的主体是国家工作人员，所谓“国家工作人员”包括：

① 国家机关中从事公务的人员。

② 国有公司、国有企业、事业单位、人民团体中从事公务的人员；（此处的“国有”指100%国家独资）

③ 国家机关、国有公司、企事业单位委派到非国有公司、企事业单位、社会团体中从事公务的人员；

④ 其他依照法律从事公务的人员，包括：A依法履行职责的各级人民代表大会代表；B依法履行审判职责的人民陪审员；C协助乡镇人民政府、街道办事处从事行政管理工作的村民委员会、居民委员会等基层组织人员；D其他由法律授权从事公务的人员；

A选项，甲是公立高校的普通任课教师，没有国家工作人员身份，但是他在被委派到其他单位从事公务时（招生工作）就是国家工作人员，此时甲收受贿赂就要构成受贿罪。所以A选项关键词在于“委派”，接收委派就变成了从事公务的国家工作人员。因此，A选项是正确的。

B选项，乙是国有医院的副院长，其在依法履行院长职务时，是国家工作人员；但是在开处方时，其实跟普通医生没有区别，就是一种技术上的职务，不属于从事公务，也就不是国家工作人员，应当成立非国家工作人员受贿罪。开处方的时候并不是利用职务之便。因此，B选项是正确的。

C选项，村委会、居委会的工作人员，在日常工作时不是国家工作人员。只有在协助当地人民政府从事特定行政管理工作的时候才是国家工作人员。根据全国人大常委会《关于〈中华人民共和国刑法〉第九十三条第二款的解释》村民委员会等村基层组织人员协助人民政府从事救灾、抢险、防汛、优抚、扶贫、移民、救济款物的管理，社会捐助公益事业款物的管理，国有土地的经营和管理，土地征收、征用补偿费用的管理，代征、代缴税款，有关计划生育、户籍、征兵工作等行政管理工作时，属于国家工作人员。C选项中的丙是在村集体企业的招投标过程中收受他人财物，集体企业的招投标是村民自治事务，并不是协助当地人民政府，所以丙不具有国家工作人员身份，所以是非国家工作人员受贿罪。因此，C选项是正确的。

D选项，虽然丁没有国家工作人员身份，是临时工，但丁是共犯，帮助犯、教唆犯不要求有身份，只要正犯有身份就可以。丁与副总经理相勾结，与国家工作人员相勾结，收受回扣，两人可以成立共犯，成立共犯的丁就构成受贿罪。因此，D选项是正确的。

【相关法条】第九十三条 【国家工作人员的范围】本法所称国家工作人员，是指国家机关中**从事公务**的人员。

国有公司、企业、事业单位、人民团体中**从事公务**的人员和国家机关、国有公司、企业、事业单位委派到非国有公司、企业、事业单位、社会团体**从事公务**的人员，以及其他依照法律从事公务的人员，以国家工作人员论。

【答案】ABCD

大咖点拨区

扫码听课

【2015-2-21】根据《刑法》规定，国家工作人员利用本人职权或者（1）形成的便利条件，通过其他（2）职务上的行为，为请托人谋取（3），索取请托人财物或者收受请托人财物的，以（4）论处。这在刑法理论上称为（5）。将下列哪一选项内容填充到以上相应位置是正确的？（　　）

A.（1）地位（2）国家机关工作人员（3）利益（4）利用影响力受贿罪（5）间接受贿

B.（1）职务（2）国家工作人员（3）利益（4）受贿罪（5）斡旋受贿

C.（1）职务（2）国家机关工作人员（3）不正当利益（4）利用影响力受贿罪（5）间接受贿

D.（1）地位（2）国家工作人员（3）不正当利益（4）受贿罪（5）斡旋受贿

【考点】受贿罪

【解析】本题主要考察的是斡旋受贿。斡旋受贿是受贿罪，受贿罪既包括普通受贿，也包括斡旋受贿，斡旋受贿是一种受贿的方式。《刑法》第388条规定，国家工作人员利用本人职权或者（地位）形成的便利条件，通过其他（国家工作人员）职务上的行为，为请托人谋取（不正当利益），索取请托人财物或者收受请托人财物的，以（受贿）论处。因此，D选项是正确的。

【答案】D

扫码听课

【2014-2-21】交警甲和无业人员乙勾结，让乙告知超载司机“只交罚款一半的钱，即可优先通行”；司机交钱后，乙将交钱司机的车号报给甲，由在高速路口执勤的甲放行。二人利用此法共得32万元，乙留下10万元，余款归甲。关于本案的分析，下列哪一选项是错误的？（　　）

A. 甲、乙构成受贿罪共犯　　B. 甲、乙构成贪污罪共犯

C. 甲、乙构成滥用职权罪共犯　　D. 乙的受贿数额是32万元

【考点】受贿罪，贪污罪，滥用职权罪

【解析】首先，乙告诉超载司机说“只交罚款一半的钱，就可以优先通行”，这句话并不是告诉司机可以减免罚款，而是表达司机只能从该高速路口经过，从该路过就会遇到交警，那么面对交警要么是给贿赂，要么是交罚款。而且还告诉司机要向交警行贿的话，一半的钱就够了，要交罚款则要交全额的罚款。作为超载司机，当然愿意选择对自己利益最大化的方式，即交了一半的钱作为贿赂。所以这个“只交一半的钱就可优先通行”这句话，并不是说司机可以减免罚款，而是在“索贿”，所以32万元是超载司机所给的贿赂。

其次，既然明确了是贿赂而不是所交的罚款，所以甲、乙二人不是贪污罪，贪污罪必须是利用职务之便非法占有本单位的财物，如果是超载司机交的罚款，将这个罚款据为己有是贪污的行为，但在本案中，超载司机根本不是交给本单位的钱，而是交给甲乙二人的贿赂，所以不构成贪污罪，只构成受贿罪。除了构成受贿罪之外，还构成滥用职权，由于滥用职权的行为，导致国家应该收的罚款没有收受，国家利益遭受了重大损失，所以要构成滥用职权罪。

再次，甲乙二人受贿的总额是32万元，那么就意味着甲乙二人是按照总额来承担责任。因此，A、C、D选项是正确的，B选项是错误的。

【答案】B

大咖点拨区

扫码听课

【2014－2－62】根据《刑法》与司法解释的规定，国家工作人员挪用公款进行营利活动、数额达到1万元或者挪用公款进行非法活动、数额达到5000元的，以挪用公款罪论处。国家工作人员甲利用职务便利挪用公款1.2万元，将8000元用于购买股票，4000元用于赌博，在1个月内归还1.2万元。关于本案的分析，下列哪些选项是**错误**的？（　　）

A. 对挪用公款的行为，应按用途区分行为的性质与罪数；甲实施了两个挪用行为，对两个行为不能综合评价，甲的行为不成立挪用公款罪

B. 甲虽只实施了一个挪用公款行为，但由于既未达到挪用公款进行营利活动的数额要求，也未达到挪用公款进行非法活动的数额要求，故不构成挪用公款罪

C. 国家工作人员购买股票属于非法活动，故应认定甲属于挪用公款1.2万元进行非法活动，甲的行为成立挪用公款罪

D. 可将赌博行为评价为营利活动，认定甲属于挪用公款1.2万元进行营利活动，故甲的行为成立挪用公款罪

【考点】挪用公款罪

【解析】挪用公款构成犯罪要有三种类型，一个是非法活动型，一个是超期未还型，一个是营利活动型，三种类型，每一种类型公款的用途不同，它决定了成立罪的标准是不一样的。

司法解释（当时的司法解释）的规定要求是营利活动型的挪用公款罪数额要达到1万元才构成本罪，非法活动型挪用公款罪数额达到5000元即构成本罪，但是在本题中国家工作人员挪用8000元用于购买股票，没有达到营利活动的1万元的标准，4000元用于赌博，也没有达到非法活动所要求的5000元的标准，这时就需要包容评价。虽然不能认为“购买股票”是非法活动，但是可以说“赌博”是营利活动，所以可以把4000元加到8000元里面，变成1.2万元，1.2万元都是在作营利活动，可以这样包容评价。因此，A、B、C选项是错误的，D选项是正确的。

【相关法条】第三百八十四条【挪用公款罪】**国家工作人员**利用职务上的便利，挪用公款归**个人使用**，进行**非法活动**的，或者挪用公款数额较大、进行**营利活动**的，或者挪用公款数额较大、**超过三个月**未还的，是挪用公款罪，处五年以下有期徒刑或者拘役；情节严重的，处五年以上有期徒刑。挪用公款数额巨大不退还的，处十年以上有期徒刑或者无期徒刑。

挪用用于**救灾、抢险、防汛、优抚、扶贫、移民、救济**款物**归个人使用**的，**从重**处罚。

【答案】ABC

扫码听课

【2013－2－20】国有A公司总经理甲发现A公司将从B公司购进的货物转手卖给某公司时，A公司即可赚取300万元。甲便让其妻乙注册成立C公司，并利用其特殊身份，让B公司与A公司解除合同后，再将货物卖给C公司。C公司由此获得300万元利润。关于甲的行为定性，下列哪一选项是正确的？

A. 贪污罪　　B. 为亲友非法牟利罪

C. 诈骗罪　　D. 非法经营同类营业罪

【考点】贪污罪

【解析】甲的行为是贪污罪，贪污的是财产性利益，即能够营利的合同。原

本是A公司的一个可以营利的合同，甲利用职务之便把这个合同利益给到了C公司，C公司是甲的妻子注册成立的，即是特定对象所有的一家公司。甲利用职务之便，将本单位的财产性利益据为己有（不限于自己所有，也包括给特定第三人所有），构成贪污罪。因此，A选项是正确的。

【答案】A

【2013-2-21】乙的孙子丙因涉嫌抢劫被刑拘。乙托甲设法使丙脱罪，并承诺事成后付其10万元。甲与公安局副局长丁早年认识，但多年未见面。甲托丁对丙作无罪处理，丁不同意，甲便以揭发隐私要挟，丁被迫按甲的要求处理案件。后甲收到乙10万元现金。关于本案，下列哪一选项是错误的？（　　）

A. 对于“关系密切”应根据利用影响力受贿罪的实质进行解释，不能仅从形式上限定为亲朋好友

B. 根据A选项的观点，“关系密切”包括具有制约关系的情形，甲构成利用影响力受贿罪

C. 丁构成徇私枉法罪，甲构成徇私枉法罪的教唆犯

D. 甲的行为同时触犯利用影响力受贿罪与徇私枉法罪，应从一重罪论处

【考点】徇私枉法罪，利用影响力受贿罪

【解析】本题中甲因为自己没能力，需要找别人帮忙。但甲本身又不是一个国家工作人员，成立斡旋受贿要求甲也是一个国家工作人员，所以甲就不可能构成受贿罪的主体。

甲是在利用影响力受贿。利用影响力受贿是指在职的国家工作人员的近亲属或关系密切的人，利用在职的国家工作人员的职务之便，为请托人谋取利益，收受请托人财务。甲和丁之间没有近亲属的关系，但二者是关系密切的人，所以可评价为利用影响力受贿罪。

A选项，利用影响力受贿罪中的“关系密切人”只要与在职的国家工作人员存在“一定的密切关系”或者说只要有“一定的关系”，这个关系能够对在职的国家工作人员产生影响即可。因此，A选项是正确的。

B选项，“关系密切人”并不限于“亲朋好友”，包括一定的掣肘、制约关系。因此，B选项是正确的。

C选项，徇私枉法罪，是指司法工作人员徇私枉法，徇情枉法，在刑事诉讼中，使明知是无罪的人受到追诉，对明知是有罪的人而故意包庇使其不受追诉，或者在刑事审判活动中故意违背事实和法律作枉法裁判的行为。所以丁构成徇私枉法罪，甲教唆丁徇私枉法，甲构成徇私枉法罪的教唆犯。因此，C选项是正确的。

D选项，甲的行为应该数罪并罚，如果国家工作人员收受贿赂（构成受贿罪）之后又徇私枉法的，从一重罪论处。在本题中甲的行为触犯利用影响力受贿罪和徇私枉法罪（教唆），应当数罪并罚。因此，D选项是错误的。

【相关法条】第三百八十八条之一【利用影响力受贿罪】**国家工作人员的近亲属**或者**其他与该国家工作人员关系密切的人**，通过该国家工作人员职务上的行为，或者利用该国家工作人员职权或者地位形成的便利条件，通过其他国家工作人员职务上的行为，为请托人谋取不正当利益，索取请托人财物或者收受请托人财物，数额较大或者有其他较重情节的，处三年以下有期徒刑或者拘役，并处罚

大咖点拨区

扫码听课

大咖点拨区

金；数额巨大或者有其他严重情节的，处三年以上七年以下有期徒刑，并处罚金；数额特别巨大或者有其他特别严重情节的，处七年以上有期徒刑，并处罚金或者没收财产。

离职的国家工作人员或者其**近亲属**以及**其他与其关系密切的人**，利用该离职的国家工作人员原职权或者地位形成的便利条件实施前款行为的，依照前款的规定定罪处罚。

第三百九十九条 【徇私枉法罪；民事、行政枉法裁判罪；执行判决、裁定失职罪；执行判决、裁定滥用职权罪】**司法工作人员**徇私枉法、徇情枉法，对明知是**无罪**的人而使他受追诉、对明知是**有罪**的人而故意包庇不使他受追诉，或者在刑事审判活动中故意违背事实和法律作**枉法裁判**的，处五年以下有期徒刑或者拘役；情节严重的，处五年以上十年以下有期徒刑；情节特别严重的，处十年以上有期徒刑。

在**民事、行政**审判活动中故意违背事实和法律作**枉法裁判**，情节严重的，处五年以下有期徒刑或者拘役；情节特别严重的，处五年以上十年以下有期徒刑。

在执行判决、裁定活动中，**严重不负责任**或者**滥用职权**，不依法采取诉讼保全措施、不履行法定执行职责，或者违法采取诉讼保全措施、强制执行措施，致使当事人或者其他人的利益遭受重大损失的，处五年以下有期徒刑或者拘役；致使当事人或者其他人的利益遭受特别重大损失的，处五年以上十年以下有期徒刑。

司法工作人员收受贿赂，有**前三款**行为的，同时又构成本法**第三百八十五条**规定之罪的，依照处罚较重的规定定罪处罚。

【答案】D

扫码听课

【2013－2－63】关于受贿相关犯罪的认定，下列哪些选项是正确的？（ ）

A. 甲知道城建局长张某吸毒，以提供海洛因为条件请其关照工程招标，张某同意。甲中标后，送给张某50克海洛因。张某构成受贿罪

B. 乙系人社局副局长，乙父让乙将不符合社保条件的几名亲戚纳入社保范围后，收受亲戚送来的3万元。乙父构成利用影响力受贿罪

C. 国企退休厂长王某（正处级）利用其影响，让现任厂长帮忙，在本厂推销保险产品后，王某收受保险公司3万元。王某不构成受贿罪

D. 法院院长告知某企业经理赵某“如给法院捐赠500万元办公经费，你们那个案件可以胜诉”。该企业胜诉后，给法院单位账户打入500万元。应认定法院构成单位受贿罪

【考点】受贿罪

【解析】A选项，受贿中的财物一般表现为现金、礼品等财物，但也包含毒品等违禁品在内，只要具有财产价值，都可以成为“贿赂”。因此，A选项是正确的。

B选项，乙的父亲是国家工作人员的近亲属，利用在职的国家工作人员的职务之便为请托人谋取利益，收受请托人财物的，构成利用影响力受贿罪。注意：由于乙对于收受贿赂一事并不知情，乙不构成受贿罪，乙父不构成受贿罪的共犯。因此，B选项是正确的。

C选项，王某不是国家工作人员，不构成受贿罪。受贿罪必须是国家工作人

员，而且还必须是在职的国家工作人员。王某已经退休不能构成受贿罪，但王某可以构成利用影响力受贿罪。利用影响力受贿罪还包括一种情形，就是离职的国家工作人员及其近亲属、关系密切人，利用离职的国家工作人员的影响力为请托人谋取利益，收受财物的，因此，王某的行为应当评价为利用影响力受贿罪。C选项是正确的。

D选项，以单位的名义，为了单位的利益，实施的单位犯罪就应该是单位受贿罪。因此，D选项是正确的。

【相关法条】第三百八十五条　【受贿罪】国家工作人员利用职务上的便利，**索取**他人财物的，或者**非法收受**他人财物，为他人谋取利益的，是受贿罪。

国家工作人员在**经济往来**中，违反国家规定，收受各种名义的**回扣、手续费，归个人所有**的，以受贿论处。

第三百八十八条　【受贿罪】国家工作人员利用**本人职权**或者**地位**形成的**便利条件**，通过**其他国家工作人员职务上的行为**，为请托人谋取**不正当**利益，索取请托人财物或者收受请托人财物的，以受贿论处。

第三百八十七条　【单位受贿罪】**国家机关、国有公司、企业、事业单位、人民团体**，索取、非法收受他人财物，为他人谋取利益，情节严重的，对单位判处罚金，并对其直接负责的主管人员和其他直接责任人员，处五年以下有期徒刑或者拘役。

前款所列单位，在经济往来中，在帐外暗中收受各种名义的回扣、手续费的，以受贿论，依照前款的规定处罚。

【答案】ABCD

大咖点拨区

【2012－2－20】甲恳求国有公司财务主管乙，从单位挪用10万元供他炒股，并将一块名表送给乙。乙做假账将10万元交与甲，甲表示尽快归还。20日后，乙用个人财产归还单位10万元。关于本案，下列哪一选项是**错误**的？（　　）

扫码听课

A. 甲、乙勾结私自动用公款，构成挪用公款罪的共犯

B. 乙虽20日后主动归还10万元，甲、乙仍属于挪用公款罪既遂

C. 乙非法收受名表，构成受贿罪

D. 对乙不能以挪用公款罪与受贿罪进行数罪并罚

【考点】挪用公款罪，受贿罪

【解析】A、B选项，甲、乙构成挪用公款罪的共犯，因为将挪用的公款用于炒股，属于营利活动，既然是营利活动，就没有归还时间的限制，只要有“挪用”就构成本罪既遂。因此，A、B选项是正确的

C、D选项，如果是因为收受贿赂，才挪用公款给他人使用，那么就要以受贿罪和挪用公款罪数罪并罚。因此，C选项是正确的，D选项是错误的。

【答案】D

【2012－2－63】国家工作人员甲与民办小学教师乙是夫妻。甲、乙支出明显超过合法收入，差额达300万元。甲、乙拒绝说明财产来源。一审中，甲交代300万元系受贿所得，经查证属实。关于本案，下列哪些选项是正确的？（　　）

扫码听课

A. 甲构成受贿罪　　B. 甲不构成巨额财产来源不明罪

C. 乙不构成巨额财产来源不明罪　　D. 乙构成掩饰、隐瞒犯罪所得罪

【考点】受贿罪，巨额财产来源不明罪

大咖点拨区

【解析】A、B、C选项，甲在一审之时交代300万元系受贿所得，甲作为国家工作人员收受贿赂的，成立受贿罪，不再构成巨额财产来源不明罪。甲的妻子乙不具有国家工作人员的身份，也没有说明巨额财产来源的义务，也不构成巨额财产来源不明罪。因此，A、B、C选项是正确的。

D选项，夫妻二人，如果一方收受贿赂，那么另外一方仅仅是拒不说明来源的，并没有实施“窝藏、转移、收购、代为销售”的行为，因此不成立掩饰、隐瞒犯罪所得罪。因此，D选项是错误的。

【相关法条】第三百九十五条第一款【巨额财产来源不明罪】国家工作人员的财产、支出明显超过合法收入，差额巨大的，可以责令该国家工作人员说明来源，不能说明来源的，差额部分以非法所得论，处五年以下有期徒刑或者拘役；差额特别巨大的，处五年以上十年以下有期徒刑。财产的差额部分予以追缴。

【答案】ABC

扫码听课

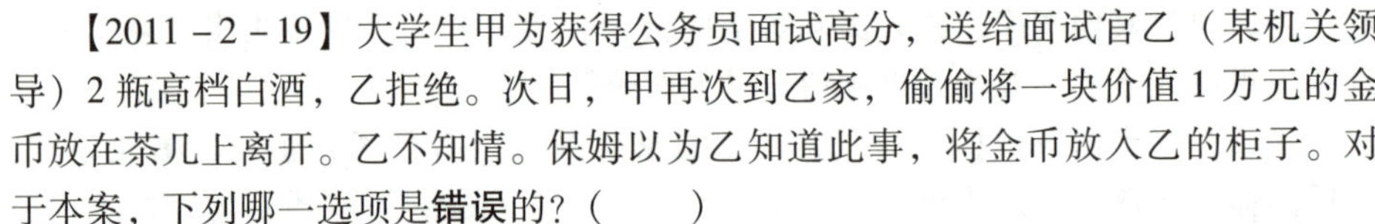

【2011-2-19】大学生甲为获得公务员面试高分，送给面试官乙（某机关领导）2瓶高档白酒，乙拒绝。次日，甲再次到乙家，偷偷将一块价值1万元的金币放在茶几上离开。乙不知情。保姆以为乙知道此事，将金币放入乙的柜子。对于本案，下列哪一选项是**错误**的？（　　）

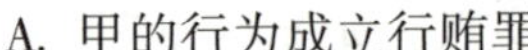

A. 甲的行为成立行贿罪

B. 乙的行为不构成受贿罪

C. 认定甲构成行贿罪与乙不构成受贿罪不矛盾

D. 保姆的行为成立利用影响力受贿罪

【考点】行贿罪，受贿罪，利用影响力受贿罪

【解析】A选项，行贿罪是为谋取不正当的利益而给予国家工作人员以财物。大学生甲为了获得公务员面试的高分，是不正当的利益。刑法当中所有的行贿的犯罪，都是为了谋取不正当的利益。因此，A选项是正确的。

B、C选项，由于乙没有认识到财物，没有受贿的故意，所以乙不成立受贿罪。行贿罪与受贿罪虽然是对向犯，但各有不同的构成要件，不以对方成立犯罪为要件。因此，B、C选项是正确的。

D选项，保姆并没有受贿的故意，只是一个旁观的第三人。因此，D选项是错误的。

【相关法条】第三百八十九条　【行贿罪】为谋取**不正当利益**，给予国家工作人员以财物的，是行贿罪。

在**经济往来**中，违反国家规定，给予国家工作人员以财物，数额较大的，或者违反国家规定，给予国家工作人员以各种名义的**回扣、手续费**的，以行贿论处。

因**被勒索**给予国家工作人员以**财物**，没有获得**不正当**利益的，不是行贿。

【答案】D

扫码听课

【2011-2-63】关于贪污罪的认定，下列哪些选项是正确的？（　　）

A. 国有公司中从事公务的甲，利用职务便利将本单位收受的回扣据为己有，数额较大。甲行为构成贪污罪

B. 土地管理部门的工作人员乙，为农民多报青苗数，使其从房地产开发商处多领取20万元补偿款，自己分得10万元。乙行为构成贪污罪

C. 村民委员会主任丙，在协助政府管理土地征用补偿费时，利用职务便利将

大咖点拨区

其中数额较大款项据为己有。丙行为构成贪污罪

D. 国有保险公司工作人员丁，利用职务便利编造未发生的保险事故进行虚假理赔，将骗取的5万元保险金据为己有。丁行为构成贪污罪

【考点】贪污罪

【解析】A选项，将本单位“已经收受的”回扣据为己有，说明甲在非法占有本单位的财物。如果国有公司从事公务的甲，在经济往来的过程当中，利用职务之便，违反国家规定，收受各种名义的回扣、手续费归个人所有的，就构成受贿罪。A选项中是财物给到本单位后甲再据为己有，那么就是非法占有本单位的财物，就是贪污。因此，A选项是正确的。

B选项，国有土地管理部门的工作人员乙是国家工作人员，利用其职务之便，且具有非法占有的目的。但是乙非法占有的是开发商的财物，而贪污罪必须是非法占有本单位的财物，所以应该构成诈骗罪。因此，B选项是错误的。

C选项，村民委员会主任丙，在协助政府管理土地征用补偿费时，属于国家工作人员。所以，丙构成贪污罪。因此，C选项是正确的。

D选项，国有保险公司的工作人员利用职务之便非法占有本单位保险金的行为，构成贪污罪。贪污罪是国家工作人员利用主管、管理、经营、经手本单位财物的便利条件所实施的侵占、盗窃、诈骗行为，本质上就是盗窃，就是侵占，就是诈骗。D选项就是国家工作人员利用了自己的职务之便所实施的保险诈骗行为，构成贪污罪。因此，D选项是正确的。

【相关法条】第一百八十三条　【职务侵占罪；贪污罪】保险公司的工作人员利用职务上的便利，故意编造未曾发生的保险事故进行虚假理赔，骗取保险金归自己所有的，依照本法第二百七十一条的规定定罪处罚。

国有保险公司工作人员和国有保险公司委派到非国有保险公司从事公务的人员有前款行为的，依照本法第三百八十二条、第三百八十三条的规定定罪处罚。

【答案】ACD

【2010-2-20】下列哪一情形<u>不属于</u>“挪用公款归个人使用”？（　　）

A. 国家工作人员甲，将公款借给其弟炒股

B. 国家机关工作人员甲，以个人名义将公款借给原工作过的国有企业使用

C. 某县工商局长甲，以单位名义将公款借给某公司使用

D. 某国有公司总经理甲，擅自决定以本公司名义将公款借给某国有事业单位使用，以安排其子在该单位就业

扫码听课

【考点】挪用公款罪

【解析】根据立法解释，有下列情形之一的，属于挪用公款“归个人使用”：①将公款供本人、亲友或者其他自然人使用的；（终点是个人）；②以个人名义将公款供其他单位使用的；（起点是个人）③个人决定以单位名义将公款供其他单位使用，谋取个人利益的。A选项属于终点是个人的情形，因为甲将公款借给某个自然人来炒股。因此，A选项不当选。

B选项，属于起点是个人的情形。因此，B选项是错误的。

C选项，是以单位的名义借给单位使用，不是归个人使用，不属于“挪用公款归个人使用。”因此，C选项当选。

D选项，属于第三种情形，虽然是借给单位使用，但是由甲个人决定，并且

大咖点拨区

扫码听课

是为了谋取个人利益。因此，D选项不当选。

【答案】C

【2010－2－65】关于贿赂犯罪，下列哪些选项是**错误**的？（　　）

A. 国家工作人员利用职务便利，为请托人谋取利益并收受其财物而构成受贿罪的，请托人当然构成行贿罪

B. 因被勒索给予国家工作人员以财物的，当然不构成行贿罪

C. 行贿人在被追诉前主动交待行贿行为的，可以从轻或者减轻处罚

D. 某国家机关利用其职权或地位形成的便利条件，通过其他国家机关的职务行为，为请托人谋取利益，索取请托人财物的，构成单位受贿罪

【考点】贿赂犯罪

【解析】A选项，国家工作人员利用职务便利，为请托人谋取利益并收受其财物，构成受贿罪，但是请托人未必构成行贿罪，因为行贿罪必须是为谋取不正当利益。因此，A选项是错误的。

B选项，行贿罪有一个出罪的情形，需要具备两个条件：第一是被勒索，第二是没有获得不正当利益，两个条件要同时具备。仅仅因为“被勒索”给予国家工作人员以财物的，成立行贿罪。因此，B选项是错误的。

C选项，是法条的明文规定。因此，C选项是正确的。

D选项，行为人利用自己的便利条件，通过其他国家机关的职务行为谋取利益，这是一种斡旋受贿的类型。但是单位受贿罪没有斡旋受贿的表现形式，只有个人受贿才有斡旋受贿的表现形式，因此，D选项是错误的。

第三百九十条【对犯行贿罪的处罚】对犯行贿罪的，处五年以下有期徒刑或者拘役，并处罚金；因行贿谋取不正当利益，情节严重的，或者使国家利益遭受重大损失的，处五年以上十年以下有期徒刑，并处罚金；情节特别严重的，或者使国家利益遭受特别重大损失的，处十年以上有期徒刑或者无期徒刑，并处罚金或者没收财产。

行贿人在**被追诉前**主动交待行贿行为的，可以**从轻**或者**减轻**处罚。其中，**犯罪较轻**的，对**侦破重大案件起关键作用**的，或者有**重大立功**表现的，可以**减轻**或者**免除**处罚。

【答案】ABD

大咖点拨区

专题二十一　渎职罪

扫码听课

【2021 网络回忆版】关于渎职犯罪，下列说法正确的有(　　)

A 市场监管执法人员甲明知王某生产的口罩是伪劣产品，涉嫌犯罪，向其通风报信，帮助逃避处罚。甲构成包庇罪

B 铁路警察乙发现李某盗窃，因收了李某的钱财，对李某不予立案。乙构成徇私枉法罪和受贿罪，择一重罪论处

C 监狱管理人员丙在罪犯赵某执行有期徒刑期间，利用职权私下让其回家，要求其按时返回。丙构成私放在押人员罪

D 警察丁利用职权，使无资格获取驾驶证的田某取得驾驶证。某日，田某违章驾车，酿成车祸，致人死亡。丁构成滥用职权罪

【考点】渎职罪

【解析】A 选项，甲明知他人生产的口罩是伪劣产品，涉嫌犯罪，向其通风报信，帮助逃避处罚，构成帮助犯罪分子逃避处罚罪，而不是包庇罪。A 错误。

《刑法》第四百一十七条【帮助犯罪分子逃避处罚罪】有查禁犯罪活动职责的国家机关工作人员，向犯罪分子通风报信、提供便利，帮助犯罪分子逃避处罚的，处三年以下有期徒刑或者拘役；情节严重的，处三年以上十年以下有期徒刑。

B 选项，根据刑法的规定，司法工作人员收受贿赂，同时又构成徇私枉法罪的，依照处罚较重的规定定罪处罚。B 正确。

C 选项，私放在押人员罪，是指司法工作人员私放在押的犯罪嫌疑人、被告人或者罪犯的。此处的“私放”并不要求永久性私放，只要是利用职务之便，将在押的犯罪嫌疑人、被告人或者罪犯放出，就成立本罪。

D 选项，滥用职权罪，是指国家机关工作人员滥用职权致使公共财产、国家和人民利益遭受重大损失的行为。丁利用职权，使无资格获取驾驶证的田某取得驾驶证，进而引发车祸，属于重大损失，成立本罪。D 正确。

【答案】BCD

扫码听课

【2017－2－63】关于渎职罪，下列哪些选项是正确的？(　　)

A. 省渔政总队验船师郑某，明知有 8 艘渔船存在套用船号等问题，按规定应注销，却为船主办理船检证书，船主领取国家柴油补贴 640 万元。郑某构成滥用职权罪

B. 刑警曾某办理冯某抢劫案，明知冯某被取保候审后未定期到派出所报到，曾某也未依法传唤冯某或将案件移送起诉或变更强制措施。期间，冯某再次犯罪。曾某构成徇私枉法罪

C. 律师于某担任被告人马某的辩护人，从法院复印马某贪污案的案卷材料，允许马某亲属朱某查阅。朱某随后游说证人，使数名证人向于某出具了虚假证明材料。于某构成故意泄露国家秘密罪

D. 公安局协警闫某，在协助抓捕行动中，向领导黑社会性质组织的李某通风

大咖点拨区

扫码听课

报信，导致李某等主要犯罪分子潜逃。闫某构成帮助犯罪分子逃避处罚罪

【考点】渎职犯罪

【解析】A选项，郑某具有国家机关工作人员的身份，在明知渔船存在问题的情况下，仍然为其办理证书，造成国家利益遭受重大损失的，应该构成滥用职权罪。因此，A选项是正确的。

B选项，曾某没有使冯某不受刑事追究的故意，也没有帮助冯某再次犯罪的故意，所以不应成立徇私枉法罪。因此，B选项是错误的。

C选项，本案中，于某泄露的只是特定案件中的特定材料，不符合国家秘密的要求，所以不构成故意泄露国家秘密罪。因此，C选项是错误的。

D选项，帮助犯罪分子逃避处罚罪与滥用职权罪是法条竞合的关系，帮助犯罪分子逃避处罚罪是特别法，滥用职权罪是一般法。因此，D选项是正确的。

【相关法条】第三百九十七条第一款 【滥用职权罪；玩忽职守罪】国家机关工作人员滥用职权或者玩忽职守，致使公共财产、国家和人民利益遭受重大损失的，处三年以下有期徒刑或者拘役；情节特别严重的，处三年以上七年以下有期徒刑。本法另有规定的，依照规定。

第三百九十九条【徇私枉法罪】司法工作人员徇私枉法、徇情枉法，对明知是无罪的人而使他受追诉、对明知是有罪的人而故意包庇不使他受追诉，或者在刑事审判活动中故意违背事实和法律作枉法裁判的，处五年以下有期徒刑或者拘役；情节严重的，处五年以上十年以下有期徒刑；情节特别严重的，处十年以上有期徒刑。

第四百一十七条 【帮助犯罪分子逃避处罚罪】**有查禁犯罪活动职责**的国家机关工作人员，向犯罪分子通风报信、提供便利，帮助犯罪分子逃避处罚的，处三年以下有期徒刑或者拘役；情节严重的，处三年以上十年以下有期徒刑。

【答案】AD

【2016－2－63】关于渎职犯罪，下列哪些选项是正确的？（　　）

A. 县财政局副局长秦某工作时擅离办公室，其他办公室人员操作电炉不当，触电身亡并引发大火将办公楼烧毁。秦某触犯玩忽职守罪

B. 县卫计局执法监督大队队长武某，未能发现何某在足疗店内非法开诊所行医，该诊所开张三天即造成一患者死亡。武某触犯玩忽职守罪

C. 负责建房审批工作的干部柳某，徇情为拆迁范围内违规修建的房屋补办了建设许可证，房主凭此获得补偿款90万元。柳某触犯滥用职权罪

D. 县长郑某擅自允许未经环境评估的水电工程开工，导致该县水域内濒危野生鱼类全部灭绝。郑某触犯滥用职权罪

【考点】渎职犯罪

【解析】A选项，操作电炉并非财政局长的职务范畴，办公室的工作人员操作电炉不当，局长对这种行为并没有亵渎自己的职务，并没有应当履行职务而未履行的情形。因此，A选项是错误的。

B选项，玩忽职守罪要求应当注意而没有注意，应当预见而没有预见到，是过失犯罪。B选项中足疗店开业三天就把一个患者治死了，三天的时间武某再尽职尽责也难以发现该足疗店的问题，所以要求足疗店刚开业三天就发现其问题是不现实的。因此，B选项是错误的。

大咖点拨区

C选项，滥用职权罪有一个很重要的条件，就是使国家人民利益造成重大损失。行为人让本来不应当获得补偿款的房主获得了补偿款，拿到了90万，显然是使国家人民利益遭受重大损失。因此，C选项是正确的。

D选项，该县水域内的濒危野生鱼类全部灭绝，属于造成了严重的后果，构成滥用职权罪。因此，D选项是正确的。

【相关法条】第三百九十七条 【滥用职权罪；玩忽职守罪】国家机关工作人员**滥用职权**或者**玩忽职守**，致使公共财产、国家和人民利益遭受重大损失的，处三年以下有期徒刑或者拘役；情节特别严重的，处三年以上七年以下有期徒刑。本法另有规定的，依照规定。

国家机关工作人员**徇私舞弊**，犯前款罪的，处五年以下有期徒刑或者拘役；情节特别严重的，处五年以上十年以下有期徒刑。本法另有规定的，依照规定。

【答案】CD

【2014-2-63】丙实施抢劫犯罪后，分管公安工作的副县长甲滥用职权，让侦办此案的警察乙想办法使丙无罪。乙明知丙有罪，但为徇私情，采取毁灭证据的手段使丙未受追诉。关于本案的分析，下列哪些选项是正确的？（　　）

扫码听课

A. 因甲是国家机关工作人员，故甲是滥用职权罪的实行犯

B. 因甲居于领导地位，故甲是徇私枉法罪的间接正犯

C. 因甲实施了两个实行行为，故应实行数罪并罚

D. 乙的行为同时触犯徇私枉法罪与帮助毁灭证据罪、滥用职权罪，但因只有一个行为，应以徇私枉法罪论处

【考点】滥用职权罪，徇私枉法罪，帮助毁灭证据罪

【解析】A选项，副县长甲属于国家机关工作人员，利用职权指令承办案件的警察徇私枉法，构成滥用职权罪，并且甲的指令行为就是滥用职权的实行行为。因此，A选项是正确的。

B选项，间接正犯也属于正犯，只有具有司法工作人员身份的人才能构成徇私枉法罪的间接正犯。甲只是分管公安工作的副县长，不具有司法工作人员身份，不能成立徇私枉法罪的间接正犯，可以降级评价为徇私枉法罪的教唆犯。因此，B选项是错误的。

C选项，甲只有唆使警察徇私枉法一个行为，成立徇私枉法罪的教唆犯和滥用职权罪的实行犯，想象竞合，不应数罪并罚。因此，C选项是错误的。

D选项，警察乙作为司法工作人员，明知他人有罪而徇私舞弊不追究的，成立徇私枉法罪。同时乙利用职务便利帮助他人毁灭证据的，成立帮助毁灭证据罪与徇私枉法罪的法条竞合，特别法优先，认定为徇私枉法罪。同时乙的行为也满足滥用职权罪的犯罪构成，根据特别法优于一般法的原则，最终认定乙成立徇私枉法罪。因此，D选项是正确的。

【答案】AD

【2012-2-21】下列哪一行为应以**玩忽职守罪**论处？（　　）

扫码听课

A. 法官执行判决时严重不负责任，因未履行法定执行职责，致当事人利益遭受重大损失

B. 检察官讯问犯罪嫌疑人甲，甲要求上厕所，因检察官违规打开械具后未跟随，致甲在厕所翻窗逃跑

大咖点拨区

C. 值班警察与女友电话聊天时接到杀人报警，又闲聊10分钟后才赶往现场，因延迟出警，致被害人被杀、歹徒逃走

D. 市政府基建负责人因听信朋友介绍，未经审查便与对方签订建楼合同，致被骗300万元

【考点】玩忽职守罪

【解析】玩忽职守罪是过失犯罪，玩忽职守罪是本章中其他过失类渎职犯罪的一般法，其他过失类渎职犯罪，如执行判决、裁定失职罪，失职致使在押人员脱逃罪等，是过失类渎职犯罪的特别法，当它与玩忽职守罪来发生法条竞合的时候，要特别法优于一般法。所以本题就是考察对于特别法所规定的玩忽职守行为的掌握，如果有特别法的规定，就应该按照特别法的法条来定罪，而不应该以玩忽职守罪来论处。

A选项，不以玩忽职守罪论处，判决都作出了，应该是执行判决裁定失职罪，不应当以玩忽职守罪来论处。因此，A选项是错误的。

B选项，检察官在讯问犯罪嫌疑人的过程中，过失致使犯罪嫌疑人逃跑的，成立失职致使在押人员脱逃罪。因此，B选项是错误的。

C选项，应以玩忽职守罪论处，因为该警察玩忽职守的行为没有触犯其他特别法的规定。因此，C选项是正确的。

D选项，市政府基建负责任作为国家机关工作人员，未经审查便与对方签订建楼合同，致使被骗300万元，国家利益受损，成立国家机关工作人员签订、履行合同失职被骗罪。因此，D选项是错误的。

【相关法条】第四百条【失职致使在押人员脱逃罪】**司法工作人员**由于**严重不负责任**，致使在押的犯罪嫌疑人、被告人或者罪犯脱逃，造成严重后果的，处三年以下有期徒刑或者拘役；造成特别严重后果的，处三年以上十年以下有期徒刑。

【答案】C

扫码听课

【2011-2-20】刘某以赵某对其犯故意伤害罪，向法院提起刑事附带民事诉讼。因赵某妹妹曾拒绝本案主审法官王某的求爱，故王某在明知证据不足、指控犯罪不能成立的情况下，毁灭赵某无罪证据，认定赵某构成故意伤害罪，并宣告免予刑罚处罚。对王某的定罪，下列哪一选项是正确的？（　　）

A. 徇私枉法罪　　B. 滥用职权罪

C. 玩忽职守罪　　D. 帮助毁灭证据罪

【考点】徇私枉法罪

【解析】王某的行为是徇私枉法罪。首先王某是法官，而且是刑事案件的法官，刑事案件的法官不能构成民事、行政枉法裁判罪。徇私枉法罪里包含了在刑事诉讼过程中枉法裁判的行为，王某的行为是枉法裁判行为，本来证据不足、指控犯罪不能成立，应该作出无罪判决的，王某却做出了有罪判决，虽然免除刑罚处罚，但王某仍然让被害人从“无罪”变成了“有罪”，所以是徇私枉法。因此，A选项是正确的。

【答案】A

【2010－2－2】看守所值班武警甲擅离职守，在押的犯罪嫌疑人乙趁机逃走，但刚跑到监狱外的树林即被抓回。关于本案，下列哪一选项是正确的？（　　）

A. 甲主观上是过失，乙是故意　　B. 甲、乙是事前无通谋的共犯

C. 甲构成私放在押人员罪　　D. 乙不构成脱逃罪

【考点】罪过心理，脱逃罪

【解析】A选项，甲主观上是过失，擅离职守，甲并没有希望或放任乙逃跑的结果发生，所以甲有过失，而乙是故意。因此，A选项是正确的。

B选项，甲是过失犯罪，乙是故意犯罪，二者不可能成立共犯。因此，B选项是错误的。

C选项，甲是过失犯罪，而私放在押人员罪是故意犯罪。因此，C选项是错误的。

D选项，乙构成脱逃罪，只要脱离了羁押控制就可以构成本罪。因此，D选项是错误的。

【相关法条】第三百一十六条【脱逃罪】依法被关押的**罪犯、被告人、犯罪嫌疑人**脱逃的，处五年以下有期徒刑或者拘役。

第四百条【私放在押人员罪】司法工作人员**私放**在押的**犯罪嫌疑人、被告人**或者**罪犯**的，处五年以下有期徒刑或者拘役；情节严重的，处五年以上十年以下有期徒刑；情节特别严重的，处十年以上有期徒刑。

【答案】A

大咖点拨区

扫码听课

大咖点拨区

专题二十二 不定项选择题

【2017-2-(86~88)】某小区五楼刘某家的抽油烟机发生故障，王某与李某上门检测后，决定拆下搬回维修站修理。刘某同意。王某与李某搬运抽油烟机至四楼时，王某发现其中藏有一包金饰，遂暗自将之塞入衣兜。(事实一)

王某与李某将抽油烟机搬走后，刘某想起自己此前曾将金饰藏于其中，追赶前来，见王某神情可疑，便要其返还金饰。王某为洗清嫌疑，乘乱将金饰转交李某，李某心领神会，接过金饰藏于裤兜中。刘某确定王某身上没有金饰后，转身再找李某索要。李某突然一拳击倒刘某，致其倒地重伤。李某与王某随即逃走。(事实二)

后王某建议李某将金饰出售，得款二人平分，李某同意。李某明知金饰价值1万元，却向亲戚郭某谎称金饰为朋友委托其出售的限量版，售价5万元。郭某信以为真，花5万元买下金饰。拿到钱后，李某心生贪念，对王某称金饰仅卖得1万元，分给王某5000元。(事实三)

请回答第86~88题。

扫码听课

86. 关于事实一的分析，下列选项正确的是：(　　)

A. 王某从抽油烟机中窃走金饰，破除刘某对金饰的占有，构成盗窃罪

B. 王某未经李某同意，窃取李某与其共同占有的金饰，应构成盗窃罪

C. 刘某客观上已将抽油烟机及机内金饰交给王某代为保管，王某取走金饰的行为构成侵占罪

D. 刘某将金饰遗忘在抽油烟机内，王某将其据为己有，是非法侵占他人遗忘物，构成侵占罪

【考点】盗窃罪，侵占罪

【解析】刘某将抽油烟机让王某和李某卸下搬走，并未连同抽油烟机中的金饰委托二人保管的意思，刘某家在五楼，油烟机搬至四楼的时候，根据社会的一般观念，刘某依然占有该金饰。而王某在发现金饰之后，暗自将其塞入衣兜，此时，刘某丧失了对金饰的占有，王某建立起了对金饰的新的支配关系，所以王某成立盗窃罪。因此，A选项是正确的。

【答案】A

87. 关于事实二的分析，下列选项正确的是：(　　)

扫码听课

A. 李某接过金饰，协助王某拒不返还他人财物，构成侵占罪的帮助犯

B. 李某帮助王某转移犯罪所得的金饰，构成掩饰、隐瞒犯罪所得罪

C. 李某为窝藏赃物将刘某打伤，属事后抢劫，构成抢劫（致人重伤）罪

D. 王某利用李某打伤刘某的行为顺利逃走，也属事后抢劫，构成抢劫罪

【考点】掩饰、隐瞒犯罪所得罪

【解析】A选项，由于王某成立盗窃罪，所以李某不成立侵占罪的帮助犯。因此，A选项是错误的。

大咖点拨区

B选项，李某接过金饰时，王某的盗窃行为已经既遂，李某明知是赃物，属于对王某犯罪所得进行保管，应当构成掩饰、隐瞒犯罪所得罪。因此，B选项是正确的。

C选项，李某并不需要为王某的盗窃行为承担责任，所以其打伤刘某的行为不构成事后抢劫，不属于转化型抢劫罪。因此，C选项是错误的。

D选项，李某击倒刘某时，王某并不知情，并未为此提供任何原因力，所以并不需要承担责任。因此，D选项是错误的。

【答案】B

88. 关于事实三的分析，下列选项正确的是：(　　)

A. 李某对郭某进行欺骗，导致郭某以高价购买赃物，构成诈骗罪

B. 李某明知金饰是犯罪所得而出售，构成掩饰、隐瞒犯罪所得罪

C. 李某欺骗王某放弃对剩余2万元销赃款的返还请求，构成诈骗罪

D. 李某虽将金饰卖得5万元，但王某所犯财产犯罪的数额为1万元

扫码听课

【考点】诈骗罪

【解析】A选项，李某对郭某实施诈骗，导致郭某陷入错误认识而处分财物，自然成立诈骗罪。因此，A选项是正确的。

B选项，李某代为保管该金饰的行为已经成立掩饰、隐瞒犯罪所得罪，之后再予以出售的行为无需再评价。因此，B选项是错误的。

C选项，首先，王某对于2万元的销赃款没有返还请求权，其返还请求权不受法律保护；其次，王某并未遭受财产损失，所以李某的行为不构成诈骗罪。因此，C选项是错误的。

D选项，王某并未参与李某的诈骗行为，不构成诈骗罪的共犯。由于王某对李某诈骗取得的5万元缺乏认识，所以不需要为此承担责任。因此，D选项是正确的。

【答案】AD

【2017－2－(89～91)】某地政府为村民发放扶贫补贴，由各村村委会主任审核本村申请材料并分发补贴款。某村村委会主任王某、会计刘某以及村民陈某合谋伪造申请材料，企图每人套取5万元补贴款。王某任期届满，周某继任村委会主任后，政府才将补贴款拨到村委会。周某在分发补贴款时，发现了王某、刘某和陈某的企图，便只发给三人各3万元，将剩余6万元据为己有。三人心知肚明，但不敢声张。(事实一)

后周某又想私自非法获取土地征收款，欲找县国土局局长张某帮忙，遂送给县工商局局长李某10万元，托其找张某说情。李某与张某不熟，送5万元给县财政局局长胡某，让胡某找张某。胡某找到张某后，张某碍于情面，违心答应，但并未付诸行动。(事实二)

周某为感谢胡某，从村委会账户取款20万元购买玉器，并指使会计刘某将账做平。周某将玉器送给胡某时，被胡某拒绝。周某只好将玉器退还商家，将退款20万元返还至村委会账户，并让刘某再次平账。(事实三)

请回答第89～91题。

89. 关于事实一的分析，下列选项正确的是：(　　)

A. 王某拿到补贴款时已经离任，不能认定其构成贪污罪

扫码听课

大咖点拨区

B. 刘某参与伪造申请材料，构成贪污罪，贪污数额为3万元

C. 陈某虽为普通村民，但参与他人贪污行为，构成贪污罪

D. 周某擅自侵吞补贴款，构成贪污罪，贪污数额为6万元

【考点】贪污罪

【解析】A选项，王某利用职权伪造申请材料获取补贴名额时，其仍为村委会主任。之后拿到补贴款的行为与前行为有不可割裂的因果关系。因此，A选项是错误的。

B选项，陈某、王某和刘某成立共同犯罪，数额应为15万元。因此，B选项是错误的。

C选项，陈某虽无国家工作人员的身份，但可以成为贪污罪的帮助犯。因此，C选项是正确的。

D选项，周某属于承继的共犯，既然是共同犯罪，就应当对数额的整体承担责任，即其贪污数额应为15万元。因此，D选项是错误的。

【答案】C

扫码听课

90. 关于事实二的分析，下列选项正确的是：(　　)

A. 周某为达非法目的，向国家工作人员行贿，构成行贿罪

B. 李某请托胡某帮忙，并送给胡某5万元，构成行贿罪

C. 李某未利用自身职务行为为周某谋利，但构成受贿罪既遂

D. 胡某收受李某财物进行斡旋，但未成功，构成受贿罪未遂

【考点】行贿罪，受贿罪

【解析】A选项，周某向李某行贿，李某属于斡旋受贿的情形，周某成立行贿罪。因此，A选项是正确的。

B选项，李某既是受贿人，也是行贿人。因此，B选项是正确的。

C、D选项，李某属于斡旋受贿的情形，李某已经收受贿赂，并转托其他国家工作人员（胡某）帮忙，成立受贿罪既遂。因此，C选项是正确的，D选项是错误的。

【答案】ABC

扫码听课

91. 关于事实三的分析，下列选项正确的是：(　　)

A. 周某挪用村委会20万元购买玉器行贿，属挪用公款进行非法活动，构成挪用公款罪

B. 周某使用村委会20万元购买玉器，属贪污行为，但后又将20万元还回，构成犯罪中止

C. 刘某第一次帮周某将账面做平，属于帮周某成功实施犯罪行为，与周某构成共同犯罪

D. 刘某第二次帮周某将账面做平，属于作假证明掩护周某的犯罪行为，构成包庇罪

【考点】挪用公款罪，犯罪中止，共同犯罪，包庇罪

【解析】A选项，周某具有非法占有的目的，应成立贪污罪，而非挪用公款罪。因此，A选项是错误的。

B选项，周某已经成立犯罪既遂，之后予以返还的行为，不影响既遂的认定，只能作为量刑情节在量刑时予以考量。因此，B选项是错误的。

大咖点拨区

C选项，刘某明知周某贪污的前提下，仍为其提供重要帮助，二者成立共同犯罪。因此，C选项是正确的。

D选项，刘某第二次帮周某将账面做平，只是在犯罪之后单纯伪造、毁灭证据的行为，防止司法机关察觉，并不是作假证明的包庇行为。因此，D选项是错误的。

【答案】C

【2016－2－（86～88）】甲将私家车借给无驾照的乙使用。乙夜间驾车与其叔丙出行，途中遇刘某过马路，不慎将其撞成重伤，车辆亦受损。丙下车查看情况，对乙谎称自己留下打电话叫救护车，让乙赶紧将车开走。乙离去后，丙将刘某藏匿在草丛中离开。刘某因错过抢救时机身亡。（事实一）

为逃避刑事责任，乙找到有驾照的丁，让丁去公安机关“自首”，谎称案发当晚是丁驾车。丁照办。公安机关找甲取证时，甲想到若说是乙造成事故，自己作为被保险人就无法从保险公司获得车损赔偿，便谎称当晚将车借给了丁。（事实二）

后甲找到在私营保险公司当定损员的朋友陈某，告知其真相，请求其帮忙向保险公司申请赔偿。陈某遂向保险公司报告说是丁驾车造成事故，并隐瞒其他不利于甲的事实。甲顺利获得7万元保险赔偿。（事实三）

请回答第86～88题。

86. 关于事实一的分析，下列选项正确的是：（　　）

A. 乙交通肇事后逃逸致刘某死亡，构成交通肇事逃逸致人死亡

B. 乙交通肇事且致使刘某死亡，构成交通肇事罪与过失致人死亡罪，数罪并罚

C. 丙与乙都应对刘某的死亡负责，构成交通肇事罪的共同正犯

D. 丙将刘某藏匿致使其错过抢救时机身亡，构成故意杀人罪

扫码听课

【考点】交通肇事逃逸致人死亡

【解析】A选项，死亡结果不能归属于乙，死亡结果就是丙独自引起的，丙将刘某藏匿到草丛中离开，刘某因错过抢救时机身亡，因此乙就不属于交通肇事后逃逸致人死亡。

B选项，乙对于构成死亡结果没有过失，乙信任丙说把刘某送到医院去进行救助，乙并不能预见到丙竟然会将刘某藏匿，所以因为丙保证自己会打电话来叫救护车，则乙不具有过失。因此，B选项是错误的。

C、D选项，C选项前后两句话都是错的。第一句话，乙对死亡结果不承担责任；接下来丙不能构成交通肇事罪的共同正犯，丙的行为单独成立一个故意杀人，丙将被害人藏匿到一个隐蔽的处所，创造了被害人死亡的危险，并且引起了被害人死亡的结果，所以丙单独构成一个故意杀人罪，而且丙的故意杀人罪是以作为的方式实施的，即将被害人藏匿，导致被害人得不到及时救助而死亡，所以成立作为方式的故意杀人罪。因此，C选项是错误的，D选项是正确的。

【答案】D

扫码听课

87. 关于事实二的分析，下列选项**错误**的是：（　　）

A. 伪证罪与包庇罪是相互排斥的关系，甲不可能既构成伪证罪又构成包庇罪

B. 甲的主观目的在于骗取保险金，没有妨害司法的故意，不构成妨害司法罪

大咖点拨区

C. 乙唆使丁代替自己承担交通肇事的责任，就此构成教唆犯

D. 丁的“自首”行为干扰了司法机关的正常活动，触犯包庇罪

【考点】伪证罪，包庇罪

【解析】A 选项，伪证罪和包庇罪不是相互排斥，二者中有重合的部分。伪证罪是在刑事诉讼过程当中，证人作虚假的证明，包庇罪是在刑事诉讼之外，或者在刑事诉讼之内作假证明包庇；伪证罪既可能是为了陷害他人，也可能是为了隐匿罪证，包庇仅仅是为了隐匿罪证，因此，如果在刑事诉讼中为了包庇他人而作假证明的，既成立伪证罪，也成立包庇罪。因此，A 选项是错误的。

B 选项，甲的行为构成妨害司法罪。首先甲客观上妨害司法了，其次主观上甲虽然不具有妨害司法的直接故意，但有间接故意，甲明知道这样作假证明、说假话会导致司法秩序被干扰和破坏，依然为之，所以甲当然构成妨害司法罪。因此，B 选项是错误的。

C 选项，乙不构成教唆犯。犯罪人本人唆使别人为自己说假话，唆使别人为自己做假证明的，都没有期待可能性，所以不构成犯罪。妨害作证罪，妨害作证罪必须是犯罪者本人，以暴力、威胁、贿买的方法指使别人作伪证，或者是阻止别人作证的，那么就构成妨害作证罪，但是前提是以暴力、威胁、贿买的方法。如果犯罪人本人用劝说、恳求、嘱托、教唆、指使他人为自己作伪证的，不构成犯罪，因为没有期待可能性。因此，C 选项是错误的。

D 选项，“自首”行为本身就是一种在作假证明的行为，明明不是丁干的，明明不是丁开的车，丁作假证明说是自己开的车，构成包庇罪。因此，D 选项是正确的。

【答案】ABC

扫码听课

88. 关于事实三的分析，下列选项正确的是：（　　）

A. 甲对发生的保险事故编造虚假原因，骗取保险金，触犯保险诈骗罪

B. 甲既触犯保险诈骗罪，又触犯诈骗罪，由于两罪性质不同，应数罪并罚

C. 陈某未将保险金据为己有，因欠缺非法占有目的不构成职务侵占罪

D. 陈某与甲密切配合，骗取保险金，两人构成保险诈骗罪的共犯

【考点】保险诈骗罪

【解析】A 选项，保险诈骗罪包含编造虚假的原因这个行为方式，本案的真实的原因是车是由一个无证驾驶的人开的，但甲隐瞒了这个事实，说是一个有驾照的人开的，就是在编造交通事故的虚假原因。因此，A 选项是正确的。

B 选项，甲触犯的保险诈骗罪和诈骗罪性质一样。甲触犯了保险诈骗罪，保险诈骗罪和诈骗罪是法条竞合的关系，法条竞合不需要数罪并罚。因此，B 选项是错误的。

C、D 选项，陈某的行为构成甲保险诈骗罪的共犯，同时又构成职务侵占罪。所谓“非法占有的目的”既包括让自己非法占有，也包括让别人非法占有，所以陈某的行为就应该构成职务侵占罪，陈某让朋友甲非法占有，可以认为陈某有非法占有的目的，让自己之外的特定第三人非法占有本单位财物的，可以构成职务侵占罪。因此 C 选项是错误的，D 选项是正确的。

【答案】AD

【2016－2－（89～91）】甲是 A 公司（国有房地产公司）领导，因私人事务

大咖点拨区

欠蔡某600万元。蔡某让甲还钱，甲提议以A公司在售的商品房偿还债务，蔡某同意。甲遂将公司一套价值600万元的商品房过户给蔡某，并在公司财务账目上记下自己欠公司600万元。三个月后，甲将账作平，至案发时亦未归还欠款。（事实一）

A公司有工程项目招标。为让和自己关系好的私营公司老板程某中标，甲刻意安排另外两家公司与程某一起参与竞标。甲让这两家公司和程某分别制作工程预算和标书，但各方约定，若这两家公司中标，就将工程转包给程某。程某最终在A公司预算范围内以最优报价中标。为感谢甲，程某花5000元购买仿制古董赠与甲。甲以为是价值20万元的真品，欣然接受。（事实二）

甲曾因公务为A公司垫付各种费用5万元，但由于票据超期，无法报销。为挽回损失，甲指使知情的程某虚构与A公司的劳务合同并虚开发票。甲在合同上加盖公司公章后，找公司财务套取"劳务费"5万元。（事实三）

请回答第89～91题。

89. 关于事实一的分析，下列选项正确的是：（　　）

A. 甲将商品房过户给蔡某的行为构成贪污罪

B. 甲将商品房过户给蔡某的行为构成挪用公款罪

C. 甲虚假平账，不再归还600万元，构成贪污罪

D. 甲侵占公司600万元，应与挪用公款罪数罪并罚

扫码听课

【考点】贪污罪，挪用公款罪

【解析】甲将账目做平的行为说明甲已经有非法占有的目的。与"平账"相对应的叫做"挂账"，将钱挂在帐上，说明甲依然想还款。

A选项，将商品房过户给蔡某的时候，甲没有非法占有的目的，所以不能认定为贪污，因此，A选项是错误的。

B选项，对房产的利用不能成立挪用公款罪，挪用公款罪要求行为对象必须是单位的公款，不包括不动产。因此，B选项是错误的。

C选项，作为国家工作人员的甲，虚假平账使得本属于国有企业的债权利益受到永久性的损害，自己从中获得了免除债务的好处，具备了"非法占有的目的"，成立贪污罪。因此，C选项是正确的。

D选项，对国家工作人员甲只能以贪污罪一罪论处，而不能数罪并罚。因此，D选项是错误的。

【答案】C

90. 关于事实二的分析，下列选项正确的是：（　　）

A. 程某虽与其他公司串通参与投标，但不构成串通投标罪

B. 甲安排程某与他人串通投标，构成串通投标罪的教唆犯

C. 程某以行贿的意思向甲赠送仿制古董，构成行贿罪既遂

D. 甲以受贿的意思收下程某的仿制古董，构成受贿罪既遂

扫码听课

【考点】串通投标罪，受贿罪，行贿罪

【解析】A选项，串通投标罪必须是投标人相互串通，要么是损害招标人的利益，要么是损害其他投标人的利益。程某的行为没有损害招标人（A公司）的利益，因为他是在预算范围内以最优报价中标的；也没有损害其他人的利益，因为其他人是可以中标的，只是约定说中标之后将这个工程转包给程某而已，而不

大咖点拨区

是在投标的过程当中弄虚作假，损害其他利益。因此，A 选项是正确的。

B 选项，实行犯本人不构成犯罪，教唆犯当然不构成犯罪。因此，B 选项是错误的。

C 选项，根据 2016 年司法解释，为谋取不正当利益，向国家工作人员行贿，数额在三万元以上的，构成行贿罪。而本案行贿数额仅仅是 5000 元，所以不构成行贿罪既遂。虽然有行贿的意思，虽然实施了行贿的行为，但是没有达到数额较大的标准。因此，C 选项是错误的。

D 选项，甲有受贿 20 万的故意，但是客观上的受贿数额（5000）没有达到数额较大的标准，不成立受贿罪。根据 2016 年司法解释，受贿数额在三万元以上不满二十万元的，属于“数额较大”。因此，D 选项是错误的。

【相关法条】第二百二十三条 【串通投标罪】**投标人**相互串通投标报价，损害招标人或者其他投标人利益，情节严重的，处三年以下有期徒刑或者拘役，并处或者单处罚金。

投标人与**招标人**串通投标，损害国家、集体、公民的合法利益的，依照前款的规定处罚。

【答案】A

扫码听课

91. 关于事实三的分析，下列选项错误的是：（　　）

A. 甲以非法手段骗取国有公司的财产，构成诈骗罪

B. 甲具有非法占有公共财物的目的，构成贪污罪

C. 程某协助甲对公司财务人员进行欺骗，构成诈骗罪与贪污罪的想象竞合犯

D. 程某并非国家工作人员，但帮助国家工作人员贪污，构成贪污罪的帮助犯

【考点】诈骗罪，贪污罪

【解析】A、B 选项，甲骗的 5 万元是为自己公司垫付的钱，既然是甲为公司垫付的钱，由于发票过期，拿不回来，那么这笔钱甲对于 A 公司是享有返还请求权的。甲虚构发票、票据，对财务人员进行欺骗，这个是违反财经纪律的行为，但是没有非法占有的目的，甲不是非法占有本单位的财物，没有非法占有的目的，所以不应该构成诈骗罪，也不应该构成贪污罪。因此，A、B 选项是错误的。

C、D 选项，因为甲既不构成贪污罪，也不构成诈骗罪，那么显然对甲提供帮助的程某，根据共犯从属性理论，也不构成犯罪。因此，C、D 选项是错误的。

【答案】ABCD

【2015－2－（86～88）】甲送给国有收费站站长吴某 3 万元，与其约定：甲在高速公路另开出口帮货车司机逃费，吴某想办法让人对此不予查处，所得由二人分成。后甲组织数十人，锯断高速公路一侧隔离栏、填平隔离沟（恢复原状需 3 万元），形成一条出口。路过的很多货车司机知道经过收费站要收 300 元，而给甲 100 元即可绕过收费站继续前行。甲以此方式共得款 30 万元，但骗吴某仅得 20 万元，并按此数额分成。

请回答第 86～88 题。

扫码听课

86. 关于甲锯断高速公路隔离栏的定性，下列分析正确的是：（　　）

A. 任意损毁公私财物，情节严重，应以寻衅滋事罪论处

B. 聚众锯断高速公路隔离栏，成立聚众扰乱交通秩序罪

C. 锯断隔离栏的行为，即使得到吴某的同意，也构成故意毁坏财物罪

大咖点拨区

D. 锯断隔离栏属破坏交通设施，在危及交通安全时，还触犯破坏交通设施罪

【考点】寻衅滋事罪

【解析】A选项，甲没有寻衅滋事，寻衅滋事是随意地、任意地毁坏公共财物，强拿、硬要财物，甲的行为不是任意，而是有明确的目的，针对特定的财物进行毁坏。因此，A选项是错误的。

B选项，凡是对于公共性、公共秩序的破坏，一定是能够让不特定或者多数人的安定感、安全感遭受破坏，聚众锯断高速公路隔离栏不存在对于公共秩序的破坏，因此，B选项是错误的。

C选项，隔离带和吴某没有关系，不是吴某的隔离带，吴某同意与否，行为都要构成故意毁坏财物。因此，C选项是正确的。

D选项，如果确实危及交通安全，那么当然构成破坏交通设施罪。因此，D选项是正确的。

【答案】CD

扫码听课

87. 关于甲非法获利的定性，下列分析正确的是：(　　)

A. 擅自经营收费站收费业务，数额巨大，构成非法经营罪

B. 即使收钱时冒充国有收费站工作人员，也不构成招摇撞骗罪

C. 未使收费站工作人员基于认识错误免收司机过路费，不构成诈骗罪

D. 骗吴某仅得20万元的行为，构成隐瞒犯罪所得罪

【考点】非法经营罪，招摇撞骗罪，诈骗罪

【解析】A选项，甲并不是一种经营行为，所谓“经营行为”，是指从事商品经营和营利性服务的行为。甲仅仅是一种允许他人偷偷摸摸从这里经过，并从中获利行为。因此，A选项是错误的。

B选项，招摇撞骗是冒充国家机关工作人员去骗，而国有收费站的工作人员不属于国家机关工作人员，国家机关包括行政机关、权力机关、司法机关和军事机关，以及监察机关，国有收费站并不是五大国家机关，所以甲不是国家机关工作人员。因此，B选项是正确的。

C选项，收费站工作人员并没有陷入错误认识，并没有说可以免收司机的过路费，所以不构成诈骗罪。因此，C选项是正确的。

D选项，隐瞒犯罪所得不是对于同案犯的欺骗，指的是对于司法机关的欺骗，是一个妨害司法秩序的犯罪。因此，D选项是错误的。

【答案】BC

扫码听课

88. 围绕吴某的行为，下列论述正确的是：(　　)

A. 利用职务上的便利侵吞本应由收费站收取的费用，成立贪污罪

B. 贪污数额为30万元

C. 收取甲3万元，利用职务便利为甲谋利益，成立受贿罪

D. 贪污罪与受贿罪成立牵连犯，应从一重罪处断

【考点】贪污罪，受贿罪

【解析】吴某是国有收费站的站长，允许司机绕道过，导致国家应当收缴的过路费无法收缴，而对高速公路上过往的汽车收费是国家的财产性利益，吴某把这个财产性利益据为己有，与甲共享了这个财产性利益，所以吴某成立贪污罪。因此，A选项是正确的。

大咖点拨区

扫码听课

扫码听课

B选项，要以实际数额为准，而不以实际知情数额为准。因此，B选项是正确的。

C选项，吴某之前收受的3万元构成受贿罪。因此，C选项是正确的。

D选项，对于吴某的贪污和受贿行为，数罪并罚。因此，D选项是错误的。

【答案】ABC

【2015－2－（89～91）】朱某系某县民政局副局长，率县福利企业年检小组到同学黄某任厂长的电气厂年检时，明知该厂的材料有虚假、残疾员工未达法定人数，但朱某以该材料为准，使其顺利通过年检。为此，电气厂享受了不应享受的退税优惠政策，获取退税300万元。黄某动用关系，帮朱某升任民政局局长。检察院在调查朱某时发现，朱某有100万元财产明显超过合法收入，但其拒绝说明来源。在审查起诉阶段，朱某交代100万元系在澳门赌场所赢，经查证属实。

请回答第89～91题。

89. 关于朱某帮助电气厂通过年检的行为，下列说法正确的是：（　　）

A. 其行为与国家损失300万元税收之间，存在因果关系

B. 属滥用职权，构成滥用职权罪

C. 属徇私舞弊，使国家税收遭受损失，同时构成徇私舞弊不征、少征税款罪

D. 事后虽获得了利益（升任局长），但不构成受贿罪

【考点】滥用职权罪，受贿罪，徇私舞弊不征、少征税款罪

【解析】A选项，因为朱某让电气厂通过了年检，所以国家损失了300万元税收，存在因果关系。因此，A选项是正确的。

B选项，因为国家损失了300万元，造成重大损失，所以朱某构成滥用职权罪。因此，B选项是正确的。

C选项，朱某不是税务机关的工作人员，而是民政局的副局长，所以不构成以税务机关工作人员为主体的徇私舞弊不征、少征税款罪。因此，C选项是错误的。

D选项，因受贿罪所取得的利益必须是财产性利益，朱某"升官"这个不属于财产性利益，所以不构成受贿罪。等于是朱某帮了黄某的忙，黄某再帮了朱某的忙，属于"利益输送"，不成立受贿罪。因此，D选项是正确的。

【相关法条】第四百零四条　【徇私舞弊不征、少征税款罪】**税务机关的工作人员**徇私舞弊，**不征**或者**少征**应征税款，致使国家税收遭受**重大损失**的，处五年以下有期徒刑或者拘役；造成特别重大损失的，处五年以上有期徒刑。

【答案】ABD

90. 关于朱某100万元财产的来源，下列分析正确的是：（　　）

A. 其财产、支出明显超过合法收入，这是巨额财产来源不明罪的实行行为

B. 在审查起诉阶段已说明100万元的来源，故不能以巨额财产来源不明罪提起公诉

C. 在澳门赌博，数额特别巨大，构成赌博罪

D. 作为国家工作人员，在澳门赌博，应依属人管辖原则追究其赌博的刑事责任

【考点】巨额财产来源不明罪，赌博罪

【解析】A选项，巨额财产来源不明罪的实行行为是拒不说明来源，或者无

大咖点拨区

法说明来源，差额巨大仅仅是构成犯罪的前提，而不是实行行为本身。因此，A选项是错误的。

B选项，既然已经查明财产的来源了，就不能再以巨额财产来源不明罪提起公诉。因此，B选项是正确的。

C选项，赌博罪是一个营业犯，成立犯罪，要么是聚众赌博，要么是以赌博为业。单纯去赌一次，一下赢100万元，不是赌博罪，所以朱某根本不符合赌博罪的构成要件。因此，C选项是错误的。

D选项，如前所述，朱某的行为不构成赌博罪，因此不存在依据何种管辖原则追究其刑事责任的问题。

【相关法条】第三百零三条 【赌博罪】以**营利**为目的，**聚众赌博**或者**以赌博为业**的，处三年以下有期徒刑、拘役或者管制，并处罚金。

【答案】B

91. 关于黄某使电气厂获取300万元退税的定性，下列分析**错误**的是：(　　)

扫码听课

A. 具有逃税性质，触犯逃税罪

B. 具有诈骗属性，触犯诈骗罪

C. 成立逃税罪与提供虚假证明文件罪，应数罪并罚

D. 属单位犯罪，应对电气厂判处罚金，并对黄某判处相应的刑罚

【考点】诈骗罪，逃税罪，提供虚假证明文件罪

【解析】所谓“退税”，主要指两种类型：第一种类型是行为人缴税后，伪造证据，将税退回，这是逃税行为；第二种类型是行为人根本就没缴税，伪造证据，骗取国家退税款，应该是诈骗。本题中，如果黄某已经缴税，会在题中明确说明，但是题目中没有交代这个电气厂之前缴过税，既然没有交代，那么所获取的300万就应该是属于骗取国家财物，构成诈骗罪。因此，A、C、D选项是错误的，只有B正确。

【答案】ACD

【2014－2－(86～88)】郑某等人多次预谋通过爆炸抢劫银行运钞车。为方便跟踪运钞车，郑某等人于2012年4月6日杀害一车主，将其面包车开走（事实一）。后郑某等人制作了爆炸装置，并多次开面包车跟踪某银行运钞车，了解运钞车到某储蓄所收款的情况。郑某等人摸清运钞车情况后，于同年6月8日将面包车推下山崖（事实二）。同年6月11日，郑某等人将放有爆炸装置的自行车停于储蓄所门前。当运钞车停在该所门前押款人员下车提押款时（当时附近没有行人），郑某遥控引爆爆炸装置，致2人死亡4人重伤（均为运钞人员），运钞车中的230万元人民币被劫走（事实三）。

请回答第86～88题。

86. 关于事实一（假定具有非法占有目的），下列选项正确的是：(　　)

扫码听课

A. 抢劫致人死亡包括以非法占有为目的故意杀害他人后立即劫取财物的情形

B. 如认为抢劫致人死亡仅限于过失致人死亡，则对事实一只能认定为故意杀人罪与盗窃罪（如否认死者占有，则成立侵占罪），实行并罚

C. 事实一同时触犯故意杀人罪与抢劫罪

D. 事实一虽是为抢劫运钞车服务的，但依然成立独立的犯罪，应适用“抢

大咖点拨区

劫致人死亡”的规定

【考点】抢劫致人死亡

【解析】A选项，行为人为获取财物，使用致死暴力破坏他人对财物的占有，意图建立新的占有的行为，可以是在抢劫过程中致对方死地，也包括先杀死对方。因此，A选项是正确的。

B选项，如认为抢劫致人死亡仅限于“过失”，则郑某“杀害一车主，将其面包车开走”的行为就不能评价为抢劫致人死亡，当然根据司法解释的规定，抢劫致人死亡并不是只包括过失的，也包括故意。因此，B选项是正确的。

C选项，杀害车主，就定抢劫罪一罪，但是不能认为其中没有故意杀人行为，郑某的方法行为是故意杀人，方法行为触犯故意杀人罪，目的行为是劫取财物，行为人既有杀人行为，又有抢劫行为，所以说“触犯”是正确的，确实触犯了两个罪。因此，C选项是正确的

D选项，对郑某最终定抢劫罪，属于抢劫致人死亡的情形。因此，D选项是正确的。

【答案】ABCD

87. 关于事实二的判断，下列选项正确的是：(　　)

A. 非法占有目的包括排除意思与利用意思

B. 对抢劫罪中的非法占有目的应与盗窃罪中的非法占有目的作相同理解

C. 郑某等人在利用面包车后毁坏面包车的行为，不影响非法占有目的的认定

D. 郑某等人事后毁坏面包车的行为属于不可罚的事后行为

扫码听课

【考点】非法占有目的

【解析】A选项，取得型财产犯罪，要求行为人具有非法占有的目的，非法占有的目的包括排除的意思和利用的意思。因此，A选项是正确的。

B选项，抢劫罪和盗窃罪同样作为取得型财产犯罪，两罪中非法占有的目的具有相同的含义。因此，B选项是正确的。

C选项，毁坏面包车之前已经利用了面包车，“利用”的意思并不要求永久性的利用，一时利用也可以。因此，C选项是正确的。

D选项，郑某等人的“事后毁坏面包车的行为”没有侵犯新的法益，所以是不可罚的事后行为。因此，D选项是正确的。

【答案】ABCD

88. 关于事实三的判断，下列选项正确的是：(　　)

A. 虽然当时附近没有行人，郑某等人的行为仍触犯爆炸罪

B. 触犯爆炸罪与故意杀人罪的行为只有一个，属于想象竞合

C. 爆炸行为亦可成为抢劫罪的手段行为

D. 对事实三应适用“抢劫致人重伤、死亡”的规定

扫码听课

【考点】爆炸罪，抢劫罪，故意杀人罪

【解析】A选项，银行门前是一个公共场所，可能会危及不特定或者多数人，所以触犯爆炸罪。因此，A选项是正确的。

B选项，既触犯爆炸罪，又触犯故意杀人罪，一个行为触犯两个罪名，属于想象竞合。因此，B选项是正确的。

C选项，郑某等人的爆炸行为是抢劫罪的手段行为。因此，C选项是正确的。

D 选项，以任何方式压制被害人反抗而当场劫取财物行为，都可以成立抢劫罪，致人重伤死亡的，属于抢劫罪的结果加重犯。因此，D 选项是正确的。

【答案】ABCD

【2014－2－（89～91）】甲在强制戒毒所戒毒时，无法抗拒毒瘾，设法逃出戒毒所。甲径直到毒贩陈某家，以赊账方式买了少量毒品过瘾。后甲逃往乡下，告知朋友乙详情，请乙收留。乙让甲住下（事实一）。甲对陈某的毒品动起了歪脑筋，探知陈某将毒品藏在厨房灶膛内。某夜，甲先用毒包子毒死陈某的2条看门狗（价值6000元），然后翻进陈某院墙，从厨房灶膛拿走陈某50克纯冰毒（事实二）。甲拿出40克冰毒，让乙将40克冰毒和80克其他物质混合，冒充120克纯冰毒卖出（事实三）。

请回答第89～91题。

89. 关于事实一，下列选项正确的是：（　　）

A. 甲是依法被关押的人员，其逃出戒毒所的行为构成脱逃罪

B. 甲购买少量毒品是为了自吸，购买毒品的行为不构成犯罪

C. 陈某出卖毒品给甲，虽未收款，仍属于贩卖毒品既遂

D. 乙收留甲的行为构成窝藏罪

【考点】脱逃罪，贩卖毒品罪，窝藏罪

【解析】A 选项，脱逃罪是依法被关押的犯罪嫌疑人、被告人和正在服刑的罪犯，甲不属于上述人群。在戒毒所，就算是被羁押也不满足脱逃罪的主体要件。因此，A 选项是错误的。

B 选项，甲购买少量毒品只是为了自吸，没有达到非法持有毒品罪的数量要求，不构成犯罪。因此，B 选项是正确的。

C 选项，贩卖毒品罪，只要发生有偿转让就可以，而不要求现实的收回了对价，也不需要从中牟利。因此，C 选项是正确的。

D 选项，窝藏罪必须窝藏的是犯罪的人，甲求乙收留的时候，甲还不是犯了罪的人，甲明显只是一个吸毒的人，所以不构成窝藏罪。因此，D 选项是错误的。

【答案】BC

90. 关于事实二的判断，下列选项正确的是：（　　）

A. 甲翻墙入院从厨房取走毒品的行为，属于入户盗窃

B. 甲进入陈某厨房的行为触犯非法侵入住宅罪

C. 甲毒死陈某看门狗的行为是盗窃预备与故意毁坏财物罪的想象竞合

D. 对甲盗窃50克冰毒的行为，应以盗窃罪论处，根据盗窃情节轻重量刑

【考点】盗窃罪，非法侵入住宅罪，故意毁坏财物罪

【解析】A 选项，甲翻墙进入他人厨房盗窃毒品的，是非法进入供他人家庭生活的场所盗窃，属于入户盗窃。因此，A 选项是正确的。

B 选项，“触犯”是正确的，但是不会被最终定罪，因为非法侵入行为被盗窃吸收了，所以最终不会单独以非法侵入住宅罪定罪。因此，B 选项是正确的。

C 选项，甲为了自己能够盗窃在创造条件，同时也毁坏财物的价值是6000元，已经达到故意毁坏财物罪的定罪标准。因此，C 选项是正确的。

D 选项，盗窃毒品定盗窃罪，盗窃毒品、盗窃违禁品、盗窃发票、盗窃淫秽物品，盗窃假币，虽然没有市面上流通的价值，但是认为仍然要构成盗窃罪，量

大咖点拨区

扫码听课

扫码听课

大咖点拨区

扫码听课

刑是根据毒品的重量来进行量刑的，不需要折合成为人民币的价格。因此，D选项是正确的。

【答案】ABCD

91. 关于事实三的判断，下列选项正确的是：（　　）

A. 甲让乙卖出冰毒应定性为甲事后处理所盗赃物，对此不应追究甲的刑事责任

B. 乙将40克冰毒掺杂、冒充120克纯冰毒卖出的行为，符合诈骗罪的构成要件

C. 甲、乙既成立诈骗罪的共犯，又成立贩卖毒品罪的共犯

D. 乙在冰毒中掺杂使假，不构成制造毒品罪

【考点】诈骗罪，贩卖毒品罪，制造毒品罪

【解析】A选项，甲的行为侵犯新的法益，盗窃普通财物销赃的行为不构成掩饰、隐瞒犯罪所得罪，但是甲盗窃毒品又侵犯新的法益（国家对于麻醉药品、精神药品的管理秩序），不是不可罚的事后行为，要构成贩卖毒品。因此，A选项是错误的。

B选项，乙是按照120克的毒品出售，而且是按照120克的纯冰毒卖出的，构成诈骗罪。购买者是有财产损失的，购买者支付的是120纯冰毒的价格，购买了这种掺杂的冰毒，属于陷入错误认识并处分财物的行为，所以也满足诈骗的构成要件，乙的行为既构成诈骗罪，也构成贩卖毒品罪。因此，B选项是正确的。

C选项，甲、乙两人对于贩卖毒品和掺杂毒品具有共同故意，所以都构成诈骗罪、贩卖毒品罪。因此，C选项是正确的。

D选项，乙掺杂不是制造毒品，不构成制造毒品罪。制造毒品必须是化学变化，只是掺入了非毒品的杂质，或者剔除掉非毒品的杂质，都不应该叫做制造毒品。因此，D选项是正确的。

【答案】BCD

【2013－2－（86～91）】甲于某晚9时驾驶货车在县城主干道超车时，逆行进入对向车道，撞上乙驾驶的小轿车，乙被卡在车内无法动弹，乙车内黄某当场死亡、胡某受重伤。后查明，乙无驾驶资格，事发时略有超速，且未采取有效制动措施。（事实一）

甲驾车逃逸。急救人员5分钟后赶到现场，胡某因伤势过重被送医院后死亡。（事实二）

交警对乙车进行切割，试图将乙救出。此时，醉酒后的丙（血液中的酒精含量为152mg/100ml）与丁各自驾驶摩托车“飙车”经过此路段。（事实三）

丙发现乙车时紧急刹车，摩托车侧翻，猛烈撞向乙车左前门一侧，丙受重伤。20分钟后，交警将乙抬出车时，发现其已死亡。现无法查明乙被丙撞击前是否已死亡，也无法查明乙被丙撞击前所受创伤是否为致命伤。（事实四）

丁离开现场后，找到无业人员王某，要其假冒飙车者去公安机关投案。（事实五）

王某虽无替丁顶罪的意思，但仍要丁给其5万元酬劳，否则不答应丁的要求，丁只好付钱。王某第二天用该款购买100克海洛因藏在家中，用于自己吸食。5天后，丁被司法机关抓获。（事实六）

大咖点拨区

扫码听课

请回答第 86 ~91 题。

86. 关于事实一的分析，下列选项**错误**的是：(　　)

A. 甲违章驾驶，致黄某死亡、胡某重伤，构成交通肇事罪

B. 甲构成以危险方法危害公共安全罪和交通肇事罪的想象竞合犯

C. 甲对乙车内人员的死伤，具有概括故意

D. 乙违反交通运输管理法规，致同车人黄某当场死亡、胡某重伤，构成交通肇事罪

【考点】交通肇事罪

【解析】A 选项，甲违章驾驶，而且能够认定甲是负主要责任，逆向进入对向车道。乙虽然也有过错，但是乙显然是负次要责任，乙是“无证驾驶，略有超速，未采取有效制动措施”，相对于甲显然次要责任，甲负主要责任，致一死一伤，应该构成交通肇事罪。因此，A 选项是正确的。

B 选项，以危险方法危害公共安全罪是故意犯罪，虽然交通肇事也是危害公共安全，但该罪名是过失犯罪。甲逆向进入对向车道这件事，本身是故意的，但是刑法中的故意和过失指的是针对“结果”而言的，所以甲对于结果属于“应当预见而没有预见”，属于过失犯罪。甲并不构成以危险方法危害公共安全罪，只构成交通肇事罪。因此，B 选项是错误的。

C 选项，甲对乙车内人员的伤亡结果是过失，没有概括故意。因此，C 选项是错误的。

D 选项，乙是次要责任，次要责任不可能构成交通肇事罪，构成交通肇事罪只有在完全责任、主要责任、同等责任前提下才可能构成，只要是次要责任就不可能构成交通肇事罪。因此，D 选项是错误的。

【答案】BCD

87. 关于事实二的分析，下列选项正确的是：(　　)

A. 胡某的死亡应归责于甲的肇事行为

B. 胡某的死亡应归责于甲的逃逸行为

C. 对甲应适用交通肇事“因逃逸致人死亡”的法定刑

D. 甲交通肇事后逃逸，如数日后向警方投案如实交待罪行的，成立自首

扫码听课

【考点】交通肇事罪，自首

【解析】A、B、C 选项，甲在逃逸之前，其违章肇事行为已经使得胡某身受重伤，在其逃逸之后，急救人员在 5 分钟内即赶到现场，并没有耽误对胡某的救治，如此，胡某的死亡是因为甲先前的交通肇事行为导致伤势过重而引发的，并不能归责于甲的逃逸行为，当然不能适用交通肇事“因逃逸致人死亡”的法定刑。因此，A 选项是正确的，B、C 选项是错误的。

D 选项，甲自动投案，如实供述自己的罪行，成立自首。因此，D 选项是正确的。

【答案】AD

88. 关于事实三的定性，下列选项正确的是：(　　)

A. 丙、丁均触犯危险驾驶罪，属于共同犯罪

B. 丙构成以危险方法危害公共安全罪，丁构成危险驾驶罪

C. 丙、丁虽构成共同犯罪，但对丙结合事实四应按交通肇事罪定罪处罚，对

扫码听课

大咖点拨区

丁应按危险驾驶罪定罪处罚

D. 丙、丁未能完成预定的飙车行为，但仍成立犯罪既遂

【考点】危险驾驶罪

【解析】A选项，危险驾驶罪是故意犯罪，丙、丁可以成立共同犯罪。因此，A选项是正确的。

B选项，丙、丁都成立危险驾驶罪。危险驾驶罪和以危险方法危害公共安全罪的区别在于，危险驾驶罪是给公共安全带来一个抽象的危险，“**醉酒**驾驶”就构成危险驾驶罪；而以危险方法危害公共安全罪是一个具体的危险犯，要求所采取的方法给公共安全带来现实、紧迫、直接的危险，例如“**严重醉酒**后在**高速公路**上**逆向**行驶”因此，B选项是错误的。

C选项，事实四关于“乙死亡”这个事实，不能认定是丙撞死的，即无法确定乙的死亡与丙的肇事行为之间具有因果关系，因此不能将乙的死亡结果归属于丙，丙不构成交通肇事罪，只能构成危险驾驶罪。因此，C选项是错误的。

D选项，危险驾驶并不要求完成了所预定的飙车行为才构成，只要“以危险的状态驾驶”了，就给公共安全带来了抽象的危险，就应该构成本罪，并且犯罪已经既遂。因此，D选项是正确的。

【答案】AD

扫码听课

89. 关于事实四乙死亡的因果关系的判断，下列选项**错误**的是：（　　）

A. 甲的行为与乙死亡之间，存在因果关系

B. 丙的行为与乙死亡之间，存在因果关系

C. 处置现场的警察的行为与乙死亡之间，存在因果关系

D. 乙自身的过失行为与本人死亡之间，存在因果关系

【考点】因果关系

【解析】A选项，甲的行为与乙死亡之间，不能认定“存在”还是“不存在”因果关系，根据存疑时有利于被告人的原则，就应当推定不存在因果关系。因此，A选项是错误的。

B选项，丙的行为与乙死亡之间，不能认定“存在”还是“不存在”因果关系，根据存疑时有利于被告人的原则，就应当推定不存在因果关系。因此，B选项是错误的。

C选项，事实四中，交警将乙抬出车时，发现其已经死亡。交警对于现场的处置是合法的履行职务的行为，不具有法律侵害性的危险，也不能够被评价为实行行为。因此，C选项是错误的。

D选项，即使认为乙是甲撞死的，乙也是次要责任，即在乙自己违章的过程中，介入了甲的违章行为，而且“甲的违章”异常且作用大，中断了乙的行为与本人死亡结果之间的因果关系，所以乙的行为与本人的死亡之间也不存在因果关系。因此，D选项是错误的。

【答案】ABCD

扫码听课

90. 关于事实五的定性，下列选项**错误**的是：（　　）

A. 丁指使王某作伪证，构成妨害作证罪的教唆犯

B. 丁构成包庇罪的教唆犯

C. 丁的教唆行为属于教唆未遂，应以未遂犯追究刑事责任

D. 对丁的妨害作证行为与包庇行为应从一重罪处罚

【考点】妨害作证罪，包庇罪

【解析】A 选项，妨害作证罪，是以暴力、威胁、贿买等方法阻止证人作证或者指使他人作伪证的行为。本案中，丁只是教唆他人作伪证，不成立本罪。A 选项是错误的。

B 选项，丁确实是在指使王某对丁进行包庇，但是本人不能构成包庇，本人恳求、嘱托别人为自己作伪证，作假证明的，由于不具有期待可能性而不应当构成犯罪。因此，B 选项是错误的。

C 选项，既然丁教唆他人为自己作伪证不构成犯罪，则不存在未遂的问题。因此，C 选项是错误的。

D 选项，犯罪人本人妨害司法罪的刑事责任，由于不具有期待可能性，一般是不予追究的。因此，D 选项是错误的。

【答案】ABCD

91. 关于事实六的定性，下列选项**错误**的是：(　　)

A. 王某乘人之危索要财物，构成敲诈勒索罪

B. 丁基于不法原因给付 5 万元，故王某不构成诈骗罪

C. 王某购买毒品的数量大，为对方贩卖毒品起到了帮助作用，构成贩卖毒品罪的共犯

D. 王某将毒品藏在家中的行为，不构成窝藏毒品罪

【考点】诈骗罪，敲诈勒索罪，贩卖毒品罪，窝藏毒品罪，对向犯

【解析】A 选项，敲诈勒索罪必须是威胁—恐惧—交付这样一个模式，本题中王某的行为不能够称为威胁，两个人仅仅是一场交易，王某答应愿意替丁顶包，丁为此支付王某一笔钱，这是一场交易，而不存在威胁、恐吓。因此，A 选项是错误的。

B 选项，是否构成诈骗罪与诈骗的原因是没有关系的，王某确实欺骗丁，使丁陷入错误认识，以为王某会替丁顶包，所以陷入到错误认识当中，然后继而处分财物。虽然两个人交易是“让王某替丁顶包”这是不法原因，但是丁确实是基于错误认识处分财物的，丁以为王某会帮丁顶包，于是丁信以为真，于是丁交给王某 5 万元的财物，满足诈骗罪的构成要件。因此，B 选项是错误的。

C 选项，王某不构成贩卖毒品罪的共犯，对于贩卖毒品罪而言，法律并没有规定处罚购买者，即立法者认为购买者不具有刑事可罚性，所以不能够认为购买者是构成贩卖毒品的共犯。因此，C 选项是错误的。

D 选项，王某将毒品藏在家中构成非法持有毒品罪。窝藏毒品所侵犯的法益是司法秩序，把毒品藏起来，藏起来的目的不是用它赚钱，也不是为了自己吸食，而是为了妨害司法追缴，凡是罪名中有“窝藏”“包庇”这样的词，那么一定是在犯罪已经完成之后，为了妨害司法机关发现而实施妨害追缴的行为。在本题中，王某就是一个非法持有毒品的行为，不存在妨害追缴的问题，也不存在对司法机关进行干扰的问题。因此，D 选项是正确的。

【答案】ABC

【2012－2－（86～91）】甲在国外旅游，见有人兜售高仿真人民币，用 1 万元换取 10 万元假币，将假币夹在书中寄回国内。(事实一)

大咖点拨区

扫码听课

大咖点拨区

赵氏调味品公司欲设加盟店，销售具有注册商标的赵氏调味品，派员工赵某物色合作者。甲知道自己不符加盟条件，仍找到赵某送其2万元真币和10万元假币，请其帮忙加盟事宜。赵某与甲签订开设加盟店的合作协议。(事实二)

甲加盟后，明知伪劣的“一滴香”调味品含有害非法添加剂，但因该产品畅销，便在“一滴香”上贴上赵氏调味品的注册商标私自出卖，前后共卖出5万多元“一滴香”。(事实三)

张某到加盟店欲批发1万元调味品，见甲态度不好表示不买了。甲对张某拳打脚踢，并说“涨价2000元，不付款休想走”。张某无奈付款1.2万元买下调味品。(事实四)

甲以银行定期存款4倍的高息放贷，很快赚了钱。随后，四处散发宣传单，声称为加盟店筹资，承诺3个月后还款并支付银行定期存款2倍的利息。甲从社会上筹得资金1000万，高利贷出，赚取息差。(事实五)

甲资金链断裂无法归还借款，但仍继续扩大宣传，又吸纳社会资金2000万，以后期借款归还前期借款。后因亏空巨大，甲将余款500万元交给其子，跳楼自杀。(事实六)

请回答第86~91题。

扫码听课

86. 关于事实一的分析，下列选项正确的是：(　　)

A. 用1万元真币换取10万元假币，构成购买假币罪

B. 扣除甲的成本1万元，甲购买假币的数额为9万元

C. 在境外购买人民币假币，危害我国货币管理制度，应适用保护管辖原则审理本案

D. 将假币寄回国内，属于走私假币，构成走私假币罪

【考点】购买假币罪，走私假币罪，刑法的空间效力

【解析】A选项，甲在国外用1万元换取10万元假币的，其实质是购买假币，成立购买假币罪。甲的行为侵犯的法益是金融管理秩序，其所购买的假币的数额就是犯罪数额。因此，A选项是正确的。

B选项，购买假币罪侵犯的法益不是财产权，而是金融管理秩序，所以购买的数额就是犯罪数额，不存在扣除成本的问题。因此，B选项是错误的。

C选项，甲是中国人，保护管辖原则是针对外国人在国外侵犯了中国人或者中国国家的利益。本题中不存在保护管辖，因为甲是中国人，对其应该适用属人管辖原则。因此，C选项是错误的。

D选项，运输、携带、邮寄假币进出境的行为，都是走私假币行为。因此，D选项是正确的。

【答案】AD

扫码听课

87. 关于事实二的定性，下列选项正确的是：(　　)

A. 甲将2万元真币送给赵某，构成行贿罪

B. 甲将10万假币冒充真币送给赵某，不构成诈骗罪

C. 赵某收受甲的财物，构成非国家工作人员受贿罪

D. 赵某被甲欺骗而订立合同，构成签订合同失职被骗罪

【考点】使用假币罪，对非国家工作人员行贿罪，签订、履行合同失职被骗罪

大咖点拨区

【解析】A 选项，甲构成对非国家工作人员行贿罪，赵某不是国家工作人员，甲为谋取不正当利益，给非国家工作人员以财物的行为，成立对非国家工作人员行贿罪。因此，A 选项是错误的。

B 选项，诈骗罪要求必须是让对方基于错误认识而处分财物，赵某虽然收了假币，但是并未处分财物，甲不构成诈骗罪。因此，B 选项是正确的。

C 选项，赵某身为公司管理人员，利用职务之便收取贿赂为他人谋取利益的，成立非国家工作人员受贿罪。因此，C 选项是正确的。

D 选项，因为赵某不是国有公司、企业、事业单位直接负责的主管人员，所以不构成签订、履行合同失职被骗罪。因此，D 选项是错误的。

【相关法条】第一百六十七条　【签订、履行合同失职被骗罪】**国有公司、企业、事业单位**直接负责的主管人员，**在签订、履行合同过程中**，因**严重不负责任被诈骗**，致使国家利益遭受**重大损失**的，处三年以下有期徒刑或者拘役；致使国家利益遭受特别重大损失的，处三年以上七年以下有期徒刑。

【答案】BC

88. 关于事实三的定性，下列选项正确的是：（　　）

A. 在“一滴香”上擅自贴上赵氏调味品注册商标，构成假冒注册商标罪

B. 因“一滴香”含有害人体的添加剂，甲构成销售有毒、有害食品罪

C. 卖出 5 万多元“一滴香”，甲触犯销售伪劣产品罪

D. 对假冒注册商标行为与出售“一滴香”行为，应数罪并罚

扫码听课

【考点】假冒注册商标罪，销售有毒、有害食品罪，销售伪劣产品罪

【解析】A 选项，假冒注册商标罪行为的实质是“乱贴”，即未经注册商标所有人的许可，在同一种商品、服务上使用与其注册商标相同的商标，情节严重，甲在“一滴香”上贴上赵氏调味品的注册商标私自出卖，成立假冒注册商标罪，A 选项是正确的。

B 选项，因为该添加剂是有害人体的，而且是属于含有非法添加剂，所以甲构成销售有毒、有害食品罪。因此，B 选项是正确的。

C 选项，“一滴香”既是有毒有害的食品，又是伪劣产品，销售伪劣产品金额在 5 万元以上的，成立销售伪劣产品罪。因此，C 选项是正确的。

D 选项，“一滴香”是假冒注册商标的商品，出售一滴香的行为成立销售假冒注册商标的商品罪，但是两个行为具有吸收关系，直接认定假冒注册商标罪即可，不需要数罪并罚，同时，根据司法解释在生产、销售伪劣产品的过程当中，如果又侵犯了知识产权，同样不需要数罪并罚，择一重罪论处即可。因此，D 选项是错误的。

【答案】ABC

89. 关于事实四甲的定性，下列选项正确的是：（　　）

A. 应以抢劫罪论处　　B. 应以寻衅滋事罪论处

C. 应以敲诈勒索罪论处　　D. 应以强迫交易罪论处

扫码听课

【考点】强迫交易罪

【解析】甲强迫张某花 1.2 万元买下本来只值 1 万元的调味品的行为，需要区分抢劫罪和强迫交易罪，这两个罪的区别在于两点，1、行为人对对方使用的暴力是不是达到足以压制对方反抗的程度；2、取得的产品与支付的对价是不是

大咖点拨区

扫码听课

扫码听课

过分悬殊。例如如果让被害人花100元购买一瓶矿泉水，就是过分悬殊。本题是在1万元的基础上加价2000元，没有达到过分悬殊的程度，而甲对于张某拳打脚踢，拳打脚踢的行为也不足以压制对方的反抗，因此在这里应该是强迫交易罪，而不是抢劫罪。因此，D选项是正确的。

【答案】D

90. 关于事实五的定性，下列选项正确的是：(　　)

A. 以同期银行定期存款4倍的高息放贷，构成非法经营罪

B. 甲虽然虚构事实吸纳巨额资金，但不构成诈骗罪

C. 甲非法吸纳资金，构成非法吸收公众存款罪

D. 对甲应以非法经营罪和非法吸收公众存款罪进行数罪并罚

【考点】非法经营罪，非法吸收公众存款罪，诈骗罪

【解析】A选项，根据当时的司法解释，非法经营行为中并不包含民间放高利贷的行为，因此甲不构成非法经营罪。因此，A选项是错误的。

注意：根据2019年《关于办理非法放贷刑事案件若干问题的意见》规定，“违反国家规定，未经监管部门批准，或者超越经营范围，以营利为目的，经常性地向社会不特定对象发放贷款，扰乱金融市场秩序，情节严重的，依照刑法第二百二十五条第（四）项的规定，以非法经营罪定罪处罚。”

B选项，诈骗罪要求具有非法占有的目的。甲开始所实施的吸纳资金、散发传单，然后在社会上筹集资金，高利贷出，赚取利息差等的行为，没有表明甲不想归还，说明甲即没有非法占有的目的，不应该构成诈骗罪。因此，B选项是正确的。

C选项，非法吸收公众存款罪，是指非法吸收公众存款或者非法变相吸收公众存款的行为。根据司法解释，无论是非法吸收还是变相吸收，都需要具备下列四个特性：(1) 非法性，即未经有关部门依法批准或者借用合法经营的形式吸收资金；(2) 公开性，即通过媒体、推介会、传单、手机短信等途径向社会公开宣传；(3) 利诱性，承诺在一定期限内以货币、实物、股权等方式还本付息或者给付回报；(4) 社会性，向社会公众即社会不特定对象吸收资金。甲的行为具备非法性、利用性、公开性、社会性，所以构成非法吸收公众存款罪。因此，C选项是正确的。

D选项，由于不构成非法经营罪，所以不存在数罪并罚的问题。因此，D选项是错误的。

【答案】BC

91. 关于事实六的定性，下列选项正确的是：(　　)

A. 甲以非法占有为目的，非法吸纳资金，构成集资诈骗罪

B. 甲集资诈骗的数额为2000万元

C. 根据《刑法》规定，集资诈骗数额特别巨大的，可判处死刑

D. 甲已死亡，导致刑罚消灭，法院对余款500万元不能进行追缴

【考点】集资诈骗罪

【解析】A选项，甲在资金链断了以后，明知无法归还，仍然继续扩大宣传，又吸纳了2000万，此时甲具有非法占有的目的，成立集资诈骗罪。集资诈骗罪和非法吸收公众存款罪，两罪的最大区别就在于是否具有非法占有的目的，应该说

大咖点拨区

在事实六，可以推定甲产生了非法占有的目的。因此，A 选项是正确的。

B 选项，甲实施的行为后半段属于集资诈骗的行为，而前半段是非法吸收公众存款。因此，B 选项是正确的。

C 选项，《刑法修正案（九）》删除了集资诈骗罪的死刑规定。因此 C 选项是错误的。

D 选项，追缴 500 万元不是刑罚的问题，已经死亡的被告人确实不能适用刑罚，但是违法所得仍然要予以追缴。因此，D 选项是错误的。

【答案】AB

【2011－2－（86～87）】甲将一只壶的壶底落款“民國叁年”磨去，放在自己的古玩店里出卖。某日，钱某看到这只壶，误以为是明代文物。甲见钱某询问，谎称此壶确为明代古董，钱某信以为真，按明代文物交款买走。又一日，顾客李某看上一幅标价很高的赝品，以为名家亲笔，但又心存怀疑。甲遂拿出虚假证据，证明该画为名家亲笔。李某以高价买走赝品。请回答第 86～87 题。

86. 关于甲对钱某是否成立诈骗罪，下列选项**错误**的是：（　　）

A. 甲的行为完全符合诈骗罪的犯罪构成，成立诈骗罪

B. 钱某自己有过错，甲不成立诈骗罪

C. 钱某已误以为是明代古董，甲没有诈骗钱某

D. 古玩投资有风险，古玩买卖无诈骗，甲不成立诈骗罪

扫码听课

【考点】诈骗罪

【解析】钱某对于文物的识别确实发生了失误，明明是一个民国的，钱某却以为是明代的。被害人已有错误认识，甲维持了钱某的错误认识，也属于“虚构事实、隐瞒真相，使被害人陷入错误认识”的行为，所以甲构成诈骗罪。因此，A 选项是正确的，B、C、D 选项是错误的。

【答案】BCD

87. 关于甲对李某是否成立诈骗罪，下列选项正确的是：（　　）

A. 甲的行为完全符合诈骗罪的犯罪构成，成立诈骗罪

B. 标价高不是诈骗行为，虚假证据证明该画为名家亲笔则是诈骗行为

C. 李某已有认识错误，甲强化其认识错误的行为不是诈骗行为

D. 甲拿出虚假证据的行为与结果之间没有因果关系，甲仅成立诈骗未遂

扫码听课

【考点】诈骗罪

【解析】A 选项，李某已经心存怀疑，一开始有怀疑，甲拿出虚假证据，证明该画是名家亲笔，属于强化被害人的错误认识，使得被害人基于错误认识交付了财物，甲的行为完全符合诈骗罪的犯罪构成，成立诈骗罪。因此，A 选项是正确的。

B 选项，标高价并没有让对方陷入稳定的错误认识，对方此时是处于怀疑的状态，并没有完全陷入错误认识，此时甲拿出虚假证明强化了被害人的错误认识，也是一种使被害人陷入错误认识的方式。因此，B 选项是正确的。

C 选项，强化李某的错误认识，也是一种诈骗行为。诈骗，即要求“虚构事实、隐瞒真相”与“被害人陷入错误认识”之间要有因果关系，这个因果关系就既包括使被害人产生错误认识，也包括维持被害人的错误认识，还包括强化被害人的错误认识。因此，C 选项是错误的。

大咖点拨区

扫码听课

扫码听课

D选项，李某交付财物是甲诈骗的结果，所以甲成立诈骗罪的既遂。因此，D选项是错误的。

【答案】AB

【2011-2-(88~91)】甲花4万元收买被拐卖妇女周某做智障儿子的妻子，周某不从，伺机逃走。甲为避免人财两空，以3万元将周某出卖。(事实一)

乙收买周某，欲与周某成为夫妻，周某不从，乙多次暴力强行与周某发生性关系。(事实二)

不久，周某谎称怀孕要去医院检查，乙信以为真，周某乘机逃走向公安机关报案。警察丙带人先后抓获了甲、乙。讯问中，乙仅承认收买周某，拒不承认强行与周某发生性关系。丙恼羞成怒，当场将乙的一只胳膊打成重伤。乙大声呻吟，丙以为其佯装受伤不予理睬。(事实三)

深夜，丙上厕所，让门卫丁（临时工）帮忙看管乙。乙发现丁是老乡，请求丁放人。丁说："行，但你以后如被抓住，一定要说是自己逃走的。"乙答应后逃走，丁未阻拦。(事实四)

请回答第88~91题。

88. 关于事实一的定性，下列选项正确的是：(　　)

A. 甲行为应以收买被拐卖的妇女罪与拐卖妇女罪实行并罚

B. 甲虽然实施了收买与拐卖二个行为，但由于二个行为具有牵连关系，对甲仅以拐卖妇女罪论处

C. 甲虽然实施了收买与拐卖二个行为，但根据《刑法》的特别规定，对甲仅以拐卖妇女罪论处

D. 由于收买与拐卖行为侵犯的客体相同，而且拐卖妇女罪的法定刑较重，对甲行为仅以拐卖妇女罪论处，也能做到罪刑相适应

【考点】拐卖妇女罪，收买被拐卖妇女罪

【解析】A选项，法律明确规定收买妇女之后如果又予以出卖的，直接认定为拐卖妇女罪。因此，A选项是错误的。

B选项，以拐卖妇女罪来论处正确，但其理由不是牵连关系，"收买"与"拐卖"之间并不具有类型化的牵连关系，不成立牵连犯。因此，B选项是错误的。

C选项，该表述即为司法解释的明文规定，即"收买被拐卖的妇女、儿童又出卖的，依照本法第二百四十条的规定定罪处罚"。因此，C选项是正确的。

D选项，该选项实际是在解释刑法为什么做这样的特别规定。首先因为这两个罪的客体相同，侵犯的法益相同，其次则是因为拐卖妇女罪法定刑很重，法定最高刑是死刑，所以并非必须数罪并罚才能够达到罪刑相适应，按照拐卖妇女罪一罪论处完全可以做到罪刑均衡。D选项是正确的。

【答案】CD

89. 关于事实二的定性，下列选项错误的是：(　　)

A. 乙行为成立收买被拐卖的妇女罪与强奸罪，应当实行并罚

B. 乙行为仅成立收买被拐卖的妇女罪，因乙将周某当作妻子，故周某不能成为乙的强奸对象

C. 乙行为仅成立收买被拐卖的妇女罪，因乙将周某当作妻子，故缺乏强奸罪

的故意

D. 乙行为仅成立强奸罪，因乙收买周某就是为了使周某成为妻子，故收买行为是强奸罪的预备行为

【考点】收买被拐卖妇女罪，强奸罪

【解析】A选项，行为人实施收买被拐卖妇女的行为之后实施的其他任何行为（如强奸、非法拘禁、故意伤害、侮辱），都应当数罪并罚。因此，A选项是正确的。

B、C、D选项，乙虽然将周某当成妻子，也没有合法的婚姻关系，但事实上并不是妻子，不同于“婚内强奸”。行为人也明知自己与对方并没有被法律所认可的婚姻关系，而违背妇女意志强行发生性关系，成立强奸罪。据此，乙收买妇女成立收买被拐卖妇女罪，之后强行发生性关系的行为又构成强奸罪，应当数罪并罚。因此，B、C、D选项是错误的。

【答案】BCD

大咖点拨区

扫码听课

90. 关于事实三的定性，下列选项正确的是：（　　）

A. 丙行为是刑讯逼供的结果加重犯

B. 对丙行为应以故意伤害罪从重处罚

C. 对丙行为应以刑讯逼供罪与过失致人重伤罪实行并罚

D. 对丙行为应以刑讯逼供罪和故意伤害罪实行并罚

【考点】刑讯逼供罪

【解析】警察丙刑讯逼供致使乙受重伤的，应当依法按照故意伤害罪处理。《刑法》第247条规定：“司法工作人员对犯罪嫌疑人、被告人实行刑讯逼供或者使用暴力逼取证人证言的，处三年以下有期徒刑或者拘役。致人伤残、死亡的，依照本法第二百三十四条、第二百三十二条的规定定罪从重处罚。”丙的行为不构成结果加重犯，结果加重犯是指由于基本行为引起加重结果，刑法规定加重其刑的情形。而刑讯逼供罪没有结果加重犯的规定。因此，B选项是正确的。

【答案】B

扫码听课

91. 关于事实四，下列选项**错误**的是：（　　）

A. 乙构成脱逃罪，丁不构成犯罪

B. 乙构成脱逃罪，丁构成私放在押人员罪

C. 乙离开讯问室征得了丁的同意，不构成脱逃罪，丁构成私放在押人员罪

D. 乙与丁均不构成犯罪

【考点】脱逃罪，私放在押人员罪

【解析】A选项，临时工丁不是依法从事监管工作的司法工作人员，不构成私放在押人员罪。其帮助乙脱逃应按照脱逃罪的共犯处理。因此，A、B、C、D选项是错误的。

【答案】ABCD

【2010－2－（91～94）】甲、乙预谋修车后以假币骗付。某日，甲、乙在某汽修厂修车后应付款4850元，按照预谋甲将4900元假币递给乙清点后交给修理厂职工丙，乙说：“修得不错，零钱不用找了”，甲、乙随即上车。丙发现货币有假大叫“别走”，甲迅即启动驶向厂门，丙扑向甲车前风挡，抓住雨刮器。乙对甲说：“太危险，快停车”，甲仍然加速，致丙摔成重伤。请回答91～94题。

大咖点拨区

扫码听课

91. 甲、乙用假币支付修车费被识破后开车逃跑的行为应定的罪名是：（　　）

A. 持有、使用假币罪　　B. 诈骗罪

C. 抢夺罪　　D. 抢劫罪

【考点】持有、使用假币罪，共同犯罪

【解析】甲、乙用假币支付修车费被识破后开车逃跑的行为，应认定为持有、使用假币罪，不构成抢劫罪。本题的官方答案是A，即持有、使用假币罪。但是也有观点认为构成转化型抢劫罪。因为持有、使用假币也是一种诈骗，把假币交给对方，对方不知情，误以为是真币，陷入错误认识说“可以走了”，相当于免除其债务。既然是诈骗行为，则在诈骗犯罪行为当场被发现，为了窝藏赃物、抗拒抓捕、毁灭罪证而使用暴力，把丙撞成重伤，应当认定为转化型抢劫。

【答案】A

扫码听课

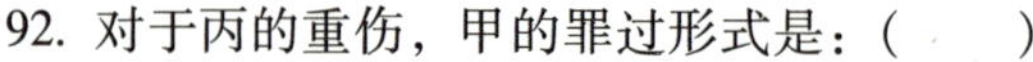

92. 对于丙的重伤，甲的罪过形式是：（　　）

A. 故意　　B. 有目的的故意

C. 过失　　D. 无认识的过失

【考点】罪过心理

【解析】甲明知自己车前有人阻拦，仍然加速前行，对被害人丙的生命或者健康受到自己行为侵害的结果持放任的态度，所以最终造成丙重伤的结果是间接故意。所谓有目的的故意，就是指行为人将某种危害社会的结果发生作为目的，即直接故意。本案中甲并没有追求伤害或者杀死丙的意思，只是为了实现逃跑的目的而放任了他人重伤结果的发生。因此，A选项是正确的。

【答案】A

扫码听课

93. 关于致丙重伤的行为，下列选项**错误**的是：（　　）

A. 乙明确叫甲停车，可以成立犯罪中止

B. 甲、乙构成故意伤害的共同犯罪

C. 甲的行为超出了共同犯罪故意，对于丙的重伤后果，乙不应当负责

D. 乙没有实施共同伤害行为，不构成犯罪

【考点】共同犯罪

【解析】A选项，甲乙两人共谋以假币骗付，两人共谋的行为中没有伤害的故意，没有使用暴力逃离现场，所以对于甲的行为，甲开车将丙撞成重伤的行为属于实行犯过限，非过限人乙对此根本不承担责任，不承担责任就谈不上犯罪中止的问题。两个人共谋的是使用假币，而甲超出的部分是故意伤害，超出的部分由超出者自己独立承担责任。因此，A选项是错误的。

B、C、D选项，逃跑之时，甲产生了伤害丙的故意和行为，但乙明确反对，而且也没有实施暴力或者帮助甲的行为。因此，B选项是错误的，C、D选项是正确的。

【答案】AB

扫码听课

94. 对甲的定罪，下列选项**错误**的是：（　　）

A. 抢夺罪、故意伤害罪

B. 诈骗罪、以危险方法危害公共安全罪

C. 持有、使用假币罪，交通肇事罪

D. 抢劫罪、故意伤害罪

【考点】**使用假币罪，转化型抢劫罪，法条竞合**

【解析】A 选项，甲第一个行为成立持有、使用假币罪，第二个行为成立故意伤害罪。因此，A 选项是错误的。

B 选项，甲的第一个行为触犯了诈骗罪，但是第二个行为没有以危险方法危害公共安全。以危险方法危害公共安全要求驾车冲撞人群，甲只是撞了一个人，没有达到危害公共安全的程度，不构成以危险方法危害公共安全罪。因此，B 选项是错误的。

C 选项，交通肇事罪是过失犯罪，但甲把丙撞成重伤是间接故意。因此，C 选项是错误的。

D 选项，如果认为成立故意伤害罪，就不用评价为抢劫罪，如果是评价为抢劫罪，就不能定故意伤害罪。这里有观点分歧：观点 1 认为：如果不转化为抢劫罪，则以使用假币罪与盗窃罪，数罪并罚；对于甲的行为不转化的话，只有使用假币罪，还有故意伤害罪，数罪并罚；观点 2 认为：既然有使用假币的行为，证明前面之前肯定会有持有的行为，应该是先“持有假币”，后“使用假币”，而使用假币罪评价为一种诈骗行为，结合后面的暴力行为转化为抢劫罪，再与持有假币罪数罪并罚。因此，D 选项是错误的。

【答案】ABCD

大咖点拨区